Verfahren literarischer Wetterdarstellung

Verfahren literarischer Wetterdarstellung

—

Meteopoetik – Literarische Meteorologie – Meteopoetologie

Herausgegeben von
Urs Büttner und Michael Gamper

DE GRUYTER

Gedruckt mit freundlicher Unterstützung der Deutschen Forschungsgemeinschaft.

ISBN 978-3-11-108784-9
e-ISBN (PDF) 978-3-11-062448-9
e-ISBN (EPUB) 978-3-11-062476-2

Library of Congress Control Number: 2021932687

Bibliografische Information der Deutschen Nationalbibliothek
Die Deutsche Nationalbibliothek verzeichnet diese Publikation in der Deutschen Nationalbibliografie; detaillierte bibliografische Angaben sind im Internet über http://dnb.dnb.de abrufbar.

© 2022 Walter de Gruyter GmbH, Berlin/Boston
Dieser Band ist text- und seitenidentisch mit der 2021 erschienenen gebundenen Ausgabe.
Coverabbildung: Albert Bierstadt: Approaching Thunderstorm on the Hudson River
Satz: Integra Software Services Pvt. Ltd.
Druck und Bindung: CPI books GmbH, Leck

www.degruyter.com

Inhaltsverzeichnis

Urs Büttner, Michael Gamper
**Meteopoetik – Literarische Meteorologie – Meteopoetologie.
Eine kritische Verhältnisbestimmung —— 1**

Johannes Ungelenk
Shakespeares Meteopoetik —— 21

Jana Schuster
Meteorologie/Mediologie. Luft in der Lyrik des 18. Jahrhunderts —— 43

Stefan Willer
»Ahndungsvolle Beleuchtung«. Funktionen des Wetters in Goethes
Herrmann und Dorothea —— **69**

John Durham Peters
Realismus und die Banalität des Wetters —— 89

Michael Gamper
**Produktive Verwandlungen. Meteorologische Störung bei Stifter,
Vischer und Benjamin —— 107**

Evi Zemanek
**Oden an das Ozon. Spott und Spekulation über den ›potenzierten
Sauerstoff‹ in satirischer Dichtung des Viktorianischen Zeitalters —— 133**

Ursula Kluwick
Menschen im Nebel. Ein Beitrag zur Meteopoetik des Unheimlichen —— 155

Marlene Dirschauer
**Zeitenwandel und Wetterwechsel. Ein Streifzug durch Virginia Woolfs
Meteopoetologie —— 175**

Ines Theilen
**El cuento que se llevó el viento?! El (real) maravilloso, das Erzählen und
der Wind bei Cristóbal Colón, Juan Rulfo und Gabriel García Márquez —— 195**

David Wachter
»aus-/gewirbelt«. Meteopoetologie des Schnees in Celans Lyrik —— 211

Anna-Katharina Gisbertz
»And so I long for snow«. W. G. Sebalds Poetik des Schnees —— 235

Timothy Attanucci
Die Stadt und ihr Wetter. Eckpunkte zu einer Geschichte der urbanen Meteopoetologie —— 253

Louisa Kropp
Künstliche Blitze und Metaschnee. Wetterphänomene zwischen Natur, Kunst und Technik in der Lyrik Ben Lerners —— 273

Oliver Grill
Of Clouds and Cox. Zur Politik der Übertragung in Christoph Ransmayrs *Cox oder Der Lauf der Zeit* —— 291

Urs Büttner
Übers Wetter reden. Roland Barthes über Klima, Alltäglichkeit, Seinsgefühl und Poetik —— 315

Über die Autorinnen und Autoren —— 333

Register —— 337

Urs Büttner, Michael Gamper
Meteopoetik – Literarische Meteorologie – Meteopoetologie. Eine kritische Verhältnisbestimmung

»No weather will be found in this book«, kündigt Mark Twain den Leserinnen und Lesern gleich zu Beginn seines Romans *The American Claimant* von 1892 an. »This is an attempt to pull a book through without weather. It being the first attempt of the kind in fictitious literature, it may prove a failure, but it seemed worth the while of some dare-devil person to try it, and the author was in just the mood.« Soweit der Plan. Gänzlich verzichten auf das Wetter kann Twain dann aber doch nicht, denn er muss bekennen: »[W]eather is necessary to a narrative of human experience.«[1] Aus diesem Grund gibt er dem Roman am Ende einen Anhang bei: »Weather for use in this book. Selected from the Best Authorities.«[2] Mit seinem humorigen Romaneinstieg und -schluss schreibt sich Twain in eine lange Literaturgeschichte des Wetters ein – sowohl durch seine schriftstellerischen Ambitionen, den ersten Roman ohne Wetter zu schreiben, als auch durch das Scheitern des Plans. Diese Literaturgeschichte ist lang, da die Darstellung des Wetters für alle Gattungen und für alle Literaturen fast unumgänglich scheint. Zugleich ist sie sowohl bezüglich der Phänomene als auch hinsichtlich der Verfahren der Darstellung reichhaltig und vielfältig, und Wetter kann in Texten epochen- und kulturspezifisch unterschiedliche Funktionen erfüllen. Oft bildet es einen bloßen Umstand der eigentlichen Handlung ohne eigenes semantisches Potential, manchmal wird es lediglich als Metapher benutzt oder gewinnt symbolische Qualitäten, wenn etwa Wetterdarstellungen einer Szene eine bestimmte Stimmung beilegen, Wetterumstände zur Charakterisierung der Figuren herangezogen werden oder vorausdeutend die Handlungsverläufe antizipieren. Darüber hinaus instrumentalisieren literarische Texte verschiedentlich das Gespräch der Figuren übers Wetter in seiner (scheinbaren) Belanglosigkeit für Sozialstudien, gelegentlich beteiligt sich die Literatur mit ihren Beschreibungen und Handlungen an den Debatten um die ungelösten Probleme der Meteorologie, und andere Schriften wiederum erkennen die Darstellung von Wetterphänomenen und ihrer Flüchtigkeit und beinahe unmerklichen Übergänglichkeit als ästhetische Heraus-

---

1 Mark Twain: The American Claimant, in: ders.: The Oxford Mark Twain, hrsg. von Shelley Fisher Fishkin, 29 Bde., New York u. a. 1996, Bd. 13, o.P. [vor dem Inhaltsverzeichnis] – Auf dieses Zitat hat uns Marlene Dirschauer aufmerksam gemacht.
2 Ebd., 275.

https://doi.org/10.1515/9783110624489-001

forderung und nehmen sie zum Anlass für poetologische Reflexionen über die eigene sprachliche Gestaltung.³

Diese Auflistung verschiedener Funktionalisierungen literarischer Wetterdarstellungen lässt sich literaturwissenschaftlich handhabbar machen, indem man sie systematisiert und historisiert. Vorgeschlagen wird hier deshalb, systematisch drei literarische Verfahren der Wetterdarstellung zu unterscheiden, die zumindest für eine nordatlantisch geprägte Literatur in der Epoche der empirischen Naturwissenschaften Erklärungskraft besitzt: *Meteopoetik, Literarische Meteorologie* und *Meteopoetologie*.⁴ Obgleich die Kategorien keine trennscharfen Zuordnungen einzelner Texte garantieren, erlauben sie doch eine modellhafte Charakterisierung der vielfältigen Thematisierungsformen und damit zusammenhängenden Textverfahren, die sich exemplarisch konkretisieren und differenzieren lassen, und für andere Klimazonen, Epochen, Kulturen und Literaturen mögen die Kategorisierungen Anregung zur Adaption, vielleicht auch Ausgangspunkt für Differenzierung und Kritik sein.

Für das Wirksamwerden der vorgeschlagenen Typologie stellt die zweite Hälfte des 18. Jahrhunderts historisch die entscheidende Zäsur dar. In dieser Zeit entledigte sich die europäische Literatur ihres rhetorischen Fundaments und begründete ihre Verfahren im Rahmen fortschreitender Autonomisierung fortan im Kontext einer Wahrnehmungstheorie der inneren und äußeren Sinne (mithin ästhetisch), während die Wetterkunde sich anschickte, im Feld der neuzeitlichen Naturwissenschaften ein Erkenntnisgebiet mit eigenständigen wissenschaftlichen Ansprüchen zu werden. Dadurch veränderte nicht nur die Meteopoetik, die als Modus die Dichtung der Frühen Neuzeit prägt, nachhaltig ihre Charakteristik, vielmehr etablierten sich nun Literarische Meteorologie und Meteopoetologie allererst als relevante literarische Artikulationsformen. Die nachhaltige Brisanz dieser Darstellungsverfahren in der Literaturgeschichte lässt sich daran ermessen, dass es in der Folgezeit immer wieder zu Umorientierungen innerhalb der einzelnen Modelle und der Modelle zueinander kam. Im Rahmen der sich wandelnden Möglichkeiten von Literatur veränderten Meteopoetik, Literari-

---

3 Ohne eine Systematik anzustreben ist neuerdings auch in der angelsächsischen Forschung ein gesteigertes Interesse an Wetterdarstellungen in der Literatur zu verzeichnen. Vgl. Alexandra Harris: Weatherland. Writers & Artists under English Skies, London 2015; Adeline Johns-Putra (Hrsg.): Climate and Literature, Cambridge u. a. 2019; Anne Collett, Olivia Murphy (Hrsg.): Romantic Climates. Literature and Science in an Age of Catastrophe, London u. a. 2020.
4 Diese dreiteilige Unterscheidung bildet eine Weiterentwicklung und Ergänzung der Überlegungen aus Urs Büttner, Ines Theilen: Phänomene der Atmosphäre. Zur Einführung, in: dies. (Hrsg.): Phänomene der Atmosphäre. Ein Kompendium Literarischer Meteorologie. Stuttgart 2017, 1–25, hier: 16 f. und Michael Gamper: Wetter machen. Meteorologie und das Wissen der Literatur, in: Dritte Natur 1/1 (2018), 135–143.

sche Meteorologie und Meteopoetologie ihre Funktionsansprüche oftmals in Auseinandersetzung mit dem Voranschreiten des Verwissenschaftlichungsprozesses der Wetterkunde, und gleichzeitig gaben sie, gleichermaßen dem schwer fassbaren Gegenstand und den individualisierenden poetischen Verfahren gemäß, den konkreten Wetterdarstellungen großzügige Lizenzen zu idiosynkratischen Entwürfen, welche die drei Kategorien eher als Spektrenfelder denn als formierende Modelle erscheinen lassen.

Meteopoetik

Meteopoetik bezeichnet den Umstand, dass Wetterphänomene in der Literatur aufgegriffen werden und im Rahmen bestehender poetischer Mittel und Verfahren verarbeitet werden. Meteopoetik ist deshalb eine basale Form des Umgangs mit Wetter in Texten und bestimmt sich im Rahmen der vorgeschlagenen Typologie zunächst einmal negativ: nämlich dadurch, dass sie sich *nicht* prononciert auf den Erkenntnisstand der wissenschaftlichen Wetterkunde bezieht (wie die Literarische Meteorologie) und dass die Wettersemantik *nicht* verändernd auf die eigenen poetologischen Bestimmungen der Texte einwirkt (wie die Meteopoetologie). Durch diese grundlegende Funktion betrifft die Meteopoetik alle Texte, in denen Wetteraspekte auftauchen, und sie bedarf deshalb der weiteren Spezifikationen im Zug der konkreten Analyse, um relevant zu werden. Relevanz aufweisen wird eine solche Untersuchung, sobald es ihr aufzuzeigen gelingt, inwiefern die Wetterelemente im Text zu wichtigen Bedeutungsträgern werden und so einer Gesamtanalyse des Textes innovative Momente hinzufügen, eine Spezialinterpretation rechtfertigen oder mehrere Texte zu einer interessanten Konstellation zusammenführen.

Meteopoetik bedarf aber auch in allgemeinerer historischer und systematischer Hinsicht weiterer Differenzierungen, um zu einer nützlichen Kategorie der Literaturwissenschaft zu werden. Dies bedeutet zum einen, dass sie den gängigen Unterscheidungen der allgemeinen Poetik bzw. der Literaturwissenschaft unterworfen ist. Meteopoetik wird sich also vorab mit gattungstheoretischen Vorgaben auseinandersetzen und sich an ihnen orientieren, sich aber auch den Bestimmungen der Rhetorik und der Poetik bezüglich der sprachlichen Figurierung des Wetters fügen. Innerliterarische Traditionen und Intertextualität spielen dabei eine herausragende Rolle. Zum andern aber unterliegt die Meteopoetik historischen Entwicklungen, Veränderungen und Brüchen und generiert sich gemäß der Abfolge der wissensgeschichtlichen Episteme mit ihren Kontinuitäten und Diskontinuitäten, ihren Überlappungen und Schichtungen.

Um mit Michel Foucaults *Les mots et les choses* zu argumentieren:[5] Die Meteopoetik in Zeiten der Ähnlichkeit gehorcht anderen Auffassungen vom Wetterwissen und seiner Integration in andere Kontexte als diejenige in Zeiten der Repräsentation, und auch die Epoche der Geschichte und des Menschen richtet die Bedingungen für die literarische Verarbeitung von Wetterwissen neu aus. Sowohl die Sprachlichkeit von Wetter wie auch die Möglichkeit vom Wetterwissen gestalten sich nach diesen epistemischen Prinzipien grundsätzlich anders, was auch die Konkretisierung der Meteopoetik zutiefst beeinflusst.

Das Wetterwissen der Meteopoetik entstammt prinzipiell allen verfügbaren Wissensregistern und umfasst deshalb gleichermaßen Alltagswissen, spezialisiertes Erfahrungswissen (Bauernregeln, Wetterweisheit) oder wissenschaftliches Wissen. Letzteres erhielt seine moderne Prägung durch das Aufkommen der empirischen Naturwissenschaften im 17. Jahrhundert, die sich aber mit dem Wetter und seiner systematischen Erklärung lange schwertaten. Zwar gab es bereits im 17. Jahrhundert Versuche, auch die Untersuchung des Wetters ins Bacon'sche Programm einer empirisch und experimentell verfahrenden Naturwissenschaft zu integrieren, wozu Francis Bacons eigene, posthum veröffentlichte *Historia naturalis et experimentalis de ventis* (1648) ebenso zählt wie René Descartes' Abhandlung *Les météores* (1637), Robert Hookes *Method for Making a History of the Weather* (1667) oder Robert Boyles 1692 von John Locke mit eigenen Zusätzen edierte *General History of the Air*. Schon in diesen sehr heterogenen Ansätzen wird aber deutlich, wie komplex sich die Aufgabe einer empirisch orientierten Wetter-Wissenschaft darstellte, waren doch sehr viele unterschiedliche, stets potenziell miteinander in Zusammenhang stehende Phänomene zu berücksichtigen, die zudem fast alle flüchtig und unregelmäßig in ihrem Auftreten waren. Diese neuen Ansätze formierten sich in einer Epoche, in der an den Universitäten noch Meteorologie als Exegese und Weiterentwicklung der Aristotelischen Wetterkunde gelehrt wurde. Gleichzeitig kursierten Almanache und andere populäre Formate, die mittels Astrometeorologie, Tier- und Pflanzenbeobachtung und anderen Zeichenlesepraktiken, die sich oft auch auf antike Quellen bezogen, Wetterabläufe mit prognostischem Charakter beschrieben.[6]

Literarische Wetterdarstellungen vom 16. bis ins 18. Jahrhundert bezogen sich auf dieses praktische und gelehrte Wetterwissen der Zeit.[7] Die im Sinne der *artes* künstlerisch zu nennenden Darstellungsmuster waren weitgehend in der

---

5 Vgl. Michel Foucault: Les mots et les choses. Une archéologie des sciences humaines, Paris 1966.
6 Craig Martin: Renaissance Meteorology. Pomponazzi to Descartes, Baltimore 2011, 1–20.
7 Vgl. dazu Claus-Michael Schlesinger: Aufklärung und Bewölkung. Poetik der Meteore, Göttingen 2018; Johannes Ungelenk: Literature and Weather. Shakespeare – Goethe – Zola, Boston/Berlin 2018, 17–146.

Topik fundiert, die der ontologischen Episteme folgte, die als kohärent gedachte *mathesis* verschiedene, gleichermaßen richtige Perspektiven auf das Wetter ausschloss. Damit waren Bemühungen der Dichtung um eigenständige Formen der Referenzialisierung nicht gefordert, die erst später in der Literarischen Meteorologie zu finden sein werden. Die rhetorische Fundierung der Dichtung setzte im Gegenteil auf bekannte Wirkungen der Wetterdarstellungen. Eine Selbstthematisierung der Redeformen hätte nicht nur deren Wirkung gemindert, sondern auch die Voraussetzungen des dichterischen Sprechens in Frage gestellt. Eine Reflexion der sprachlichen Bedingungen der Darstellung vom Wetter, wie sie später die Meteopoetologie entwickeln sollte, gehörte deshalb in ganz grundsätzlicher Weise nicht zu den Aufgaben der Dichtung. Die Poesie seit dem 16. Jahrhundert gründete ihre Wetterdarstellungen in anerkanntem Wissen und lud die Darstellungen oft so stark metaphorisch oder symbolisch auf, dass die übertragenen Sinn- und Bedeutungsschichten alle weiteren sprachlichen Funktionen, allen voran die der Referenz, überstrahlten. Dabei ging es der Poesie um die von der Rhetorik versprochene Steigerung der Wirkungseffekte von Redeweisen, die auch außerhalb der Dichtung üblich waren.

Die frühneuzeitliche Dichtkunst praktizierte damit eine Meteopoetik, ohne diese als solche explizit auszuformulieren. Konstitutiv für die Meteopoetik dieser Entwicklungsphase war damit, dass sie sich dem Gegenstand ›Wetter‹ mit literarischen Mitteln näherte, die sie unabhängig von diesem entwickelte und die von diesem nicht verändert wurden.[8] Um 1800 verloren sowohl die ontologische Fundierung der Sprache als auch das rhetorische System der Wirkungsweisen ihre Gültigkeit. Die Pragmatik verschiedener Redeweisen vom Wetter wurde dadurch von ihrer Rückbildung an äußere Absicherungen abgeschnitten und entwickelte sich zu einem eigenständigen sozialen Tatbestand. Darauf reagierte die Meteopoetik mit einer neuen Ausrichtung. Sie imitierte in der Folge die verschiedenen gesellschaftlich geläufigen Redeweisen vom Wetter und ließ deren Sozialpragmatik auffällig werden. Im Laufe des 19. Jahrhunderts bildeten sich dann im Zuge dessen verschiedene Grundmodi der Meteopoetik heraus. Gemeinsam war ihnen, dass die Meteopoetik jeweils die Kommunikation über das Wetter mit Blick auf ihre sozialen Bedingungen ausstellte. Oftmals als Satire angelegt, zog die Meteopoetik das Halbwissen und die Wichtigtuerei wirklicher oder vermeintlicher Wetterkundler ins Lächerliche. Häufiger aber befasste sie sich mit alltäglichen Redeweisen vom Wetter oder imitierte sie mit der Erzählstimme.

---

8 Vgl. Jayne Elisabeth Lewis: Air's Appearance. Literary Atmosphere in British Fiction 1600–1794. Chicago/London 2011; David H. Lewis: The Sky in Early Modern English Writing (1572–1620), London 2015.

Mit der verstärkten Hinwendung der Literatur zur Darstellung von Alltäglichkeit nahmen Plaudereien über das Wetter immer größeren Raum ein, was sich im Roman, aber auch im Drama besonders prägnant zeigte. Henrik Ibsen etwa parodierte in *Kjærlighedens Komedie* (*Komödie der Liebe*, 1862) den Einsatz von Wetter als billigen Stimmungseffekt in der Lyrik, aber auch die belanglosen Gespräche des Bürgertums. Noch mehr Raum nahm das Reden übers Wetter in Anton Tschechows Drama *Tri Sestry* (*Die Drei Schwestern*, 1901) ein. Gleich in der Anfangsszene unterhalten sich die Schwestern übers Wetter. Sie haben eigentlich nichts zu bereden, sie reden um des Redens willen, und bringen damit ihre enge Vertrautheit und Verbundenheit zum Ausdruck. Im Laufe des Stücks erfährt das Gespräch übers Wetter nachträglich eine weitergehende symbolische Aufladung, wodurch es sich als exemplarisch für die ganze Lebenssituation der drei Schwestern erweist. In der kleinen Garnisonsstadt herrscht »gesundes, gutes slawisches Klima«,[9] und die Tagesläufe sind stark von den Gegebenheiten der Witterung bestimmt. Deshalb prägt das Wetter dort auch nachhaltig die Zeiterfahrung. Aber nicht das allein, ihr ganzer Lebenslauf scheint sich der Veränderung der Witterung als einem Naturgeschehen anzunähern: es scheint zufällig, ziellos und sinnlos. Das Leben bleibt zwar auf kurze Sicht so überraschend wie das Wetter, doch wiederholen sich die Lebensalter in jeder Generation, die geboren wird und stirbt, wie die regelmäßigen Veränderungen des Klimas unter dem Jahr. Maschas Frustration wächst im Laufe des Stücks, sie begehrt gegen die Sinnlosigkeit auf, ein Ausbruchsversuch scheitert aber letztlich. Sie konstatiert die Sinnleere ihres Lebens in der Provinz mit den Worten: »Da lebt man hier in einem Klima, wo es jeden Augenblick anfangen kann zu schneien, und dann noch diese Gespräche ... «[10] Am Ende des Stückes gelingt es einzig Irina, der jüngsten Schwester, nach Moskau aufzubrechen. In der Großstadt vollzieht sich das Leben nicht nur weitgehend unabhängig von der Witterung, Irina hofft auch, dort als Lehrerin einen Sinn für ihr Leben zu finden. Als sie noch mit der Entscheidung wegzugehen ringt, äußert sie bereits: »wenn ich in Moskau lebte, wäre mir das Wetter gleichgültig ... «[11] Tschechows Stück ist insofern meteopoetisch zu nennen, als die Figuren mit ihrer Rede übers Wetter zu Beginn ihre gedrückte Stimmung, aber ebenso ihre Langeweile und ihre Nähe zueinander charakterisieren. Die Wetter-Gespräche im Fortgang des Stücks verleihen dem alltäglichen Gespräch eine stärkere Exemplarität, indem sie es auf die Provinzialität der Situation und die daran gebundene Zeiterfahrung hin durchsichtig machen. Zuletzt überhöhen die späteren

---

9 Anton Tschechow: Die drei Schwestern. Drama in vier Akten, übers. von Marianne Wiebe, in: ders.: Der Kirschgarten. Dramen, München 2014, 367–451, hier: 379.
10 Ebd., 438.
11 Ebd., 404.

Kommentare der Schwestern die Sinnleere der Rede übers Wetter in existenzielle Dimensionen: Das Drama stellt über die Wetterthematik die Frage, wie Frauen ihr Leben zu Beginn des neuen Jahrhunderts eigenständig bestimmen können.

Literarische Meteorologie

Mit den Schriften von Jean-André Deluc und Horace-Bénédict de Saussure setzte sich gegen Ende des 18. Jahrhunderts eine Wetterlehre durch, die mit systematischer Beobachtung, präzisen Messungen, methodisch geleiteter Auswertung der Daten und übergreifenden Erklärungsansätzen ›Wetter‹ als ein kontinuierliches, prinzipiell globales Phänomen etablierte – und sich dabei grundlegende physikalische Einsichten des 17. und 18. Jahrhundert zunutze machte.[12] Bis 1780 hatten lokale und unsystematische Beobachtung sowie intuitive Deutung die Auslegung meteorologischer Phänomene beherrscht. Nun traten an deren Stelle stärker standardisierte Aufzeichnung, exakte Messung, Zeitreihenbildung und statistische Auswertung, die mit Hilfe von zu regionalen Netzwerken verbundenen Wetterstationen möglich wurden.[13] Parallel zu diesen Entwicklungen im Feld der wissenschaftlichen Wetterkunde bildete sich allmählich ein Wissensfeld heraus, das man Literarische Meteorologie nennen kann. Literarische Texte wandten sich im Laufe des 18. Jahrhunderts zunehmend der sinnlichen Erfahrung, den Eigenwelten der Gefühle und der Imagination zu und fanden dafür neue Ausdrucksformen, Schreibweisen und Textformate. Dieser im doppelten Sinne ästhetische Zugang, der die Literatur als Medium sinnlicher Erfahrung sowie im Kontext des Vergleichs der Künste und der daraus ableitbaren Theorien begründete, ermöglichte es auch, das Wetter mit Blick auf epistemologische, praxeologische und poetologische Fragestellungen darzustellen. Literarische Texte bemühten sich nun vermehrt um die getreue sprachliche Wiedergabe transitorischer und flüchtiger Phänomene wie der Wolken oder des Windes. Sie ergründeten in der genauen Wie-

---

12 Vgl. Horace-Bénédict de Saussure: Essai sur l'hygrométrie, Neuenburg 1783; ders.: Voyages dans les alpes, 4 Bde., Genf 1779–1796; Jean-André Deluc: Nouvelles idées sur la météorologie, 3 Bde., London 1786–87.
13 Vgl. Vladimir Janković: Reading the Skies. A Cultural History of English Weather (1650–1820), Chicago/London 2000; Jan Golinski: British Weather and the Climate of Enlightenment, Chicago/London 2007; Linda Richter: Semiotik, Physik, Organik. Eine Geschichte des Wissens vom Wetter (1750–1850), Frankfurt a. M./New York 2019. Vgl. dazu auch die Quellentextsammlung von Karl Schneider-Carius (Hrsg.): Wetterkunde, Wetterforschung. Geschichte ihrer Probleme und Erkenntnisse in Dokumenten aus drei Jahrtausenden, Freiburg i. Br./München 1955.

dergabe ihrer Transformationen die phänomenalen Eigenheiten solcher Gebilde, und sie beschäftigten sich mit den Auswirkungen von Wetterereignissen und -einflüssen auf das Handeln von Menschen und deren Verhältnis zur Umwelt und Gesellschaft. Nicht zuletzt bedachten sie die Konsequenzen von Wetterbeobachtung und -erfassung für ihre eigenen Verfahren und erkannten in den eigentümlichen Vorgängen der Atmosphäre Analogien zu dichterischer Sprachhandhabung.[14]

Texte, die sich ihren Verfahren nach der Literarischen Meteorologie zuordnen lassen, beziehen sich zugleich auf die Phänomenalität des Wetters und auf die Bestände des wissenschaftlichen meteorologischen Wissens, und sie erheben den Anspruch, einen epistemologisch relevanten Beitrag zum Wetterwissen zu leisten, der sich in ein Verhältnis zum wissenschaftlichen Wissen setzt. Texte einer Literarischen Meteorologie interessieren sich mithin entschieden für Probleme der wissenschaftlichen Erforschung atmosphärischer Phänomene. Dabei sucht die Literatur in wechselnden Konjunkturen Allianzen mit der wissenschaftlichen Erforschung der Atmosphäre, tritt aber auch in Konkurrenz zu ihr oder wendet sich ganz von der Meteorologie ab und beansprucht eigene Erkenntnismöglichkeiten. Diese Auseinandersetzung mit dem Wetterwissen wird eine solche Literatur oft zur Reflexion der eigenen Darstellungsintentionen, -bedingungen und -möglichkeiten führen, womit Literarischen Meteorologien dann auch ein poetologischer Aspekt zukommt.

Goethe und vor allem Stifter sind zwei Autoren, die dieses Feld mit ihren Texten in seinem vollen Umfang ausschreiten. So erprobte Goethe in seinen frühen Gedichten, etwa in *Ganymed* oder *Wandrers Sturmlied* bzw. *Wandrers Nachtlied*, Wettererscheinungen wiederholt als vermittelnde Instanzen zwischen Subjektpositionen und sprachlich gestalteten Objekten. Auch in den Briefen von seiner zweiten Schweizer Reise von 1779 und im Tagebuch der Italienreise aus dem Jahr 1786 finden sich zahlreiche Wetterbeobachtungen und daran anschließende allgemeinere Reflexionen.[15] Ab 1815 intensivierten sich die meteorologischen Beschäftigungen: Goethe war involviert in die landesfürstliche Anlage einer meteorologischen Station auf dem Ettersberg bei Weimar, und er be-

---

14 Vgl. dazu ausführlich Michael Gamper: Der Mensch und sein Wetter. Meteo-Anthropologie der Lyrik nach 1750, in: Zeitschrift für Germanistik 23/1 (2013), 39–57; Urs Büttner: Die Subversion der Naturästhetik im Lehrgedicht. Zu den Wetterdarstellungen in Albrecht von Hallers ›Die Alpen‹, in: Evi Zemanek (Hrsg.): Ökologische Genres. Naturästhetik – Umweltethik – Wissenspoetik, Göttingen 2010, 57–72; Thomas H. Ford: Wordsworth and the Poetic of Air. Atmospheric Romanticism in a Time of Climate Change. Cambridge u. a. 2018.
15 Stellvertretend für die reiche Forschungsliteratur seien hier genannt: Mark Sommerhalder: »Pulsschlag der Erde!« Die Meteorologie in Goethes Naturwissenschaft und Dichtung, Bern u. a. 1993; Manfred Wenzel, Mihaela Zaharia: Schriften zur Meteorologie, in: Manfred Wenzel (Hrsg.): Goethe-Handbuch, Supplemente 2: Naturwissenschaften. Stuttgart/Weimar 2012, 206–224.

schäftigte sich mit Luke Howards Schrift über die Wolkenklassifikation von 1803. Daran anschließend erstellte er eigene Wolkendiarien, in denen er sich um die sprachliche Aufzeichnung der ephemeren, ständig in Bewegung befindlichen und feinstofflichen Phänomene bemühte. Und er publizierte eine Gedichtfolge zu Ehren von Howard (*Howard's Ehrengedächtnis*, 1820/1), in der er die Bedeutung der wissenschaftlichen Leistung des englischen Forschers herausstrich, aber auch die genuine Aufgabe des Künstlers in diesem Kontext bestimmte. Denn dieser sollte, ausgehend von der starren begrifflichen Unterscheidung, den Wettergegenständen ihre Lebendigkeit zurückgeben, indem er sie im Übergänglichen zu fassen, fühlen und bilden versuchte.[16] Schließlich verfasste Goethe 1825 den *Versuch einer Witterungslehre*, mit dem er sich in eigenwilliger Weise an der meteorologischen Theoriebildung beteiligte. Oszillieren Goethes Texte noch zwischen der innersprachlichen Nachbildung der Referenzen und der Eigenlogik der Sprache, orientiert sich Stifter stärker zur Referenzialität hin. Während Goethes Literarische Meteorologie einen Schwerpunkt im Bereich der Epistemologie und der Poetologie des Wetters setzt, schreibt Stifter aus einem ausgeprägten Interesse für die praxeologischen Effekte des Wetters heraus. Zudem entwickelt Stifter seine Literarische Meteorologie entschieden mit narrativen Mitteln: In seinen Erzählungen wie *Das Haidedorf*, *Bergkristall* oder *Kazensilber* stehen jeweils ungewöhnliche Wetterereignisse – ausbleibender Regen, ein Schneesturm und ein Hagelgewitter – im Zentrum, welche die Figuren in existenzielle Bedrohungen führen, Dramen des Wissens und Nicht-Wissens hervorrufen und in den Subjekten und im Sozialgefüge einschneidende Veränderungen hinterlassen. Andere Erzählungen Stifters wie *Feldblumen* und *Nachkommenschaften* setzen sich wiederum mit der Bedeutung der ästhetischen Flüchtigkeit von Wettermomenten wie Dunst, Nebel oder Regen für die künstlerische Objektwahrnehmung auseinander und bedenken sie in grundsätzlicher Weise in Hinsicht auf die Darstellungsmöglichkeiten und -bedingungen der Künste. Umfassend bietet Stifter die ganze Fülle seiner Literarischen Meteorologie dann in *Der Nachsommer* auf. Der Roman diskutiert die Wetterprognose hinsichtlich ihrer wissenschaftlichen Wertigkeit, veranschaulicht aber überdies, wie die Verfügung über Wetterwissen zutiefst in die persönliche Lebensführung der Protagonisten eingreift und die Repräsentation atmosphärischer Dinge einen wesentlichen Aspekt der ästhetischen Debatten bildet.[17]

---

16 Christian Begemann: Wolken. Sprache. Goethe, Howard, die Wissenschaft und die Poesie, in: Gerhard Neumann, David E. Wellbery (Hrsg.): Die Gabe des Gedichts. Goethes Lyrik im Wechsel der Töne, Freiburg i.Br. 2008, 225–242.
17 Vgl. im Überblick Michael Gamper: Art. ›Meteorologie/Wetter‹, in: Christian Begemann, Davide Giuriato (Hrsg.): Stifter Handbuch. Leben – Werk – Wirkung, Stuttgart 2017, 253–257.

Nach dieser ersten ›heroischen‹ Phase der Literarischen Meteorologie stellten sich im Bereich der Literatur und der wissenschaftlichen Meteorologie Veränderungen ein, die auch die Ausrichtung der Literarischen Meteorologie neu orientierten. Die Spannung zwischen Referenzialität und Eigenlogik der literarischen Sprache, die Goethe noch in der Balance zu halten vermochte, scheint sich bis zur Mitte des 19. Jahrhunderts derart gesteigert zu haben, dass es zunehmend unmöglich schien, beiden Polen gleichermaßen gerecht werden zu können,[18] und auch innerhalb der Meteorologie war das Verhältnis von Objekterklärung und Eigenlogik der Disziplin enger und damit die allgemeine Verständlichkeit schwieriger geworden. Riesige Mengen von empirisch erhobenen Wetterdaten, gemessen in über den ganzen Globus verteilten Zeitreihen, wurden in statistisch-probabilistischen und später physikalischen Modellen verarbeitet. Vor allem die Zyklonentheorie erlaubte es, ›Wetter‹ als planetarisch zirkulierendes Phänomen zu konzipieren und hydro- und thermodynamische Zusammenhänge unter Zuhilfenahme von synoptischen Karten und mathematischer Formelsprache zu verstehen.[19] Diese erhöhte Selbstbezüglichkeit nahm die Meteorologie spätestens seit der Mitte des 19. Jahrhunderts zur Grundlage, Alleinvertretungsansprüche für die Erkenntnis des Wetters zu erheben. Diese wurden gestützt durch massive Erweiterungen in infrastruktureller und konzeptueller Hinsicht. Ab 1850 wurden der umfassende Ausbau von Stationsnetzwerken und die europa-, später weltweite Verkabelung mit Telegrafenleitungen vorangetrieben, und die erhobenen Daten wurden in staatlich geförderten Zentralinstitutionen zusammengeführt und ausgewertet. Eigene Fachverbände wurden gegründet, und es folgte die Anerkennung als vollwertige akademische Disziplin um die Jahrhundertwende.

Die Literarische Meteorologie reagierte auf die Professionalisierung der wetterkundlichen Forschung, indem sie sukzessive die Bemühungen aufgab, eine Allianz mit der Wetterkunde mit wissenschaftlichen Ansprüchen zu suchen. Sie

---

18 Vgl. Oliver Grill: Die Wetterseiten der Literatur. Poetologische Konstellationen und meteorologische Kontexte im 19. Jahrhundert, Paderborn 2019.
19 Vgl. Gisela Kutzbach: The Thermal Theory of Cyclones. A History of Meteorological Thought in the Nineteenth Century, Lancaster 1979; Robert Marc Friedman: Appropriating the Weather. Vilhelm Bjerknes and the Construction of a Modern Meteorology, Ithaca u.a 1993; Frederik Nebeker: Calculating the Weather. Meteorology in the 20th Century, San Diego u. a. 1995; Kathrine Anderson: Predicting the Weather. Victorians and the Science of Meteorology, Chicago/London 2005; Gary Alan Fine: Authors of the Storm. Meteorologists and the Culture of Prediction, Chicago/London 2007; Kristine C. Harper: Weather by the Numbers. The Genesis of Modern Meteorology, Cambridge u. a. 2008; Phaedra Daipha: Masters of Uncertainty. Weather Forecasters and the Quest for Ground Truth, Chicago/London 2015; Peter Moore: The Pioneers who sought to see the Future, New York 2015; Deborah R. Coen: Climate in Motion. Science, Empire, and the Problem of Scale, Chicago/London 2018.

nahm nun zunehmend die Position der Kritik ein, indem sie die wissenschaftlichen Erkenntnisansprüche in Zweifel zog und deren Alleinvertretungsansprüche zurückwies. Ihre Strategie bestand nun darin, die Erkenntniskraft der Meteorologie zu delegitimieren, um im Zuge dessen ihre eigene Erkenntniskraft aufzuwerten. Ein frühes Beispiel für die Umstellung der Literarischen Meteorologie auf Kritik bildet Jean Pauls Satire *Der allzeit fertige oder geschwinde Wetterprophet* von 1816, worin er zeigt, dass die Prognosen eines Wetterpropheten zwar eine höchst fragwürdige epistemologische Grundlage haben, es um die Vorhersagen auf wissenschaftlicher Grundlage aber kaum besser bestellt ist. Die Literarische Meteorologie bleibt jedoch nicht bei negativer Wissenschaftskritik stehen, vielmehr erkundet sie Erkenntnismöglichkeiten, die im blinden Fleck der Wissenschaften liegen. Jean Pauls Text erwähnt zwar die Probleme der Wetterprophetie, er arbeitet aber auch deren Berechtigung als eigenständiges Wissensdispositiv neben der wissenschaftlichen Wetterkunde heraus. Überdies zeigt er, wie in der Wetterprophetie der ganzheitlich-sinnliche Eindruck des Wetters erhalten bleibt und entdeckt so eine Nähe zur literarischen Ästhetik.[20]

Durch mathematische Entwicklungen, die eine geometrische Lösung der nicht-linearen Gleichungssysteme der Strömungsmechanik erlaubten, war es bis zum Ende des Ersten Weltkriegs gelungen, die Bewegungen der Atmosphäre physikalisch beschreibbar zu machen, so dass nun prinzipiell die Möglichkeiten zur Vorausberechnung des Wetters gegeben waren. Eine Vergrößerung der Datenbasis durch Messungen in höheren Luftschichten mit Hilfe von Ballons und Flugzeugen seit den 1920er Jahren und die Entwicklung des Computers in den 1930er und 1940er Jahren stellten aber erst die Grundlagen dafür bereit, dass solche Berechnungen konkret und auch im Voraus möglich wurden. Die Meteorologie erfüllte nun weitgehend die Ansprüche an eine moderne Naturwissenschaft, wenn auch die Komplexität ihrer Gegenstände weiterhin die Gültigkeit ihrer Erkenntnisse und Ergebnisse, etwa bezüglich der Vorhersage oder gar der Steuerung des Wetters, beschränkt blieben.[21] Die Literarische Meteorologie wiederum verschob ihr Interesse hin zum Nicht-Wissbaren, zu den Möglichkeitsräumen im toten Winkel der Wissenschaft. Dabei reflektierte sie die praktischen, aber auch ethischen und politischen Folgen des Umgangs mit erkanntem Nicht-

---

20 Vgl. Urs Büttner: Meteorologie, in: Benjamin Bühler, Stefan Willer (Hrsg.): Futurologien. Ordnungen des Zukunftswissens, Paderborn 2016, 405–415.
21 Vgl. Olivier Darrigol: Worlds of Flow. A History of Hydrodynamics from the Bernoullis to Prandtl, Oxford u. a. 2009; Leonard A. Smith: Chaos, Stuttgart 2010; Gabriele Gramelsberger: Computerexperimente. Zum Wandel der Wissenschaft im Zeitalter des Computers, Bielefeld 2010; Paul N. Edwards: A vast Machine. Computer Models, Climate Data, and the Politics of Global Warming, Cambridge/London 2013.

Wissen für Menschen und Menschheit.²² Daraus ergibt sich, dass, eher ungewöhnlich für Konstellationen von ›Literatur und Wissen‹, die Literarische Meteorologie keine Erscheinung allein eines vordisziplinären Entwicklungsabschnitts und des frühen Verwissenschaftlichungsprozesses geblieben ist. Vielmehr behauptet die Literarische Meteorologie auch nach ihrer ›heroischen‹ Phase, durchaus begünstigt von den weiterhin bestehenden epistemologischen Einschränkungen der Meteorologie, ein Eigenrecht und einen Eigenwert der ästhetischen Erkenntnis des Wetters neben demjenigen der Meteorologie. Damit beansprucht sie weniger, der wissenschaftlichen Erkenntnis Konkurrenz zu machen, als vielmehr, dieses Wissen zu komplementieren. Dadurch ist es der Literarischen Meteorologie gelungen, als Schreibmodell bis in die Gegenwart lebendig zu bleiben. Zu beobachten ist dabei, dass Autor*innen ihre Figuren vermehrt in entlegenere Weltgegenden entsenden wie etwa Christoph Ransmayr mit seinem *Atlas eines ängstlichen Mannes* von 2012 oder Raoul Schrott mit *Erste Erde* von 2016. Beide Bücher erkunden extreme Klimate mit Blick auf Räume, die sich der wissenschaftlich-technischen Kontrolle durch die Meteorologie möglicherweise entziehen. Dabei reflektieren sie kritisch das Versprechen, dort einen unentfremdeten Naturzugang gewinnen zu können. Ransmayrs Miniaturen nehmen häufiger den Gestus der Wiederholung erster Entdeckungsfahrten an, verknüpft mit dem Versuch, deren Erfahrungen des ›ersten Blicks‹ wiedererlangen zu können. Schrott hingegen kontrastiert seine phänomenologische Ästhetik mit der Vielfalt unterschiedlicher Erkenntnisformationen, die den Witterungserscheinungen anhaften. Dabei stellt er Mythen indigener Völker neben Klimageschichte und Meteorologie, und er reflektiert die Sinnlichkeit der Eindrücke sowie Erfahrungsstandpunkte, aber auch mediale Vermittlungen und Modellierungen. In seinem Bestreben, die gesamte Wissensgeschichte und die eigene Erfahrung der Witterungsphänomene zu präsentieren, verweist er deutlich auf das Vorbild von Alexander von Humboldts *Kosmos*.

Im Zeichen des Klimawandels gewinnt die Literarische Meteorologie in der Gegenwart darüber hinaus in veränderter Gestalt eine neue Konjunktur. War die vom Menschen verursachte Erderwärmung bereits seit Beginn des 20. Jahrhunderts als wissenschaftliche Hypothese im Gespräch, trat sie in den 1980er Jahren auch mehr und mehr in den öffentlichen und politischen Diskurs ein, und die heutige Gegenwart ist weithin durch die ›Klimakrise‹ charakterisiert.²³ Seit den 2000er Jahren reagierte auch die Literatur vermehrt auf die Bedrohung, die von der globalen Erderwärmung ausgeht. Dadurch bildete sich ein eigenes

---

22 Vgl. dazu Urs Büttner, Dorit Müller (Hrsg.): Climate Engineering. Imaginationsgeschichten künstlichen Klimas, Berlin 2021.
23 Vgl. Spencer R. Weart: The Discovery of Global Warming, Cambridge/London 2008; Rupert Darwell: The Age of Global Warming. A History, London/Boston 2013.

Genre heraus, das unter dem Namen *Climate Change Fiction*, kurz *Cli-Fi*, kanonisiert wurde.[24] Dieses Genre schildert das Wetter vor der Folie der Erwartung einer Veränderung des ganzen Wettersystems. Es bezieht mithin seine poetische Dynamik aus dem Abgleich von einzelnen Wetterereignissen mit dem gewohnten Klima, und es nimmt dabei sowohl die kritische als auch die wissensproduzierende Funktion der Literarischen Meteorologie wieder auf.

Meteopoetologie

Erste und vereinzelte Tendenzen, aus den Wetterereignissen selbst oder den Terminologien und Praktiken der Meteorologie Konsequenzen für die eigenen poetischen Verfahren abzuleiten, lassen sich schon im 18. Jahrhundert beobachten. So stehen etwa Klopstocks auffällig intensive Thematisierung verschiedener Abstufungen der Luftbewegungen vom Sturm bis hin zum sanften Säuseln in seiner Lyrik in engem Zusammenhang mit seinen Auseinandersetzungen um den Zusammenhang von metrischer und affektiver Bewegung und gehen in diese ein. Wie bei Klopstock müssen meteopoetologische Texte ihr Textverfahren nicht eigens im Text selber ansprechen.[25] Ihre poetologische Dimension erhalten sie durch das Ausstellen ihrer ästhetischen Künstlichkeit, die sich bis zur expliziten Reflexion der Poetik steigern kann. Die Artifizialität des Wetters kann in narrativen Genres auch durch Manipulation des Plots literarisch produziert und intensiviert werden und die Erzählweise affizieren, wodurch die Wetterphänomene markiert erscheinen. So kann das literarische Wettergeschehen gegen alltägliche Witterungsverläufe verstoßen, etwa wenn sich plötzlich der sonnenstrahlende Himmel verfinstert, weil der Bösewicht naht. In diesem Fall erweist sich das Wetter als kohärenzverstärkend mit

---

24 Vgl. dazu ausführlich Adam Trexler: Anthropocene Fictions. The Novel in a Time of Climate Change, Charlottesville/London 2015; Axel Goodbody, Adeline Johns-Putra (Hrsg.): Cli-Fi. A Companion, Oxford u. a. 2019; Adeline Johns-Putra: Climate Change and the Contemporary Novel, Cambridge u. a. 2019. – Zeitlich gestaffelt lassen sich drei Subgenres der *Cli-Fi* unterscheiden: a) in ferner Zukunft angesiedelte Schilderungen katastrophischer Unwetter und dystopischer Welten, in denen die Menschheit ums Überleben kämpft oder bereits weitgehend ausgelöscht ist; b) in näherer Zukunft angesiedelte ›Risiko-Narrative‹, in denen sich erste Anzeichen des Klimawandels bereits zeigen, die sich oftmals als Weckruf an die Leser*innen der Gegenwart verstehen, das Eintreten einer solchen Zukunft zu verhindern; c) in der Gegenwart oder der Vergangenheit angesiedelte Erzählungen, welche die alltägliche Erwartung des Klimawandels vor Augen stellen oder literarische Archive der im Verschwinden begriffenen gewohnten Wetterverläufe und Jahreszeiten anlegen.
25 Vgl. Michael Gamper: Der Mensch und sein Wetter. Meteo-Anthropologie der Lyrik nach 1750, in: Zeitschrift für Germanistik 23/1 (2013), 79–97.

weiteren Organisationsverfahren des Textgewebes verflochten. Oder die Wetterdarstellung kann Kohärenzerwartungen zwar anspielen, sich ihnen aber durch einen letztlich kohärenzmindernden Bezug entziehen, so etwa, wenn die Witterung in ihrer aufdringlichen Thematisierung eine symbolische Bedeutung verspricht, diese sich aber nicht realisiert und rätselhaft ein leeres Versprechen bleibt, oder wenn scheinbare Vorausdeutungen der Handlung durch das Wetter enttäuscht werden. In dieser Weise verwandeln sich meteopoetische Funktionen in meteopoetologische.[26]

Genuine meteopoetologische Positionen ergeben sich durch die Adaption und Verwandlung der Wettersemantik in eine Reflexion der Poetik selbst. Solche poetologischen Reflexionen über Wetterereignisse konkretisieren und intensivieren sich seit dem 19. Jahrhundert und finden in Charles Baudelaire einen ersten Meister der Meteopoetologie. So wird etwa in seinen *Fleurs du Mal* von 1857 in dem Gedicht *Élévation* »l'existence brumeuse«, das »nebeldüstre[ ] Dasein«, zu einem Teil der Welt des großstädtischen ›Spleen‹, jenes subjektiven Abgrunds der »ennuis« und der »vastes chagrins«, der inneren Wüste der »Sorgen und des ungeheuren Grams«.[27] Eigentümlich an der Meteopoetologie ist, dass sie zwar Wörter und Begriffe aus dem Bereich der allgemeinen Rede übers Wetter und der Wetterkunde verwendet, diese aber vom wissenschaftlichen Kontext und auch vom Verweis auf reale Vorgänge in der Atmosphäre abkoppelt – um sie einzig als Sprachmaterial für die eigenen dichterischen Konstruktionen zu benutzen und ihnen Bedeutung allein im Rahmen der poetischen Verfahren zuzuweisen. Praxeologische und epistemologische Wirkungen nimmt die Meteopoetologie bisweilen in Kauf, sie konzentriert sich aber auf die poetologische Qualität der verwendeten Ausdrücke.

In besonders markanter Form lässt sich das am Gedicht *Paysage* beobachten. Dort berichtet ein Ich im Futur I davon, wie es sich in seiner Mansarde seine »feierlichen Lobgesänge« (»hymnes solennels«) durch den Wind (»par le vent«) zutragen lassen will, und wie »lieblich« es sei, durch den Nebel und den Kohlerauch hindurch die Vermischung von technisch erzeugten und natürlichen Lichteindrücken zu beobachten. Am Ende der zweiten Strophe dann verkündet es, bei Winteranbruch »allenthalben Vorhänge und Läden dicht [zu]

---

26 Vgl. Friedrich Christian Delius: Der Held und sein Wetter. Ein Kunstmittel und sein ideologischer Gebrauch im Roman des bürgerlichen Realismus [1971], Göttingen 2011 und dazu Urs Büttner: Poetik der (In-)Kohärenz. Zur literarischen Meteorologie von Raabes ›Chronik der Sperlingsgasse‹, in: Jahrbuch der Raabe-Gesellschaft 57 (2016), 74–93, hier: 74f.
27 Charles Baudelaire: Sämtliche Werke und Briefe. In acht Bänden, hrsg. von Friedhelm Kemp und Claude Pichois in Zusammenarbeit mit Wolfgang Dorst, München/Wien 1975, Bd. 3: Les Fleurs du Mal/Die Blumen des Bösen, 66 f.

verschließen, um meine Feen-Schlösser in der Nacht zu bauen«. Die letzte Strophe, eine exemplarische Schreibszene sich autonomisierender Poesie, beschließt das träumende Ich mit der Evokation des Frühlings kraft des eigenen Willens: »De tirer un soleil de mon cœur, et de faire / De mes pensers brûlants une tiède atmosphère«.[28] »Eine Sonne aus dem Herzen ziehen und aus den glühenden Gedanken eine laue Atmosphäre machen« – damit vollzieht sich in radikaler Form die Neuschaffung einer alles umhüllenden Luft in der dichterischen Imagination, die sich an den Effekten des realen Wetters und seiner zivilisatorischen Durchbildung inspiriert, sich aber auch vollständig von ihr gelöst hat.[29]

Diese besonders prägnante Szene der Meteopoetologie präludiert eine Tendenz der modernen Literatur, Diskurse, Begriffe, bisweilen auch Sprachfetzen aus dem Bereich der Meteorologie und der allgemeinen Rede übers Wetter als Stoff für die dichterischen Eigenwelten zu benutzen. Komplementär zur Verwissenschaftlichung der Meteorologie, die mit Modellbildung und Präzisierung ihrer Berechnungen einhergeht, haben sich auch in der Literatur autonomistische Poetiken in großer Diversität und mit hoher Komplexität ausgebildet. So hat die Meteopoetologie vor allem im Bereich von Poetiken, die mit dem Realismus brechen, literarisch Karriere gemacht. Das Interesse gilt dabei oft den Stimmungsqualitäten der Atmosphäre, die jenseits der festgeschriebenen Typologien und topischen Referenzen der Trivialliteratur literarisch neu erschlossen wird. So changiert die Darstellung atmosphärischer Phänomene in Nora Gomringers Band *Klimaforschung* von 2006 zwischen sinnlichem Eindruck und Symbolcharakter, ohne dass sich Bedeutungen klar und widerspruchsfrei bestimmen ließen. Ferner scheint die instabile Referenz der sich stetig wandelnden Phänomene der Atmosphäre poetisch von Reiz, weil sie einer nicht-signifikativen Sprachverwendung vorzuarbeiten scheinen. Am Ende von Uwe Timms Kolonialroman *Morenga* (1978) finden sich Überlegungen in dieser Hinsicht. Das Kontingenzmoment des Wetters wiederum ist für Poetiken der Unwahrscheinlichkeit anziehend. David Mitchells *Cloud Atlas* (2004) wäre hierfür ein Beispiel, dessen Titel auf meteorologische Wolkenatlanten zurückgeht, die versuchen, die flüchtige Vielfalt von Wolkengestalten auf bestimmte Typen zurückzuführen. Mitchells Roman stellt mittels der Erzählung vage miteinander verknüpfter Geschichten die Frage, ob Chaos auf eine Ordnung hin durchsichtig gemacht werden könne oder ob die vermeintliche Ordnung nur Schein sei.

---

28 Ebd., 220 f.
29 Vgl. Arden Reed: Romantic Weather. The Climates of Coleridge and Baudelaire, Hanover, N.H. 1983, bes. 231–252 und 287–314; André Weber: Wolkencodierungen bei Hugo, Baudelaire und Maupassant im Spiegel des sich wandelnden Wissenshorizonts von der Aufklärung bis zur Chaostheorie, Berlin 2012, 276–278.

Zum Aufbau des Bandes

Der vorliegende Band erprobt die Tragfähigkeit der Dreier-Typologie der literarischen Wetterdarstellung an Beispielen. Dabei wird deutlich werden, dass literarische Texte selten einem Typus in Reinform zugeordnet werden können. Viele Dichtungen verwenden zwar oftmals bevorzugt eines der Verfahren, doch prägen sie häufig ihre spezifische Gestalt nachgerade dadurch aus, dass sie zwei oder alle drei der Spektrenfelder in ein Wechselspiel bringen. Deshalb lässt sich eine literaturgeschichtliche Darstellung literarischer Wetterdarstellung nicht mit derselben Systematik anlegen wie der literaturtheoretische Grundriss der Typologie. Da eine Strukturierung der Literaturgeschichte anhand der drei Typen daher nicht möglich ist, bietet es sich an, zwei Entwicklungslinien zu verfolgen, die für alle drei Verfahren zentral sind: zum einen unter Bezug auf die Frage nach dem Zeichencharakter der Witterung (Epistemologie und Poetologie), zum anderen nach dem menschlichen Handeln unter Bedingungen der Kontingenz des Wetters (Praxeologie).

Der Beitrag von *Johannes Ungelenk* eröffnet diesen Band, indem er die Meteopoetik im Zeitalter der Episteme der Ähnlichkeit skizziert und diese an verschiedenen Dramen William Shakespeares erläutert. Shakespeares Meteopoetik bewegt sich auf Höhe des naturphilosophischen Diskurses seiner Zeit, treibt jedoch deren Darstellungsweisen nicht wesentlich weiter. Ihre Qualitäten entwickelt Shakespeares Poetik, wo sie die Kontingenz und die physische Wirkung des Wetters zur eigenen Handlungsmacht erhebt. Wenn die Figuren sich der Wettermacht aussetzen, verstärken sich dadurch Ungleichgewichte ihrer Temperamente. Insofern wird das Wetter typisch für die offene Dramenform zur eigenen Handlungsgröße, mit der die Akteure interagieren, wodurch es an der Handlung beteiligt wird. Shakespeare entgrenzt dieses Konzept über die Bühne hinaus, sodass das Wetter gleichermaßen auf die *dramatis personae* einwirkt wie das Stück geradezu physisch das Publikum zu affizieren sucht.

Während in Ungelenks Beitrag die Handlungsdimension im Vordergrund steht, treten mit der ästhetischen Fundierung der Dichtung im 18. Jahrhundert epistemologische und poetologische Fragestellungen hinzu. *Jana Schuster* zeigt dies, indem sie unterschiedliche Thematisierungen des Luftwissens in der Lyrik des 18. Jahrhunderts aufzeigt. Sie unterscheidet dabei Brockes' Zugriff, der die Wetterdarstellungen vorwiegend mit einem Interesse an Literarischer Meteorologie betreibt, von demjenigen Klopstocks, der stärker meteopoetologischen Aspekten seine Aufmerksamkeit schenkt, und demjenigen Gessners, der in seiner Idyllendichtung die Meteopoetik im Sinne der anthropologischen Episteme von ihrer rhetorischen Vorprägung zunehmend löst.

Bei Goethe finden sich Zeichencharakter und Handlungsaspekte aufeinander bezogen, wie *Stefan Willer* vorführt. Er beschäftigt sich in seinem Aufsatz mit dem Wetter in Goethes Versdichtung *Hermann und Dorothea*. Dabei zeigt er, wie der Goethe der 1790er Jahre sich zwar der Literarischen Meteorologie annähert, diese anders als zwei Jahrzehnte später aber noch nicht eigenrechtlich entfaltet. In seinem Epos reichert Goethe topische Muster der Hitze zwar mit empirisch präzisen Beschreibungen an, doch nutzt er deren Darstellung maßgeblich als atmosphärische Charakterisierung der bedrückenden Situation der Figuren und der aufgeladenen Zeit nach der Französischen Revolution. Die Wetterprognose des Vaters ist im Epos nicht auf meteorologisches Wissen bezogen, vielmehr werden daran epistemologische Probleme des Zukunftswissens entwickelt. Willer erläutert weiter, wie Aspekte der Literarischen Meteorologie so stark poetologisch akzentuiert werden, dass sie in eine meteopoetologische Funktionalisierung kippen.

Mit der Transformation der Meteopoetik im 19. Jahrhundert setzt sich *John Durham Peters* auseinander. Sein Artikel begründet diesen Wandel durch die Normalisierung des Wetters auf Basis weiträumiger, statistischer Datenverarbeitung, durch die Einzelerscheinungen ihre Signifikanz und Bedeutsamkeit weitgehend verlieren, da Kontingenz probabilistisch eingehegt wird. Literarisch entsprechen dieser Entwicklung prosaische Schreibweisen des Realismus. Beschreibungen des Wetters oder die Wiedergabe von Gesprächen der Figuren über das Wetter in ihrer ganzen Banalität und Langweiligkeit avancieren dadurch zu einer der zentralen Gestaltungsformen von Alltäglichkeit.

Komplementär zu der normalisierten Ereignislosigkeit des Alltags in Peters' Aufsatz befasst sich *Michael Gamper* mit verschiedenen Arten der Störung. Am Beispiel verschiedener Erzählungen Stifters zeigt der Aufsatz, dass Stifter vor allem an den nicht-normalisierbaren Resten von Wetterereignissen interessiert ist. Der österreichische Schriftsteller stellt solche seltenen, aber doch immer wieder vorkommenden Vorgänge ins Zentrum seiner Texte und entwickelt daraus eine Literarische Meteorologie, die gleichermaßen an epistemologischen Problemen der Witterungskunde wie an den lebenspraktischen Konsequenzen dieser Einbrüche des Kontingenten interessiert ist. Demgegenüber erachtet Stifters Zeitgenosse Friedrich Theodor Vischer das Wetter paradigmatisch für jene Einbrüche des Zufalls, die sich der Verwirklichung der Idee des Schönen in den Weg stellen. Vischer entwickelt damit unter negativen Vorzeichen eine Meteopeotologie der Störung, die Walter Benjamin später ins Positive wendet. Benjamin praktiziert eine Meteopoetologie, die das Unkontrollierbare des Wetters zum Sinnbild für die Neuorganisation einer produktiven Lektürereform erhebt.

Nicht nur das Problem der Zufälligkeit des Wetters kann Probleme der Handlungsunsicherheit aufwerfen. Dies geschieht auch, wenn ein bestimmtes Phänomen hinsichtlich seiner Schädlichkeit oder Nützlichkeit befragt wird. *Evi Zemanek* zeigt, wie verschiedene satirische Gedichte in der zweiten Hälfte des 19. Jahrhunderts unsicheres Wissen über das neu entdeckte Gas Ozon aufgreifen. Die Satiren ziehen dabei bestimmte Hypothesen über die Natur des Gases ins Lächerliche, um zu zeigen, wie abwegig diese sind. Dabei streben die Gedichte zwar nicht danach, im Sinne der Literarischen Meteorologie einen eigenständigen Beitrag zum atmosphärischen Wissen zu leisten, doch sind sie in einem praxeologischen Sinne durchaus als ernstgemeinte Wissenskritik anzusehen. In diesem Sinne greifen einige der Oden an das Ozon das Gerede über die sonderbaren Praktiken mit dem Gas auf und entwickeln daraus eine humoristische Meteopoetik. Einige der Gedichte erkunden überdies das Ozon meteopoeologisch in seiner Klanglichkeit als Reimwort.

In *Ursula Kluwicks* Artikel zur Meteopoetik und Meteopoetologie des Nebels in englischen Romanen des 19. Jahrhunderts verbinden sich epistemologische und praxeologische Fragestellungen. Der Beitrag geht dem Zusammenspiel von ästhetischen Aspekten und dem Eingriff des Nebels auf der Handlungsebene nach. Durch die Einschränkung der Sicht und der daraus sich ergebenden Verunsicherung wirkt der Nebel auf die Figuren ein und beeinflusst sie in ihrem Tun. Der Artikel zeigt, dass solche Nebeldarstellungen sich meteopoetologisch wenden lassen, wenn der Nebel über die genannten Funktionen hinaus symbolisch aufgeladen wird, ein Verfahren, das im Übergang der viktorianischen Literatur zum Modernismus zunehmend häufiger verwendet wird.

Marlene Dirschauer führt diese Überlegungen fort, indem sie den Wandel der Wetterdarstellungen im Werk Virginia Woolfs nachverfolgt. Woolfs Romane werten die Agentialität des Wetters weiter auf und steigern sie dadurch zu einer Poetik der Kontingenz. Während der Primat des Wetters in Woolfs frühen Romanen als bewusste Frustration von genretypischen Leser- und Leserinnenerwartungen eingesetzt wird, im mittleren Werk als spielerischer Umgang mit Kontingenz fungiert und durch die dazugewonnenen Freiheiten ein realistisches Erzählen verabschiedet, so unterstreicht in Woolfs letztem Roman ein kathartischer Regen als eigentlicher Akteur die Passivität und Hilflosigkeit des Einzelnen im Angesicht einer drohenden Krise und wird zum emotionalen Katalysator für die Figuren.

Die im europäischen Modernismus vorgeprägten Funktionalisierungen von Wetterdarstellungen finden sich expressiv weiter gesteigert in Romanen des lateinamerikanischen Magischen Realismus. Wie *Ines Theilen* an Romanen von Juan Rulfo und Gabriel García Márquez veranschaulicht, nutzen diese nicht nur das gängige meteopoetische Verfahren, durch Witterungserscheinungen gesellschaftliche Atmosphären zu charakterisieren. Vielmehr greift das Wetter auch als eigene Handlungsgröße wundersam in die menschlichen Geschicke ein und spiegelt so das Erzählverfahren.

Eine analoge Entwicklung zur Diskussion der Handlung im Roman findet sich mit Bezug auf epistemologische Fragen auch in der Lyrik. Auch hier werden selbstreferenzielle Logiken der Poetik dominant gegenüber dem Vorbild der außersprachlichen Wirklichkeit. Dies zeigt der Aufsatz von *David Wachter,* der Paul Celans Meteopoetologie des Schnees in verschiedenen Werkphasen nachzeichnet. Der Artikel weist nach, dass Celan Fachtermini aufgreift und sie remetaphorisiert. Celans Schreiben verwendet dabei die Schnee-Bilder in gängiger Weise als Bilder der Kälte, des Todes, der Reinheit, ferner als Auslöschung der Außenwelt und Wahrnehmungsirritation, zuletzt als Schrift-Bilder. In seiner Werkentwicklung überlagert Celan zunehmend Bildfelder, so dass sie sich stärker von Referenzen des Bildspenders ablösen und innersprachliche Eigendynamiken entwickeln, die sich kaum mehr einsinnig auflösen lassen.

Ein starkes poetologisches Interesse kennzeichnet auch die Wetterdarstellungen W.G. Sebalds. Diese lassen sich jedoch auch referenziell lesen, ohne dabei den Bezugshorizont der Meteopoetologie zu verlassen. So argumentiert *Anna-Katharina Gisbertz,* dass dem hochgradig intertextuell aufgeladenen Schnee eine besondere Rolle unter den Wetterdarstellungen des Prosaschriftstellers zukommt, die sich im Sinne des *Ecocriticism* akzentuieren lässt. Innerhalb der Naturgeschichte, in deren größeren Rahmen Sebald die Menschheitsgeschichte einordnet, erscheint Schnee, anders als viele andere Naturphänomene, nicht mit dem Katastrophischen verbunden, sondern thematisiert den Rückzug des Menschen aus der Geschichte der Zerstörung durch die Teilhabe an einem größeren Naturzusammenhang.

Timothy Attanuccis Artikel beschäftigt sich mit dem Wandel der Meteopoetologie des Großstadtwetters. Als kontingentes Element bildet das Wetter den Widerpart zu dem Kontrollwillen der Großstadtplanung, weshalb es in Adalbert Stifters frühem satirischen Text *Wiener Wetter* als Grenzphänomen des Kontrollierbaren diskutiert wird. Etwa 150 Jahre später, in einer Zeit, in der die Innenraumklimatisierung enorme Fortschritte gemacht hat, führt der Spielfilm *The Truman Show* des amerikanischen Regisseurs Peter Weir eine ganze Stadt unter einem Glasdach vor. In diesem künstlichen Setting wird auch das Wetter simuliert, so dass das *Climate Engineering* hier als Kontrolle des Unkontrollierbaren erscheint. Jedoch, und daraus gewinnt der Film seine Handlung, lässt sich das künstliche Wetter auch dort nicht bis ins Letzte beherrschen. Es bleibt damit auch unter Bedingungen gesteigerter Kontingenzreduktion Inbegriff der Grenze dieses Unternehmens.

Während bei Attanucci vor allem praxeologische Fragen diskutiert werden, führt die Studie von *Louisa Kropp* die Auseinandersetzung mit epistemologischen Fragen im Rahmen meteopoetologischer Textverfahren in Gedichten Ben Lerners in die Gegenwartsliteratur. Indem die Gedichte den Gang der Witterung nachahmen, akzentuieren sie die sprachliche Materialität der Texte, die sich einer einfachen Entzifferung verweigert. Mithin bleibt der Zeichencharakter des Dargestellten grundsätzlich fragwürdig. Wo sich einzelne Phänomene auf Bedeutungen festlegen zu lassen scheinen, destabilisiert die lyrische Machart diese sogleich, indem sie sie fortwährend in wechselnde Kontexte einbettet – und auch damit die Dynamik des Wetters nachahmt, die jeweils einzigartige Gestalten in beständiger Verwandlung hervorbringt.

Oliver Grill setzt sich in seinem Beitrag mit Christoph Ransmayrs Roman *Cox oder Der Lauf der Zeit* von 2016 auseinander. In diesem Roman steht das Wetter zunächst als Unberechenbares der festgefügten ewigen Ordnung des chinesischen Kaiserhofs gegenüber. Der Gang der Handlung treibt diese starre Entgegensetzung aber in Aporien hinein, zum einen dadurch, dass der Kaiser, der die ewige Ordnung garantiert, sich selbst genauso unberechenbar wie das Wetter verhält, zum anderen, indem der Uhrmacher Cox eine vom Luftdruck betriebene Uhr bauen soll, die Ewigkeit verbürgen soll. Wie Grill zeigt, nutzt der Roman diese Aporien nicht nur als Antrieb der Handlung, sondern auch für Überlegungen zum Wesen von Zeit und souveräner Macht.

Am Ende der Beiträge steht eine Untersuchung *Urs Büttners* zu einem Theoretiker, der bislang nicht als Pionier der Meteoliteratur erkannt worden ist: Roland Barthes. In seinem Beitrag erläutert Büttner Gedanken, die Barthes in seinem letzten Vorlesungszyklus *La préparation du roman* entwickelt hat. Barthes geht davon aus, dass kulturelle Deutungsmuster den Zugang zum Wetter in seiner Einzigartigkeit verstellen und die durch klimatische Regelmäßigkeiten vorgeprägten sprachlichen Ausdrucksformen dessen Darstellung behindern. Barthes sucht nach Textverfahren, die das Wetter in seiner nicht wiederkehrenden Einmaligkeit mit Sprache gegen alle Widerstände darstellen können. Rund vierzig Jahre später lassen sich seine Vorlesungen als Ausführungen zu Meteopoetik, Literarischer Meteorologie und Meteopoetologie *avant la lettre* lesen.

*

Dieser Band ist aus einer Tagung hervorgegangen, die am 29./30. November 2018 an der FU Berlin stattfand. Für die finanzielle Unterstützung der Tagung danken wir der DFG ebenso wie für Übernahme des Druckkostenzuschusses. Ein besonderer Dank gilt Lena Hein, Chanah Kempin und Paul Wolff, die bei der Redaktion, der Einrichtung der Beiträge und der Erstellung des Registers eine unentbehrliche Hilfe waren.

Johannes Ungelenk
Shakespeares Meteopoetik

Shakespeare war zweifellos ›Meteopoet‹. Obwohl es die frühneuzeitliche Bühne, die ohne Kulisse, künstliches Licht und mit nur sehr beschränkten Requisiten auskam, vor allerhand Darstellungsprobleme stellen musste, bilden Wetterereignisse einen festen Bestandteil vieler seiner Dramen. Der über sechs Szenen andauernde Bühnensturm aus *King Lear*[1] gehört zu den berühmtesten meteorologischen Momenten der westlichen Literatur. Schon in *Julius Caesar*,[2] etwa sieben Jahre zuvor entstanden, leitet die Bühnenanweisung »*Thunder and lightning*« (JC 1.3; JC 2.2) ein sich über mehrere Auftritte erstreckendes Unwetter ein, das mit den damaligen Mitteln auf der Bühne inszeniert werden musste: Vermutlich kamen dabei in Holztrögen oder direkt auf dem die Bühne überspannenden Dachboden gerollte Kanonenkugeln und an Fäden geführte Feuerwerkskörper zum Einsatz, die Donner und Blitz simulierten. So auch in der *Macbeth*[3] eröffnenden Hexenszene, zumindest lässt darauf die identische Bühnenanweisung schließen. Dass dieses Bühnenwetter hier nicht nur die übernatürliche Atmosphäre unterstützt, sondern tatsächlich auch meteorologisch relevant ist, verdeutlichen zwei Hinweise: Zum einen erfahren wir von Macbeth später selbst, dass er und seine Zeitgenossen den Hexen tatsächlich die Fähigkeit zuschrieben, das Wetter zu machen: »Though you untie the winds, and let them fight / Against the churches« (Mac 4.1.52–53), ruft er den Hexen entgegen – es antworten drei Donnerschläge. Zum anderen berichten zwei Randfiguren von einem außergewöhnlichen Unwetter, das just in der Nacht, in der Macbeth Duncan ermordet, gewütet hatte: »The night has been unruly: where we lay / The chimneys were blown down« (Mac 2.3.54–55), erzählt Lennox, eine Szene später ergänzt ein alter Mann, dass er zu seinen Lebzeiten keine vergleichbare »sore night« (Mac 2.4.3) gesehen habe. Wetterschilderungen vergleichbarer Art begegnen auch in *Othello*.[4] Hier sind die Zuschauer*innen sogar

---

[1] Sofern aus einer Shakespeare-Edition im Text mehrfach zitiert wird, wird bei deren erster Nennung in den Fußnoten eine Sigle eingeführt. Folgende Zitate aus den Stücken werden anschließend in der Form (Sigle Akt.Szene.Vers) direkt im Text nachgewiesen. Die Zitation von *King Lear* erfolgt aus William Shakespeare: King Lear, The Arden Shakespeare Third Series, hrsg. von R. A. Foakes, London 1997 [Sigle: Lr].
[2] William Shakespeare: Julius Caesar, The Arden Shakespeare Third Series, hrsg. von David Daniell, London 1998 [Sigle: JC].
[3] William Shakespeare: Macbeth, The Arden Shakespeare Third Series, hrsg. von Sandra Clark und Pamela Mason, London 2015 [Sigle: Mac].
[4] William Shakespeare: Othello, The Arden Shakespeare Third Series, hrsg. von Ayanna Thompson und E. A. J. Honigmann, London 2016.

https://doi.org/10.1515/9783110624489-002

tatsächlich in Echtzeit im Bilde, wenn mehrere Charaktere per Teichoskopie den Seesturm schildern, der nicht nur die türkische Flotte zerstreut, sondern dem auch Othellos Schiff und Schwesterschiffe auf der Überfahrt nach Zypern trotzen müssen. War Schiffbruch in *Twelfth Night*[5] noch ein dem Stück vorgelagertes Ereignis, das die Aufteilung und Verstreuung der Charaktere begründete, rückt er in den späten Romanzen auffällig ins Zentrum der Stücke. Wie der Titel anzeigt, erlebt Shakespeares explizite dramatische Beschäftigung mit dem Wetter in *The Tempest*[6] einen abschließenden Höhepunkt.

Schon früh ist der Shakespeare-Forschung das Wetter ins Auge gefallen: »the tempest is percurrent in Shakespeare«, bemerkt etwa Wilson G. Knight im Jahr 1929; er findet es »from the earliest to the latest of the plays – in metaphor, in simile, in long or short description, in stage directions«.[7] Gegenstand systematischer Untersuchungen ist es hingegen erst in jüngerer Zeit geworden.[8] Dazu hat sicherlich neben dem aktuellen Interesse an Umwelt und Ökologie auch die Hinwendung der Geisteswissenschaften zu Fragen von Materialität, d. h. zur Beschäftigung mit Phänomenen beigetragen, die nicht vollends in der zeichenhaften Sphäre der hermeneutischen Deutbarkeit aufgehen.

Für die im Band verfolgte, wissenshistorisch orientierte Frage nach dem Zusammenhang von meteorologischer Erkenntnis und der Rolle des Wetters in der Literatur stellt Shakespeare eine Herausforderung dar. Auch wenn die auf die Moderne vordeutende Kraft der frühen Neuzeit aus guten Gründen betont wird, ist uns das zeitgenössische Weltverständnis, das sich in Shakespeares Werk unverkennbar spiegelt, epistemisch fremd. Grundkonstanten, mit denen wir in der Rekonstruktion von Wissenskonstellationen gewöhnlich selbstverständlich und

---

5 William Shakespeare: Twelfth Night, The Arden Shakespeare Third Series, hrsg. von Keir Elam, London 2008.
6 William Shakespeare: The Tempest, The Arden Shakespeare Third Series, hrsg. von Alden T. Vaughan und Virginia Mason Vaughan, London 2011 [Sigle: Tem].
7 George Wilson Knight: The Crown of Life. Essays in Interpretation of Shakespeare's Final Plays, 2. Aufl., London 1948, 18.
8 Vgl. Andreas Höfele: Raising Tempests. Religion, Science, and the Magic of Theatre, in: Jarmila Mildorf, Hans Ulrich Seeber, Martin Windisch (Hrsg.): Magic, Science, Technology, and Literature, Berlin 2006, 25–38; Steve Mentz: Strange Weather in *King Lear*, in: Shakespeare 6 (2010), 139–152; ders.: Tongues in the Storm. Shakespeare, Ecological Crisis, and the Resources of Genre, in: Lynne Bruckner u. a. (Hrsg.): Ecocritical Shakespeare, Farnham 2011, 155–171; Gwilym Jones: Shakespeare's Storms, Manchester 2015; Christine Varnardo: Queer Nature, or the Weather in *Macbeth*, in: Goran Stanivukovil, Vin Nardizzi (Hrsg.): Queer Shakespeare. Desire and Sexuality, London 2017, 177–195; Matthias Bauer: Tränen und Regen. Anmerkungen zum Körper des Königs in Shakespeares *King Lear*, in: Georg Braungart, Urs Büttner (Hrsg.): Wind und Wetter. Kultur – Wissen – Ästhetik, Paderborn 2018, 201–218; Johannes Ungelenk: Literature and Weather. Shakespeare – Goethe – Zola, Berlin 2018.

problemlos operieren, finden erst in den Jahrzehnten nach Shakespeares Tod nach und nach allgemeine Anerkennung. Darunter fällt etwa der gesamte epistemische Unterbau, der empirisches Wissen im modernen Sinne ermöglicht und im Laufe des 17. Jahrhunderts als Leitvorstellung für Wahrheit über die Welt etabliert wird: etwa Descartes Unterscheidung von *res extensa* und *res cogitans*; darauf aufbauend die Möglichkeit, die beobachtbare äußere Welt in einer ontologisch abgetrennten, geistigen inneren Welt verstehend zu rekonstruieren. Die Folgen sind weitreichend: Die Möglichkeit und der Anspruch der unzweideutigen Systematisierbarkeit empirischer Beobachtung (d. h. die Herstellung einer a priori gesicherten, widerspruchsfreien Ordnung der Dinge im Medium des Geistes) resultiert aus der abstrakten Einheitlichkeit, die einem von der Welt hermetisch gesonderten Raum des Geistes zukommt. Ebenso die Frage nach und der Sinn von (erkenntnistheoretischer) Methode.

Epistemische Grundzüge der Frühen Neuzeit und die Rolle des Wetters

Die von Michel Foucault in *Les mots et les choses*[9] erarbeiteten epistemischen Brüche, insbesondere der zwischen 16. und 17. Jahrhundert, finden sich, wie gleich ausführlich gezeigt werden soll, mit Blick auf die Weltvorstellung, die Shakespeares Dramen zugrunde liegt, bestätigt. Foucault unterscheidet eine für das 16. Jahrhundert einschlägige Episteme der Ähnlichkeit von der Episteme der Repräsentation, die im 17. Jahrhundert beginnt, empirisches Wissen zu organisieren. Der grundlegende Unterschied beider Weisen, Wahrheit über die Welt zu erzeugen, lässt sich knapp an einer Wissenspraxis verdeutlichen, die erst im 17. Jahrhundert aufkommt und deshalb die Episteme der Repräsentation charakterisiert: dem *tableau*.

Diesen weißen, abstrakten Grund – sei es die Oberfläche eines Tisches, sei es die große Tafel an der Wand – auf dem die *Gegenstände* des Wissens aufgetragen werden, um sie taxonomisch zu sortieren und so als das erkennen zu lassen, was sie ›eigentlich‹ sind und an welchem logischen Ort im System der Welt sie sich befinden, kennt Shakespeares Frühe Neuzeit nicht. Für uns ist das heute schwer nachvollziehbar, da wir ›Wissen‹ und ›Wissenschaftlichkeit‹ noch immer im Raster des *tableaus* auffassen: Ob wir vom Wissens-*Gegenstand* spre-

---

9 Vgl. Michel Foucault: Les mots et les choses. Une archéologie des sciences humaines, Paris 1966.

chen oder von *Darstellung*, stets ist auf die Teilung der Welt verwiesen, stets ist auf eine Sphäre angespielt, in der stabile, feste Dinge sich *stellend* anordnen lassen: das *tableau*. *Darstellung* bzw. *representation* ist der Episteme der frühen Neuzeit kein ›wissenschaftliches‹ (d. h. kein naturphilosophisches) Problem, was sich am einfachsten daran zeigen lässt, dass die entsprechenden Vokabeln, *Darstellung*, *Gegenstand* und *representation*, sowohl im Deutschen als auch im Englischen in ›wissenschaftlicher‹ Bedeutung erst viel später, im ausgehenden 17. (etwa bei John Locke) und im Verlaufe des 18. Jahrhunderts, überhaupt benutzt werden.

Sich der Episteme der Ähnlichkeit zu nähern, impliziert die Preisgabe des stabilen Fundaments des *tableaus*. Erkenntnis richtet sich damit automatisch nicht mehr auf ein Ensemble von Gegenständen, deren Identität jeweils im taxonomischen Vergleich miteinander differenzierend *festgestellt* wird (etwa das Wetter als Gegenstand, abgegrenzt von geologischen oder astrologischen Phänomenen). Wissen richtet sich stattdessen auf Ähnlichkeits- bzw. Analogie-*Beziehungen* zwischen dem, was wir heute ›Gegenstände‹ nennen würden (was aber in dieser Konstellation nie die Festigkeit eines Gegenstandes erreichen kann; es wird, im Gegenteil, Stabilität erzeugt, indem die Ähnlichkeit auf möglichst viele Phänomene übergreift). Anders als die durch Differenzierungen feste Identität schaffenden Repräsentationen sind die Ähnlichkeiten nicht in einem abstrakten, a priorischen Ordnungsraum geborgen – sie schweben gewissermaßen im Nichts und müssen aus dem fortgesetzten, wuchernden analogischen Bezug, der möglichst viel erfasst, stabile Gewissheit aus sich selbst generieren: So bildet sich ein proliferierendes, weltumspannendes Netz aus Ähnlichkeitsbeziehungen, das nirgends aufruht, keinen Aufhängepunkt besitzt und nur aus dem Prozess unentwegten Verweisens seine Wahrheit produziert. Wie Michel Foucault betont, setzt »die geringste Analogie« einen langen und potenziell unendlichen Prozess in Gang:

> [D]ie Ähnlichkeit bleibt niemals in sich selbst fest, sie wird nur fixiert, wenn sie auf eine andere Ähnlichkeit verweist, die ihrerseits neue anspricht, so daß jede Ähnlichkeit nur durch die Akkumulation aller anderen ihren Wert erhält und die ganze Welt durchlaufen muß, damit die geringste Analogie gerechtfertigt wird und schließlich als gesichert erscheint. Es handelt sich also um ein Wissen, das durch unendliche Anhäufung von Bestätigungen, von denen eine auf die andere verweist, vorgehen kann und muß. Dadurch ruht dieses Wissen mit seinem Fundament auf sandigem Boden. Die einzig mögliche Verbindungsform zwischen den Bausteinen des Wissens ist die Addition.[10]

Innerhalb dieses Netzes an Ähnlichkeiten haben sich allerdings einige Leitanalogien herausgebildet, an denen sich die unüberschaubare Vielzahl an ›kleine-

---

[10] Michel Foucault: Die Ordnung der Dinge. Eine Archäologie der Humanwissenschaften, übers. von Ulrich Köppen, Frankfurt a. M. 1971, 61; Übers. angepasst J.U.

ren‹ Ähnlichkeiten orientieren, die dem Netz damit dauerhaft eine Art Grundstabilität verschaffen. Die wohl wichtigste ist die Analogiebeziehung von Makrokosmos und Mikrokosmos, also von Welt und menschlichem Körper:

> For in Man's self is Fire, Aire, Earth, and Sea,
> Man's (in a word) the World's Epitome,
> Or little Map, which heere my Muse dothe trie
> By the grand Patterne to exemplifie.[11]

Den vier Elementen der Welt entsprechen die vier zirkulierenden Körpersäfte des Menschen (gelbe Galle, Blut, schwarze Galle und Phlegma), deren (Un-)Gleichgewicht sich als Temperament und Krankheit Ausdruck verschafft. Die vier Elemente bzw. ihre korrespondierenden Säfte sind jedoch als ›atomähnliche‹ Grundbausteine der Welt gründlich missverstanden: Aus ihnen setzt sich zwar in gewisser Hinsicht die Welt zusammen – die jeweilige Mischung zeichnet für Charakteristika verantwortlich –, sie gehen aber auch ineinander über, stehen in dynamischer Wechselwirkung miteinander. Nur wenige ›Körper‹, Metalle und Mineralien, sind so ›perfekt‹ gemischt, dass sie Veränderungen weitestgehend widerstehen können.

Die Menschen der frühen Neuzeit leben in und sind zugleich Teil der »region Elementall, which is continually subiect to alterations«[12] und damit unvermeidlich »subiect to corruption«:[13] Ihre Welt ist eher eine fluide, eine Welt der instabilen Mischungen, nicht der festen Körper, wie wir sie uns heute (in verschiedener Skalierung, als Gegenstände im Alltag und Atome oder subatomare ›Teilchen‹ als materielle Grundlage) intuitiv vorstellen. Erst in den Regionen oberhalb des Mondes, den himmlischen Regionen, ist in der frühneuzeitlichen Welt Bewegung nicht mehr als Veränderung und Verfall ausgeprägt, sondern als unveränderliches Kreisen perfekter, also nicht elementar-gemischter Körper.[14]

Für die Diskrepanz der beiden Sphären, insbesondere der schmerzlich erfahrenen mikrokosmischen und makrokosmischen Ungleichgewichte, steht eine theologische Erklärung ein: Der Sündenfall, Adams »filthie intemperancie«,[15] ist dafür

---

11 Josuah Sylvester: Bartas. His Deuine Vveekes and Workes, London 1605, 205.
12 Martín Cortés: The Arte of Navigation, übers. von Richard Eden, London 1630, fol. 6r.
13 Pierre de La Primaudaye: The Third Volume of the French Academie, übers. von R. Dolman, London 1601, 177.
14 Vgl. Bartholomaeus: Batman Vppon Bartholome. His Booke De Proprietatibus Rerum, Newly Corrected, Enlarged and Amended, London 1582, fol 141v.
15 Jean Calvin: A Commentarie of Iohn Caluine, Vpon the First Booke of Moses Called Genesis, übers. von Thomas Tymme, London 1578, 61.

verantwortlich, »[that] no body is so framed, or hath such an harmony and equality throughout, but that there is some disagreement & inequality«:[16]

> So that all this goodly temperature and harmonie of the humours in which mans bodie was created was dissolved and broken asunder, and that in such sort that it was never since sounde and perfect in any man, of how good constitution soever hee hath been.[17]

Dasselbe gilt selbstverständlich für das Ungleichgewicht des Makrokosmos, das sich als Unwetter manifestiert: »The intemperance of the aire, yce, thunders, unseasonable raines, drouthe, hailes, and what soever is extraordinarie in the world, are the fruites of sinne«,[18] schreibt John Calvin.

Die »region Elementall« ist jedoch nicht nur theologisch mit dem Wetter assoziiert. Seit Aristoteles' *Meteorologie*[19] gilt die sublunare Region, also alles unterhalb des Mondes, als eine des Wetters: Die instabile Dynamik der elementaren Welt findet im Wetter ihr Prinzip der Existenz. Das Wetter ist nicht wie in der Moderne ein Störfaktor, der eine festgefügte, aus Gesetzen gehorchenden Dingen bestehende Welt vorübergehend durcheinanderwirbelt. Das Charakteristikum des Wetters, stete Veränderlichkeit, fluide Dynamik, ein Wechselspiel aus Gleichgewicht, Heiterkeit, und stürmischem Ungleichgewicht, prägt Erfahrung und Vorstellung von Welt. Ähnlichkeit mit dem Wetter definiert den Grundmodus alles zeitlichen Seins. Zeitlichkeit und Wetterhaftigkeit sind Shakespeares Generation fast synonym: Sie prägen die »region Elementall« und unterscheiden sie vom ewigen und damit wetterfreien Himmel darüber.

Es ist daher wenig überraschend, dass die Meteorologie für die naturphilosophische ›Forschung‹ der Frühen Neuzeit eine wichtige Rolle spielt. Statt bahnbrechender Neuerungen auf dem Weg zu einer neuen epistemischen Formation gilt auf diesem Wissensgebiet jedoch noch immer, nur unwesentlich ergänzt, das von der Antike und vor allem von Aristoteles übernommene Wissen vom Wetter. Dabei ist für die Rolle des Wetters im frühneuzeitlichen Wissen nicht primär ausschlaggebend, dass die einschlägigen Wissenssammlungen der Zeit[20] genau wie ausschließlich meteorologischen Phänomenen gewidmete Einzelstudien[21] dieses

---

16 Pierre de La Primaudaye: The Second Part of the French Academie, übers. von Thomas Bowes, London 1594, 380.
17 Ebd., 367.
18 Calvin (Anm. 15), 114.
19 Vgl. Aristoteles: Meteorologie. Über die Welt. Werke in deutscher Übersetzung, hrsg. von Ernst Grumach und Hellmut Flashar, übers. von Hans Strohm, Berlin 1979.
20 Etwa die englische Übersetzung von Pierre de La Primaudayes *Académie Française*, aus der oben bereits zitiert wurde. Vgl. La Primaudaye (Anm. 13, Anm. 16).
21 Für Shakespeares England ist dies vor allem William Fulke: A Goodly Gallerye, London 1563.

meteorologische Wissen enthalten. Viel wichtiger ist, dass zentrale ›meteorologische‹ Grundprinzipien nicht nur für das Verständnis von Wetterphänomenen in Anschlag genommen werden, sondern als favorisierte Ähnlichkeitsrelation in der frühen Neuzeit weite Teile der Welt und des Lebens erklären.

Einem ersten Hinweis auf die Durchsetzung des analogischen Weltverständnisses mit ›Meteorologie‹ sind wir bereits begegnet: Adams moralische Verderbtheit, seine »filthie intemperancie«, findet mithilfe desselben Konzeptes Ausdruck, das auch das Ungleichgewicht in der Atmosphäre der elementaren Welt, die »intemperature of the aire«, bezeichnet. Der Begriff *temperature* findet auch – fast vorrangig – Anwendung in Hinblick auf den menschlichen Körper, also auf die Ausprägung des Gleichgewichts der vier Säfte und ihrer Eigenschaften. *Temperatur* meint hier nicht, wie heute, eine Kennzahl, die eine quantifizierbare Eigenschaft beschreiben würde – und als solche für die Vorgänge in der Atmosphäre eine der zentralen *messbaren* Größen darstellt. *Temperatur* ist hier noch wörtlich verstanden: als Verhältnis der Mischung (*to temper*: ›angemessen mischen‹, vgl. etwa das ›wohltemperierte Klavier‹). Auch wenn der etymologische Zusammenhang sprachgeschichtlich nicht eindeutig geklärt ist, spricht die epistemische Konfiguration klar für die These, die Mischungsverhältnisse von *(in)temperance* und *(in)temperature* auch etymologisch mit dem lateinischen *tempestas* zu verbinden:

> Tempestas, atis, f.g. Time, a seasonable time and faire weather, a faire or good season: a tempest or storme, a boysterous or troublous weather, be it winde, haile, or raine: commonlie it signifieth a tempest or storme of rain & haile together. also great trouble, busines or ruffling in a common weale, a storme or trouble of adversitie, daunger or perill, a commotion.[22]

Die Verwunderung, in einem Lexikoneintrag solch offenbar Unzusammenhängendes, ja sich offen Widersprechendes versammelt zu finden, verrät, dass es sich bei dem Substantiv *tempestas* um ein Beispiel dessen handelt, was Sigmund Freud in Anlehnung an Abel ›Urworte‹[23] genannt hat: Dass ein und dasselbe Wort ›schönes Wetter‹ und ›Unwetter‹ bedeuten kann, mag uns heute rätselhaft erscheinen, erklärt sich aber vor dem epistemischen Hintergrund der Zeit. Wie heute noch im Französischen sind Zeit und Wetter (*le temps qui passe et le temps qu'il fait*) synonym – im Zentrum der Bedeutung steht also die *Veränderlichkeit*, die einem gewissen Zustand zwar wahrnehmbare, definierbare Gestalt verleiht (sodass sich dieser von anderen unterscheiden lässt), aber zugleich und maßgeb-

---

[22] Thomas Thomas: Art. »Tempestas, atis«, in: Dictionarium linguae Latinae et Anglicanae, hrsg. von Thomas Thomas, London 1587.
[23] Vgl. Sigmund Freud: Die Traumdeutung. Studienausgabe, hrsg. von Alexander Mitscherlich, Frankfurt a. M. 1972, 316.

lich betont, dass er ein vorübergehender ist. Die eigentliche Qualität, ob das Wetter nun ›schön‹ oder ›fürchterlich‹ ist, steht hinter der zentralen Bedeutungsaussage der Veränderlichkeit zurück – unsere Erwartung gesonderter Begriffe spiegelt genau die Erwartung einer taxonomischen Unterscheidung, wie sie die vergleichende Anordnung der Gegenstände ›Schönwetter‹ und ›Unwetter‹ auf dem *tableau* des 18. Jahrhunderts vornehmen würde. Das viel ältere Urwort *tempestas* stellt hingegen darauf ab, dass es sich bei dem von ihm erfassten Phänomen genau nicht um Gegenstände handelt, sondern um *temporäre* Zustände (hier ist neben Zeit wieder auch Wetter mitzuhören), die sich ineinander wandeln. Diese Charakteristik ist vom Wetter her vertraut: Seine ›Eigenschaften‹ sind in ein unaufhaltsames Entstehen und Vergehen eingebettet und machen nur als solche Sinn (ohne Unwetter kein schönes Wetter, weshalb es im Paradies streng genommen gar kein Wetter gab – die mythologische Erklärung der Entstehung von Jahreszeiten spielt darauf an).

Diese *temporality* ist in der Weltvorstellung der frühen Neuzeit jedoch nicht nur Wetterphänomenen eigen – sie ist die gesetzte Grundbedingung für die sublunare Welt. Im Diesseits steht alles unter der Maxime der *temperance,* also der die Extreme mäßigenden Herstellung einer möglichst glücklichen Mischung, die sich immer vor der unabwehrbaren Gefahr der *intemperance* – Krankheit, Unwetter und soziale Unruhe – abspielt. *Temperance* ist – wie auch die Wortbildung auf ein Partizip Präsens Aktiv anzeigt – ein stets Herzustellendes, bezeichnet also einen ›Zustand-als-Prozess‹. Ihm entspricht kein abstrakt bestimmbarer oder festliegender Optimalpunkt. Generell hält das Wissen der frühen Neuzeit keinen wissenschaftlichen Parallelraum zur wettrigen Welt bereit, in dem ›hinter‹ der erfahrbaren ›Empirie‹ gelagerte ›atemporale‹ Regeln oder Ideale zu verorten wären, denen alles Erfahrbare folgen würde.

Mit dem ungewöhnlichen Titel *The Tempest* – gewöhnlich heißen die Tragödien und Historien nach ihrem Titelhelden – greift Shakespeare genau die Bezeichnung für stürmisches Wetter auf, die in sich auf die weltdurchziehenden Prozesse des ordnungsstiftenden und zugleich ordnungsgefährdenden Mischens verweist. Für die metatheatralen Überlegungen von *The Tempest* ist *temperance* folgerichtig zentral: Im Mittelpunkt des Stücks steht die Frage, ob das Klima der Insel, auf die es die Protagonisten gespült hat, tatsächlich »of subtle, tender and delicate temperance« (Tem 2.1.45) ist. Nicht nur der titelgebende *tempest*, sondern vor allem die Erfahrung aller Charaktere, unter Einfluss des Inselklimas früher oder später einigermaßen »distempered« (Tem 4.1.145), also im Gleichgewicht ihrer Säfte gestört zu sein, lenkt die Aufmerksamkeit auf die Fragilität und Intensität der lokalen Temperier-Vorgänge (*subtle, tender* und *delicate* können jeweils auch ›fragil‹, ›empfindlich‹ bedeuten).

Grundzüge frühneuzeitlicher Meteorologie und deren epistemische Einbindung

Bevor wir uns jedoch dem Wetter bei Shakespeare genauer zuwenden seien noch kurz die Grundzüge des zeitgenössischen Verständnisses von Meteorologie skizziert. William Fulke stellt gleich zu Beginn seiner der Meteorologie gewidmeten Studie die zwei Grundlagen des frühneuzeitlichen Wetters vor, feuchte und trockene Ausdünstungen, *vapours* und *exhalations:* »The mater whereof the moste part of the *Meteores* dooth consiste, is either water or earth, for out of the water, proceade vapors, and out of the earth come exhalations.«[24] Die *exhalations* sind, nach Aristoteles, nicht nur für die Entstehung von Wind verantwortlich, sie verursachen neben Erdbeben (bei unterirdischer Absonderung der *exhalations)* vor allem die feurigen Erscheinungen in der Atmosphäre. Die *vapours* sorgen für Wolkenbildung und Niederschlag, wobei hierfür die Vorstellung verschiedener elementarer Schichten von Bedeutung ist: Die oberhalb von Erde und Wasser angesiedelte Luftschicht ist in drei Regionen unterteilt, deren mittlere als kalt vorgestellt wird (die oberste als an die Feuerregion angrenzende wieder als warm):

> These vapors are drawn up from the waters and watry places, by the heate of the Sunne, even unto the middle region of the ayre, and there after diuerse maner of meating with coldness, many kynde of moist *Meteors* are generated, as sometime cloudes and rayne, sometime snowe and hayle [...].[25]

Diese Grundprinzipien der frühneuzeitlichen Meteorologie sind wichtig, um die Ähnlichkeitsbeziehungen identifizieren zu können, die meteorologisches Wissen auch für andere ›Wissensgebiete‹, insbesondere die Säftetheorie einschlägig machen. Als Beispiel für eine solche Analogie- oder Ähnlichkeitsbeziehung sei eine Passage aus der für das Wissen der frühen Neuzeit in England wichtigen *French Academie* von Pierre de La Primaudaye zitiert, in der es um die Zirkulation und Verteilung der Säfte im menschlichen Körper geht:

> And first we must know, that besides the distribution of all the humours together with the blood into all parts of the bodie by the veines, and that for the causes before learned, there is yet another meane whereby these humors, especially the flegmatike humour, which is of the nature of the water, ascend up unto the braine, by reason of vapours arising upward out of the stomacke, like to the vapour of a potte seething on the fire with liquor in it, and like to vapours that ascend up from the earth into the ayre, of which raine is engendred. Now when these vapours are come up to the braine, they returne to their naturall place, and into the nature of those humours of which they were bred, as the vapours that are held in the aire

---

24 Fulke (Anm. 21), fol. 2r.
25 Ebd., fol. 2v.

> turne againe into the same nature of water of which they came. Therefore as the waters are contained within the cloudes in the region of the aire allotted unto them, so is it with our braine which is of a colde nature, and of a spongie substance fitte for that purpose. So that we always carie within it as it were cloudes full of water, and of other humours that distil and runne downe continually by the members and passages, which God hath appointed to that ende, as wee have alreadie hearde.[26]

Die von de La Primaudaye verwendete Wetteranalogie ist keineswegs bloß erklärendes Beiwerk. In Joshua Sylvesters Übersetzung von Guillaume de Saluste du Bartas *La Semaine* heißt es ganz ähnlich über das Gehirn »[that it] tempers with it's moist-full coldnes so, / Th'excessive heate of th'other parts below«.[27] Auch die von de La Primaudaye verwendeten Begriffe *vapour* und *exhalation* sind, obwohl der meteorologischen Theorie entwendet, geradezu *termini technici* für die Beschreibung des humoralen Geschehens im menschlichen Körper. Gail Kern Paster stößt in ihrer eigentlich auf die Herausarbeitung der humoraltheoretischen Eigenheiten abzielenden Untersuchung von Helkiah Crookes medizinischem Lehrbuch *Mikrokosmographia*[28] – Crooke ist Leibarzt von James I – auf eine tragende Struktur von Wetterwissen, die sie von »Crooke's meteorology«[29] sprechen lässt.

Gerade weil im vorliegenden Band die Unterscheidung von Darstellungsweisen des Wetters von zentralem Interesse ist, muss an dieser Stelle kurz auf das besondere Verhältnis von Sprache und Welt in der frühen Neuzeit eingegangen werden. Von moderner Warte aus betrachtet hantiert die Naturphilosophie mit einer schnell zu überblickenden Anzahl spärlicher Erklärungsmodelle, die sie dann auf Phänomene überträgt, die aus sich selbst heraus noch nicht verstanden sind. Ähnlichkeit ist jedoch zentrales Prinzip des Wissens, das diesem Stabilität und Wahrhaftigkeit verleiht, und daher auch nicht Teil eines ›rhetorischen‹, d. h. sprachlichen Darstellungsprinzips, dem ein darzustellender ›Inhalt‹ in der Welt entgegenstünde:

> Im sechzehnten Jahrhundert ist die wirkliche Sprache keine einförmige und glatte Gesamtheit von unabhängigen Zeichen, in der die Dinge sich wie in einem Spiegel reflektieren, um darin Ding für Ding ihre besondere Wahrheit auszudrücken. [...] In ihrem rohen und historischen Sein des sechzehnten Jahrhunderts ist die Sprache kein willkürliches System; sie ist in der Welt niedergelegt und gehört zu ihr, weil die Dinge selbst ihr Rätsel

---

26 La Primaudaye, The Second Part of the French Academie (Anm. 16), 364.
27 Sylvester (Anm. 11), 71.
28 Vgl. Helkiah Crooke: Mikrokosmographia, London 1615.
29 Gail Kern Paster: Nervous Tension. Networks of Blood and Spirit in the Early Modern Body, in: David Hillman, Carla Mazzio (Hrsg.): The Body in Parts. Fantasies of Corporeality in Early Modern Europe, New York 1997, 107–125, hier: 114.

wie eine Sprache verbergen und gleichzeitig manifestieren und weil die Wörter sich den Menschen als zu entziffernde Dinge anbieten.[30]

Bei der ›moralischen‹ »intemperancie« Adams handelt es sich also nicht um eine ›Übertragung‹ eines ›eigentlich‹ ›physiologisch‹ oder gar ›physisch‹ zu verstehenden Konzepts – genausowenig wie *tempestas* einen den *body politic* betreffenden Aufstand bloß *figural* am Modell des Sturms bezeichnen würde. In dieser epistemischen Konstellation lässt sich ›eigentlicher‹ Sprachgebrauch nicht von ›übertragenem‹ unterscheiden: »Analogie und tatsächliche Verbindung, metaphorische und literale Referenzen gehen [...] ständig ineinander über«,[31] schreibt Matthias Bauer – statt um Feststellung der ›Eigentlichkeit‹ einzelner ›Gegenstände‹, geht es um *Beziehungen*, die die Welt der frühen Neuzeit epistemisch zusammenhalten. Natürlich gibt es trotzdem metaphorisches Sprechen. Aber erst in der Episteme der Repräsentation beginnt ›wahrheitsfähiges‹ Sprechen über empirische Phänomene sich auf so etwas wie die ›literale Referenz‹ zu stützen – und setzt damit einen von der Welt hermetisch abgesonderten sprachlichen Raum, der eine eindeutige Zuordnung von Zeichen und ›Gegenstand‹ erlaubt, voraus. In der Episteme der Ähnlichkeit ist ›literale Referenz‹ epistemisch leer, also naturphilosophisch nicht anschlussfähig – wie soll hier Ähnlichkeit zum Ausdruck kommen? Die Metapher hingegen enthält in ihrem Bezug potenziell Wissen, das aber erst zu tragen beginnt, wenn es sich in das Netz der Ähnlichkeitsbeziehungen plausibel eingliedern lässt.

Shakespeares ansteckendes Wetter

»What is the cause of thunder?« (Lr 3.4.151), fragt Lear recht genau zur Mitte des Stücks. Nirgends lässt sich Shakespeares Meteopoetik besser veranschaulichen als an dieser einfachen, präzise gestellten Frage. Lear erhält keine Antwort – was nicht daran liegen muss, dass er keinen (natural) »philosopher« (Lr 3.4.150), also keinen ›Fachmann‹, vor sich hat, der ihm die geläufige zeitgenössische Theorie zur Entstehung des Donners referieren könnte. Lears Frage ist deplatziert – er befindet sich inmitten eines schrecklichen Sturms, seine meteorologische Erkundigung antwortet schräg auf einen angesichts der Umstände viel angemesseneren Imperativ: »Go in with me« (Lr 3.4.144), hatte ihn Gloucester in

---

30 Foucault, Ordnung der Dinge (Anm. 10), 66.
31 Bauer (Anm. 8), 213.

bester Absicht aufgefordert, um ihn vor der einstürmenden Naturgewalt zu schützen. Lears verquere Antwort ist der beste Hinweis darauf, dass er bereits vom Wetter affiziert ist. Die gesamte Szene steht im Zeichen des an ihn gerichteten Imperativs, den vom Unwetter heimgesuchten Außenraum zu verlassen: »Here is the place, my lord: good my lord, enter«, hatte Kent den Auftritt eröffnet, »The tyranny of the open night's too rough / For nature to endure« (Lr 3.4.1–3). Geradezu mantrahaft wiederholt Kent seine Aufforderung, bittet Lear in den ersten fünf Versen gleich dreimal, doch einzutreten. Lear kommt dieser aber nicht nach, obwohl er sich des schädigenden Einflusses des Wetters auf den Körper durchaus bewusst ist:

> Lear. Thou think'st 'tis much that this contentious storm
> Invades us to the skin: so 'tis to thee,
> But where the greater malady is fixed,
> The lesser is scarce felt. [...]
> (Lr 3.4.6–9)

Lear setzt sich geradezu mutwillig den Naturkräften des Wetters aus. Er begründet das als eine Art medizinische Kur: Beide Stürme, der in ihm und seinen Säften tobende innere Sturm und der äußere des Unwetters, werden als Krankheiten aufgefasst, sind *intemperatures*, wobei Lear den äußeren als Kur des inneren Tobens betrachtet. Er kontert daher den an ihn von Kent und Gloucester gerichteten Imperativ, sich in den Innenraum zurückzuziehen mit einem entgegengesetzten; er ruft auf, sich dem Wetter zu exponieren:

> Lear. [...] Take physic, pomp,
> Expose thyself to feel what wretches feel,
> That thou mayst shake the superflux to them
> And show the heavens more just.
> (Lr 3.4.33–36)

Auffallend Ähnliches spielt sich in *Julius Caesar* ab. Auch hier tost ein Sturm über die Bühne und die ihm ausgesetzten Protagonisten sind besorgt über dessen Wirkung auf ihre Gesundheit: »this disturbed sky / Is not to walk in« (JC 1.3.39–40), teilt Cicero Caska noch mit, bevor er sich in den Innenraum zurückzieht. Eine gänzlich andere Haltung gegenüber dem Wetter vertritt Cassius, dem Caska ebenfalls auf der Straße begegnet:

> Cassius. For my part, I have walked about the streets,
> Submitting me unto the perilous night,
> And thus unbraced, Caska, as you see,
> Have bared my bosom to the thunder-stone:
> And when the cross blue lightning seemed to open

> The breast of heaven, I did present myself
> Even in the aim and very flash of it.
> (JC 1.3.46–52)

Der Ex-König versucht, sich mit »uncovered body« der »extremitiy of the skies« (Lr 3.4.100) auszusetzen, »Off, off, you lendings: come, unbutton here« (Lr 3.4.106–107), wird dabei aber vermutlich von seinen Gefährten aufgehalten. Das Adjektiv *unbraced*, das auch für Brutus in Bezug auf dieselbe Geste verwendet wird, begegnet auch in *Hamlet*[32] an wichtiger Stelle: »Lord Hamlet, with his doublet all unbraced, / No hat upon his head« (Ham 2.1.75) ist so auch als ein mutwillig Wettergeplagter charakterisiert. Das ›Wetterereignis‹, das bei allen Beteiligten offenkundige körperliche Spuren hinterlässt, ist hier in die Geistererscheinung verschoben, hat sich aber auch im Außenraum zugetragen, dessen extreme Wetterbedingungen im Stück kurz vor Auftritt des Geistes referiert werden:

> Hamlet.   The air bites shrewdly; it is very cold.
> Horatio.   It is nipping, and an eager air.
> (Ham 1.4.1–2)

Trotz der Verschiebung auf den *spirit* bleibt der Wirkungsmechanismus derselbe: Der Geist zeigt, wie das (prognostische) Unwetter, zugleich eine Störung an und überträgt sie in intensivierter Form auf die Welt. »You look pale, and gaze, / And put on fear, and cast yourself in wonder« (JC 1.3.59–60), hatte Cassius in *Julius Caesar* zu Caska angesichts dessen Reaktion auf die außergewöhnlichen Wetterereignisse gesagt. Horatio zeigt die identischen Symptome nach seiner nächtlichen Begegnung mit dem Geist: »How now, Horatio, you tremble and look pale« (Ham 1.1.52), bemerkt Barnardo. Auch Hamlet ist vom Wirken des Geistes angesteckt. Seine Infektion macht sich in seinen »wild and whirling words« (Ham 1.5.132) bemerkbar, die von der (Wetter-)Gewalt zeugen, der er ausgesetzt war. Er wird dieses Wetter in den Innenraum tragen und weiter verbreiten. Auf diesen wichtigen topologischen Übergang vom Außen- in den Innenraum bezieht er sich in einer bisher kaum wahrgenommen Bemerkung selbst:

> Hamlet.   [...] Let us go in together
>   And still your finger on your lips, I pray.
>   The time is out of joint; O cursed spite
>   That ever I was born to set it right!
>   (Ham 1.5.184–187)

---

[32] William Shakespeare: Hamlet, The Arden Shakespeare Third Series, hrsg. von Ann Thompson und Neil Taylor, London 2006 [Sigle: Ham].

Der Sturm, der in *Julius Caesar* über mehrere Szenen hinweg wütet, greift als *malady* nicht nur von den Elementen des Makrokosmos auf die Säfte des Mikrokosmos der ihm ausgesetzten Figuren über, er steht zugleich mit dem *body politic* in Verbindung. Hier kommt die aus moderner Sicht so verwunderliche Bedeutung von *tempestas* als ›politischer Aufstand‹ ins Spiel. Die Differenz der Haltungen zum Wetter, die Shakespeare anhand von Cicero und Cassius vorführt, stellt sich nämlich schnell als eine politische heraus: Es sind die Verschwörer, die sich wie Cassius dem Wetter aussetzen und sich von diesem anstecken lassen. Das Treffen, bei dem sich die Attentäter schließlich zusammenrotten, setzt die auf offener Straße stattfindenden Begegnungen der vorigen Szene fort. Noch immer tobt der Sturm, und auch die neue Szene findet unter freiem Himmel – nämlich in Brutus' *orchard* – statt: »The exhalations whizzing in the air / Give so much light that I may read by them.« (JC 2.1.44–45) Die Verschwörung steht also nicht nur im Zeichen des Unwetters, sie vollzieht genau, was Cassius formuliert hatte: Sie unterwirft sich dem Sturm und trägt diesen in die Welt, entfesselt seine Kräfte.

Als ob Shakespeare daran gelegen wäre, den genauen begrifflichen Zusammenhang von Wetter und Verschwörung dem Publikum noch einmal näher zu erläutern, lässt er Brutus und Portia in einem direkt nach dem Treffen der Verschwörer stattfindenden Dialog auf dieses reflektieren. Dabei ist es Portia, die eine Art Theorie des Wechselspiels von meteorologischem, humoralen und politischem ›Klima‹ formuliert:

> Portia. Is Brutus sick, and is it physical
> To walk unbraced and suck up the humours
> Of the dank morning? What, is Brutus sick?
> And will he steal out of his wholesome bed
> To dare the vile contagion of the night?
> And tempt the rheumy and unpurged air
> To add unto his sickness? No, my Brutus,
> You have some sick offence within your mind.
> (JC 2.1.261–267)

Das Stichwort »health« (JC 2.1.234) hatte ihr ihr Ehemann Brutus gewissermaßen zu Beginn des Gesprächs eingesagt. Portia rekonstruiert nun mit dem Wissen der Zeit präzise die Geschehnisse im medizinischen Register. Der Körper des Menschen wird in der frühen Neuzeit, wie Steve Mentz betont, vorgestellt als »a porous self, vulnerable to and constituted by interactions with its environment«.[33] Für eine *infection* oder *contagion* braucht es daher, anders als in der modernen

---

33 Mentz (Anm. 8), 142.

Vorstellung, keinen Infektionskörper, der die eigentlich hermetischen Körpergrenzen überwindet und in den Organismus eindringt: *Infection* und *contagion* sind Kontiguitäts-, also Nachbarschafts-Effekte. Das Ausgesetztsein, das In-Berührung-Kommen mit aus der Harmonie geratenen Stoffmischungen genügt, um das eigene gesunde Gleichgewicht der Körpersäfte empfindlich zu stören. Hippokrates, die prägende medizinische Instanz von der Antike durch das Mittelalter bis in die frühe Moderne, legt dieses Denken in den ersten Sätzen seiner Schrift *Über die Umwelt (Peri aeron, hydaton, topon, ›Über die Lüfte, Wasser, Orte‹)* thesenhaft dar:

> Wer der ärztlichen Kunst in der richtigen Weise nachgehen will, der muß folgendes tun. Erstens muß er über die Jahreszeiten und über die Wirkungen nachdenken, die von jeder einzelnen ausgehen können. [...] Ferner muß er sich über die Winde Gedanken machen, über die warmen und die kalten, und zwar vor allem über die allen Menschen gemeinsamen, aber auch über die jedem Lande eigentümlichen. Er muß auch über die Wirkungen der Gewässer nachdenken; denn wie sie sich im Geschmack und Gewicht unterscheiden, so ist auch die Wirkung eines jeden sehr verschieden.[34]

Wenn sich die Verschwörer, wie Lear, mutwillig einem intensiven Ungleichgewicht aussetzen, kann das im Wissen der Zeit tatsächlich im Muster einer heilenden Kur verstanden werden, also als »a piece of work that will make sick men whole« (JC 2.1.326), wie Brutus Ligarius erklärt. Anders als wir es heute von der medizinischen Biotechnologie erwarten, kann sich eine solche Kur nicht auf menschlich kontrollierte, dosierte Wiederherstellung eines vorausgesetzten, gesunden Normalzustands verlassen. Ein reintegrierendes Ideal haben Brutus und seine Kollegen nicht oder nur schemenhaft vor Augen – ein solches würde die Tragödie auch ihre Tragik kosten. Vielmehr werden die Verschwörer, wie Lear, zu (reinigender?) Eskalation getrieben, deren Folgen unabsehbar sind und die damit einen der Tragödie würdigen Stoff darstellt. Medizinisch gesehen ist die Krise der Zustand, in dem Leben und Tod des Patienten zur Entscheidung stehen. Die Protagonisten der Tragödien intensivieren also gewissermaßen das Ungleichgewicht der Krise, um so eine Genesung einzuleiten. Dabei firmieren sie als Multiplikatoren, als Verstärker und Verbreiter der *intemperature*, als deren Symptom das Unwetter gedeutet wird. Wichtig ist dabei das oben herausgearbeitete naturphilosophische Feld der *temperance*, also der an den Wettervorgängen modellierten Mischungs- und Interaktionsvorgänge, vor Augen zu haben, das ohne metaphorische Vermittlung, gewissermaßen körperlich gedacht, Wetter, Körpersäfte, Moral und politische Verhältnisse miteinander in Korrespondenz bringt.

---

34 Hippokrates: Über die Umwelt, hrsg. und übers. von Hans Diller, Berlin 1999, 25.

Portias Rückgriff auf medizinisch-naturphilosophische Begrifflichkeiten erlaubt so, drei charakteristische Züge herauszuarbeiten, die für das Verhältnis von Shakespeares Dramen zum Wetter von großer Bedeutung sind:
1. *Eine Haltung des Sich-Aussetzens.* Die Protagonisten bejahen die a-moralische, schicksalhafte Gewalt des Wetters. Dies trifft nicht nur für Lear, Hamlet und die Verschwörer aus *Julius Caesar* zu, sondern etwa auch für Timon, der in seiner Verbannung »A dedicated beggar to the air« (Tim 4.2.13) wird, sich »To the conflicting elements exposed« (Tim 4.3.229) findet, »open, bare, / For every storm that blows« (Tim 4.3.264–265) – und diesen Zustand bejaht. Die Affirmation geht so weit, dass viele der Protagonisten das zerstörerische Wetter gar explizit heraufbeschwören und anrufen:

> Timon.   O blessed breeding sun, draw from the earth
>   Rotten humidity, below thy sister's orb
>   Infect the air! [...]
>   Destruction fang mankind! [...]
>   (Tim 4.3.1–23)

Ähnliche Stellen solcher Anrufungen finden sich etwa in *King Lear* (»All the stored vengeances of heaven fall / On her ingrateful top! [...] Infect her beauty, / You fen-sucked fogs, drawn by the powerful sun / To fall and blister!« Lr 2.2.351–357), *Coriolanus* (»All the contagion of the south light on you, / You shames of Rome!«[35]) und *The Tempest* (»All the infections that the sun sucks up / From bogs, fens, flats, on Prosper fall«; Tem 2.2.1–2). Die Bejahung der Wirkung des Wetters geht mit einem Hoffen auf Transformation einher: »That things might change, or cease« (Lr 3.1.6), wie ein Ritter über Lears Gebaren sagt.

2. *Ansteckung.* Portia liefert eine dem medizinischen Diskurs der Zeit entlehnte humoraltheoretische Erklärung der Ansteckung, die den Übergang der Wettergewalt auf das Geschehen in der Welt verstehbar macht. Wie auch die zitierten Wetterbeschwörungen zeigen, bedarf es in der frühen Neuzeit keiner rhetorischen ›Übertragungsleistung‹, um Wetter mit medizinischen Folgen zu assoziieren. Für Shakespeares Zeitgenossen bleibt der Kontakt mit der »rheumy and unpurged air«, der aus dem sich Aussetzen resultiert, nicht folgenlos: Die »vile contagion of the night« geht auf den ausgesetzten Körper über, weil dieser unweigerlich die schädlichen Säfte/Dämpfe aufnimmt (»suck up the humours«). Wie vielfach in

---

35 William Shakespeare: Coriolanus, The Arden Shakespeare Third Series, hrsg. von Peter Holland, London 2013, 1.4.31–32.

aktueller Forschung thematisiert, durchzieht das Feld der Ansteckung Shakespeare Werk.[36]

3. *Intensivierung.* Sich den Turbulenzen auszusetzen und diese per Ansteckung möglichst weit zu verbreiten verfolgt zusammen eine klare Strategie: Es geht um Eskalation, die dem Ungleichgewicht nicht durch den Versuch von mäßigendem Ausgleich, sondern im Modus der Intensivierung (»add unto [the] sickness«) begegnet. Eine Krise wird herbeigeführt, die, vor allem in den Tragödien und Historien, nicht in restituierende Integration, sondern in eine offene Zukunft mündet.

Meteopoetik als Dichten *mit* dem Wetter

Wie Simeon Heninger in seiner grundlegenden Studie der frühneuzeitlichen Meteorologie gezeigt hat, steht Shakespeares Dramenkunst in engem Kontakt zu einem erstaunlich umfangreichen und detaillierten Wissen über das Wetter.[37] Studien der Zeit behandeln nicht nur fast unzählbare meteorologische Phänomene (es gibt etwa dutzende Arten von ›Blitzen‹), Wetterwissen ist auch für die Rekonstruktion des menschlichen Körpers und seiner Säfte unverzichtbar.

Was Shakespeares Meteopoetik von anders gearteten literarischen Formen des Umgangs mit dem Wetter unterscheidet, ist allen voran die Art der Beziehung, die im Hinblick auf das Wetter etabliert wird. Die Figuren auf Shakespeares Bühne reden nicht innovativ *über* das Wetter, sie bringen es nicht in einem vom Wetter hermetisch abgeschiedenen Raum (also etwa ›der Wissenschaft‹ oder ›der Literatur‹) ›zur Darstellung‹ – sie bewegen sich vielmehr *im* Wetter und handeln *mit* dem Wetter.[38] Man muss sich diesen Umgang mit dem Wetter vorstellen wie beim Segeln: Das Wissen vom Wetter wappnet die See-

---

36 Als Beispiel herausgegriffen seien Michael E. Mooney: »Passion, I See, Is Catching«. The Rhetoric of *Julius Caesar*, in: The Journal of English and Germanic Philology 90 (1991), 31–50 und Darryl Chalk: »A Nature But Infected«. Plague and Embodied Transformation in *Timon of Athens*, in: Early Modern Literary Studies 19 (2009), 1–28. Ansteckung ist ein Leitkonzept der zu Shakespeares Zeit sehr starken, meist religiös motivierten Polemik gegen das Theater, mit der sich Shakespeare in seinen Stücken immer wieder auseinandersetzt.
37 Vgl. Simeon K. Heninger: A Handbook of Renaissance Meteorology. With Particular Reference to Elizabethan and Jacobean Literature, Durham, N. Carol. 1960.
38 Das *public theatre* der frühen Neuzeit ist ein Freilufttheater, die Menge der vor der Bühne stehenden *groundlings* hat kein Dach über dem Kopf. Das Wetter ist also tatsächlich ein präsenter, ein körperlich fühlbarer Faktor, den Shakespeares Stücke, auch in komischer Absicht, nutzen: »Francisco's ›Tis bitter cold‹«, schreibt Gwilym Jones, »can generate laughter in a heatwave, just as it can on a chilly day«. Jones (Anm. 8), 9.

leute der frühen Neuzeit nicht im Kampf *gegen* dieses, mit dem Ziele seiner Beherrschung. Wenn Dampf oder Schweröl Schiffe antreiben, werden Wind und Wetter zum Hindernis; in der frühen Neuzeit sind es jene Wetterkräfte, die das Schiff überhaupt in Bewegung setzen. Die Idealbedingung der modernen Welt, spiegelglatte See, ein Zustand in dem tatsächlich nur die vom rationalen Subjekt kalkulierbaren und kontrollierbaren Kräfte walten, ist bekanntermaßen das größte Grauen der Segelschifffahrt (vgl. Euripides' *Iphigenie in Aulis*). Obwohl im Unwetter zugleich tödliche Gefahr lauert, bleibt dem Segler nichts anderes übrig, als die Naturkräfte zu bejahen, sich mit ihnen zu arrangieren, sie für die eigenen Zwecke geschickt zu nutzen, sich ihnen anzupassen, ihren Rhythmus aufzunehmen. Ebenso verfährt Shakespeares Meteopoetik.

Genau wie seine Figuren affirmiert auch Shakespeares Theater selbst das stürmische Wetter. Wieder ist die oben ausführlicher besprochene Szene aus dem *Lear* beispielhaft: Lears Weigerung, sich in den Innenraum zurückzuziehen, assoziiert dramaturgisch die offene Bühne mit dem Sich-dem-Unwetter-Aussetzen. Die Tür, die in dieser Szene vermutlich als der Zugang zum *hovel* firmiert, ist eine der zwei Türen zum sogenannten *tiring house*, das die Rückwand der Bühne bildet. Lears Entscheidung, dem Imperativ »Go in with me« (Lr 3.4.144) nicht sofort Folge zu leisten, zögert seinen Abtritt von der Bühne heraus und verschafft so den Zuschauer*innen den Genuss einer ganzen Szene Theater. Sein Gegenstück findet Lear in Cicero, der aus dem stürmischen Außenraum in den Innenraum flüchtet – und von dort nicht mehr auf die Bühne zurückkehrt. Allgemeiner kann Lears in einer früheren Szene getroffener Entschluss, »No! Rather I abjure all roofs and choose / To wage against the enmity o'th' air« (Lr 2.2.397–398), als die Grundlage seiner Präsenz als epochemachende Bühnenfigur gelesen werden. Seine berühmten Monologe setzen dieses *waging against the enmity o'th' air* in die Tat um – sie geben dem Theaterschaffen Shakespeares damit zugleich eine Art Motto.

Für diese These ist die Seesturmszene aus dem *Tempest* einschlägig. Auch hier steht ein wiederholt ausgesprochener Imperativ im Raum, der Figuren aus dem Wetter in den Innenraum – und damit von der Bühne – schicken soll: »I pray now keep below!« (Tem 1.1.11), herrscht der um die Kontrolle über das vom Sturm geplagte Schiff bemühte Boatswain seine adligen Passagiere an, sie sollen doch bitte unter Deck gehen und um ihr Leben beten. Das tun sie aber nur kurz: Sie kehren auf die Bühne zurück. Nach einer Erneuerung des Imperativs spricht der Boatswain einen für Shakespeares Meteopoetik bezeichnenden Satz: »Keep your cabins! You do assist the storm« (Tem 1.1.14). Die Art, in der die Passagiere ›dem Sturm assistieren‹, also Crew und Boatswain in Aufruhr versetzen (»Trouble us not!«; Tem 1.1.18), ist Theatergänger*innen wohl bekannt, ja mehr noch, sie ist der Grund, warum das Publikum überhaupt ins Theater gekommen ist: Unentwegt führen sie Dialog – und lassen sich vom dringlichen Wunsch des Boatswains nach Ruhe (»Silence!«; Tem 1.1.18) nicht beeindrucken. Wiederholt verweist der Boatswain auf die Analogie von theatralem Sprechen und stürmendem Wetter, sie bildet das Zentrum der Szene: »A plague upon this howling! They are louder than the weather or our office« (Tem 1.1.36). Dass von kräftiger Rede, gerade wenn dabei große Emotionen im Spiel sind, Wettergewalt ausgehen kann, ist nicht Shakespeares Erfindung. Diese These findet sich schon bei Quintilian, für den das höchste Ziel des Rhetorikers darin besteht, »non loqui et orare, sed, quod Pericli contigit, fulgere ac tonare«,[39] also nicht zu bitten oder zu sprechen, sondern, wie Pericles, zu blitzen und zu donnern, oder wie Odysseus einen Sturm der Eloquenz auszugießen (»eloquentiae procellam effunderet«[40]). Die Wettergewalt ist vorbildlich, weil es bei der Überzeugungskraft des Redners um eine körperlich-materiell gedachte Operation geht: Im Optimalfall bewegt, formt, ja ›transfiguriert‹ die entfesselte ›Wetterkraft‹ des Redens den ›Geist‹ und die ›Gedanken‹ des Richters (»[...] movendi iudicum animos atque in eum quem volumus habitum formandi et velut transfigurandi«[41]) und erfasst ihn analog zur Gewalt des Wetters: »Er ist von der Flut mitgerissen und überlässt sich dem schnellen Strom« (»aestu fertur et velut rapido flumini obsequitur«[42]). Joseph R. Roach hat die bei Quintilian durchscheinende »relation between rhetorical doctrines of expressiveness and ancient medicine«[43] im ersten Kapitel von *The Player's Passion* aufgearbeitet. Er rekonstruiert daraus die frühneuzeitliche, d. h. körperlich-materielle Vorstellung der theatralen Übertragung von Affekten.

Für Shakespeares Sturmszene ergibt sich eine interessante metatheatrale Folgerung: Das dargestellte Bühnenwetter, gegen das der Boatswain ankämpft, mag zu Shakespeares Zeiten ein mit nur kargen Mitteln inszeniertes, zum großen Teil in die Vorstellungskraft der Zuschauer*innen verlegtes sein, von dem, als Wetter, selbstverständlich wenig körperliche Wirkung auf das Publikum ausgeht. Der physischen Gewalt des Sprechens der Figuren an Deck ist das Publikum jedoch genauso ausgesetzt und von ihr dementsprechend in Aufruhr versetzt wie Boatswain und Crew es sind. Mit dem Bühnenwetter stellt Shakespeare dem Publikum sozusagen ein im Wissen der Zeit dominantes und bekanntes Wirkschema vor Augen, in das die gerade körperlich erlebte theatrale Praxis eingreift: Die Figuren

---

[39] Marcus Fabius Quintilianus: The Orator's Education, übers. von Donald A. Russell, 5 Bde., Cambridge 2001, Bd. 1, Buch 2.16, 19.
[40] Ebd., Bd. 5, Buch 11.3, 158.
[41] Ebd., Bd. 3, Buch 6.2, 1–2.
[42] Ebd., 6.
[43] Joseph R. Roach: The Player's Passion. Studies in the Science of Acting, Newark 1985, 12.

reden *im* Wetter, sie kämpfen dabei aber nicht gegen die »enmity o'th' air« an, sie verstärken diese, indem sie rhetorische, theatrale Turbulenzen hinzuaddieren – es ist die Wirkung des *theatralen* Wetters, auf das Shakespeares Dramenkunst setzt.

Dabei agiert das Theater nicht gegen den von der Naturphilosophie gesetzten, meteorologisch-humoralen ›Rahmen‹. Die Wechselwirkungen von Säften, Wetter und Gleichgewicht des *body politic* bilden kein geschlossenes System. Das fragile, poröse Selbst des frühneuzeitlichen Körpers ist allerhand Einflüssen ausgesetzt, die nicht der Vermittlung über das ›äußere‹ Wetter bedürfen. Zum Beispiel vermag der Mond Einfluss auf die menschlichen Säfte zu nehmen: »[...] according as [the moon] encreaseth or decreaseth, so doe the humours in all creatures augment and diminish«, was sich analog zu seiner Wirkung auf das Wetter vollziehe, schreibt La Primaudaye: »so doth the weather change in disposition, turning sometimes into raine, sometimes being faire, and sometimes tempestuous«.[44] Man fürchtete auch den strafenden lieben Gott, selbst wenn gerade keine Flut oder Naturkatastrophe absehbar war:

> we [...] ought to admonish and induce us to feare him, to call upon him by prayer, and day and night, yea hourely, to recommend our life unto him, seeing he can take it from us by stopping our breath, yea by a very small matter: or at least deprive us of all motion and sense [...]. For the doing hereof hee needeth not to thunder or light from heaven against us, but onely to cause a small showre of water to powre downe from our head, which is the highest, the goodliest and most noble part of the bodie, and as it were the heaven of the litle world: or if it please him to cause a fewe droppes onely to distill downe upon the sinewes and joyntes, it will torment men more grievously then if they were in some continuall torture [...].[45]

Zu eben solcher körperlicher Einwirkung sahen Shakespeares Zeitgenossen auch böse Geister imstande. Ihnen wurde zugetraut, nicht nur Fantasie, sondern das Gleichgewicht der Säfte selbst in Aufruhr versetzen zu können: »evill spirites might trouble the imagination, fantasie, and mindes of men. We may say as much of the humours of the body, whose motions and nature they knowe very well.«[46] Etliche dieser Repräsentanten ›übernatürlicher Kräfte‹ werden bei Shakespeare

---

44 La Primaudaye, The Third Volume of the French Academie (Anm. 13), 160.
45 La Primaudaye, The Second Part of the French Academie (Anm. 16), 365. Es ist just diese Rolle, die Prospero als Theaterschaffender in *The Tempest* zukommt: Ausführlich stellt Shakespeare die körperliche Wirkung dar – sein Bühnenpublikum ist tatsächlich gelähmt, Caliban berichtet auch von Folterqualen – und greift dabei auf medizinisches Wissen der Zeit zu. Shakespeares Darstellung ist bis in die Wörtlichkeit hinein ähnlich zu der zitierten Stelle von La Primaudaye. Vgl. Ungelenk (Anm. 8).
46 La Primaudaye, The Second Part of the French Academie (Anm. 16), 381.

prominent aufgerufen: ein strafender, richtender Gott etwa,[47] oder böse Hexen, die Einfluss nicht nur auf das Wetter, sondern offenbar auch auf das menschliche Schicksal haben können.[48] Shakespeares Meteopoetik bringt diese ›höheren‹ Instanzen der Einwirkung auf das meteorologische und humorale Gleichgewicht der Welt ins Spiel, ohne dazu wertend Stellung zu beziehen: Seine Dramenkunst zielt nicht auf eine naturphilosophische oder gar ›wissenschaftliche‹ Neuordnung der Welt. Sie steigt vielmehr in dieses Spiel ein, spielt *mit* im Spiel der *temperances*. Sie versucht dem Theater – einem gerade aufkommenden kulturellen Massenmedium – eine Rolle in diesem Spiel der humoralen Einwirkung auf den Menschen und den *body politic* zukommen zu lassen. Dabei orientiert sich die dramaturgische Praxis explizit und ausgiebig an der Wirkmacht des Wetters. Shakespeares Theaterkunst kann deshalb mit gutem Recht meteopoetisch genannt werden.

---

47 Vgl. Höfele (Anm. 8).
48 Vgl. *Macbeth* sowie Jones (Anm. 8), 86–104.

Jana Schuster
Meteorologie/Mediologie. Luft in der Lyrik des 18. Jahrhunderts

> Für nichts ist der Mensch so offen wie für die Luft.
> In ihr bewegt er sich noch wie Adam im Paradies,
> rein und schuldlos [...].[1]
> (Elias Canetti)

Nach überstandener Gefahr wird das Atemholen zum unwahrscheinlichen Glück. Es braucht die katastrophale »Wendung der Dinge«,[2] um die Atemluft, erste und »letzte Allmende«[3] des Lebendigen, bewusst werden zu lassen. Als Jeronimo Rugera, durch den plötzlichen Zusammenbruch seines Gefängnisses unwillkürlich vor dem Selbstmord gerettet und aus der zertrümmerten Stadt geflüchtet, aus der »tiefsten Bewusstlosigkeit«, die ihn auf einem Hügel außerhalb überwältigt, erwacht und sich »halb auf dem Erdboden« erhebt, ergreift ihn »ein unsägliches Wonnegefühl«, da ein »Westwind, vom Meere her«, »sein wiederkehrendes Leben anweht[ ]«.[4] Unversehens findet sich der Straftäter in einem postapokalyptischen Paradies wieder, einer »blühende[n] Gegend«, in der nur die »verstörten Menschenhaufen« irritieren; beim Dankesgebet, über dem »seine Stirn den Boden berührt[ ]«, dessen Erbeben ihm das schon verworfene Leben gerettet hat, »weint[ ] er vor Lust«,[5] noch lebendig zu sein. Wiedervereint mit der totgeglaubten Geliebten und dem gemeinsamen Kind wähnt er sich im »Tal von Eden« und genießt eine Nacht »voll wundermilden Duftes, so silberglänzend und still, wie nur ein Dichter davon träumen mag«[6] – es sind die von der empfindsamen Idylle des 18. Jahrhunderts fortgeführten Topoi bukolisch-lieblicher und biblisch-paradiesischer Natur, die sich als trügerisch-traumartiges Intermezzo in das zweifache Katastrophenszenario von Kleists Erstlingsnovelle *Das Erdbeben in Chili*

---

1 Elias Canetti: Hermann Broch. Rede zum 50. Geburtstag, in: ders.: Das Gewissen der Worte. Essays, München 1975, 9–22, hier: 21. Mit der Dimension viral verseuchter Atemluft hat die Corona-Pandemie in der Katastrophengeschichte der Luft ein neues Kapitel eröffnet, das hier nicht berücksichtigt wird.
2 Heinrich von Kleist: Das Erdbeben in Chili, in: ders.: Sämtliche Werke und Briefe, hrsg. von Ilse-Marie Barth u. a., Frankfurt a. M. 1987 ff., Bd. 3, 187–221, hier: 190.
3 Canetti (Anm. 1), 22.
4 Kleist (Anm. 2), 194.
5 Ebd.
6 Ebd., 200.

(1806/10)⁷ einschieben und den lapsarischen Riss vorübergehend schließen. Ein frischer Luftzug eröffnet dieses idyllische Mittelstück in Kleists Triptychon, während in der Stadt »alles, was Leben atmet[ ]«,⁸ unter Trümmern begraben wird. Der laue Westwind, der mythische Zephyros, der mit jedem neuen Frühling den ewigen Frühling des Goldenen Zeitalters aufleben lässt, kommt für Kleists Überlebenden dem göttlichen Odem gleich, der im ersten Schöpfungsbericht der Genesis אָדָם *'ādām,* dem Menschen aus dem Staub der Erde (אֲדָמָה *'ădāmāh*), den Atem des Lebens einhaucht. Im Westwind umweht die gefallene Kreatur noch ein Zug des Paradieses⁹ – so will es die Idylle und so will es das »Ur-Vorurteil«¹⁰ von der fraglosen Zuträglichkeit der Lebensgrundlage Luft.

Luftwissen der Lyrik

Als allgegenwärtige, notorisch schwer fassbare »hyperobjects«¹¹ haben die globale Atmosphäre und die in dieser atembare Luft auch in der kulturwissenschaftlichen Klimatologie derzeit Hochkonjunktur:¹² Die anthropogene Klimaerwärmung im Anthropozän rückt die Luft ins Zentrum eines neuen Fragehorizonts nach der historischen Tiefenzeit des kulturellen ›Stoffwechsels‹,¹³ den Gesellschaften mit ihrer planetarischen Lebensgrundlage unterhalten.¹⁴ Die Literaturwissenschaft kann in diesem Kontext epochen- und gattungsspezifische ästhetische Ausgestaltungen und poetologische Funktionen kulturellen Luftwissens aufzei-

---

7 1806 bekanntlich noch unter dem auf das Individualschicksal fokussierenden Titel *Jeronimo und Josephe. Eine Scene aus dem Erdbeben zu Chili, vom Jahr 1647.*
8 Kleist (Anm. 2), 192.
9 Die Patristik weiß das Paradies »von feinster und reinster Luft umstrahlt«. Des Johannes von Damaskus genaue Darlegung des orthodoxen Glaubens, übers. von Dionys Steinhofer, München 1923, 74.
10 Peter Sloterdijk: Luftbeben. An den Quellen des Terrors, Frankfurt a. M. 2002, 50.
11 Timothy Morton: Hyperobjects. Philosophy and Ecology after the End of the World, Minneapolis 2013.
12 Vgl. u. a. Eva Horn, Peter Schnyder (Hrsg.): Romantische Klimatologie. Themenheft der Zeitschrift für Kulturwissenschaft 1 (2016); Urs Büttner, Ines Theilen (Hrsg.): Phänomene der Atmosphäre. Ein Kompendium Literarischer Meteorologie, Stuttgart 2017.
13 Karl Marx: Das Kapital. Buch I: Der Productionsprozess des Kapitals, Hamburg 1867, 141.
14 Vgl. Eva Horn: Air as Medium, in: Grey Room 73 (Fall 2018), 6–25; siehe auch den Band Luft, hrsg. von der Kunst- und Ausstellungshalle der Bundesrepublik Deutschland, wiss. Redaktion: Bernd Busch, Bonn 2003.

gen,[15] das in der *per definitionem* sanglichen Lyrik jeweils zu einem disziplinären Spezialwissen um Praktiken von Atem, Stimme, Rhythmus und Klang in produktivem Bezug steht. In der deutschsprachigen Literatur kommt hier dem zweiten Drittel des 18. Jahrhunderts eine Schlüsselrolle zu: Bei Barthold Heinrich Brockes konstituiert sich eine aus funktionalen Kontexten zunehmend gelöste, empirisch fundierte Naturdichtung, die auch die flüchtige Luft zum Gegenstand einer – die antike Elementenlehre, die Alchimie und die neuzeitliche Chemie der Gase integrierenden – Wissenspoetik macht. Empirisch neu gegründet sind Luft, Wind und Hauch damit auch als topische Elemente des *locus amoenus*,[16] den im 18. Jahrhundert die Anakreontik, die Landlebendichtung und die empfindsame Idylle vielfach variieren. Albrecht von Haller und Ewald von Kleist sprechen der durchsichtigen, hör- und spürbaren Luft in ihren Langgedichten *Die Alpen* (1729/31) und *Der Frühling* (1749/56) von der Landschaftsmalerei inspirierte ästhetische Qualitäten zu und differenzieren die semantischen Valenzen der vormals topisch-formelhaften Bezeichnung von Phänomenen und Sensationen der Luft, des Windes und auch des etymologisch von diesem abgeleiteten Wetters[17] entschieden aus. Klopstocks freirhythmische Hymnik eröffnet diesem lyrischen Diskurs neue poetologische Dimensionen, die Goethes Sturm-und-Drang-Hymnen und Hölderlins Oden weiter ausschöpfen werden. So lässt sich ein lyrisches Gattungswissen der Luft im 18. Jahrhundert an vier epochenspezifischen Genres profilieren: am Lehrgedicht und an dem ›naturbeschreibenden‹ Gedicht[18] des Brockes, die zeitgenössische Luftlehren erläutern bzw. dramatisch ausgestalten, an der Ode bzw. Hymne Klopstocks, die die (göttlich durchwirkte) Luft als elevatorisches Medium inszeniert, und an der prosalyrischen Idylle Geßners, deren empfindsame Sensitivität die Luft als sinnliches Milieu des Lebendigen erschließt und subtil erotisiert. Wie zu zeigen sein wird, lassen sich diese verschiedenen generischen Formen lyrischen Luftwissens entlang ihrer jeweiligen Ausgestaltung des Luft- und des Gewittermotivs mit den von

---

15 Vgl. Jayne Elizabeth Lewis: Air's Appearance. Literary Atmosphere in British Fiction 1660–1794, Chicago 2012; Johannes Ungelenk: Literature and Weather. Shakespeare – Goethe – Zola, Berlin/Boston 2018.
16 Vgl. Ernst Robert Curtius: Europäische Literatur und lateinisches Mittelalter, 4. Aufl., Bern/München 1963, 202–206.
17 Johann Christoph Adelung: Grammatisch-kritisches Wörterbuch der Hochdeutschen Mundart, zweyte verm. und verb. Aufl., Leipzig 1793 ff., Bd. 4, Sp. 1512.
18 Mit der proto-generischen Kategorie des »naturbeschreibende[n] Gedicht[s]« als historischer Vorstufe der Naturlyrik bei Brockes folge ich der Klassifikation Hans-Georg Kempers in Barthold Heinrich Brockes: Irdisches Vergnügen in Gott. Naturlyrik und Lehrdichtung. Ausgew. und hrsg. von Hans-Georg Kemper, Stuttgart 1999, 16.

Michael Gamper und Urs Büttner vorgeschlagenen Kategorien korrelieren: Brockes' Gewitterbeschreibung mit einer (vorwiegend an der Darstellung atmosphärischer Phänomene selbst interessierten) ›Literarischen Meteorologie‹, Klopstocks Gewitterhymne mit einer (am meteorologischen Gegenstand genuin poetische Potentiale erprobenden) ›Meteopoetologie‹ und Geßners Idylle mit einer anthropologisch grundierten ›Meteopoetik‹ bzw. poetischen ›Meteo-Anthropologie‹,[19] die menschliches Leben und Lieben von sensitiven Sphären her denkt und poetisch in Szene setzt. Epistemologisch relevante Beiträge zu einem nicht auf die neuzeitlich-moderne Naturwissenschaft reduzierten Luft- und Wetterwissen leisten aber alle diese Texte gerade in ihrer virtuosen sprachästhetischen Gestaltung.

Der literarischen Darstellung von Wetterereignissen und Witterungsverhältnissen noch vorgelagert, konturiert sich ›Meteorologie‹ hier im ursprünglichen, umfassenden Wortsinn als systematische Aufmerksamkeit für das ›In-der-Luft-Schwebende‹[20] und auf die Sphäre, Phänomenalität und Dynamik der Luft selbst, die unter dem neuen empirischen Fokus aufklärerischer Naturdichtung als elementares Medium aisthetischer Wahrnehmung begreifbar wird und damit zugleich die poetologische Reflexion auf die von der Luft getragene phonetisch-rhythmische Akustik befördert. In diesem doppelten Sinn werden die Luft und das Meteorisch-Schwebende in der Lyrik des 18. Jahrhunderts zum Gegenstand einer immanenten aisthesiologischen und poetologischen Mediologie, die entlang ihrer genrespezifischen Varianten zu einer Ontologie des ›In-der-Luft-Seins‹[21] beitragen kann. Eine solche hat Joseph Vogl für das meteorologische Wissen um 1800,[22] Stephan Gregory für Ästhetik und Darstellungspraxis der Malerei schon des Cinquecento dar-

---

19 Michael Gamper: Der Mensch und sein Wetter. Meteo-Anthropologie der Lyrik nach 1750, in: Zeitschrift für Germanistik 23/1 (2013), 79–97.
20 Griech. μετέωρος *(metéōros)*, das in der Luft Schwebende.
21 So erstmals bei Sloterdijk, Luftbeben (Anm. 10), 47. Vgl. demgegenüber die evolutionstheoretisch fundierte »Ontologie der Atmosphäre« in Emanuele Coccia: Die Wurzeln der Welt. Eine Philosophie der Pflanzen. Aus dem Französischen von Elsbeth Ranke, 2. Aufl., München 2018 [frz. 2016], 39–97, hier: 39. Sloterdijks *Sphären*-Projekt definiert das In-der-Welt-Sein als das Sein in technisch oder symbolisch klimatisierten Sphären und sieht Kulturen je »nur im Treibhaus ihrer autogenen Atmosphäre [gedeihen]«. Peter Sloterdijk: Sphären I: Blasen, Frankfurt a. M. 1998, 46. Gegen solchen »kulturelle[n] Reduktionismus« zeigt Coccia am Paradigma der Pflanzen und des Atmens, »dass die Klimatisierung, das *air-designing*, der einfachste Existenzakt des Lebendigen ist, seine elementarste Natur«. Coccia (Anm. 21), 86.
22 Joseph Vogl: Wolkenbotschaft, in: Lorenz Engell, Bernhard Siegert, Joseph Vogl (Hrsg.): Wolken. Themenheft des Archivs für Mediengeschichte 5 (2005), 69–79, hier: 79; vgl. ders.: Luft um 1800, in: Armen Avanessian, Winfried Menninghaus, Jan Völker (Hrsg.): Vita aesthetica. Szenarien ästhetischer Lebendigkeit, Zürich/Berlin 2009, 45–53.

gelegt.²³ Die von Gregory geforderte »Genealogie der Wahrnehmung von Luft und Atmosphäre«²⁴ führte transdisziplinär und transmedial durch Mythologie, antike Naturphilosophie, Medizin, Theologie, Alchimie, die neuzeitliche Wissenschaftsgeschichte und die gattungs- und genrespezifischen literarischen, bildkünstlerischen, musikalischen und theatralen Ausgestaltungen eines im umfassenden Sinn zu verstehenden Luftwissens. Peter Sloterdijk, der 2002 im Rahmen seines *Sphären*-Projekts das Luftdenken des 20. Jahrhunderts exponiert und damit die kulturwissenschaftliche Konjunktur des Themas (mit)initiiert hat, blendet diese reiche Geschichte aus, wenn er ein »Explizitwerden der Luft-, Klima- und Atmosphärenverhältnisse« erst für den Gaskrieg im Ersten Weltkrieg veranschlagt.²⁵ Zuvor seien Luft, Klima und Atmosphäre »allenfalls in poetischen Formen oder in physikalischen und medizinischen Kontexten« thematisiert worden²⁶ – die reichen Imaginarien von Luft, Wetter und Witterung in der neuzeitlichen Malerei und Musik finden frappierenderweise keine Erwähnung, das konzessive ›Allenfalls‹ erklärt vom Beginn des 20. Jahrhunderts aus knapp zweitausend Jahre Wissensgeschichte der Luft seit Homer und Hippokrates, in der wirkmächtigen Elementenlehre²⁷ wie in der neuzeitlichen Physik und Chemie²⁸ zur *quantité négligeable*. Die immerhin konzedierten ›poetischen Formen‹ dieses Luftwissens differenzieren sich, generisch wie thematisch, namentlich in der Dichtung der Aufklärung aus, die mit der modernen Naturlyrik zugleich eine neue Naturästhetik gerade des Atmosphärischen entwickelt. Im Rekurs auf mythische und theologische Prägmuster der Luft, inspiriert sowohl durch das ästhetische Wissen der Malerei wie durch die physikalische Optik, begründen Lehrgedicht, naturbeschreibendes Gedicht, hymnische Ode und Idylle die tradierten Topoi der Naturdarstellung empirisch und aisthetisch neu, um in diesem Zug eine poetische Anthropologie des In-der-Luft-Seins, -Wahrnehmens und -Kommunizierens auszubilden – und dies noch bevor Herder, den Sloterdijk als einzige historische Referenz anführt, in den *Ideen zur Philosophie einer Geschichte der Menschheit* (1784–91) die Luft bzw. »Atmosphäre« als »Zeughaus der Kräfte und Stoffe« bzw. »Treibhaus der Natur« bestimmt, in deren »Medium« der

---

23 Stephan Gregory: Leuchtende Luft. Mimesis des Atmosphärischen bei Aretino und Tizian, in: Büttner/Theilen (Hrsg.) (Anm. 12), 185–197.
24 Ebd., 188.
25 Sloterdijk, Luftbeben (Anm. 10), 50.
26 Ebd., 48.
27 Vgl. Gernot Böhme, Hartmut Böhme: Feuer, Wasser, Erde, Luft. Eine Kulturgeschichte der Elemente, München 1996.
28 Vgl. Gabrielle Walker: Ein Meer von Luft. Aus dem Englischen von Friedrich Griese, Berlin 2007 [engl. 2007].

Mensch »wie im Organ der Gottheit« lebe.[29] Wenn Elias Canetti, von Sloterdijk zitiert, der Erfahrung des Gaskriegs bei Hermann Broch das freie Atmen Adams im Paradies kontrastiert, entspricht dies einer traditionellen Entgegensetzung, die auch Kleist aktualisiert. Die alttestamentlichen Urszenen für den Wechsel von zerstörerischer Gewalt zu vitalisierender Sanftheit der Elemente sind in Gen 6–9 das Ende der Sintflut, das, besiegelt vom Bundeszeichen des Regenbogens, zugleich die verlässliche Wiederkehr der Jahreszeichen verheißt (Gen 8, 22), und die Theophanie in 1 Kg 19, 11–12, da der Herr seinem Propheten Elia nicht in dem großen, starken Wind erscheint, der die Berge zerreißt und die Felsen zerbricht, nicht im Erdbeben und nicht im Feuer, sondern in einem stillen, sanften Sausen der Luft.[30] In diesem Sinn besänftigen die Gewitter-Gedichte Brockes', Klopstocks und Geßners den Sturm zu einem milden Säuseln der Luft und versichern sich darin der Stimme des göttlichen Wohlwollens – immer auf Basis des menschlichen ›Ur-Vorurteils‹ grundsätzlich zuträglicher Luft, das in den Dämpfen der Hölle sein imaginäres Gegenstück findet, historisch aber erst von der menschengemachten »schwarzen Meteorologie« des Gaskriegs dementiert wird.[31] Entwickelt die Luft zuvor nur punktuell, in lokalen miasmischen Zonen und vorübergehenden Unwettern, lebensbedrohliche Qualitäten, so macht der »Atmoterrorismus«[32] die Atemluft selbst zur Massenvernichtungswaffe. Hierin liegt der fundamentale Unterschied zwischen Kleists Erdbeben, dessen Ruinen »rötliche Dämpfe aus[kochen]«,[33] und dem von Sloterdijk zum »Luftbeben« metaphorisierten Gaskrieg, nicht in einem den Früheren noch fehlenden Bewusstsein von der Luft als umfassender, durchdringender Lebensgrundlage, das neben der hippokratischen Medizin[34] der dichterische Topos paradiesisch lieblicher Lüfte

---

[29] Johann Gottfried Herder: Werke, hrsg. von Martin Bollacher u. a., 10 Bde, Frankfurt a. M. 1985–2000, Bd. 6, 37–39.
[30] Hebr. קוֹל דְּמָמָה דַקָּה (qôl dəmāmāh daqqāh), griech. φωνὴ αὔρας λεπτῆς (foní ávras leptís), lat. aurae tenuis: Luther übersetzt »ein still sannftes Sausen«. Biblia, das ist / Die gantze Heilige Schrift Alten und Neuen Testaments / verteutscht durch d. Martin Luther, Frankfurt a. M. 1704, 388. Die maßgebliche katholische Vulgata-Übersetzung des 19. Jahrhunderts moduliert im Diminutiv zum »Säuseln« der Luft und betont damit die antimajestätische Sanftheit der göttlichen Selbstoffenbarung. Die Heilige Schrift des Alten und Neuen Testamentes. Aus der Vulgata mit Bezug aus dem Grundtext neu übersetzt und mit Anmerkungen erläutert von Dr. Joseph Franz Allioli [1830–34], 7. Aufl., München/Landshut 1851, Bd. 1, 666. Buber und Rosenzweig übersetzen »eine Stimme verschwebenden Schweigens«. Die Schrift, verdeutscht von Martin Buber gemeinsam mit Franz Rosenzweig, Stuttgart 1992, Bd. 2, 406.
[31] Sloterdijk, Luftbeben (Anm. 10), 22.
[32] Ebd., 21.
[33] Kleist (Anm. 2), 198.
[34] Hippokrates: Über die Umwelt, hrsg. und übers. von Hans Diller, Berlin/Boston 1999.

schon seit Homer bezeugt.[35] Aus der sinnlich-empirischen Ausgestaltung und empfindsam-subjektiven Neufundierung dieses Topos geht die Konjunktur der Luft in der Lyrik des Aufklärungszeitalters hervor.

Meteorologische Ereignisse wie das Gewitter werden in diesem Zug ausdrücklich auf generative, sicht- und spürbare Dynamiken im Luftraum zurückgeführt und in gradueller Steigerung von deren latenten Wirkkräften entwickelt. Diese Dramaturgie folgt der durch neue Messinstrumente beförderten Erweiterung der physikalischen Kenntnisse über Luftdruck, Temperatur, Luftfeuchtigkeit, Luftbewegung, Elektrizität und Wärme von Bacon, Galilei, Boyle und Guericke bis zu Franklin, Lavoisier und dem vorkritischen Kant;[36] sie entspricht aber zugleich der pietistisch inspirierten Aufmerksamkeit für das Kleine, Unbedeutende und Unmerkliche, der Aufwertung der sinnlichen Erkenntnis bei Baumgarten sowie philosophisch-ästhetischen und infinitesimalmathematischen Konzeptionen von Subtilität, Intensität und kontinuierlicher Gradation bei Leibniz, Lambert und Kant.[37] Meteorologische bzw. aerologische Motive in der Lyrik des 18. Jahrhunderts lassen sich folglich nach dem Spannungs- und Erregungsgrad der Luft und dem Intensitätsgrad ihrer sinnlichen Empfindung zwei kontinuierlich miteinander vermittelten Modi zuordnen: der Subtilität, Sanftheit, Transparenz und Stille einerseits und dem Manifestwerden des Mediums als eigenkörperlich-dichte, hochgradig energetische und in Aufruhr versetzte Sphäre andererseits. Im Sinne menschlicher Urerfahrungen im vitalen Milieu der Atmosphäre[38] sind dies zugleich die Erscheinungsformen des Luftraums in der Landschaftsmalerei seit der Renaissance: die durchsichtige Luft des heiteren Himmels und die deckende, zu Wolkenhaufen verdichtete, in Wirbeln turbulente Luft des Sturmes, die Leonardo da Vinci in seinen Sintflut- und Gewitterstudien darstellt. Die Lyrik setzt diese beiden Pole genrespezifisch um: Der hymnische Aufgesang evoziert die kraftvolle Dramatik des Sturms, die Idylle setzt dagegen programmatisch mit der besänftigten, gereinigten Luft nach dem Gewitter ein, deren subtile Qualitäten sich dem sensibilisierten Subjekt auf dieser Kontrastfolie in neuer Intensität zu empfinden

---

35 »Ewig wehn die Gesäusel des leis anathmenden Westes, / Die Okeanos sendet, die Menschen sanft zu kühlen«, heißt es im vierten Gesang der *Odyssee* über die elysischen Gefilde der Seligen. Homers Werke übers. von Johann Heinrich Voß, Stuttgart 1876, 355. Szenen wie diese begründen den Topos der lieblichen Luft für die gesamte, die Imagination der Natur nachhaltig prägende Tradition der europäischen Idyllik, Bukolik und Pastorale.
36 Vgl. Karl Schneider-Carius (Hrsg.): Wetterkunde, Wetterforschung. Geschichte ihrer Probleme und Erkenntnisse in Dokumenten aus drei Jahrtausenden, Freiburg/München 1955, 54–91.
37 Vgl. Erich Kleinschmidt: Die Entdeckung der Intensität. Geschichte einer Denkfigur im 18. Jahrhundert, Göttingen 2004.
38 »Culture is a self-transformation through the transformation of nature, yet always inclined, bent, twisted by the gentle or brutal forces of the air.« Horn (Anm. 14), 12.

geben. Das naturbeschreibende Gedicht Brockes' vermittelt beide Pole durch genaue Beobachtung der Veränderungen des Luftraums und führt den noch immer als plötzlich erfahrenen Ausbruch des Gewitters damit in ein Kontinuum vorgängiger Kräfte zurück. Das Lehrgedicht wiederum legt physikalisches und chemisches Luftwissen in seiner anthropologischen Bedeutung dar.

Mediologie der Luft im Lehrgedicht

Brockes widmet der Luft im zweiten Band des *Irdischen Vergnügens in Gott* von 1727 ein Lehrgedicht mit 79 Strophen von je acht vierhebigen Versen, das auf zeitgenössischem Wissensstand Herders Lob der Luft als Kräftereservoir vorwegnimmt. Gemäß der Urstoff-Lehre des Anaximenes und des auf diesen zurückgehenden *spiritus mundi*-Konzepts[39] ist die Luft hier zunächst »der Geist der Welt« und »Aller ird'schen Cörper Kraft«.[40] Im Rekurs sowohl auf die Alchimie wie auf die frühneuzeitliche Chemie der Gase erläutert das Gedicht zudem chemische Zusammensetzung, Feuchtigkeit, Druck, Gewicht, Komprimierbarkeit und Temperatur der Luft und übersetzt über sechs Strophen hinweg aus Guerickes *Experimenta Nova de Vacuo Spatio* von 1672, ohne in deren Sinn auch die Luftleere des Weltraums zu berücksichtigen:[41] Während jenseits der irdischen »Atmosphära«[42] andere, dünnere und unzuträgliche Lüfte herrschen müssen, umfasst unsere Luft den »Erden-Kreis« wie »das Meer ein Fischlein« und »umhüllet« nicht nur »alle Dinge«, sondern »füllet« sie auch[43] und dringt im Atmen[44]

---

39 Vgl. Böhme (Anm. 27), 235–239.
40 Barthold Heinrich Brockes: Irdisches Vergnügen in Gott. Erster und zweiter Teil, in: ders.: Werke, hrsg. und kommentiert von Jürgen Rathje, Göttingen 2012ff., Bd. 2.2, 658, 645.
41 Vielmehr führt Brockes auch Edmond Halleys (durch einen Rechenfehler in Newtons Gravitationslehre bedingte) Hypothese von einem Luftbehälter im hohlen Erdinnern an. Ebd., 663.
42 Brockes gebraucht hier den Neologismus, den 100 Jahre zuvor Willebrord Snellius in seiner lateinischen Übersetzung der kosmographischen Schriften Simon Stevins geprägt hatte. Vgl. Craig Martin: The Invention of the Atmosphere, in: Studies in History and Philosophy of Science, A 52 (2015), 44–54.
43 Brockes (Anm. 40), 644, 658.
44 Im Hinblick auf alchimistische Experimente, die Lavoisiers Oxidationstheorie bestätigen sollte, führt Brockes den Verbrennungsvorgang hier bereits mit der Lungenatmung eng und spekuliert, »Daß die Luft, die uns genährt, / Durch die Lunge das verlieret, / Was den Feur zur Kost gebuehret, / Und daß von der Luft das Blut / Eben das braucht, was die Gluth« (ebd., 657) – nämlich den Sauerstoff, den Lavoisier selbst zunächst noch als »air éminemment respirable« klassifizierte. Antoine Laurent de Lavoisier: Oeuvres. hrsg. von J. B. Dumas, Edouard Grimaux, Paris 1862, Bd. 2, 123.

»durch uns« hindurch.⁴⁵ Die Vorstellung der nicht nur umgebenden, sondern »all durchgeh'nden Luft«, in der sich alles »vereint« und »verbindet«,⁴⁶ zielt noch über die Grenzen des Milieu-Begriffs hinaus, den Lamarck 1801 für die vorzüglich von Klima und Temperaturschwankungen der Atmosphäre bedingten Lebenswelten (»milieux environnans«⁴⁷) der wirbellosen Tiere prägen sollte:⁴⁸ Wie »In-der-Welt-Sein« nach dem Paradigma der Fische ein »Im-Meer-der-Welt-Sein« bedeutet, so versteht sich das Umgebende hier im Sinne Emanuele Coccias als ein »In-den-Lebewesen-Sein«⁴⁹ – die Intimität dieser Wechseldurchdringung, die Brockes' Lehrgedicht nüchtern konstatiert, wird die empfindsame, gerade für das Olfaktorische sensibilisierte Idylle evozieren. Als elementares All-Medium⁵⁰ durchdringt uns die Luft aber auch nach dem Lehrgedicht mit einem aus dem »Ausfluß« aller Dinge zusammengesetzten »Geruch der Welt«,⁵¹ der die Atmosphäre erst (aus)macht.⁵² Entsprechend füllen Schallwellen »viel Tausend Ohren« mit dem, »was aus einem Munde quillt«.⁵³ Spürbar wird die Luft wiederum nur im Kontrast, als Linderung drückender Schwüle durch aufziehenden Wind, den die topischen Elemente der Bukolik aufrufen:

> Gleich empfinden unsre Glieder,
> Wie derselben [der Luft] lauer Duft
> Uns mit süssem Hauchen streichelt,
> Uns mit sanftem Säuseln schmeichelt,
> Die zu starke Hitze kühlt
> Und, wie Wellen, um uns spielt.⁵⁴

---

45 Brockes (Anm. 40), 655.
46 Ebd., 648.
47 Jean Baptiste de Lamarck: Système des animaux sans vertèbres, Paris 1801, 13.
48 Leo Spitzer: Milieu and Ambiance. An Essay in Historical Semantics, in: Philosophy and Phenomenological Research 3/2 (1942), 169–218, hier: 198 f. hat den Begriff des Milieus bekanntlich auf griechisch περιέχον (periéchon), alles, was uns umgibt, zurückgeführt und als harmonieorientiertes Konzept menschlichen Eingebettetseins gedeutet, das noch der nachkopernikanischen, vom Vakuumgedanken beunruhigten Welt eine Option der Bindung biete.
49 Coccia (Anm. 21), 47, 57.
50 Das 18. Jahrhundert gebraucht den Milieubegriff noch synonym zum lateinischen *medium*. Vgl. Spitzer (Anm. 48), 171 f. Die jüngere Medientheorie nimmt diese Gleichung wieder auf. Vgl. John Durham Peters: The Marvelous Clouds: Toward a Philosophy of Elemental Media. Chicago 2015.
51 Brockes (Anm. 40), 649, 645.
52 Die Atmosphäre zu bewohnen, heißt zugleich, sie durch Atem und Stoffwechselprozesse zu ›machen‹. Vgl. Coccia (Anm. 21), 65. »Die Welt trägt den Geschmack des Atems.« Ebd., 96.
53 Brockes (Anm. 40), 646.
54 Der Fokus des Gedichts liegt nicht auf der in vergleichsweise konventionellen Topoi des Amönen aufgerufenen Spürbarkeit der Luft (so Burkhard Meyer-Sickendiek: Lyrisches Gespür.

Medium des Lichtes schließlich ist die Luft, insofern sie das Sonnenlicht reflektiert, könnte doch »der Dämm'rung Schimmer-Licht [...] nicht entstehen«,

> Stieß der Strahl der Sonnen nicht
> Auf des Luft-Leib's äussre Gräntzen:
> Die denn wiederprallend gläntzen[.]⁵⁵

Schimmer des Himmels und Glanz der Wolken erklären sich hier optisch aus dem Auf- und Rückprall des Sonnenlichts an dem zum kompakten Widerstand formierten Luftkörper. Mit der seit Ptolemäus diskutierten atmosphärischen Lichtbrechung erklärt das Lehrgedicht den physikalischen Zusammenhang, aus dem die poetische Landschaftsmalerei des 18. Jahrhunderts, beginnend mit Brockes' eigenen naturbeschreibenden Gedichten, ihre Ästhetik schöpfen wird – eine Ästhetik *sub specie atmosphaerae*.

Ästhetik der Atmosphäre/atmosphärische Ästhetik

Seit ihren Anfängen gestaltet die neuzeitliche Malerei in der Blautönung der Ferne gemäß Leonardos Luftperspektive, im *chiaroscuro,* dem Helldunkel, oder im *sfumato,* den weichen, ›verrauchten‹ Konturen, Luft als durchsichtiges Medium des Lichts und des Visuellen überhaupt; namentlich Tizian im 16., Nicolas Poussin und Claude Lorrain im 17. Jahrhundert machen den leuchtenden ›Körper‹ der Luft zu einem visuellen Gegenstand *sui generis*. Noch vor der Popularisierung von Newtons *Opticks* (1704) erklärt der vielgelesene Malereitraktat des Roger de Piles von 1708 die aisthetischen Phänomene von Schimmer und Glanz zu jenen Lichtwirkungen, die sich nur »schwerlich aus physikalischen Ursachen begreifen« ließen, von den Malern aber umso sorgfältiger studiert werden sollten.⁵⁶ Die Naturdichtung der Aufklärung begründet diese malerisch inspirierte Sensibilität für die visuellen Effekte der atmosphärischen Lichtbrechung empirisch

---

Vom geheimen Sensorium moderner Poesie, München 2011, 125–127), sondern auf deren physikalisch-chemischen Gesetzmäßigkeiten und dadurch bedingten medialen Qualitäten. Ungleich intensiviert, subjektiviert und erotisiert ist das leibliche Spüren von Luft, Duft und Licht in Ewald von Kleists *Frühling,* wenn es in der Erstfassung von 1749 nach der Apostrophe »bethaute[r] Thäler voll Rosen« heißt: »Ich will die Wollust in mich mit eurem Balsamhauch ziehen / Und wenn Aurora euch weckt mit ihren Stralen sie trinken.« Ewald von Kleist: Sämtliche Werke, hrsg. von Jürgen Stenzel, Stuttgart 1971, 10.

55 Brockes (Anm. 40), 656.
56 Roger de Piles: Einleitung in die Malerey aus Grundsätzen, Leipzig 1760, 167.

und verbindet sie vorzugsweise mit einem neuen Leitmotiv in Reverenz an Newtons Spektralzerlegung des weißen Lichts: dem Regenbogen, der als postdiluvisches Bundeszeichen zugleich an den frühaufklärerischen Optimismus anzuschließen war. Damit werden nun auch die bukolischen Topoi der lieblichen Natur empirisch fundiert und sinnlich verfeinert: James Thomsons überaus einflussreiches Lehrgedicht *The Seasons* (1726–30) lässt, in Brockes' Übersetzung von 1745, über idyllischen Tälern, in denen Zephirs Hauch die »sanfte Luft« erfüllt, den Regenbogen (»the grand ethereal bow«) als »Wiederschlag« (»refracted«) des Sonnenlichts am »Duft«, also Dunst,[57] der Luft sichtbar werden.[58] Hallers *Alpen*-Gedicht (1729/32) reflektiert im Hinblick auf die »blaue Ferne«, die Lichtreflexion an Eiskristallen, den Regenbogen am Staubbachfall, den vom ›schwebenden‹ Sonnenlicht gemalten »Glanz« aller Wesen und die Strahlkraft farbiger Blüten stets auch die Sichtbedingungen der Luft.[59] Ewald von Kleists *Frühling* (1749/56) ruft (den ohne Eigennamen adressierten) Haller auf, »in die Farben Aurorens« einzutauchen und die nach einem Regenguss in verjüngendem »Schimmer« prangende Landschaft zu ›malen‹, in der nunmehr ein »güldner Regen von Strahlen« die Luft fülle[60] – die meteorische Metapher für das atmosphärisch gebrochene Licht wird erst in der Zweitfassung durch einen Regenbogen ergänzt.[61] Befördert die erhöhte Aufmerksamkeit für atmosphärisch-meteorologische Lichteffekte im doppelten Anschluss an die Expertise der Landschaftsmalerei und die physikalische Optik eine neue Subtilität der poetischen Naturästhetik, so ergänzt die Lyrik deren Mediologie der Luft um akustische, olfaktorische, haptische und noch subtilere Sensationen: Nicht nur Schimmer und Glanz der Luft als Medium des Lichts, sondern auch Windhauch, Duft, Wärme oder Schwüle energetisieren die Landschaft und evozieren (die) Atmo-

---

57 Adelung (Anm. 17), Bd. 1, Sp. 1568 führt als erste Bedeutung von »Duft« die meteorologisch-optische an (»ein jeder Dunst, feuchter Dampf oder Nebel«) und zitiert u. a. aus Brockes' *Beschreibung einer anmuthigen Gegend um Hamburg*: »Der Berge purpur-färbigs Blau / Verliert sich allgemach in einem sichtbarn Duft.« Ebd.
58 Herrn B.H. Brockes [...] aus dem Englischen übersetzte Jahres-Zeiten des Herrn Thomson, Hamburg 1745, 28 f.
59 Albrecht von Haller: Die Alpen und andere Gedichte, hrsg. von Adalbert Elschenbroich, Stuttgart 2017, 16 f. Siehe hierzu auch Urs Büttner: Die Subversion der Naturästhetik im Lehrgedicht. Zu den Wetterdarstellungen in Albrecht von Hallers *Die Alpen*, in: Evi Zemanek (Hrsg.): Ökologische Genres und Schreibmodi, Paderborn 2016, 57–72, sowie Tove Holmes: Reizende Aussichten: Aesthetic and Scientific Observation in Albrecht von Haller's *Die Alpen*, in: MLN 132 (2017), 753–774.
60 Ewald von Kleist (Anm. 54), 54.
61 Ebd., 55.

sphäre als ›fließendes‹ Milieu des ›Eingetauchtseins‹.⁶² Hier sind just jene unwägbaren Stoffe bzw. unsichtbaren Kräfteverhältnisse zur Geltung gebracht, die – als diffuse Konkreta der metaphorischen Rede vom Atmosphärischen – eine Landschaft charakteristisch tönen und das *Je ne sais quoi* ihres besonderen ästhetischen Reizes ausmachen. Es ist diese neue Einstellung auf das atmosphärische Schlüsselmedium, die die Naturlyrik im historischen Moment ihrer Begründung auszeichnet: Bevor sich im 19. Jahrhundert die Physik im Zeichen der Thermodynamik »meteorologisch reformiert«,⁶³ formiert sich die Naturlyrik als poetisches Medium einer luft- und lichtgewirkten Ästhetik.

Gewitterdichtung: Literarische Meteorologie und Meteopoetologie

Friedrich Gottlieb Klopstocks Oden wenden diese neue Sensibilität für die medialen Qualitäten der Luft im Zuge der Neukonzeption der deutschen Prosodie entschieden poetologisch: Der aufsingenden Stimme – dem poetischen Kunstlied der (bei Klopstock reimlosen) Ode (nach griech. ἀείδειν *[aedein]*, singen) im Modus sekundärer Oralität eingeschrieben – dient die Luft als Mittel des enthusiastischen Aufschwungs und der Elevation⁶⁴ zum hohen Ton hymnischer Rede von erhabenen Gegenständen, dem von oben die göttliche Inspiration entgegenkommt. So erfleht die *Ode über die Allgegenwart Gottes* bzw. *Dem Allgegenwärtigen* (1758/1771) die ›Erhebung‹ der Seele zum göttlichen Du, auf dass der allgegenwärtige Vater sie ›umgebe‹ (in der Erstfassung) bzw. ›einschließe‹ (in der Zweitfassung).⁶⁵ Die postulierte Allgegenwart des Angerufenen vermittelt

---

62 Vgl. Coccia (Anm. 21), 50, 47. Coccias evolutionstheoretische Perspektive liest sich auch als biowissenschaftliche Revision und mögliche Neufundierung der Phänomenologie und Ästhetik der Atmosphäre nach Hermann Schmitz und Gernot Böhme. Das (nicht nur metaphorologische) Problem zweier vermeintlich unvereinbarer Konzepte von Atmosphäre entlang der Kluft zwischen den ›zwei Kulturen‹ nach Snow kritisiert auch Tim Ingold: The Life of Lines, London 2015, 74. Vgl. hierzu Urs Büttner, Ines Theilen: Phänomene der Atmosphäre. Zur Einleitung, in: dies. (Hrsg.) (Anm. 12), 1–25, hier: 2f.
63 Vogl (Anm. 22), 70.
64 In seiner Psychoanalyse der künstlerischen Imagination hat Gaston Bachelard die Luft als elementares Medium für Elevationsphantasien untersucht. L'Air et les Songes. Essai sur l'imagination du mouvement [1943], Paris 1992, 55.
65 Klopstock: Werke und Briefe. Historisch-Kritische Ausgabe, begr. von Adolf Beck u. a., hrsg. von Horst Gronemeyer u. a., Berlin/New York 1974 ff., Abt. Werke, Bd. 1.1, 146 f. In Goethes *Ganymed* verbindet sich die männlich konnotierte Elevationsdynamik hymnischen

sich just in dem Medium, das die Anrufung selbst in hörbare Schwingung versetzt und phonetisch-rhythmisch moduliert:

> Mit heiligem Schauer, fühl' ich der Lüfte Wehn,
> Hör' ich ihr Rauschen! es hieß sie wehn und rauschen
> Der Ewige! Der Ewige
> Ist, wo sie säuseln, und wo der Donnersturm die Ceder stürzt.[66]

Mit Säuseln und Sturm als Auditionen des alttestamentlichen Schöpfer- und Wettergotts sind hier zugleich der idyllisch-sanfte und der hymnisch-erhabene Pol der lyrischen Meteopoetologie Klopstocks bezeichnet,[67] die sich in der Motivik von Luft und Wetter zugleich der gattungskonstitutiven Dynamik von ῥυθμός *(rhythmós)* und μέλος *(mélos)* zwischen lautmalerischem Säuseln und der Sprachgewalt »mächtige[r] Dithyramben« in der Nachfolge Pindars versichert, wie Klopstocks alcäische Ode *Auf meine Freunde* (1747) sie feiert.[68]

Zwischen Sturm und Säuseln als Modi alttestamentlicher Theophanie wie rhythmisch-phonetischer lyrischer Energetik spannt auch Klopstocks freirhythmische Hymne mit dem späteren Titel *Die Frühlingsfeyer* (1759/71)[69] die äußerste Dramatisierung des Luftraums im Gewitter auf. Den lautlich akzentuierten Bogen von der Ruhe vor dem Sturm zur Stille danach teilt die Hymne mit Brockes' Gedicht *Die auf ein starckes Ungewitter erfolgte Stille* aus dem ersten Band des *Irdischen Vergnügens in Gott* von 1721; demonstriert aber dieses an dem komplexen meteorologischen Geschehen die detailgenaue empirisch-sinnliche Beschreibung von Naturvorgängen, deren Gesetzmäßigkeit für die Wohlordnung des Kosmos und die Güte des Schöpfergotts einsteht, so erprobt Klopstock an der hymnischen Evokation des Gewitters als göttlich-erhabenes Ereignis das rhythmisch-phonetische Erregungspotential einer unerhört neuen lyrischen Sprache.

Aufgesangs mit der Sensation des Umfangenseins durch das mütterlich-bergende, uterale Medium der Wolken.
66 Ebd., 149 (Zweitfassung).
67 Goethe wird diese Pole in *Wandrers Sturmlied* einander agonal gegenüberstellen; programmatisch optiert das lyrische Ich der Hymne dort gegen die Süße Anakreons und Theokrits für die Elementargewalt des Dithyrambendichters Pindar, die Horaz traditionsbildend mit der reißenden Wucht einer Sturzflut belegt hat.
68 Klopstock, Werke und Briefe (Anm. 65), 6.
69 Je nach Fokus auf der zeitgenössischen Gattungsbezeichnung als Ode oder auf der Transgressionsdynamik der freirhythmischen Verse über die adaptierten klassischen Odenformen hinaus wird das Gedicht in der Forschung als Ode, hymnische Ode oder Hymne qualifiziert. Ich schließe mich letzterer Klassifikation an.

Gewitterkunde im naturbeschreibenden Gedicht

Laut Vorrede des Herausgebers gibt Brockes' *Ungewitter*-Gedicht eine Probe davon, »wie Wort-reich die Teutsche Sprache sey«, indem hier »ein schönes angenehmes Wetter, mit gäntzlicher Vermeidung des sonst männlich- und etwas hart lautenden R« beschrieben werde, während das Ungewitter mit vielfach rollenden [r] auftreten werde – wodurch im dichtungspolitischen Kontext deutscher Sprachpflege zugleich bewiesen sei, dass »sich die Teutsche Sprache zur Music« sehr wohl »schicke«.[70] Vorangestellt ist dem zehnstrophigen Gedicht im gereimten Alexandrinern ein Zitat aus dem Buch Ijob, dort aus der Rede Elihus über die Majestät Gottes im Gewitter:

> GOTT donnert mit Seinem Donner gräulich,
> und thut grosse Dinge – – – Die dicken Wol-
> cken scheiden sich, daß helle werde, und
> durch den Nebel bricht Sein Licht.[71]
> (Ijob 37, 5–11)

Den zitierten Versen über die göttliche Majestät im Gewitter folgt bei Ijob die Theophanie selbst in Form zweier Reden des Herrn aus dem Wettersturm, die das Gewitter unmittelbar zum Medium einer stimmlich-verbalen göttlichen Selbstoffenbarung machen und in einer Reihe überwältigend nachdrücklicher rhetorischer Fragen die göttliche Welteinrichtung und Allmacht über die Schöpfung und das Wettergeschehen erklären.[72] An die Stelle der Gotteserscheinung und göttlichen Selbsterklärung tritt bei Brockes die eingehende Beschreibung des Gewitters, die sich ebenso auf »jüngst«[73] gemachte Beobachtungen des sprechenden Ich stützt, wie sie zu deren dramatischer Veranschaulichung auf mythische und biblische Bilder zurückgreift. Anders als bei Klopstock, der das Gewitter in jedem einzelnen seiner Phänomene als göttliche Offenbarung beschwört, liefern bei Brockes erst die emblematischen Schlussverse wieder eine

---

70 Das Vorwort des Herausgebers unmittelbar vor dem Gedicht, auf das auch in dessen »Vor-Bericht« eingangs des Bandes verwiesen wird, druckt die Werkausgabe nicht ab, es wird daher nach der Erstausgabe zitiert: Herrn B. H. Brockes, Lti, R. H. S. Irdisches Vergnügen in Gott, bestehend in verschiedenen aus der Natur- und Sitten-Lehre hergenommenen Gedichten / nebst einem Anhange etlicher hierher gehörigen Uebersetzungen von des Hrn. de la Motte Französis. Fabeln / mit Genehmhaltung des Herrn Verfassers nebst einer Vorrede herausgegeben von C. F. Weichmann, Hamburg 1721, 109.
71 Brockes (Anm. 40), Bd. 2.1, 123.
72 Nach alttestamentlichem Verständnis lagern im Himmel Wind, Schnee und Hagel, die Jhwh durch Schleusen auf die Erde fallen lässt. Vgl. Gen 7, 11; Ijob 38, 22; Jer 10, 13.
73 Brockes (Anm. 40), Bd. 2.1, 123.

religiöse Deutung des Sturms als »Probe« göttlicher »Kraft«[74] aus der Perspektive einer pastoralen Beobachterfigur mit dem Tassos Schäferspiel *Aminta* anzitierenden Namen Elpin. Die knapp umrissene pastorale Szene und die physikotheologische Schlusssentenz bleiben dem auf der Binnenebene entfalteten Geschehen äußerlich; indem aber das Ich, das eingangs die geschilderte Witterung durch Ohren- und Augenzeugenschaft verifiziert, nachträglich als Elpin identifizierbar wird, erweist sich in dieser Engführung die pastorale Tradition als Motivationsgrund und Motor der Naturdarstellung – im Gegenzug behauptet sich Brockes' entschieden sinnlich-empirischer Fokus als Impuls zu deren Neuerung und Überwindung.

Sind Brockes' Gedichte als ›Perspektive‹ des Poeten in der Tradition barocker Emblematik und Rhetorik (keineswegs aporiefrei) auf die *perspicuitas* der Sprache zur Erfassung der sichtbaren Welt angelegt,[75] so entspricht die geforderte Transparenz ihres Mediums der Durchsichtigkeit der Luft im zentralperspektivisch ausgerichteten Landschaftsraum (seit) der Renaissance. Welterkennung bzw. -darstellung werden dagegen in dem Maße problematisch, in dem die Eigenmaterialität beider Medien in den Vordergrund drängt. In Brockes' Gewittergedicht ist es zunächst das Sonnenlicht, dessen über »zweymahl fünfzehn Tage[ ]« andauernde »Gluht« den Boden bis »tief in Tellus Schos hinein« austrocknet und Regen herbeisehnen lässt.[76] Ein zur schwülen Mittagszeit am Himmel sichtbar werdendes »Wölckchen«[77] lenkt die Aufmerksamkeit auf die Sphäre der Luft, die als Behälter schwefelhaltiger Dünste zeitgenössischen Theorien zufolge die eigentlichen Agenzien des Sturms in sich trägt. Bevor »plötzlich ein Orcan« losbricht, wird die Luft »plötzlich dick«, wird das Medium manifest:[78] »[G]rauer Duft und Nebel« steigen auf, »dicke, dunckle Luft«, »von Duft und Regen schwer«, beschattet Sonnenlicht und Himmelsblau; eine tief fliegende Schwalbe scheint ihr Milieu wechseln und in Erde oder Wasser »sich verstecken« zu wollen »[v]or dem, was in der Luft ihr droht[ ]«; auf allem lastet »bange Stille«.[79] Der Wirbelsturm, den der Kampf der vier mythischen Winde in Gang setzt, »vermischet und verschrenckt« die Elemente, »der Lüfte Bahn« rauscht »[w]ie eine wilde Fluht«, füllt

---

74 Ebd., 128.
75 Martina Wagner-Egelhaaf: Gott und die Welt im Perspektiv des Poeten. Zur Medialität der literarischen Wahrnehmung am Beispiel Barthold Hinrich Brockes', in: Deutsche Vierteljahrsschrift für Literaturwissenschaft und Geistesgeschichte 71 (1997), 183–216.
76 Brockes (Anm. 40), Bd. 2.1, 123.
77 Ebd.
78 Ebd., 124.
79 Ebd.

die Luft »mit Sand und Staub« und kehrt das Unterste zuoberst.[80] Dem visuellen entspricht ein akustisches Katastrophenszenario von »heulendem Gezisch, Gepfeif und Brüllen«.[81] Die erste Phase des Unwetters ist ganz von dieser Phänomenologie der turbulenten, tumultuarischen Lüfte eingenommen, noch bevor »das Wetter selbst« in der »geborstnen Luft« mit Donner, »Blitz, Ströme[n], Strahlen, Schlossen« losbricht.[82] Mit dem Dickwerden der Luft setzt auf der phonetischen Ebene das onomatopoetisch rollende [r] ein, wie im Erstdruck Fußnoten des Autors selbst eigens markieren. Auch das auf Evidenz verpflichtete Licht rhetorisch versierter Darstellung wird damit »allgemach vom Schatten« des Mediums »überwunden«[83] – der chaotische Gegenstand trübt die Durchsichtigkeit der Rede, seine überwältigende sinnliche Qualität provoziert eine ebensolche Dichte der Darstellung, die Materialität der Sprache selbst wird markant. Brockes' proto-moderne Beschreibungsästhetik[84] ist dabei durch eine distanzierte Beobachterperspektive organisiert, die das Geschehen mit dem empirischen Anspruch weniger des leibseelisch affizierten Erlebens als vielmehr der beglaubigenden Zeugenschaft rekapituliert und sich über den drohenden Ausfall des Apperzeptionsvermögens in der direkten Konfrontation mit der »Gewalt der Elemente« hinwegzusetzen vermag.[85] Als eigentümlich körperlose, leiblich nicht affizierte, sinnlich aber alerte Wahrnehmungsinstanz navigiert das Ich durch den Geschehenszeitraum – in der erkenntnisfördernden Mission, das Gewitter so genau und differenziert zu schildern wie möglich und wie in deutscher Sprache noch nicht geschehen. Darin besteht der epistemologische Anspruch dieses dem Subjektivi-

---

80 Ebd.
81 Ebd., 125.
82 Ebd.
83 »[...] die Luft ward plötzlich dick; / Das Licht ward allgemach vom Schatten überwunden [...].« Ebd., 123.
84 Vgl. Heinz Drügh: Ästhetik der Beschreibung. Poetische und kulturelle Energie deskriptiver Texte (1700–2000), Tübingen 2006.
85 Brockes (Anm. 40), Bd. 2.1, 125. Das Fehlen der – erst seit Mitte des 18. Jahrhunderts bei Ewald von Kleist und Klopstock entwickelten – lyrischen Erlebnisperspektive hindert hier nicht die Reflexion auf den anthropologischen Stellenwert des Wetters und trägt insofern, unter den Prämissen frühaufklärerischer Naturdichtung, zu einer »Meteo-Anthropologie« bei. Siehe Gamper (Anm. 19). Vergeht dem Menschen unter dem Andrang der Elementargewalt »Empfinden, Hören, Sehn« (Brockes [Anm. 40], Bd. 2.1, 125), so ermöglicht erst die Distanzierung aus deren unmittelbarer Spürbarkeit die detailgenaue Beschreibung der Gewitterphänomene. Insofern tritt nicht erst – und gerade nicht der primär auf seelische Erregung zielende – Klopstock den Beweis der Möglichkeit sinnlich-eindrücklicher Vergegenwärtigung eines Gewitters an (so Tanja van Hoorn: Barthold Heinrich Brockes' *Die auf ein starckes Ungewitter erfolgte Stille*, in: Simon Meisch, Stefan Hofer (Hrsg.): Extremwetter. Konstellationen des Klimawandels in der Literatur der frühen Neuzeit, Baden Baden 2018, 139–154, hier: 145), sondern Brockes selbst.

täts- und Erlebnisparadigma historisch vorgelagerten lyrischen Sprechens, das noch den dramatischen Höhepunkt des Gewitters, das »all-erschütternd Krachen« des Donners und das »erschrecklich hell[e]« Licht des Blitzes mit empirischem Interesse auffächert wie in einem zeitgenössischen meteorologischen Traktat: nach »[b]ald rund[er], bald Schlangen-weis[er]« oder »zackigter Bewegung«.[86] Die ästhetische Komposition setzt den Blitz in genauer Entsprechung zu dem vorangestellten Ijob-Motto von dem durch die Wolken brechenden göttlichen Licht (Ijob 37,11)[87] in Szene: als apokalyptischen Einblick in eine »Höllen-Gruft«, aus der heraus es leuchtet.[88] Die Sonnenglut vom Beginn ist hier zum Höllenfeuer potenziert, dem augenblicklich und mit gleichem Schreckenspotential der *locus terribilis* »Pech-schwartzer Nacht« folgt.[89] Nicht der Heiland reißt hier die Himmel auf, um gnädigen Tau auszugießen, wie in dem Friedrich Spee zugeschriebenen barocken Kirchenlied; vielmehr ›reißt‹ »die schwartze Luft / Die düstern Pforten auf« und eröffnet so den »weite[n] Rachen« eines ungeheuren Blitzes bzw. blitzenden Ungeheuers, vor dem »der gantze Luft-Kreis zittert« wie vor dem Antichrist oder dem Kerberos der griechischen Unterwelt, die hier in Verkehrung der kosmischen Raum- und Heilsordnung den Himmel einnimmt.[90]

30 Jahre bevor Franklin den Blitz als elektrische Entladung nachweisen konnte, inszeniert Brockes' Gedicht in der Verkehrung von Himmel und Erdinnerem nicht nur ein Kernmotiv kultureller Imagination von Katastrophen als buchstäblicher Umkehrungen (griech. κατά στρέφειν *[kata-stréphein]*, umkehren, wenden), sondern auch ein Prinzip der (bis ins 18. Jahrhundert hinein modifiziert gültigen) aristotelischen Meteorologie, die Wind, Donner und Erdbeben unterschiedslos auf dieselbe Substanz, trockene Ausdünstungen der Erde, zurückführte und Blitz und Donner durch denselben chemischen Prozess entschlüsseln zu können meinte wie Erdbeben: durch die Entzündung zu einer Luftblase verdickter Dünste, seien sie unter- oder oberirdisch.[91] Daher ›reißt‹ bei Brockes die schwarze Luft die »düstern Pforten« auf, um »Flammen, Dampf und

---

86 Brockes (Anm. 40), Bd. 2.1, 126.
87 Die Qualität des die Wolken durchbrechenden Lichts ist in der von Brockes zitierten Luther-Übersetzung durchaus mehrdeutig: Hebr. אוֹר *('ôr)* und griech. φῶς *(phós)* konnotieren jeweils auch den Blitz, die Vulgata setzt für alle meteorologischen Lichterscheinungen in Ijob 37 zwar *lumen*, der Kontext legt aber Blitz oder Wetterleuchten im Zuge des Gewitters nah, nicht das nach dem Sturm wiederkehrende Sonnenlicht. Zu »Blitz« vereindeutigt die revidierte Luther-Übersetzung von 1984. Die Bibel nach der Übersetzung Martin Luthers, Stuttgart 1984, 548.
88 Brockes (Anm. 40), Bd. 2.1, 126.
89 Ebd.
90 Ebd.
91 Siehe hierzu Christoph Weber: Sturm. Barthold Heinrich Brockes' Gedicht *Die auf ein starckes Ungewitter erfolgte Stille*, in: Büttner/Theilen (Hrsg.) (Anm. 12), 395–407, hier: 402.

Gluht« zu entlassen.⁹² Die effektvolle Bildlichkeit macht, auf dem noch immer maßgeblich an Aristoteles ausgerichteten neuzeitlichen Kenntnisstand, komplexe meteorologische Zusammenhänge anschaulich – es ist diese popularisierende Verbindung zeitgenössischer Erklärungsmuster mit mythisch und biblisch grundierten Vorstellungen, die Brockes' Gedicht auszeichnet und dem eigenen Anspruch nach als frühaufklärerisches Exempel poetischer Meteorologie noch vor der vergleichsweise späten Konstitution der Disziplin als moderne Experimentalwissenschaft empfiehlt. Mutet das Gedicht im barocken Alexandriner auch wie eine effektvolle phonetisch-metrische Wettermaschine zur sinnfälligen Vermittlung eindrücklicher Szenarien an, so liefert es bis zum finalen Registerwechsel auf die Ebene herrlichkeitstheologischer Exegese in 183 von 185 Versen eine auf sinnliche Erfahrbarkeit zielende Schilderung des Gewitters als rein naturimmanentes Geschehen und macht die von der zeitgenössischen Naturkunde unterstellten Ursachen in assoziationsreichen Bildern anschaulich, die namentlich apokalyptische Vorstellungen gezielt aufrufen, um sie ins Leere laufen zu lassen: So drastisch die Phänomenologie des Unwetters sich auch zuspitzt, so frei bleibt sie – und bleiben auch die Schlussverse – von einer vergeltungstheologischen Deutung als göttliches Strafgericht.⁹³ Durchweg exponiert der Text dabei zugleich das Potential semantischer Nuancierungen und lautlicher Evokation in der poetischen Darstellung. Es ist die titelgebende Sensibilität für den akustischen Phänomenbereich, die den abrupten, nur im Paarreim vermittelten Umschwung von »gräßlichem Gebrülle« des Donners zu einer »sanfte[n] Stille« motiviert und gerade im plötzlichen Abbruch des ›betäubenden‹ Lärms die akustische Medialität der Luft »von neuem zu spüren« gibt,⁹⁴ bevor von diesem Nullpunkt besänftigter Elemente aus ein neuer Schöpfungsmoment in Szene gesetzt wird: Das wiederkehrende Sonnenlicht lässt es wieder Tag werden und vervielfältigt seinen Glanz in den »feuchten Spiegeln« der benetzten Natur ringsum, »lieblich-süsse[r]« Blumenduft sendet »edlen Balsam« in die Luft, die wieder zur Durchsichtigkeit bereinigt ist wie die Oberfläche des beruhigten Wassers.⁹⁵ Eine das »alte[ ] Eden« noch übertreffende »neue Welt« betört die Sinne, mit den Vögeln stimmt auch die Lautstruktur des Gedichts im Sinne des neuen Schöpferlobs in Ps 98, 1

---

92 Brockes (Anm. 40), Bd. 2.1, 126.
93 Zu spüren ist »die Gewalt der Elemente«, nicht der Zorn eines strafenden Gottes. Die Affekttopoi von Wut und Zorn kommen hier (nur) den sich bekriegenden mythischen Winden zu, bleiben aber moralisch unmotiviert. Ebd., 124 f.
94 »Der Donner rollte noch mit gräßlichem Gebrülle. / Allein im Augenblick nahm eine sanfte Stille / Die fast betäubte Welt gemach von neuen [sic] ein [...].« Ebd., 126.
95 Ebd., 127.

einen »neuen Ton« an:[96] ohne grollendes [r], voller ›wallender‹ [v].[97] Das Landleben nimmt seinen nicht nachhaltig gestörten Lauf, vielmehr haben »Hitz' und Nässe« ein nunmehr »lebendiges Wölkchen« junger Fliegen ›gezeugt‹, das die Lüfte »beleb't«:[98] Das Unwetter ist als Mittel der Potenzierung irdischer Schönheit, lebendiger Vielfalt und kreatürlicher Dankbarkeit gerechtfertigt[99] – und ebendieses dreistufige Modell wird Heinrich von Kleists novellistisches Triptychon brutal verkehren.

Gewitterhymne

Klopstocks 1759 noch als *Eine Ode über die ernsthaften Vergnügungen des Landlebens* im *Nordischen Aufseher* erstveröffentlichte Hymne mit dem späteren Titel *Die Frühlingsfeyer* umfasst in der Erstfassung 30 ungleich lange, ungereimte Strophen,[100] deren unregelmäßig lange Verse im getragenen, stellenweise zum tänzelnden Daktylus erweiterten Trochäus über zahlreiche Wortwiederholungen und Steigerungen hinweg ausschließlich von Frage- und Ausrufesätzen gebildet werden. In vorgeblicher Selbstbescheidung, die tatsächlich einer – für die Kompensation der kopernikanischen Kränkung charakteristischen – Anmaßung gleichkommt,[101] verkündet das lyrische Ich, nicht unter den »Jubelchöre[n] der Söhne des Lichts« schweben zu wollen, sondern nach Jes 40,15 »[n]ur um den Tropfen am Eimer«, die Erde.[102] Der derart enthobene, meteorische Schwebezustand, der den hymnischen Aufschwung selbst ins Bild setzt, impliziert ein tragendes Medium, das sich in der Bildlogik des Fluiden auf den gesamten »Ocean / der Welten alle«[103] erstreckt; im ›Quellen‹ der (vielen) Erden und im ›Rauschen‹ der Lichtströme wird ein Weltschöpfungsszenario vergegenwärtigt, das die Dynamik der irdischen Atmosphäre auf das ganze nachkoperni-

---

96 Ebd., 128.
97 »Was eingeknickt, fängt an, aufs neu gesteift, zu schwellen, / Und wallt wie eine See, mit sanft-beweg'ten Wellen.« Ebd., 127.
98 Ebd.
99 Insofern ist hier doch eine »Malitätsbonisierung« impliziert, die Christoph Weber vermisst. Ders. (Anm. 91), 406.
100 Die Zweitfassung seit 1771 umfasst 28 Strophen von je vier, längenmäßig einander angeglichenen Versen.
101 Vgl. Sandra Kluwe: Trauma und Triumph: Die kopernikanische Wende in Dichtung und Philosophie, in: Hans Gebhardt, Helmuth Kiesel (Hrsg.): Weltbilder, Berlin u. a. 2004, 179–220.
102 Klopstock, Werke und Briefe (Anm. 65), 172. Die Hymne wird hier in der Erstfassung zitiert.
103 Ebd.

kanische All (respektive den himmlischen Äther) ausdehnt. Dieselben Ausmaße aber beansprucht im ortlos-omnipräsenten Schweben der den biblischen Psalmen nacheifernde Lobpreis der Hymne, deren Sänger, ins Zentrum der bewunderten Allmacht ›rundum‹ gestellt, sich ob seiner unsterblichen Seele wertvoller weiß »als die Orionen«.[104] Motiviert die in »tiefer Ehrfucht« angeschaute Schöpfung die Apostrophe Gottes als »Namenlosester«, so kann das Ich die »Lüfte«, die mit »süsse[r] Kühlung« um es »wehn«, als spürbare ›Sendung‹ des Herrn selbst deuten.[105] Die energetische (von Franklin gerade als elektrisch erwiesene) Auflading dieser Lüfte zum Gewitter, der die Spannungskurve der Hymne folgt, erbringt nicht nur die sinnliche Selbstoffenbarung Gottes als »Naher«,[106] sondern damit zugleich die ersehnte Begabung des Ich zu wahrem Preis[107] jenes »herrliche[n] Name[ns]«, den der »erschütternde[ ] Donner des Herrn« selbst spricht und den das prophetische Sänger-Ich als privilegiertes *organon* für die Gemeinde nur noch übersetzen muss: »Er ruft Jehova!«[108] Der ekstatisch errufene Höhepunkt des hymnischen Preises, der die Botschaft des Donners als göttlichen Namen ins Wort setzt, markiert in der Dramaturgie des evozierten Geschehens just den Augenblick, da der Blitz in den Wald schlägt:

> Er ruft Jehovah!
> Jehovah!
> Jehovah!
> Und der gesplitterte Wald dampft![109]

Der Ausruf markiert beide Manifestationsformen der atmosphärischen Elektrizität gleichermaßen und gleichzeitig, den Donner und den Blitz, dessen Einschlag vom erhabenen Bild des getroffenen Waldes indiziert wird. Der sichtbare »Zeuge[ ] des Nahen« ist damit an »unsre[r] Hütte« vorübergegangen wie der Todesengel des Herrn in Ägypten (Ex 12, 29). Das in altorientalischen Mythen gründende Muster vom (ursprünglich kriegerischen) Kommen des Wettergotts hatte schon Ewald von Kleists *Frühling* zur Ankunft segenreichen Regens umgewertet.[110] Zorn als göttliche Motivation wird auch bei Klopstock ausdrücklich verworfen, nach dem

---

104 Ebd.
105 Ebd., 176.
106 Ebd.,
107 In der Metapher des Dürstens ist das um rechten Lobpreis ringende Ich mit der trockenen Erde parallelisiert; beider Bedürftigkeit wird erst durch die göttliche Sendung und Selbstoffenbarung gestillt.
108 Klopstock, Werke und Briefe (Anm. 65), 178, 180.
109 Ebd., 180.
110 »[...] Er komt! er komt! in den Wolken / Der Seegen [...].« Ewald von Kleist (Anm. 54), 52.

Blitzschlag »rausche[n]« Himmel und Erde vielmehr »vom gnädigen Regen«[111] und lösen im akustischen Szenario der Hymne den Gottesruf des prophetischen Sängers ab.[112] Nach 1 Kg 19, 12 verweist dieser sich selbst auf das »stille[ ], sanfte[ ] Säuseln«, in dem nunmehr, nach dem Wetter, Jehovah komme wie zu seinem Propheten Elia. Im *diminuendo* des einzigen Aussagesatzes des Gedichts[113] nimmt sich die hymnische Ekstase in dem Bild vom Regenbogen als »Bogen des Friedens« in das anbetende Schweigen zurück und setzt der Engführung von Gewitteroffenbarung und Lobpreis, himmlischer ›Entladung‹[114] und ekstatischer Evokation Gottes ein *fine*-Zeichen mit Fermate.

Das gegenüber Brockes' Gewitterbeschreibung und Ewald von Kleists Gewitterrevokation unerhört Neue an Klopstocks Gewitterhymne ist das affektive Erregungspotential der freirhythmischen »Wortbewegung«,[115] die (wie das elementare Rauschen und Donnern) den Dimensionen von Klang und Bedeutung ebenso vorgelagert ist wie der in nominalen »Machtwörtern«[116] wie »Jehovah« oder »Halleluja« aufgerufenen Botschaft.[117] *Die Frühlingsfeyer* ist damit ein frühes Paradigma

---

111 Klopstock Werke und Briefe (Anm. 65), 178.
112 Das vorsemantische Rauschen ist akustisches Leitmotiv des Gewitterszenarios: »Nun fliegen, und wirbeln, und rauschen die Winde!«; »Und die Gewitterwinde? Sie tragen den Donner! / Wie sie rauschen! Wie sie die Wälder durchrauschen!«; »Ach schon rauschet, schon rauscht / Himmel und Erde vom gnädigen Regen!« Ebd., 176, 178, 180.
113 In der Zweitfassung ist noch dieser Satz durch ein Ausrufezeichen zur exklamativen Heilsgewissheit gewendet.
114 Die Metapher der Ladung bezieht sich auf den Regen, nicht auf die Elektrizität, für die Franklin diese ökonomische Metapher eingeführt hat.
115 Klopstock: Vom deutschen Hexameter [1779], in: ders.: Gedanken über die Natur der Poesie. Dichtungstheoretische Schriften, hrsg. von Winfried Menninghaus, Frankfurt a. M. 1989, 60–156, hier: 128; zu Klopstocks »Metaphysik der Metrik« siehe Winfried Menninghaus: Klopstocks Poetik der schnellen ›Bewegung‹, in: ebd., 259–351, bes. 306–318.
116 So Gerhard Kaiser: Klopstock. Dichtung und Religion, 2., durchges. Aufl., Kronberg i.Ts. 1975, 291 in Anlehnung an Breitinger. Fortan genügt wiederum das evokative Machtwort »Klopstock«, um empfindsame Seelen im Strom des durch die Gedichtlektüre disponierten Fühlens untertauchen zu lassen.
117 Schließt sich die seelisch affizierende Wortbewegung in Klopstocks *Frühlingsfeyer* machtvoll mit der Energetik des evozierten Gewitters und der Überwältigungsmacht der physischen Gotteserscheinung in diesem kurz, so lässt die ebenfalls 1759 im *Nordischen Aufseher* erstveröffentlichte Ode mit dem späteren Titel *Der Erbarmer* die (hier zu Vierzeilern geformte, für die Schlüsselaussage an den Hexameter angelehnte) rhythmische Kraft poetisch-prophetischer Rede, aktualisiert in jeder Relektüre und Rezitation, als ›strömendes‹ Offenbarungsmedium ausdrücklich noch über die Medien theophanischer Naturgewalt triumphieren: Gott spreche »Zwar durch den rollenden Donner auch, / Durch den fliegenden Sturm, und durch sanftes Säuseln; / Aber erforschlicher, daurender, / Durch die Sprache der Menschen. // Der Donner verhallt, der Sturm braust weg, das Säuseln verweht, / Mit langen Jahrhunderten strömt die

meteopoetologischer Selbstbehauptung des Lyrischen kraft der vorrangig rhythmischen Evokation atmosphärischer Dynamik in herrlichkeitstheologischem Deutungsrahmen. Gerade die Selbstfeier hymnischer Dichtung in Evokation des Meteorologischen aber hat mit dessen literarischer Codierung zugleich das Erleben von Gewittern überhaupt und in empfindsamer Rezeption auch die Codierung von Liebe und Intimität radikal verändert.[118]

Atmo-Sphären: Meteo-Anthropologie der Idylle

Die prosalyrische Idylle Salomon Geßners beginnt programmatisch dort, wo der ekstatische Überschwang der hochfliegenden Hymne zur Ruhe kommt, im Modus des Sanften und Lieblichen, das sie gestützt auf das Luftwissen des *locus amoenus* seit Homer und der Landschaftsmalerei[119] vorzüglich an subtilen Licht- und Luftphänomenen entfaltet. Steht der Sturm seit Horaz' Ode auf Pindar für die vermeintlich gesetzlose Wortgewalt erhabener Dithyramben, die nach Klopstock auch Goethe in *Wandrers Sturmlied* adaptieren wird, so setzt das anti-heroische *genus humile* der Idylle, paradigmatisch in Geßners *Damon. Daphne* aus dem ersten Idyllenband von 1756, mit dem paradiesischen Zustand nach Vorüberziehen des Gewitters ein, wenn die Welt im Spiegel verstreuter Regentropfen aufglänzt wie neu geboren.[120] Der Eros, der im äußeren Aufruhr der

---

Sprache der Menschen fort, / Und verkündiget jeden Augenblick, / Was Jehova geredet hat!« Klopstock, Werke und Briefe (Anm. 65), 185.
118 Vgl. Gerhard Kaiser: Geschichte der deutschen Lyrik von Goethe bis zur Gegenwart. Ein Grundriß in Interpretationen, Frankfurt a. M./Leipzig 1996, Bd. 1, 33. Zur Evokation Klopstocks in Goethes *Werther*-Roman, die das Literarische als »weathery medium« inauguriert, siehe Ungelenk (Anm. 15), 216–233, hier: 216.
119 In seinem *Brief über die Landschaftsmahlerey* (1770) lobt der selbst als Maler und Grafiker tätige Geßner unter anderem »die sanften dämmernden Entfernungen des Lorrain, die sanft hintereinander wegfliessenden Hügel des Wouvermann [...] in gemäßigtem Licht« sowie, unter den Dichtern, die »Gemählde eines Thomson« und die Gedichte des »fast schon vergessen[en]« Brockes, die ein ganzes »Magazin von Gemählden und Bildern« böten. Salomon Geßner: Idyllen. Kritische Ausgabe, hrsg. von E. Theodor Voss, Stuttgart 1973, 177–199, hier: 183, 191, 192.
120 Das sanfte Entzücken als Seinsmodus idyllischer Figuren und Grundton idyllischer Affektpoetik ist konstitutiv an das konstatierte ›Vorüber‹ äußerer und innerer Stürme gebunden. Schon in Geßners Publikumserfolg *Daphnis* (1754) nach dem spätantiken Liebesroman des Longus heißt es: »Die heftige Verwirrung verlohr sich izt in ein sanftes Entzüken; so legt sich ein starker Sturm, der Sturm ist nicht mehr, die Rosen und die Nelken zittern noch, izt zittern sie nicht mehr, izt athmen sie still wider Balsam-Düfte, die Zephir kommen wieder, und flattern um sie her, und küssen sie.« [Salomon Geßner:] Daphnis, Zürich 1754, 27. Die Idylle *Damon. Daphne* (1756) setzt mit Damons Rede ein: »Es ist vorübergegangen, Daphne! das

Atmosphäre traditionell mitfiguriert ist, bleibt bei Geßner in komplexen Subtexten virulent[121] – die spezifisch idyllische Sensitivität der Empfindung bemisst sich gerade auch nach dem Grad, in dem die topisch liebliche Luft mit erotischen Qualitäten aufgeladen wird, die eine körperliche Vereinigung mit der oder dem Geliebten nicht nur flankieren, sondern ersetzen. Wie zuvor Ewald von Kleists *Frühling*[122] erotisiert auch Klopstocks Ode *An Cidli* von 1752 die atembare, im Wehen selbst atmende Luft zum zärtlich rührenden, betörend duftenden Milieu: »Lüfte, wie die, welche die Himmlischen / Sanft umathmen, umathmen dich!«, heißt es dort über die in einem frühlingshaft-paradiesischen Tal schlafende Geliebte, die von Rosen »mit süßem Duft umström[t]« wird.[123] Die empfindsame Idylle macht die unsichtbar durchdringende Luft, die Intensität und Intimität von Empfindungen gezielt unterhalb der Schwelle zur Ekstase, zugleich aber allgegenwärtig hält, zum Schlüsselmedium ihrer genrekonstitutiven Sanftheit;[124] dank der von Aufklärung und Empfindsamkeit gewonnenen sprachlichen Nuancierbarkeit noch der unwägbarsten Phänomene empfiehlt sich die Idylle damit als lyrisches Organ einer sensibilisierten ästhetischen »Aerologie« im Sinne Herders.[125] Programmatisch kündigt sich dies schon in Geßners prosalyrischem Text *Die Nacht* von 1753 an: Nachdem die ganze Natur »im sanften Wiederschein« purpurfarbener Wolken den Abzug des Sonnengottes Phöbus gefeiert hat, entfaltet sich im Schein der »sanften Göttin« Luna, die dem durch ein »zärtli-

---

schwarze Gewitter, die schrökende Stimme des Donners schweigt; Zittre nicht, Daphne! die Blitze schlängeln sich nicht mehr durchs schwarze Gewölk; laß uns die Höle verlassen [...].« Geßner (Anm. 119), 32. Ist das Gewitter seit Vergils *Aeneis* und der Begegnung von Dido und Aeneas in einer schützenden Höhle funktionell mit der Liebesbegegnung verknüpft, so blendet Geßner mit dem nur als vergangenes noch beschworenen Gewitter zugleich auch den Eros der Liebesvereinigung aus dem idyllischen Raum aus.
121 Jean Pauls Verdikt, »Idyllen-Duft« und »Idyllen-Schmelz« unter »stillen Himmel[n]« dürften nicht durch die »heißen Wetterwolken« der Leidenschaft gestört werden, verweist darauf noch *ex negativo*. Johann Paul Friedrich Richter: Vorschule der Ästhetik, in: ders.: Sämtliche Werke, hrsg. von Norbert Miller, Darmstadt 2000, I. Abt., Bd. 5, 7–456, hier: 260.
122 Vgl. Anm. 54.
123 Klopstock, Werke und Briefe (Anm. 65), 130.
124 Entsprechend ruft das Genre die Stimme des Donners nur als schweigende auf (siehe Anm. 119) und konstituiert sich gemäß Geßners ätiologischer Idylle *Die Erfindung des Saitenspiels und des Gesangs* vielmehr im Nahahmen und Übertrumpfen des Vogelsangs im Mund eines auf dessen Rauschen horchenden Mädchens: In einer Urszene idyllischen Sprechens sucht die junge Frau den asemantischen Gesang der Vögel erst »nachzulallen«, bevor als unbewusstes, quasi-natürliches Fluidum immer »[h]armonischere Töne [...] von ihren Lippen« fließen, an denen sie, ihrer naturmimetischen Invention inne werdend, schließlich selbst »voll Entzücken [...] die neue Harmonie gemessener Worte« bemerkt. Geßner (Anm. 119), 53.
125 Herder (Anm. 29), 38.

ches Lied« geweckten Ich »Entzücken« und »sanftes Taumeln« durch das »wallende[ ] Herz« fließen lässt, in der »sänfteren [!] Schönheit« der Mondnacht die ›sänftere‹ Schönheit des Idyllischen auf der Nachtseite des Männlich-Heroischen, Erhabenen, Herrlich-Majestätischen.[126] Ihr vorzügliches Medium ist die eindringliche Intensität des Duftes, für die der Wahrnehmende nach dem Ausfall der visuellen Reize neu sensibilisiert ist:

> Wie lieblich duftet ihr um mich her, ihr Blumen! und du Viole, die bey stiller Nacht nur sich öfnet, und Balsam-Gerüche zerstreut! Wie lieblich duftet ihr da im Dunkeln, und wieget schlummernde Zephirs! Unsichtbar! Ohne den bunten Schmuck glänzender Farben verräht euch die Wollust die ich jetzt athme.[127]

Die Immersion der Wesen im Atembaren – ihr Immer-schon-unwillkürlich-eingetaucht-Sein in die Luft, ihr Einsaugen und Ausatmen oder Emanieren – vergemeinschaftet noch das Intimste,[128] erotisiert das Lebenselement unmittelbar auch diesseits der mythischen Figurationen geflügelter Zephire. Die transgressive Energie der nächtlichen Olfaktorik ergänzen Geßners *Idyllen* um ein mildes, gedämpftes Tageslicht, das den Gestalten mit zartem Dunst und Schmelz, Schein und Schimmer die lieblich diffuse und subtil anregende visuelle Aura des malerischen *sfumato* verleiht. Es ist eine Ästhetik des Imponderablen in den zarten Reizen von Lufthauch, Lichtglanz und Farbenschmelz, die Geßner, aufbauend auf den ästhetischen und semantischen Differenzierungen eines Brockes, Haller und Ewald von Kleist, aus der Landschaftsmalerei in die Dichtung überführt. Das Begehren seiner Figuren zielt auf luftige Sphären um die Körper und Entitäten: *An Daphnen*, das den ersten Idyllenband eröffnet, besingt ein vom »Sonnenschein« der Freude »umglänzt[es]« Leben an der Seite der Geliebten, und *Der Wunsch*, das Schlussstück des Bandes, imaginiert, wie das lyrische Ich, nach seinem Tod in die Luft aufgelöst, die ans Grab gekommene Freundin »umduften« und »umschweben« werde.[129] Die Präfigurationen sind Programm: Berührung und Vereinigung haben hier statt als Durchdringung von Atmosphären. Legt die neuzeitliche Hygienepolitik den »Zwischenraum zwischen den Individuen« zunehmend ›trocken‹,[130] so fungiert die Luft in der idyllischen Fiktion als kompensatorisches Medium zur

---

126 Geßner (Anm. 119), 7.
127 Ebd.
128 »Dass wir die Atmosphäre jemandes riechen, ist die intimste Wahrnehmung seiner, er dringt sozusagen in luftförmiger Gestalt in unser Sinnlich-Innerstes ein [...].« Georg Simmel: Exkurs über die Soziologie der Sinne, in: ders.: Gesammelte Werke, Bd. 2: Soziologie. Untersuchungen über die Formen der Vergesellschaftung, 5. Aufl., Berlin 1968 [1908], 483–493, hier: 490.
129 Geßner (Anm. 119), 72.
130 Albrecht Koschorke: Körperströme und Schriftverkehr. Mediologie des 18. Jahrhunderts, München 2003, 43.

physischen Mitteilung noch und nur der feinsten Dünste, die den Raum der Wahrnehmung und Kommunikation zum intimen erotischen Milieu anreichern. Die derart subtil versinnlichten Sphären um die Körper bleiben jeweils konzentrisch auf ein Wahrnehmungssubjekt ausgerichtet, das sich ringsum von lieblichen Reizen geschmeichelt fühlt. Der sprachliche Ausdruck – »wie herrlich ist alles um uns her!«[131] – zielt nicht enthusiastisch-ekstatisch wie bei Klopstock auf Elevation und Steigerung der Empfindung über die Grenzen der sensiblen Körpersphäre hinaus, sondern auf deren Intensivierung in empfindsamer Resonanz mit der energetischen Frequenz einer zu Lieblichkeit besänftigten Umgebung.[132]

Die wohltemperierte Duftglocke, die Geßners Idylle als *cordon sanitaire* gegen meteorologisch-äußerliche wie triebhaft-innerliche Unbilden kreiert und in komplexen Operationen der Rahmung und des dialektischen Einschlusses ihres Anderen selbst als Fiktion markiert, entspricht gleichwohl nicht einer autogenen, immunen, binnenklimatisierten Kugel oder Blase im Sinne der kulturtheoretischen Sphärologie Sloterdijks;[133] die intime, auch uterale Qualität des Atembaren und des Atmens, das Innen und Außen permanent austauscht, leitet sich hier vielmehr aus der transgressiven Fluidität der Luft selbst her, die als ständig neuer Zustrom sanfter Sensationen erfahren wird. In der konfliktfreien Überblendung von mythisch-paganen und jüdisch-christlichen Belebungsphantasien macht die Idylle das In-der-Luft-Sein damit zur Utopie eines Lebens »im Organ der Gottheit« bzw. im »Schoß« der »Mutter der Erdgeschöpfe sowie der Erde selbst«: der Atmosphäre.[134]

In der sinnlich-empirischen Ausdifferenzierung des bukolischen wie des biblischen Topos der sanften Luft variieren die empfindsame Idylle, die Ode, die Hymne und das Lehr- sowie das naturbeschreibende Gedicht des 18. Jahrhunderts

---

131 Geßner (Anm. 119), 32.
132 Jean Paul hat diesen auf Intension statt Extension zielenden Zug der Idylle wirkungsästhetisch profiliert und in das an Fragonards Gemälde erinnernde Bild des Schaukelns gefasst, das die mühelose Aktualisierung einer niedrigschwelligen, aber unablässig energetisierenden Elementarkraft veranschaulichen soll. Auf der Schaukel der Idylle tausche man, »ohne Mühe fliegend und fallend« und »ohne Stöße« austeilen zu müssen, »Luft vor [sich] mit Luft hinter [sich]«. Richter (Anm. 121), 260. Dem ins Unendliche zielenden elevatorischen Zug des hymnischen Aufgesangs steht in der freudigen Rezeption der idyllischen Freuden das wiegende Hin und Her des Schaukelns gegenüber, das nur der Schwung der Reflexion noch in einem konzentrischen »höheren Freudenkreise [umspannt]«. Ebd.
133 Siehe Anm. 21.
134 Herder (Anm. 29), 37: »Die Luft beschwängert und löset auf; sie sauget ein, macht Gärungen und schlägt nieder. Sie scheint also die Mutter der Erdgeschöpfe sowie der Erde selbst zu sein, das allgemeine Vehikel der Dinge, die sie in ihren Schoß ziehet und aus ihrem Schoß forttreibt.«.

letztlich das Glücks- bzw. Heilsversprechen, dass die elementaren Bedingungen des menschlichen Lebensraumes diesem Leben auch zuträglich seien, dass nach dem verlorenen Paradies auch die postlapsarische und nach der strafenden Sintflut, die sich in jedem Unwetter wiederholt, auch die postdiluvische Welt der für das (nunmehr sterbliche) Leben des Menschen eingerichtete Ort sei. Diese Option der Selbstvergewisserung ruft schon Heinrich von Kleist nur noch auf, um sie katastrophal zu wenden. Dem Beben, das in seiner Novelle Sinndeutungsmuster erschüttert,[135] unterliegt auch die Luft: Sie ist Medium lustvollen leiblichen Selbstbezugs, solange die Amnesie vor der Erinnerung schützt, quasi-paradiesisches Milieu für die Liebenden, solange die dichtende Phantasie eine idyllische Nacht um sie webt, Trägerin höllischer Dämpfe in den Ruinen der Stadt und Medium eines tödlichen Chores anonymer Stimmen, als ein Prediger im atmosphärischen Kessel der Dominikanerkirche die Schuldigen für die Katastrophe identifiziert. Bevor sich 1915 im Gaskrieg der Terror in die Atemluft verströmt, inszeniert Kleist ein Beben, das die paradiesisch-idyllische Anmutung der Lüfte ins Reich der Fiktion und der Erinnerungslosigkeit verweist, vor der Kontrastfolie von Natur- und menschengemachten Katastrophen aber an der Faszination für die unmittelbare leibliche Erfahrbarkeit dieses utopischen Moments partizipiert.

---

135 Vgl. Werner Hamacher: Das Beben der Darstellung, in: David E. Wellbery (Hrsg.): Positionen der Literaturwissenschaft. Acht Modellanalysen am Beispiel von Kleists *Das Erdbeben in Chili*, 4. Aufl., München 2001, 149–173.

Stefan Willer
»Ahndungsvolle Beleuchtung«.
Funktionen des Wetters in Goethes
Herrmann und Dorothea

In seinem Werk der 1790er Jahre bezog sich Johann Wolfgang Goethe wiederholt unmittelbar auf die Französische Revolution und ihre Auswirkungen – in einer Weise, die man im engeren Sinn als Auseinandersetzung mit der Zeitgeschichte, geradezu als Gegenwartsliteratur bezeichnen kann. Unter diesen Schriften (zu denen etwa das Lustspiel *Der Bürgergeneral*, das Dramenfragment *Die Aufgeregten* oder der Novellenzyklus *Unterhaltungen deutscher Ausgewanderten* gehören) exponiert das 1797 erschienene Hexameter-Epos *Herrmann und Dorothea* besonders deutlich das Problem der Situierung in einer »schwankenden Zeit«, wie es in einem der letzten Verse heißt.[1] Das Epos ist zugleich Flüchtlingsgeschichte vor welthistorischem Hintergrund, Idylle bürgerlicher Beschränkung und Annäherung an antike Maße und Maßstäbe – und es ist eine Dichtung, für deren poetische Organisation das Wetter durchgängig eine Rolle spielt.

Die Funktionen des Wetters in *Herrmann und Dorothea* wurden in der Forschung bislang vereinzelt kommentiert, aber noch nicht im Zusammenhang untersucht. Dies soll im Folgenden nah am Text und in zwei argumentativen Schritten unternommen werden. Zuerst bespreche ich die *atmosphärische* Gestaltung des Epos: die Art und Weise, in der die Entwicklung des Wetters den Verlauf der Handlung und das Verhalten der Figuren sowohl beeinflusst als auch narrativ vermittelt. In der Systematik des vorliegenden Bandes wäre das als ›Meteopoetik‹ zu bestimmen. In einem zweiten Schritt möchte ich die meteorologische *Prognostik* ansprechen, mit der alle systematischen Kategorien ins Spiel kommen: Meteorologie als Zukunftswissen wird einerseits in der erfahrungsbasierten Alltagsrede, also erneut ›meteopoetisch‹, verhandelt; andererseits wird die notorische Unzuverlässigkeit von Wettervorhersagen zum Sinnbild offener Zukunft und damit zu einer Ausprägung von ›Literarischer Meteorologie‹ (für die Goethe um 1800 ohnehin

---

[1] Johann Wolfgang Goethe: Herrmann und Dorothea, in: ders.: Sämtliche Werke nach Epochen seines Schaffens. Münchner Ausgabe, hrsg. von Karl Richter u. a., München/Wien 1985–1998, Bd. 4.1, 551–629, hier: 629, IX. Gesang, Vers 302. Im Folgenden werden Zitate aus dem Epos unter Angabe der Gesangs- und Verszahl direkt im Text nachgewiesen; andere Nachweise aus der Münchner Ausgabe mit der Sigle MA und Angabe der Bandnummer. – Die von den meisten Ausgaben abweichende Schreibweise »Herrmann« übernehme ich aus der MA.

einer der Referenzautoren ist[2]); zum dritten verbindet sich die Ungewissheit der Witterung mit dem zentralen Motiv des ›Schwankens‹ und wird so als etwas zugleich die Handlung und ihr Voranschreiten, die Personen und ihr Vorgehen sowie die epische Darstellungsweise Betreffendes ›meteopoetologisch‹ gewendet.

Atmosphärisches

»Phänomene der Atmosphäre«, so Urs Büttner und Ines Theilen in der Einleitung zu ihrem einschlägigen Kompendium, bleiben in der Literatur zumeist »im Hintergrund, bilden die Kulisse, versinnlichen eine Stimmungslage oder lenken als Moment des Zufalls den Gang der Handlung.«[3] Die Atmosphäre ist dabei einerseits etwas maximal Ausgedehntes, die Hülle um unseren Planeten, die alle Vorgänge der Witterung umfasst und hervorbringt. Der Begriff hat aber andererseits auch eine lokale und individuelle Seite: Atmosphäre als »›Dunstkreis‹, der einen Ort oder eine Person umgibt«.[4] Goethe hat diesen Doppelsinn Anfang der 1820er Jahre in seinen Einleitungsversen zu *Howards Ehrengedächtnis* formuliert: Atmosphäre bezeichnet demnach sowohl das schlechthin Große und Weite von »Welt« und »Himmel«, das sich »nicht recht denken lassen« will, als auch die Fähigkeit, sich selbst »im Unendlichen zu finden«, sich also aufgrund eigener Unterscheidungskunst – für die Luke Howards Wolkenterminologie exemplarisch steht – als Mensch unter dem Himmel und in der Welt zu situieren.[5]

Diese Überlegung lässt sich auf die atmosphärische Funktion des Wetters in *Herrmann und Dorothea* übertragen. Es geht hier um meteorologische Vorgänge im Großen und Ganzen, die aber im engen Wechselverhältnis mit dem epischen Geschehen und insbesondere mit der ›Stimmungslage‹ der Figuren stehen. Immer

---

2 Vgl. die Einleitung der Herausgeber.
3 Urs Büttner, Ines Theilen: Phänomene der Atmosphäre. Zur Einleitung, in: dies. (Hrsg.): Phänomene der Atmosphäre. Ein Kompendium Literarischer Meteorologie, Stuttgart 2017, 1–25, hier: 12.
4 Ebd., 2.
5 MA 12, 611. Den Titel »Atmosphäre« trägt das Gedicht noch nicht in der Erstveröffentlichung in den Heften *Zur Naturwissenschaft überhaupt*, sondern erst in der *Ausgabe letzter Hand*; vgl. Büttner, Theilen (Anm. 3), 1. Vgl. auch Timothy J. Attanucci: Atmosphärische Stimmungen. Landschaft und Meteorologie bei Carus, Goethe und Stifter, in: Zeitschrift für Germanistik 24 (2014), 282–295; Hanna Hamel: Anschauung der Atmosphäre. Zur Darstellung des »Übergänglichen« in Goethes *Versuch einer Witterungslehre*, in: Goethe-Jahrbuch 135 (2018), 47–56. Zum Zusammenhang von Wetter und subjektivem Empfinden bei Goethe vgl. Gernot Böhme: »Mir läuft ein Schauer übern ganzen Leib«. Das Wetter, die Witterungslehre und die Sprache der Gefühle, in: Goethe-Jahrbuch 124 (2007), 133–141.

wieder finden sich dahingehende Bemerkungen über das Wetter, so bereits im *Medias-in-res*-Einstieg des ersten Gesangs. Wie alle Gesänge, trägt er einen Doppeltitel aus einem Musennamen und einer inhaltlichen Überschrift.[6] Die programmatisch als erste berufene Muse ist die der epischen Dichtung, Kalliope; die Überschrift »Schicksal und Anteil« bezieht sich auf das Erscheinen der Weltgeschichte im kleinstädtischen Rahmen der epischen Handlung. Die von einem »Ich« gesprochenen ersten Zeilen – erst im Nachhinein als wörtliche Rede von Herrmanns Vater, dem Wirt zum Goldenen Löwen, gekennzeichnet – evozieren das Bild der fast menschenleeren Stadt an einem heißen, trockenen Sommersonntag zur Mittagszeit:

> Hab' ich den Markt und die Straßen doch nie so einsam gesehen!
> Ist doch die Stadt wie gekehrt! wie ausgestorben! Nicht funfzig,
> Deucht mir, blieben zurück von allen unsern Bewohnern.
> Was die Neugier nicht tut! So rennt und läuft nun ein jeder,
> Um den traurigen Zug der armen Vertriebnen zu sehen.
> Bis zum Dammweg, welchen sie ziehn, ists immer ein Stündchen,
> Und da läuft man hinab, im heißen Staube des Mittags.
> (I, 1–7)

Hitze und Staub, also ein Temperatur- und ein Luft-Phänomen,[7] sind hier die entscheidenden atmosphärischen Elemente. Ihre Verbindung wird im ersten Gesang so oft benannt, dass sie topisch wirkt. Die sommerliche Hitze des Mittags erscheint als übermäßig; der in die Luft gewirbelte, in ihr stehen bleibende Staub deutet auf Trockenheit des Bodens und auf Windstille hin.[8] Die Kleinstädter, die sich auf den Weg machen, um die durchziehenden linksrheinischen Revolutionsflüchtlinge zu beschauen, tun das nicht wegen, sondern trotz der sommerlichen Witterung. Auch in der Replik von Herrmanns Mutter wird das Lastende und Belastende des Wetters hervorgehoben. An den bereits von der Landstraße zurückkehrenden Mitbürgern bemerkt sie, »wie Allen die Schuhe so staubig sind! wie die Gesichter / Glühen! und jeglicher führt das Schnupftuch, und wischt sich den Schweiß ab.« (I, 39–41)

---

6 Vgl. Alan J.L. Busst: Musings on the Muses. Dedications in Goethe's *Hermann und Dorothea*, in: Hinrich Siefken (Hrsg.): Experiencing Tradition. Essays in Discovery, York 2003, 94–102.
7 Vgl. die entsprechenden Artikel in Büttner, Theilen (Anm. 3): Alexander Košenina: Dunst. Seume und seine Zeitgenossen im vulkanischen Qualm, Rauch und Ruß (353–363) und Achim Küpper: Hitze. Johann Peter Hebels Kalendergeschichten im Kontext der Wissens- und Literaturgeschichte eines atmosphärischen Phänomens von der Antike bis zur Gegenwart (433–446).
8 Zur Funktion des Staubs vgl. auch Joel Lande: Anomaly and Danger. Politics of the Impure in Goethe's *Hermann und Dorothea*, in: Modern Language Notes 134 (2019), 572–590, hier: 582–586. Lande versteht den Staub als »quasi-substance« und als »contaminating element, unsanitary ›matter out of place‹« (582). Außerdem interessiert er sich für die »archaic connotations of dust« (ebd.), etwa im Rekurs auf biblische Anklänge.

Das »[w]ohlbehaglich« (I, 21) zuhause gebliebene Gastwirtspaar ist sich einig in der Distanzierung nicht so sehr vom ›Leiden anderer‹[9] als vielmehr von der Mühe, die dessen Betrachtung machen würde. In den Worten des Vaters: »Möcht' ich mich doch nicht rühren vom Platz, um zu sehen das Elend« (I, 8); in denen der Mutter: »Möcht' ich doch auch in der Hitze nach solchem Schauspiel so weit nicht / Laufen und leiden! Fürwahr, ich habe genug am Erzählten« (I, 42f.). Eine solche Erzählung folgt, als der junge Prediger des Ortes und der dem Wirtshaus benachbarte Apotheker von ihrem Besuch beim Flüchtlingstreck zurückkehren. Gemeinsam bilden sie in *Herrmann und Dorothea* eine Art Miniatur-Chor, der das Geschehen teils kommentiert, teils befördert oder kunstvoll behindert. Bei ihrem ersten Auftreten stehen auch sie unter dem Einfluss von Staub und Hitze (»Staub von den Füßen schüttelnd, und Luft mit dem Tuche sich fächelnd«, I, 67) und betonen eben diese atmosphärische Verbindung in ihrem Bericht. Unmittelbar nach dem Ausruf des Apothekers, »Und wer erzählet es wohl, das mannigfaltigste Elend!« (I, 104), wird festgehalten, dass jenes Elend aufgrund des in der Luft stehenden Staubs zunächst kaum zu erkennen gewesen sei:

> Schon von ferne sahn wir den Staub, noch eh wir die Wiesen
> Abwärts kamen; der Zug war schon von Hügel zu Hügel
> Unabsehlich dahin, man konnte wenig erkennen.
> (I, 105–107)

Indem dann aber doch die missliche Lage der Vertriebenen »auf dem staubigen Weg« (I, 130) geschildert wird, erscheint die trockene Hitze als Inbegriff des Leidens: »Und wir eilten hinzu, und fanden die Kranken und Alten, / [...] Von der Sonne verbrannt und erstickt vom wogenden Staube« (I, 147–150). Diese Berichte verdoppeln gleichsam die lastende Witterung, weshalb der »menschliche Hauswirt« (I, 151) dringend vorschlägt, in das »kühlere Sälchen« überzuwechseln, das von der Hitze nicht betroffen sei: »Nie scheint Sonne dahin, nie dringet wärmere Luft dort / Durch die stärkeren Mauern« (I, 160–162).

Dieser Innenraum ist ein von äußerer Einwirkung geschützter Raum mit eigener Atmosphäre. Allerdings wirken solche kulturellen Räume und die sie umgebenden Mauern in *Herrmann und Dorothea* grundsätzlich gefährdet. Nicht von ungefähr kommt das Gespräch im Wirtshaussaal sogleich, wenn auch nur

---

[9] Vgl. Philipp Hartmann: Die Leiden anderer erzählen? Über epische Distanz in *Hermann und Dorothea*, in: Goethe-Jahrbuch 134 (2017), 369–375. Vgl. zur Thematik von Flucht und Migration auch Louis Ferdinand Helbig: Goethe's *Hermann und Dorothea* as a Refugee Epic, in: Alexej Ugrinsky (Hrsg.): Goethe in the Twentieth Century, New York 1987, 139–146; Arne Eppers: Goethes geflüchtete Frauen. Dorothea und Iphigenie: Rekonstruktion fiktiver Migrationserfahrungen, in: Goethe-Jahrbuch 135 (2018), 71–88.

kurz, auf den »schrecklichen Brand[ ]« (I, 175), der die Stadt einst zerstört hatte. Kaum ist man also der Sommerhitze entronnen, erinnert man sich an die verheerenden Effekte eines anders gearteten Hitzephänomens. Eine ausführliche Reminiszenz folgt im zweiten Gesang:

> Zwanzig Jahre sinds nun es war ein Sonntag wie heute,
> Heiß und trocken die Zeit und wenig Wasser im Orte.
> Alle Leute waren, spazierend in festlichen Kleidern,
> Auf den Dörfern verteilt und in den Schenken und Mühlen.
> Und am Ende der Stadt begann das Feuer. Der Brand lief
> Eilig die Straßen hindurch, erzeugend sich selber den Zugwind.
> (II, 113–118)

Das Feuer in der Stadt wäre, im Unterschied zum Sommerwetter, als »künstliche, vom Menschen verursachte Wärme« zu klassifizieren.[10] Allerdings lässt sich der Erinnerung von Herrmanns Eltern entnehmen, dass beide Hitzearten aufeinander bezogen sind: Die heiße, trockene Witterung begünstigt den Brand. Noch dazu wird kein konkreter menschlicher Verursacher und auch kein klarer Ausgangsort benannt: »am Ende der Stadt begann das Feuer«, gleichsam selbsttätig. Der Brand wird zum meteorologischen Phänomen: eine Hitze, die »sich selber den Zugwind« erzeugt und, da nur wenige Leute und »wenig Wasser im Orte« sind, mit menschlichen Mitteln nicht gebändigt werden kann.

Von den knappen, aber wiederholten und eben deshalb atmosphärisch wirksamen Bemerkungen zur Widrigkeit der Sommerhitze setzt sich im ersten Gesang eine meteorologische Beobachtung ab, die Herrmanns Vater anstellt: »der Himmel ist hell, es ist kein Wölkchen zu sehen, / Und von Morgen wehet der Wind mit lieblicher Kühlung« (I, 47f.). Diese Beobachtung, als Erfahrungswissen gerahmt (»Solch ein Wetter ist selten zu solcher Ernte gekommen«, I, 45) und in eine Zukunftsaussage mündend (»Morgen fangen wir an zu schneiden die reichliche Ernte«, I, 50), wird aufgrund ihrer prognostischen Bedeutung weiter unten ausführlicher diskutiert. Vorerst ist festzuhalten, dass vor allem die vom Vater bemerkte »liebliche[ ] Kühlung« durch die Sommerbrise bei näherem Hinsehen im Widerspruch zur topischen Verbindung von Hitze und unbewegtem Staub steht. Es könnte also sein, dass sich hier eine Neigung ausspricht, das Wetter als förderlich und angenehm wahrnehmen zu *wollen* – womit auch der väterliche Ausruf »Das ist beständiges Wetter!« (I, 49) eher als Ausdruck von Optimismus denn als verlässliche Prognose erscheinen mag.

Gleichwohl bleibt die sommerlich-heiße Wetterlage in *Herrmann und Dorothea* zunächst stabil. Sie hält sich, was den Umfang des epischen Gedichts betrifft, über

---

10 Vgl. Küpper (Anm. 7), 438.

die ersten sechs Gesänge, hinsichtlich der erzählten Zeit bis zum Beginn des Abends. Am Ende des sechsten Gesanges ist ein weiteres und letztes Mal von der staubigen Luft die Rede. Unterdessen hat Herrmann seinen Eltern und Nachbarn von der Begegnung mit der geflüchteten Dorothea berichtet, hat unvermittelt den Wunsch geäußert, sie heiraten zu wollen, ist gemeinsam mit Prediger und Apotheker zu dem Dorf hinausgefahren, in dem die Vertriebenen ihr Nachtlager aufgeschlagen haben, und bittet seine Nachbarn, Erkundigungen einzuziehen, während er außerhalb wartet. Als die Begleiter zurückkehren und ihm mitteilen, er habe »richtig gewählt« (VI, 228), lässt er sie wissen, dass ihn unterdessen »Sorge [...], / Argwohn und Zweifel« (VI, 237f.) befallen hätten und er befürchte, mit seinem Heiratsantrag zu scheitern. Umso mehr ist er entschlossen, die weiteren Schritte alleine zu machen, und schickt die Nachbarn mit der Kutsche zurück zu seinen Eltern. Die seit langem eingespannten Hengste sind »begierig des Stalles« und lassen eine »Wolke des Staubs [...] unter den mächtigen Hufen« aufquellen (VI, 313f.). Es folgen zum Abschluss des sechsten Gesangs zwei Zeilen von schlichter Schönheit, in denen der in der Luft stehende Staub zum Zeitindex eines Innehaltens, einer Pause der epischen Handlung wird:

> Lange noch stand der Jüngling, und sah den Staub sich erheben,
> Sah den Staub sich zerstreun; so stand er ohne Gedanken.
> (VI, 315 f.)

Der in seiner epigrammatischen Bündigkeit kunstvolle Chiasmus (A: »stand der Jüngling«, B: »sah den Staub«, B: »Sah den Staub«, A: »so stand er«) unterstreicht die Dauerhaftigkeit (»lange«) des atmosphärischen Phänomens – das hier allerdings zum letzten Mal im Epos erwähnt wird.

Am Anfang des siebten Gesanges dauert zwar die Latenz noch weiter an, aber die Atmosphäre hat sich verändert. In einem über mehrere Zeilen geführten Vergleichssatz, der mit dem lakonischen Schluss des vorigen Gesangs kontrastiert, erscheint Herrmann nun »[w]ie der wandernde Mann, der vor dem Sinken der Sonne / Sie noch einmal ins Auge, die schnellverschwindende, faßte« und der daher das Nachbild der Sonne weiterhin sieht, »wohin er die Blicke nur wendet« (VII, 1–4). Als Gleichnis zielt dies auf Dorotheas »liebliche Bildung«, die sich vor Herrmanns innerem Auge bewegt, kurz bevor er aus seinem »staunenden Traum« erwacht und ihm »die hohe Gestalt des herrlichen Mädchens« leibhaftig entgegenkommt (VII, 6–10). Aber der Hinweis auf die Zeit »vor dem Sinken der Sonne« betrifft nicht nur das optisch-visuelle Gleichnis, sondern markiert auch die Tageszeit, an der die epische Handlung mittlerweile angekommen ist. In der ersten Zeile des folgenden, achten Gesangs wird das mit der Erwähnung der »sinkenden Sonne« präzise wieder aufgegriffen.

Der siebte Gesang spielt an einem Brunnen, der schon zuvor als »Lustort« (V, 154), also als idyllentypischer *locus amoenus* gekennzeichnet worden war. Mit der Berufung der für die Liebesdichtung zuständigen Erato zur titelgebenden Muse werden die Protagonisten als Liebende gekennzeichnet, auch wenn die Überschrift nur »Dorothea« lautet und die Koppelung »Herrmann und Dorothea« dem nächsten Gesang vorbehalten ist. Indem sich das Epos so zur Liebesdichtung wendet, ändern sich die elementaren Bestandteile: An die Stelle der Verbindung von Hitze und Staub treten nun das Quellwasser des Brunnens, das »rein und unablässig« fließt (VII, 29), und der Himmel, der sich im bewegten Wasser spiegelt. Die so entstehende Szene ist auf exemplarische Weise atmosphärisch, im oben entworfenen komplexen Verständnis: eine Selbstsituierung im Unendlichen, die als Beziehung zwischen umgebender Welt und individueller Stimmung eingerichtet wird, hier noch dadurch verstärkt, dass zwei Individualitäten ihrerseits zueinander in Beziehung treten. Dass Herrmann und Dorothea ein Paar sind, erblicken beide beim gemeinsamen Blick in den Spiegel der Quelle, mit dem sie sich selbst zum Himmelsphänomen werden:

> Also sprach sie und war die breiten Stufen hinunter,
> Mit dem Begleiter gelangt; und auf das Mäuerchen setzten
> Beide sich nieder des Quells. Sie beugte sich über, zu schöpfen;
> Und er faßte den anderen Krug und beugte sich über.
> Und sie sahen gespiegelt ihr Bild in der Bläue des Himmels
> Schwanken, und nickten sich zu, und grüßten sich freundlich im Spiegel.
> (VII, 37–42)

Die Komplexität der gestifteten Beziehung erweist sich im geradezu programmatisch in den Zeilensprung gesetzten »Schwanken« des Bildes aus Himmel, bewegtem Wasser und sich grüßendem, aber erst ansatzweise verbundenem Paar. Herrmann vermag es hier noch nicht, sich Dorothea gegenüber unbefangen zu bekennen: »ihr von Liebe zu sprechen, / Wär' ihm unmöglich gewesen« (VII, 50 f.). Stattdessen schützt er den Wunsch seiner Mutter vor, »ein Mädchen im Hause« zu haben (VII, 64) – und bittet um Nachsicht für seine »stotternde Rede« (VII, 72). Dorothea schlussfolgert, dass Herrmann dabei ist, sie »als Magd für Vater und Mutter« einzustellen (VII, 76), was sie umso lieber akzeptiert, als nach ihren Worten »ein wanderndes Mädchen [...] immer von schwankendem Rufe« ist (VII, 93). Von dieser Szene aus erweist sich das *Schwanken* als Leitbegriff von Goethes Epos.[11] Das gilt vor allem hinsichtlich des prognostischen Gehalts.

---

[11] So schon Ilse Graham: A Delicate Balance. *Hermann und Dorothea*, in: dies.: Goethe. Portrait of the Artist. Berlin/New York 1977, 297–312.

Prognostisches

Dass Goethe in der Verfertigung von *Herrmann und Dorothea* auf »[v]orgreifende« und »[z]urückgreifende« Motive ein erhebliches Augenmerk legte, geht aus der gemeinsam mit Friedrich Schiller verfassten Skizze *Über epische und dramatische Dichtung* hervor, die ebenfalls 1797 entstand.[12] Vor diesem Hintergrund gewinnt die Gestaltung der Wetterphänomene eine Bedeutung, die über das Atmosphärische hinausgeht. Die Erörterung *kommender Witterung*, also meteorologische Prognostik, wird in ihrer vermeintlichen Gewissheit und weitreichenden Ungewissheit zum Sinnbild für Zukunftserkenntnis überhaupt.[13] Vor allem in den letzten beiden Gesängen erscheint das Wetter aufs engste an das Problem der Zukünftigkeit geknüpft. Doch schon vorher wird wiederholt die Frage aufgeworfen, ob und wie sich kommendes Wetter vorhersagen lässt. Die bereits erwähnte, von Herrmanns Vater im ersten Gesang »mit Nachdruck« (I, 44) vorgetragene Wetterprognose lautet:

> Solch ein Wetter ist selten zu solcher Ernte gekommen,
> Und wir bringen die Frucht herein, wie das Heu schon herein ist,
> Trocken; der Himmel ist hell, es ist kein Wölkchen zu sehen,
> Und von Morgen wehet der Wind mit lieblicher Kühlung.
> Das ist beständiges Wetter! und überreif ist das Korn schon;
> Morgen fangen wir an zu schneiden die reichliche Ernte.
>
> (I, 45–50)

Die Aussage gibt sich empirisch: Ein Wetter wie das derzeit herrschende ist erfahrungsgemäß beständig und daher der Ernte förderlich. Es wurde aber oben schon bemerkt, dass der Kontrast zwischen nur hier bemerkter »lieblicher Kühlung« und der ansonsten wiederholt betonten drückenden Hitze die Qualität der väterlichen Beobachtungen in Zweifel zieht. Das passt zur prekären Funktion ›meteopoetischer‹ alltäglicher Redeweisen vom Wetter, die in der Literatur um 1800 zunehmend als ›Halbwissen‹ entlarvt werden.[14] Die an anderen Stellen des Epos thematisierte Halsstarrigkeit des Vaters, wenn es um seine Planungen, Ansprüche und Wünsche geht,[15] spricht dafür, dass bereits seine initiale Wetter-

---

[12] Über epische und dramatische Dichtung. Von Goethe und Schiller, in: MA 4.2, 126–128, hier: 127.

[13] Ich schließe hier und im Folgenden an meine zukunftsbezügliche Lektüre von *Herrmann und Dorothea* an; vgl. Stefan Willer: Zur literarischen Epistemologie der Zukunft, in: Nicola Gess, Sandra Janßen (Hrsg.): Wissens-Ordnungen. Zu einer historischen Epistemologie der Literatur, Berlin/New York 2014, 224–260 (darin zu Goethe 243–255).

[14] Vgl. die Einleitung zum vorliegenden Band, S. 5.

[15] Vgl. Willer: Zur literarischen Epistemologie der Zukunft (Anm. 13), 246 f.

vorhersage nicht rein erfahrungsbasiert, sondern erheblich von Wunschdenken affiziert sein könnte. Mehr noch: Steht nicht die Beziehbarkeit von Erfahrung auf Zukunftserkenntnis grundsätzlich in Frage, wenn die Wetterlage ausdrücklich als »selten«, also als empirisch nicht wirklich belastbar, gekennzeichnet wird? Und wenn das Korn schon »überreif« ist, könnte dann nicht das Warten bis »morgen« – auch wenn es aufgrund des Sonntags geboten ist – für die Ernte erst recht verhängnisvoll sein?

Die späteren Bemerkungen zum Wetter deuten darauf hin, dass ein solches Verhängnis tatsächlich eintreten könnte. Mit der drohenden Wendung zum Tragischen, auf die der für den achten Gesang gewählte Musenname Melpomene hindeutet, bekommt auch die Witterung etwas explizit Drohendes:

> Also gingen die zwei entgegen der sinkenden Sonne,
> Die in Wolken sich tief, gewitterdrohend, verhüllte,
> Aus dem Schleier bald hier bald dort mit glühenden Blicken
> Strahlend über das Feld die ahndungsvolle Beleuchtung.
> Möge das drohende Wetter, so sagte Herrmann, nicht etwa
> Schloßen uns bringen und heftigen Guß; denn schön ist die Ernte.
> (VIII, 1–6)

Ausgerechnet die von Herrmann gewünschte Heimführung Dorotheas in sein Elternhaus erhält so einen potenziell katastrophischen Unterton, nicht nur – aber durchaus auch – wegen der Befürchtung, dass am folgenden Tag die Ernte verhagelt werden könnte. Im achten Gesang werden Gewitter und Getreide zweimal nacheinander gleichsam in einem Atemzug erwähnt: Herrmann fürchtet das »drohende Wetter«, während er bereits mit Dorothea durch das »hohe[ ], wankende[ ] Korn[ ]« schreitet (VIII, 5–7); und nachdem er kurz darauf das landwirtschaftliche Eigentum seiner Familie betont hat (»Diese Felder sind unser, sie reifen zur morgenden Ernte«), weist er erneut auf das heranrückende »schwere Gewitter« hin, woraufhin zur Bekräftigung nochmals das »mächtige Korn« erwähnt wird (VIII, 75–81).

Der gesamte achte Gesang ist von szenischem Charakter, was vor allem an der geradezu theatralisch eingesetzten »Beleuchtung« (VIII, 4) liegt. Zunächst stammt sie noch von der Sonne, die, von der nahenden Nacht und den aufziehenden Wolken doppelt verdunkelt, die Landschaft »bald hier bald dort« erhellt. Das Phänomen des dramatisch wechselnden Lichts setzt sich fort, nachdem im Verlauf des Heimwegs die Sonne völlig untergegangen ist und der Vollmond »[h]errlich [...] vom Himmel herunter« glänzt: »Und so lagen vor ihnen in Massen gegeneinander / Lichter, hell wie der Tag, und Schatten dunkeler Nächte« (VIII, 53–56). Dieser stete Wechsel der Beleuchtung wird »ahndungsvoll[ ]« (VIII, 4) genannt. Ahnung – beim frühen und mittleren Goethe meist ›Ahndung‹ – ist ein um 1800 viel diskutiertes ›dunkles‹ Sensorium der Zukunftserkenntnis.[16] Eine »ahndungsvolle Beleuchtung«, entstehend aus dem Wechsel der Himmelslichter und der Bewölkung, ist somit nicht nur atmosphärisch effektvoll, sondern futurisch zeichenhaft.

Ein solches meteorologisches Zukunftszeichen erhebt den Anspruch, interpretiert zu werden. Genau dies geschieht mehrmals im Fortgang des achten Gesanges. Dorothea möchte, angesichts der von ihr erhofften stabilen Unterbringung, »des Mondes / Herrlichen Schein so süß« und »der Klarheit des Tags gleich« finden (VIII, 67 f.), während der nach wie vor unsichere Herrmann darauf hinweist, dass »das schwere Gewitter« heranrücke, »[w]etterleuchtend und bald verschlingend den lieblichen Vollmond« (VIII, 78 f.). Diese unterschiedlichen Deutungen finden sich unmittelbar danach in zwei gegenläufigen Erzählerkommentaren wieder: Zuerst heißt es, Herrmann und Dorothea erfreuten sich »der nächtlichen Klarheit« (VIII, 81); kurz danach ist von den »schwankenden Lichtern« die Rede, die der Mond durchs Laub wirft, »[e]h' er, von Wetterwolken umhüllt, im Dunkeln das Paar ließ« (VIII, 86 f.). Erneut ist hier das *Schwanken* auf das *Paar* bezogen, und zwar mit unmittelbarer Auswirkung auf die Handlung: Die im plötzlichen Dunkel und auf dem fremden Weg unorientierte Dorothea »[f]ehlte tretend; es knackte der Fuß, sie drohte zu fallen«, was Herrmann in die Lage versetzt, sie zu stützen, ihre »herrliche Last« zu fühlen und »mit Mannesgefühl die Heldengröße des Weibes« zu tragen (VIII, 90–98).

Das Schwanken der Lichter führt zum ›Fehltritt‹ und drohenden ›Fall‹ Dorotheas. Darin liegt zum einen ein Rückverweis auf ihren zuvor von ihr selbst erwähnten »schwankende[n] Ruf[ ]« (VII, 93), zum anderen für Herrmann die Gelegenheit, sie vor dem Fall zu bewahren. Das vermeintlich minimale Handlungselement des Stolperns auf dem Weg erscheint auf diese Weise bezüglich und vieldeutig, und auch dies wird in seiner prognostischen Zeichenhaftigkeit explizit zum Thema gemacht. Das Knacken des Fußes vor dem »Eintritt ins Haus« bedeutet »Verdruß«, so Dorothea, die sich – auch wenn sie die Bemerkung »scherzend[ ]« macht und auf »bedenkliche Leute« bezieht – »fürwahr ein besseres Zeichen gewünscht« hätte (VIII, 99–102). Im unmittelbar folgenden Einstieg zum neunten Gesang wird hingegen der Umstand, dass Dorothea »noch vor der Verlobung« (IX, 3) an Herrmanns Brust gelegen hat, als hilfreiches Eingreifen der Musen und als Vorschein auf ein glückliches Ende gedeutet –

---

16 Vgl. Stefan Willer: Ahnen und ahnden. Zur historischen Semantik des Vorgefühls um 1800, in: Forum interdisziplinäre Begriffsgeschichte 6/1 (2017), 31–40, www.zfl-berlin.org/forum-begriffsgeschichte.html [konsultiert am 14.07.2020].

ein weiteres Indiz für den sich zum Ende hin verdichtenden Zukunftsdiskurs des Epos.

Der letzte Gesang besteht nun zum großen Teil aus der fast quälenden Ausdehnung des retardierenden Moments, in dem Dorothea sich von dem freundlichen Willkommen, mit dem Herrmanns Vater sie nicht als Magd, sondern als Schwiegertochter begrüßt, verspottet glaubt.[17] Weiterhin spielt das Wetter eine wichtige Rolle, wobei sich, gegenläufig zum Verzögern der Handlung, die Entwicklung hin zum Unwetter beschleunigt und zuspitzt. Das gilt schon für die einleitende Szenerie im Hause, als die Mutter wiederholt ungeduldig das Zimmer betritt, »Sprechend vom nahen Gewitter, vom schnellen Verdunkeln des Mondes, / Dann vom Außenbleiben des Sohns und der Nächte Gefahren« (IX, 9f.). Als sich Dorothea wenig später aufgrund der vermeintlichen Kränkung anschickt, das Haus wieder zu verlassen, weist sie darauf hin, dass und wie in der Zwischenzeit das Gewitter herangekommen ist:

> Nicht die Nacht, die breit sich bedeckt mit sinkenden Wolken,
> Nicht der rollende Donner (ich hör' ihn) soll mich verhindern,
> Nicht des Regens Guß, der draußen gewaltsam herabschlägt,
> Noch der sausende Sturm. Das hab' ich alles ertragen
> Auf der traurigen Flucht, und nah' am verfolgenden Feinde.
> Und ich gehe nun wieder hinaus, wie ich lange gewohnt bin,
> Von dem Strudel der Zeit ergriffen, von Allem zu scheiden.
>   (IX, 174–179)

Einmal mehr hat dieser Bezug des Wetters auf Stimmung und Handlung starke atmosphärische Qualitäten, wobei aber nun die Bezüglichkeit selbst noch deutlicher als zuvor hervorgehoben wird. So weist Dorothea ausdrücklich darauf hin, dass sie, indem sie spricht, das draußen niedergehende Gewitter wahrnimmt. Zudem bezieht sie Nacht, Donner, Regen und Sturm auf ihre eigene Situation als Flüchtling, und zwar sowohl im Hinblick auf konkrete Witterungserfahrungen (»Das hab' ich alles ertragen«) als auch, mit der Genitivmetapher »Strudel der Zeit«, im Hinblick auf das Stürmische der historischen Lage. Zugleich dienen die Wetterhinweise an dieser Stelle aber auch dem *Aufschub* ihres erneuten Aufbruchs, versinnbildlicht im anaphorischen »Nicht ... Nicht ... Nicht ... Noch ... «. Indem Dorothea betont, sich vom Wetter nicht aufhalten lassen zu wollen, gewinnt sie zugleich Zeit, die benötigt wird, um die Liebeshandlung dem gewünschten Ende entgegenzuführen.

---

[17] Zur Funktion der Retardierung vgl. Charlton Payne: Epic World Citizenship in Goethe's *Hermann und Dorothea*, in: Goethe Yearbook 16 (2009), 11–28, hier: 14f.

Bevor dies erreicht werden kann, bedarf es eines weiteren retardierenden Moments: Dorothea muss einer für sie wesentlichen »Erinnrung / Einen Augenblick weihen« (IX, 256 f.).[18] Es geht dabei um ihren ersten Bräutigam, der in den Pariser Revolutionswirren zu Tode kam. Vor dem Abschied hatte er sie aufgefordert, sein »schwebendes Bild« in ihren Gedanken zu erhalten, und sie ermahnt, bei etwaiger »neue[r] Wohnung« und »neue[r] Verbindung« immer »nur leicht den beweglichen Fuß« aufzusetzen (IX, 281–286).[19] Die Erinnerung an jene Warnung des zuvor Geliebten versieht jeden einmal erreichten stabilen Zustand immer wieder mit dem Vorzeichen des Schwankens. Selbst bei der abschließenden Verlobung findet sich erneut diese Leitvokabel, und mit ihr der bereits in der Brunnenszene bemerkte Effekt eines programmatisch gesetzten Enjambements:

> O, verzeih, mein trefflicher Freund, daß ich, selbst an dem Arm dich
> Haltend, bebe! So scheint dem endlich gelandeten Schiffer
> Auch der sicherste Grund des Bodens zu schwanken.
>
> (IX, 294–296)

Der Zeilenanfang »Haltend, bebe« lässt sich, gerade in dieser grammatisch unvollständigen Form, als kürzestmögliche Zusammenfassung der Programmatik des Schwankens lesen. Halt gibt es demnach nicht ohne Schwanken, umgekehrt kann nur im Mitvollzug des Schwankens ein Halt gefunden werden. Momente der Stabilisierung stehen unter dem Vorzeichen des Vorläufigen oder auch nur Scheinbaren. Das zeigt sich etwa dort, wo das vorige Missverständnis aufgelöst wird und Herrmann und Dorothea einander ihre Liebe bekennen:

> Und es schaute das Mädchen mit tiefer Rührung zum Jüngling,
> Und vermied nicht Umarmung und Kuß, den Gipfel der Freude,
> Wenn sie den Liebenden sind die lang'ersehnte Versichrung
> Künftigen Glücks im Leben, das nun ein unendliches scheinet.
>
> (IX, 222–225)

Bejahung und Bekräftigung haben die Gestalt der doppelten Negation (»vermied nicht Umarmung und Kuß«); der Zweifel an der Möglichkeit des Befestigens und

---

18 Vgl. zur Figur des Augenblicks Karl Eibl: Anamnesis des ›Augenblicks‹. Goethes poetischer Gesellschaftsentwurf in *Hermann und Dorothea*, in: Deutsche Vierteljahrsschrift für Literaturwissenschaft und Geistesgeschichte 58 (1984), 111–138.
19 Hans Geulen weist mit Bezug auf diese Stelle darauf hin, dass schon mit Dorotheas Straucheln auf dem Weg zu Herrmanns Elternhaus »das ein[tritt], was ihr erster Bräutigam voraussah«. Hans Geulen: Goethes *Hermann und Dorothea*. Zur Problematik und inneren Genese des epischen Gedichts, in: Jahrbuch des Freien Deutschen Hochstifts (1983), 1–20, hier: 17. In der Tat wird das prognostische Vermögen des Bräutigams ausdrücklich betont: »Alles sah er voraus« (IX, 259).

Versicherns zeigt sich in einer einerseits maximenhaft-verallgemeinernden, andererseits konditional-einschränkenden Formulierung (»Wenn sie den Liebenden sind die lang'ersehnte Versicherung«); und das »künftige[ ] Glück im Leben« wird zwar unendlich genannt, aber eben diese Unendlichkeit – und damit die »Versicherung« als Gewissheit des »Künftigen« – verbleibt im Bereich des Scheins. In diesem Zusammenhang ist festzustellen, dass die zuvor so dringlich aufgeworfene Frage nach der Ernte am Schluss des Epos nicht wieder aufgegriffen wird. Ob das Getreide im ausbrechenden Gewitter mit Regenguss und Sturm beschädigt wird und die Familie an Wohlstand einbüßt, bleibt unbeantwortet; damit bleibt ein aufwendig aufgebautes ›vorgreifendes‹ Motiv in der Schwebe. Das dürfte weniger einer zufälligen Unaufmerksamkeit des Verfassers geschuldet sein als der grundsätzlichen Frage, wie die Handlung eines gegenwartsliterarischen Epos zu Ende zu bringen ist.

Allerdings fordert Herrmann in der Ansprache, die die Dichtung beschließt, nachdrücklich ein, dass »der schönen Güter Besitztum« (IX, 301) erhalten bleibe. Ausgerechnet die Leitvorstellung des Schwankens scheint dabei ins Unrecht gesetzt zu werden, wenn Herrmann deklariert, dass »der Mensch, der zur schwankenden Zeit auch schwankend gesinnt ist« (IX, 302 f.), das Übel vermehre und ausbreite.[20] Statt dessen erhebt er mit den letzten beiden Versen des Epos die mit Dorothea zu realisierende Fortführung des Hausstands zum Maßstab politischen Handelns: »Und gedächte jeder wie ich, so stände die Macht auf / Gegen die Macht, und wir erfreuten uns alle des Friedens« (IX, 318). Vom Frieden war bereits im ersten Gesang die Rede – in einer weiteren Vorhersage des Vaters. Im Gespräch mit den Nachbarn hatte er geäußert: »Müde schon sind die Streiter, und alles deutet auf Frieden« (I, 198). Herrmann zitiert mit seinem letzten Wort also die politische Prognose seines Vaters (die er in der Situation des ersten Gesangs nicht selbst mit angehört hatte). Wenn aber die Kompetenz des Vaters als Wetterprophet schon so nachdrücklich falsifiziert worden ist, wird man ihm auch als politischem Vorausdeuter misstrauen dürfen. Im Text des Epos erscheint dieser erneute Zweifel an der väterlichen Prognostik nicht als ausdrückliche Zurückweisung, aber doch als subtile Abweichung: Am Ende steht eben nicht der tatsächlich erreichte Friede, sondern eine im Konditional formulierte Erwägung und Erörterung »des Friedens«. Dies ist, bei aller explizit vorgetragenen Kritik

---

[20] Den Gegensatz zwischen Herrmanns Statik und der durch den ersten Verlobten vertretenen Dynamik betont Dirk Oschmann, der von dort aus seine Analyse der »Gangart« des Epos aufbaut: Das Epos in Zeiten des Romans. Goethes *Hermann und Dorothea*, in: Michael Gamper, Helmut Hühn (Hrsg.): Zeit der Darstellung. Ästhetische Eigenzeiten in Kunst, Literatur und Wissenschaft, Hannover 2014, 167–189, hier: 174.

des Schwankens, erneut ein ›schwankendes Bild‹, mit dem das epische Gedicht an seinem Ende den Blick in eine offene Zukunft wendet.

Was das Ende von *Herrmann und Dorothea* betrifft, ist an eine Bemerkung Goethes aus dem Briefwechsel mit Schiller zu erinnern. Während der Fertigstellung des Epos schrieb er im März 1797, er finde es »[m]erkwürdig [...], wie das Gedicht gegen sein Ende sich ganz zu seinem Idyllischen Ursprung hinneigt.«[21] Schiller seinerseits hatte zwei Jahre zuvor in *Über naive und sentimentalische Dichtung* den »ästhetischen Wert« von Idyllen skeptisch beurteilt: »Sie stellen unglücklicherweise das Ziel *hinter* uns, dem sie uns doch *entgegenführen* sollten, und können uns daher bloß das traurige Gefühl eines Verlustes, nicht das fröhliche der Hoffnung einflößen.«[22] In diesen Zielkonflikt wäre aber Goethes zeitlich komplexe Vorstellung eines »Idyllischen Ursprung[s]«, der sich erst »gegen [...] Ende« der Dichtung offenbare, gerade nicht einzupassen. Schiller antwortete denn auch zustimmend auf Goethes Selbsteinschätzung: »Es konnte gar nicht fehlen, daß Ihr Gedicht idyllisch endigte, sobald man dieses Wort in seinem höchsten Gehalte nimmt.«[23] Eine solche ›höchste‹ Idylle wäre nach Schillers eigener Theorie eine Dichtung, die das Ziel nicht »*hinter* uns« sucht, sondern selbst »*praktisch* vorwärts führen« könnte.[24]

In der Tat unterstreicht Goethes Epos kaum einmal das Gefühl eines verlorenen Ursprungs, sondern projiziert vielmehr auf poetische Weise einen *möglichen* zukünftigen Zustand. Eben dieses, die Formulierung einer Möglichkeit,

---

21 Goethe: Brief an Schiller, 4.3.1797, in: MA 8.1, 320.
22 Friedrich Schiller: Über naive und sentimentalische Dichtung [1795], in: ders.: Sämtliche Werke, hrsg. von Gerhard Fricke, Herbert G. Göpfert, München 1959, Bd. 5, 694–780, hier: 747.
23 Schiller: Brief an Goethe, 4.3.1797, in: MA 8.1, 320.
24 Schiller: Über naive und sentimentalische Dichtung (Anm. 22), 747. Das Problem des Idyllischen ist in der Forschung intensiv diskutiert worden, vgl. Gerhard Kaiser: Wandrer und Idylle. Goethe und die Phänomenologie der Natur in der deutschen Dichtung von Gessner bis Keller, Göttingen 1977 (darin 37–106 zur »Phänomenologie des Idyllischen« bei Goethe und Schiller); Terence M. Holmes: Goethe's *Hermann und Dorothea*. The Dissolution of the Embattled Idyll, in: The Modern Language Review 82 (1987), 109–118; Peter Morgan: The Critical Idyll. Traditional Values and the French Revolution in Goethe's *Hermann und Dorothea*, Columbia 1990. Vgl. außerdem Nina Birkner: Der *Vicar of Wakefield* als Vorbild für Voß' *Luise* und Goethes *Hermann und Dorothea*, in: Goethe-Jahrbuch 132 (2015), 151–161; Helmut J. Schneider: Poetische Beherbergung. Zu einer Figur der idyllischen Gattungstradition und zum Fortleben der Gattung nach ihrem Ende (Vergil – Goethe – Raabe), in: Literatur in Wissenschaft und Unterricht 50 (2017), 49–68. – In meiner Lesart (Willer: Zur literarischen Epistemologie der Zukunft (Anm. 13), 256 f.) stellt das *vorwärts führende* Idyllische den entscheidenden Störfaktor für die von Goethe und Schiller gattungspoetologisch geforderte »ruhige[ ] Besonnenheit« des epischen Rhapsoden dar, »der das vollkommen Vergangene vorträgt«. Über epische und dramatische Dichtung (Anm. 12), 127.

wird durch die konditionale Formel am Ende des Epos unterstrichen. Explizit in die Zukunft deutet bereits die Überschrift des neunten und letzten Gesangs: »Aussicht«, begleitet vom Musennamen Urania.²⁵ Erst am Beginn dieses Gesangs steht der ausdrückliche Musenanruf; erst hier profiliert sich somit auch der vortragende Rhapsode als Figur des epischen Gedichts, der in metafiktionaler Distanzierung um höheren Beistand bei der Bewältigung des noch Darzustellenden bittet.²⁶

> Musen, die ihr so gern die herzliche Liebe begünstigt,
> Auf dem Wege bisher den trefflichen Jüngling geleitet,
> An die Brust ihm das Mädchen noch vor der Verlobung gedrückt habt:
> Helfet auch ferner den Bund des lieblichen Paares vollenden,
> Teilet die Wolken sogleich, die über ihr Glück sich heraufziehn!
>
> (IX, 1–5)

Bemerkenswert an diesem Einstieg ist zum einen, dass das zuvor beschriebene Wetterphänomen, die aufziehenden Wolken, nun metaphorisch umgedeutet wird: als Wolken am Himmel des Glücks von Herrmann und Dorothea. Damit wird der im gesamten Epos aufgebaute atmosphärische Bezug von Witterung und Handlung auf den Punkt gebracht. Zum anderen entsteht an eben dieser Stelle ein Kontrast zwischen der Erörterung des Wetters und der als höhere Instanz berufenen Urania. Denn diese Muse ist nicht für das Teilen der Wolken und andere meteorologische, sondern eben für ›uranologische‹, d. h. astronomische Angelegenheiten zuständig: für die Himmelskunde als Lehre von den Gestirnen. In aristotelischer Tradition ist hier von »zwei[ ] klar unterschiedenen Wissenschaften« die Rede,²⁷ wobei sich die Meteorologie mit den unregelmäßigen (in Aristoteles' Zuordnung: sublunarischen), die Uranologie mit den regelmäßigen (translunarischen) Himmelsbewegungen befasst.²⁸ Urania, als Muse der letzteren Wissenschaft, ist eine besonders verlässlich *messende* Muse.

---

25 »›Aussicht‹ ist ein Modewort des 18. Jahrhunderts, das in Klopstocknachfolge einen eschatologischen Anklang besitzen kann, wie er hier durch die Wechselbeziehung mit Urania aktiviert wird.« Gerhard Kaiser: Französische Revolution und deutsche Hexameter. Goethes *Hermann und Dorothea* nach 200 Jahren, in: Poetica 30 (1998), 81–97, hier: 92.
26 Wenn man von der kurzen Passage VI, 298–302 absieht, in der Apotheker und Pfarrer nacheinander unvermittelt von der epischen Erzählinstanz als »Du« angeredet werden.
27 Robert Stockhammer: Das Tier, das vorhersagt. Ver-Sprechakte zwischen Pro- und Para-Sprechakten, besonders im Bereich des Klimawandels, in: Daniel Weidner, Stefan Willer (Hrsg.): Prophetie und Prognostik. Verfügungen über Zukunft in Wissenschaften, Religionen und Künsten, München 2013, 123–145, hier: 127.
28 Vgl. ebd., 127 f., mit Hinweisen auf Aristoteles' *Meteorologie* und *Peri Ouranou/Über das Himmelsgebäude*.

Die Gestirne sind Maßstab und Taktgeber irdischer Zeit, der täglich und nächtlich vergehenden, aber auch der noch kommenden. Aufgrund der bekannten Bahnen der Himmelskörper lässt sich berechnen, welches deren zukünftige Wege sein werden; daher kann man die Himmelskunde geradezu als prognostische Schlüsseldisziplin bezeichnen. Die Unregelmäßigkeit der Meteorologie erweist sich demgegenüber darin, dass ihr Studium »von keiner maßgebenden Muse betreut wird«.[29]

In *Herrmann und Dorothea* sind es nicht die Sterne, sondern die Wetterphänomene, die den Blick in die Zukunft eröffnen. Dennoch wird eben diese »Aussicht« unter den Schutz der sternenkundigen unter den Musen gestellt. Damit wird die Witterung gewiss nicht zu einem bloß nachgeordneten Effekt der Gestirnsbewegungen deklariert, sie wird aber auf diese bezogen, also gleichsam über die Atmosphäre – und über das Atmosphärische – hinausgehoben. Goethe stand zwar in seinen späteren meteorologischen Schriften, vor allem im *Versuch einer Witterungslehre*, allen »astrologischen Grillen« deutlich reserviert gegenüber.[30] Dennoch statuiert er auch dort, dass die Beschäftigung mit der Atmosphäre grundsätzlich darin bestehe, »nach und nach hinauf« zu steigen, und es deshalb nicht fern liege, diesen Aufstieg »mit Gedanken« bis in die höheren Sphären der Gestirne fortzusetzen, um einen »regelmäßigen Einfluß« auf die irregulären Vorgänge der Witterung nachzuweisen.[31]

Die Berufung auf Urania als letzte der Helferinnen ist also ein Problemindex. Wer mit Hilfe des Wetters eine verlässliche »Aussicht« eröffnen möchte, wird enttäuscht werden; dennoch kann man versuchen, die Meteorologie uranologisch einzurichten. Im Text von *Herrmann und Dorothea* bedeutet das nicht zuletzt, das Wetter auf die Berechnung und Bemessung der *Zeit* zu beziehen, also Wetter- und Zeitvokabeln ins Wechselverhältnis zu setzen. Bereits in der väterlichen Prognose wird der »von Morgen« (I, 48), d. h. aus östlicher Himmelsrichtung, wehende Wind mit der am kommenden »Morgen« (I, 50) beginnenden Ernte enggeführt. Über den im zweiten Gesang erwähnten einstigen Großbrand heißt es, damals sei »[h]eiß und trocken die Zeit« gewesen (II, 114): hier steht also ›Zeit‹ für ›Wetter‹, wie in den lateinisch-romanischen Sprachen, wo *tempus, tempo, temps* immer beides bedeutet. Und in den Bewölkungs- und Gewitterbeschreibungen und -deutungen des siebten und achten Gesangs sind

---

29 Ebd., 128.
30 Goethe: Versuch einer Witterungslehre (1825), in: MA 13.2, 275–302, hier: 277. Grill betont im Hinblick auf dieses Zitat, dass »Goethe allen Einfluss der Sterne auf das Wetter entschieden ablehnt". Oliver Grill: »Wenn so viele Wesen durch einander arbeiten«. Widriges Wetter und schwankende Gründe in Goethes Meteorologie, in: Goethe-Jahrbuch 133 (2016), 49–56, hier: 53.
31 Goethe: Versuch einer Witterungslehre (Anm. 30), 277.

die Veränderungen des Wetters, wie zu sehen war, stets eng mit dem Wechsel der Tageszeit verschränkt. Wetter und Zeit stehen in begrifflicher Kontinuität.

Diese grundsätzliche *Temporalität* des Wetters betrifft schließlich auch die kritische Zeitlichkeit des historischen Moments, vor allem die kriegerischen Ereignisse im Umfeld der Französischen Revolution. In der gedrängten, verdichteten und beschleunigten Gegenwartszeit des Epos[32] wird also der ›historische Kontext‹ selbst zum Wetter. Dazu gehört Dorotheas bereits zitierte Formel vom »Strudel der Zeit« (IX, 178f.), in der sich das draußen losgebrochene Unwetter mit der gefährlichen Zeit der Gegenwart metonymisch berührt; dazu gehört auch Herrmanns Sorge vor den Franzosen als dem »schrecklichen Volke, das wie ein Gewitter daherzieht« (IV, 83) – wobei diese Wettermetapher, verglichen mit dem differenzierten meteorologischen Geschehen des Epos, eher plakativ wirkt.[33] Komplexer ist die Bildlichkeit in der Rede des als ›Richter‹ apostrophierten Anführers der Vertriebenen, der im sechsten Gesang vom Apotheker und dem Geistlichen befragt wird. Indem er die Revolution zunächst ausdrücklich würdigt, erwähnt er ein Himmelsphänomen, das die Revolutionäre selbst für sich in Anspruch nahmen:

> Denn wer leugnet es wohl, daß hoch sich das Herz ihm erhoben,
> Ihm die freiere Brust mit reineren Pulsen geschlagen,
> Als sich der erste Glanz der neuen Sonne heranhob,
> Als man hörte vom Rechte der Menschen, das allen gemein sei,
> Von der begeisternden Freiheit und von der löblichen Gleichheit!
> (VI, 6–10)

Die Sonne der Freiheit und Gleichheit erscheint hier zunächst als feststehendes, emblematisches Bild der Aufklärung. Doch im Fortgang der Rede des Richters, in der es um die Enttäuschung der revolutionären Hoffnungen geht, wird das Licht Sonne wiederum Teil eines Witterungsgeschehens, also einer meteorologischen Dynamik, in der Hell und Dunkel fortwährend wechseln: »Aber der Himmel trübte sich bald.« (VI, 40)

---

[32] Zur »Verdichtung und Beschleunigung der Zeit« vgl. Hartmut Böhme: Goethes *Hermann und Dorothea. Liebe in Zeiten von Revolution und Flucht*, in: Gernot Böhme (Hrsg.): Goethes Epen und Balladen, Bielefeld 2018, 61–80, hier: 64.
[33] Nicht von ungefähr ist das Gewitter eines der »populärsten literarischen Symbole für polit[ische] Umbrüche«, so Thorsten Hoffmann: Art. »Gewitter/Blitz und Donner«, in: Metzler-Lexikon literarischer Symbole, hrsg. von Günter Butzner, Joachim Jacob, 2. Aufl., Stuttgart/Weimar 2012, 151f., hier: 152.

Schluss

In der so ins Werk gesetzten historisch-meteorologischen Wechselbeziehung deuten die Wetterzeichen auf eine Zeichenhaftigkeit der Geschichte selbst, so wie sie – ein Jahr nach *Herrmann und Dorothea* – Immanuel Kant in *Der Streit der Fakultäten* erwog. Als »*Geschichtszeichen*« wird dort eine Begebenheit bezeichnet, die auf die Fortschrittsfähigkeit des Menschen »unbestimmt in Ansehung der Zeit hinweise, und die auf das Fortschreiten zum Besseren, als unausbleibliche Folge, schließen ließe«.[34] Temporale Unbestimmtheit und notwendige Kausalität gehen in dieser stark futurisierten Ausprägung eines teleologischen Geschichtsbilds Hand in Hand. Das aktuelle Beispiel für ein solches zukunftsweisendes Geschichtszeichen ist für Kant die Französische Revolution, dasjenige Ereignis also, das wie kein anderes für das schlechthin Neuartige der historischen Gegenwart und damit auch für die Unvorhersehbarkeit der Zukunft stand.[35] Indem man die Revolution aber als Zeichen auffasse, so Kant, sei es möglich, »das von da an nicht mehr gänzlich rückgängig werdende Fortschreiten [des Menschengeschlechts] zum Besseren, auch ohne Sehergeist, vorhersagen zu können.«[36]

Ohne Sehergeist, das heißt bei Kant: auf Basis von Erfahrungen. Das Geschichtszeichen der Französischen Revolution ist demnach Teil der »*empirische[n] Data*«, auf die allein sich eine »Vorhersagung gründen« lasse.[37] Übereinstimmend damit gilt in Kants *Anthropologie in pragmatischer Hinsicht* nur das »empirische Voraussehen«, also die »*Erwartung ähnlicher Fälle*«, als akzeptables Zukunftswissen.[38] Hier ist allerdings nicht von metahistorisch anwendbaren Geschichtszeichen die Rede, sondern davon, wie »Wind und Wetter stehen werden«. Das interessiert zwar nicht den Geschichtsphilosophen, aber »sehr den Schiffer und Ackersmann«. Der für solche Prognosen zuständige »sogenannte Bauerkalender« liefere aber ein höchst unzureichendes Erfahrungswissen:

---

34 Immanuel Kant: Der Streit der Fakultäten (1798), in: ders.: Werke in zehn Bänden, hrsg. von Wilhelm Weischedel, Darmstadt 1983, Bd. 9, 263–393, hier: 357.
35 So die einschlägigen Befunde von Reinhart Koselleck, vgl. etwa: Das achtzehnte Jahrhundert als Beginn der Neuzeit, in: ders., Reinhart Herzog (Hrsg.): Epochenschwelle und Epochenbewußtsein, München 1987, 269–282; Historia Magistra Vitae. Über die Auflösung des Topos im Horizont neuzeitlich bewegter Geschichte, in: ders.: Vergangene Zukunft. Zur Semantik geschichtlicher Zeiten, Frankfurt a. M. 1989, 38–66.
36 Kant: Der Streit der Fakultäten (Anm. 34), 361.
37 Ebd., 365.
38 Immanuel Kant: Anthropologie in pragmatischer Hinsicht (1798), in: ders.: Werke in zehn Bänden (Anm. 34), Bd. 10, 397–690, hier: 491 (dieses und die folgenden Zitate).

> Man sollte fast glauben, die Vorsehung habe das Spiel der Witterungen absichtlich so undurchschaulich verflochten, damit es Menschen nicht so leicht wäre, für jede Zeit die dazu erforderlichen Anstalten zu treffen, sondern damit sie Verstand zu brauchen genötigt würden, um auf alle Fälle bereit zu sein.

Die Ungewissheit der – für die genannten Berufsstände immerhin existenziell bedeutsamen – Wettervorhersagen als List der Vorsehung zu interpretieren ist angesichts des Standes der von Kant selbst problematisierten Zukunftserkenntnis von abgründiger Ironie. Angesichts der wechselhaften und schwankenden Witterung in *Herrmann und Dorothea* wird man jene Ungewissheit jedenfalls nicht auf ein höheres göttliches Wissen verrechnen wollen, sondern als entscheidende Darstellungsfunktion des gegenwartsliterarischen Epos verstehen.

John Durham Peters
Realismus und die Banalität des Wetters

Was wäre, wenn das Wetter etwas Grundlegendes mit der Art und Weise zu tun hätte, wie moderne Menschen in Romanen und anderen Genres Geschichten erzählen? Was wäre, wenn das Wetter eines der bestimmenden Merkmale des modernen Lebens wäre? Überlegungen zu diesen Fragen hat Walter Benjamin in seiner unvollendeten Kulturgeschichte über das Paris des neunzehnten Jahrhunderts angestellt. Benjamin bemerkte die gemeinsame Entstehung von zwei charakteristischen Phänomenen der Moderne in den 1840er Jahren: Langeweile und banalem Wetter. Sein wichtigster Gewährsmann dafür war der Dichter Charles Baudelaire. Wie kaum ein zweiter hat jener poetisch davon Zeugnis abgelegt, wie sich die Windstille der Atmosphäre, der Nebel oder der Glanz von Sonne und Sternen anfühlt. Und mit einer außerordentlichen Empfindlichkeit konnte er sich beim Anblick einer geschlossenen, grauen Wolkendecke so niedergeschlagen fühlen oder sich lebendig erregt begeistern, wenn die Feuchtigkeit von Schauern in der Luft hing. Die jahreszeitlich bedingte affektive Störung war bei Baudelaire nicht nur ein psychologischer Zustand, sondern eine Möglichkeit, mit seiner Dichtung seinen Platz im Kosmos zu verstehen. Zumindest liest Benjamin ihn so.

Baudelaire, der den Begriff prägte, definierte *die Moderne* als »le transitoire, le fugitif, le contingent«.[1] Was könnte vergänglicher, flüchtiger und kontingenter sein als das Wetter? Niemand scheint bemerkt zu haben, dass Baudelaires Begriff *modernité*, mit dem sich unsere Epoche in der Geschichte selbst bestimmte, nicht nur wie eine Lebenseinstellung, sondern auch wie eine meteorologische Beschreibung klingt. Baudelaire wählte das englische Wort *spleen* für das, was im Deutschen mit ›Weltschmerz‹ oder ›Melancholie‹ bezeichnet wird. Auf nicht ganz durchschaubare Weise hatten Wetter und *spleen* zu Beginn des neunzehnten Jahrhunderts ihre Kräfte gebündelt. Die winzigen Veränderungen der Luft waren niederschmetternd langweilig geworden, eine Last auf den Gefühlen. Baudelaires Wetter versprach immer etwas Neues, lieferte aber nie mehr als eine Wiederholung des Gleichen. Baudelaire, oder vielmehr dessen Leser Benjamin, stellte diesen durchgreifenden Wandel in der menschlichen Haltung fest, diese plötzliche Entfremdung von unserer Umwelt, die zur Voraussetzung dafür wurde, sich zu erdreisten über die Natur zu urteilen, weil sie unseren ästhetischen Ansprüchen nicht genügt.

---

1 Charles Baudelaire: Le peintre de la vie moderne, in: ders.: Œuvres complètes, hrsg. von Claude Pichois, 2 Bde., Paris 1975–1976, Bd. 2, 683–724, hier: 695.

Widriges Wetter gab es natürlich schon seit Urzeiten, aber Benjamin behauptet, eine fast ontologische Verschiebung in seiner mysteriösen Funktionsweise und Bedeutung zu erkennen. Während das Wetter einst nur die Seelen außergewöhnlicher Menschen bewegte, kam es nun wie eine Epidemie der Langeweile über große Bevölkerungsgruppen. Die Geschichte des Wetters zu schreiben, bedeutet, die Geschichte der Stimmungen zu schreiben. Das Wetter ist voll von Affekten.

Stendhal beschrieb den realistischen Roman bekanntlich meteorologisch, da er sowohl die Pfütze an der Straße als auch das Blau des Himmels enthielte – »un roman est un miroir qui se promène sur une grande route. Tantôt il reflète à vos yeux l'azur des cieux, tantôt la fange des bourbiers de la route.«[2] Auch Baudelaire betrachtet auf diese Weise nicht nur den Himmel, sondern auch den Dreck. Sein Genie war es, über Dinge zu dichten, die vorher kaum für poetisch gehalten wurden – wie Drogen, Melancholie, Unzufriedenheit und Regen. Wie Benjamin bemerkte: »Unter allen Gegenständen, die Baudelaire als erster dem lyrischen Ausdruck erschlossen hat, dürfte *einer* voranstehen: das schlechte Wetter.«[3] Dichter und Maler haben seit jeher dramatische Stürme und das himmlische Blau gefeiert, aber Baudelaire fand in Nebel, Wolken und Nieselregen frischen Stoff für die Poesie. Er mochte einen unharmonischen Grauton.

Die Entdeckung des Wetters in seiner Banalität ist eine bemerkenswerte und historisch einzigartige Errungenschaft, so dass es sich lohnt, dabei etwas zu verweilen. Denn sich damit zu beschäftigten, liefert Erklärungsansätze für jene Veränderungen der Meteopoetik im 19. Jahrhundert, die Urs Büttner und Michael Gamper in ihrer Einleitung bemerken.[4] Während die frühe Meteopoetik sich mit dem Wunderbaren oder mit der bemerkenswerten Regelmäßigkeit und den Widrigkeiten des jahreszeitlichen Wechsels beschäftigt hatte, tritt hier etwas Neues hervor: eine Meteopoetik des Grauen, der Trübung, des scheinbaren Stillstands des Zeitflusses, der Entfremdung vom Himmel. Das Wetter bildete dabei keinen Teil der natürlichen Umgebung mehr oder wurde aufgrund neuentdeckter Schönheit poetisch, sondern drängte sich in vielen Bereichen der Kultur spürbar, doch ohne bemerkenswert zu sein, auf und war langweilig. Benjamin hat in diesem Sinne den Grundgedanken, den ich im nächsten Abschnitt genauer ausführen möchte, gewissermaßen schon vorformuliert: »Nichts ist bezeichnender, als daß gerade diese innigste und geheimnisvollste

---
2 Stendhal: Le rouge et le noir, in: ders.: Œuvres romanesques complètes, hrsg. von Yves Ansel, Philippe Berthier. Paris 2005–2014, Bd. 1, 347–838, hier: 557.
3 Walter Benjamin: Das Passagenwerk, in: ders.: Gesammelte Schriften, hrsg. von Rolf Tiedemann, Hermann Schweppenhäuser, Frankfurt a. M. 1992, Bd. V.1, 168.
4 Vgl. Einleitung der Herausgeber im vorliegenden Band.

Wirkung, die auf die Menschen vom Wetter ausgeht, der Kanevas ihres leersten Geschwätzes hat werde müssen. Nichts langweilt den gewöhnlichen Menschen mehr als der Kosmos. Daher für ihn die innigste Verbindung von Wetter und Langeweile.«[5] Benjamin glaubte, dass es etwas historisch Neues darstellt, das Wetter banal zu finden.

Sein und Zeit – oder Wetter

Tatsächlich kann langweiliges Wetter eines der verräterischen Symptome der Moderne sein – oder vielleicht macht es die Moderne selbst aus. Während des größten Teils der Weltgeschichte konnten gewöhnliche Menschen, die in den mittleren Breiten lebten, kaum ein interessanteres oder dringlicheres Thema finden als das Wetter. (Die Tropen haben ein anderes Verhältnis zum Wetter. In den Tropen ist das Wetter eher wie das Klima). Ihr Leben und ihr Lebensunterhalt hingen davon ab. Aber in der Neuzeit fanden sie sich vom Kosmos verlassen (oder zumindest von den Eliten, die, in städtischem Komfort versunken, behaupteten, bessere Gegenstände zu haben, über die sich reden lässt). Statt himmlischer Vorzeichen und Omen, Zeichen und Mysterien, Zeiten und Jahreszeiten hatten moderne Männer und Frauen *das Wetter*. Das war etwas Neues – etwas Alltägliches, jeden Tag erneut durch Zahlen und Maße definiert, von weit entfernten Experten verwaltet und oft einfach nur lästig. Das Wetter änderte sich um 1800 – nicht nur aufgrund der Kohleindustrie und des Endes der Kleinen Eiszeit, sondern auch, weil es zu einem neuen Gegenstand wurde, mit dem man leben und über den man sprechen konnte.

Möchte man einem radikalen Bruch ausmachen, der die moderne Welt von dem trennt, was vorher war, wäre das Wetter ein guter Indikator, um ihn festzustellen. Jeder weiß heute, dass das Klima wichtig ist, aber das Wetter bleibt für die meisten Menschen immer noch ein Thema, das keine anhaltende intellektuelle Aufmerksamkeit verdient – etwas Flüchtiges, wenn es zwanghaft überwacht wird, bestenfalls etwas, das routinemäßig mit Kleidung, Regenschirmen und Notfallplänen abgewehrt werden kann. Die moderne Geringschätzung des Wetters ist eines der Hauptmerkmale unserer Entfremdung vom Kosmos. Oder besser gesagt, die Form, die unsere Entfremdung annimmt, ist vielleicht das neue Konzept und die neue Erfahrung, die wir in den letzten zwei Jahrhunderten gelernt haben, ›Wetter‹ zu nennen.

---

5 Benjamin, Passagenwerk (Anm. 3), 156 f.

Wie um alles in der Welt ist man jemals auf die Idee gekommen, dass es Zeitverschwendung sei, über das Wetter zu reden? Es ist schwer, einen bezaubernderen und lebendigen Gegenstand zu finden, der die menschliche Vorstellungskraft so reizt. Das Wetter ist alltäglich, veränderlich, intim und sinnlich. Es beeinflusst Saat und Ernte, Arbeit und Freizeit, Hochzeiten und Picknicks. Es berührt Auge, Ohr und Haut, schenkt ständig sich wandelnde optische Eindrücke, erregt unseren Körper mit fühlbaren Temperatur- und Feuchtigkeitsabstufungen und gibt fesselnde Geräusche von sich. Manche von uns spüren das Wetter in ihren Knochen, Gelenken und Stimmungen. Es ist die erste und unmittelbarste Art und Weise, wie wir mit der Natur konfrontiert werden. Es ist eines der ältesten Studien- und Forschungsobjekte. Die meisten Kulturen kennen die Wetterzeichen und -muster, die sich aus kumulativen Beobachtungen ergeben. Die moderne Vorhersage des Wetters ist ein Akt des probabilistischen Denkens, aber in seiner Unvorhersehbarkeit war es weitaus früher etwas, das die wissenschaftliche Neugier anregte, wenn sie sich auf die natürliche Welt richtete.

Das Wetter steht offensichtlich immer noch im Mittelpunkt dessen, worüber wir sprechen, lesen und schreiben. Umfragen zeigen, dass Menschen dem Wetter mehr Aufmerksamkeit schenken als jeder anderen Nachrichtenform. Wir prüfen den Wetterbericht im Fernsehen und am Smartphone täglich mit der gleichen Sorgfalt, mit der einst ein Puritaner seine Seele geprüft hat. (Es gibt eine gerade Linie von der puritanischen Tagebuchführung zum modernen Wetterbericht: Beide sind akribische Dokumentationen der täglichen Wechselfälle zweier luftiger Gebilde, des Selbst und des Himmels). Die populäre Musik ist voll von Wettermetaphern, die Leidenschaft, Wut, Freude und Verzweiflung thematisieren. Climate Fiction oder ›Cli Fi‹ ist ein blühendes literarisches Genre und Filme mit extremen Wetterlagen sind weiterhin im Kino zu sehen. Der Wetterkanal ist eine umfangreiche Anthologie von Wettermelodramen und die Leichtigkeit, mit der sich Videos auf YouTube hochladen lassen, lässt das weltweite Angebot an packendem ›Sturm und Drang‹ täglich anwachsen. Irgendwo auf der Welt gibt es immer ein Wetterdrama oder etwas Skurriles (lachhafte Tiere – ein Eichhörnchen, eine Katze oder einen Hund), um die emotionale Balance wiederherzustellen: dort die Apokalypse, hier die Niedlichkeit.

Die Geschichte des Wetterberichts als Genre folgt einer langen Entwicklungslinie, die gleichermaßen geprägt ist von Schreibweisen des literarischen Realismus wie von der gelebten Entfremdung vom Wetter. Der Fernseh-Wetterbericht ist ein unscharfes Genre: teils schauderhafter Schrecken vor drohenden Gefahren, teils Wetter-Schamanismus attraktiver oder vertrauenswürdiger Menschen, die die Zustände der Welt als Ganzes für uns erzählen und fast kontrollieren, und teils beruhigend langweilige praktische Informationen über natürliche

Zyklen und Schwankungen. Im gegenwärtigen amerikanischen Fernsehen ist die Versuchung der Wetterfrösche, sich aufzublähen, überwältigend. (In anderen Kulturen erscheinen Wetterfrauen im Fernsehen in Kleidern, die höchstens an einen sehr heißen Tag angemessen schienen; der alte und seltsame Zusammenhang zwischen Geschlecht, Sexualität und Wetter verdiente eine weitere Untersuchung). Der Wetterbericht findet immer neue Wege, dramatisch zu sein, mit seinen Wind-Kälte-Faktoren, Hitze-Indizes, farbigen Hurrikans und riesigen Luftmassen. (Mein lokaler Fernsehsender in New Haven berichtet routinemäßig nur über die Kälte des Windes und nicht über die tatsächlichen Temperaturen im Winter. Das ist ein guter Weg, um erschreckendere Zahlen zu garantieren). Das Fernsehwetter heizt unser limbisches System immer wieder mit einem nicht enden wollenden Vorrat an unbedeutenden Schockmeldungen an. Dies ist der jüngste Schritt eines schicksalhaften Trends, mit dem sich die Wetterpoesie und -rhetorik seit dem 18. Jahrhundert von der vorausschauenden und wissenschaftlichen Vernunft trennte.

Diese seltsame Mischung aus Aufgeregtheit und Blasiertheit ist nicht neu und genau das hat Benjamin bei Baudelaire festgestellt. Wenn jemand den Wetterkanal anschaut, fühlt er oder sie sich vielleicht gefesselt, vielleicht aber auch zutiefst desillusioniert über das sich wiederholende Drama. Benjamin verband Langeweile mit der Erfahrung von Zeit, genauer gesagt, mit einer Haltung, darauf zu warten, dass etwas geschieht. Das Wetter in seiner modernen Form gibt uns eine unserer unmittelbarsten Zeiterfahrungen. Martin Heidegger, ein Philosoph, der tiefer als die meisten anderen über Sein und Zeit nachdachte, war im Ersten Weltkrieg Militärmeteorologe, und seine Überlegungen lassen sich gewinnbringend als eine Meditation über die Wechselfälle des Wetters lesen.[6]

In vielen Sprachen sind die Wörter für *Wetter* und *Zeit* identisch: *le temps* im Französischen, *el tiempo* im Spanischen, *tempus* im Lateinischen und, am faszinierendsten, *o kairos* im Neugriechischen. Dieser Begriff stammt von dem antiken Begriff *kairos* ab, der ›Fenster der Gelegenheit‹ oder ›Zeitpunkt zum Handeln‹ bedeutet, im Gegensatz zu *chronos*, was Zeit als Dauer (d. h. *chronisch*) bedeutet. *Kairos* war ein Begriff aus der antiken medizinischen Praxis, wenn ein akuter oder kritischer Zustand sofortiges Handeln erforderte. Der Begriff fand im Zusammenhang mit der Kunst, Chancen zu erkennen und ein gutes Timing zu haben, Eingang in Kontexte des militärischen Handelns und

---

[6] John Durham Peters: The Marvelous Clouds. Toward a Philosophy of Elemental Media, Chicago 2015, 241–243; Urs Büttner: » … das Sein dieses Seienden, das da ›Wetter‹ heißt … «. Zur Wissenschafts- und Technikphilosophie des Kriegsmeteorologen Martin Heidegger, in: David Magnus, Sergej Rickenbacher (Hrsg.): Technik – Ereignis – Material. Neue Perspektiven auf Ontologie, Aisthesis und Ethik der stofflichen Welt, Berlin 2019, 133–147.

die Rhetorik. In einer Schlacht oder einer Rede kommen und gehen Chancen so unvorhersehbar wie die Richtung und Geschwindigkeit des Windes. Die Etymologie kann ein falscher Freund sein, aber die in die Sprachgeschichte eingebaute Poesie kann Einsichten vermitteln. Es kann kein Fehler sein, dass Myriaden kluger Menschen, die Griechisch sprechen, die beiden Unsicherheiten *Chance* und *Wetter* als treffend mit demselben Wort benannt verstanden. Für eine Segelkultur geht es beim Wetter immer um Timing und günstige Gelegenheiten.

Das moderne Wetter und die Zeit haben zwei Gesichter: den unaufhörlichen Zug des Eins-nach-dem-Anderen und den dramatischen Moment, in dem sich alles ändern kann. Benjamin nennt diese beiden Arten, Zeit zu erleben, »leer und homogen« und »messianisch«.[7] Jeder und jede war schon in Situationen, z. B. einem Büro oder Klassenzimmer, in denen der Minutenzeiger auf das Zifferblatt gemalt zu sein schien, und in anderen Situationen, in denen die Zeit vor Freude dahinrauschte, wir uns aber wünschten, der Moment könnte für immer bleiben. Banales Wetter ist die herausragende konkrete Erfahrung einer leeren und homogenen Zeit (weshalb der Wetterkanal möglicherweise gerade versucht, auch die messianische Zeit zu simulieren.) Im Herzen des Systems der leeren und homogenen Zeit der modernen Welt liegt das Wetter – als eine Synthese von Daten.

Moderne als Datensynthese

Neue Systeme zur Überwachung der natürlichen Welt machten das Wetter sowohl heimisch als auch fremd. Einzigartig für die Moderne ist ein durchgreifendes System realistischer Beschreibung, das uns mit Berichten über vermittelte Erfahrungen versorgt, die über unseren unmittelbaren sinnlich erfahrbaren Bezugsrahmen hinausgehen. Im 18. Jahrhundert begannen Nachrichten, Statistiken und Romane, wie wir sie heute kennen, Gestalt anzunehmen und haben gemeinsam einen Kosmos geschaffen, der bekannt, vorhersehbar und daher vielleicht auch langweilig ist. Das moderne Wetter ist buchstäblich *prosaisch*. Diese Sichtweise entstammt einer Kultur, in der die Prosa – die Sprache in ihrer gewöhnlichen, ohne große Höhepunkt auskommenden, poetisch kaum markierten Form – gedeihen konnte. Nichts ist so prosaisch wie der moderne Wetterbericht.

Einige neuere Denker empfinden dieses blasierte Gefühl in Bezug auf die Umwelt als katastrophal, vielleicht teilweise deshalb, weil so wenige von uns

---

7 Walter Benjamin: Über den Begriff der Geschichte, in: ders.: Gesammelte Werke, hrsg. von Hermann Schweppenhäuser, Rolf Tiedemann, Frankfurt a. M. 1991, Bd. I.2, 690–708.

den Kosmos (oder die Systeme, die ihn repräsentieren) noch richtig überschauen können. Sie sind der Meinung, dass unsere Klimakrise einen sauberen Bruch mit der *condition moderne* erfordert, die Welt als stabil, alltäglich und banal zu betrachten. So argumentiert etwa der Schriftsteller und Anthropologe Amitav Ghosh in seinem viel diskutierten Buch *The Great Derangement*.[8] Es schmerzt ihn, dass der Roman, eine Form, die er liebt und brillant zu nutzen weiß, für die Diskussion der planetarische Notlage unserer Zeit nicht geeignet scheint. Seiner Ansicht nach ist der Roman realistischer Prägung, wie er bis heute vorherrscht, gekennzeichnet durch die Verbannung des Wunders und des Unwahrscheinlichen. Um zu erklären, warum der moderne Roman eine Welt ohne starke exzeptionelle Momente beschreibt, bezieht sich Ghosh auf die großen Thesen der heiligen Dreifaltigkeit der modernen Gesellschaftstheorie: die Regelmäßigkeit des bürgerlichen Lebens (Karl Marx), die Rationalisierung der Welt (Max Weber) und den Rückzug des Heiligen (Émile Durkheim). Als ästhetische und soziale Form stellt der Roman mithin einen uniformen Kosmos dar, in dem das Unwahrscheinliche – zusammen mit nichtmenschlichen Akteuren, Räumen und Zeiträumen jenseits der Menschheitsgeschichte – in die Science Fiction und Fantasy verbannt wird.

Ob er nun Recht hat oder nicht – und Kritiker haben auf viele Gegenbeispiele zu seiner These hingewiesen –, Ghosh spricht indirekt den zentralen Punkt meines Arguments an: Die Epoche des realistischen Romans war auch die Epoche einer bestimmten Art von Wetter. Er argumentiert, dass der Roman für den Klimawandel schlecht gerüstet sei, stellt aber nie explizit fest, dass die romanhafte Weltanschauung unser Verständnis des gewöhnlichen Wetters im Grunde fundiert. Ghosh hat eine Ahnung von dieser tiefen Verbindung. Was er vielleicht entdeckt hat, ohne sich dessen bewusst zu sein, ist, dass der Roman zur historischen Ära des Wetters passt, während wir uns auf ein neues Klima zubewegen. Der Nutzen seines Buches besteht darin, Fragen aufzuwerfen, die für unsere Zeit wesentlich sind: Welche Formen und Gattungen sind angemessen, um eine beispiellose menschliche Katastrophe zu schildern? Welche Art von Geschichten können wir erzählen, die der Ungeheuerlichkeit der Situation gerecht werden? Welche Art von Erzählung würde sich der Kurzsichtigkeit des winzigen menschlichen Maßstabs entziehen und dennoch die Menschheit als einen Akteur anerkennen, der in geologischem Maßstab arbeitet?

In seiner Blindheit gegenüber dem Wetter als dem zentralen Problem des Romans oder der Moderne befindet sich Ghosh in guter Gesellschaft. Viele bedeutende Denker der letzten hundert Jahre haben den Roman zum Leitindikator

---

[8] Amitav Ghosh: The Great Derangement. Climate Change and the Unthinkable, Chicago 2016, 1–84.

dafür gemacht, was es bedeutet, in der modernen Welt zu leben – einer Welt zuverlässiger, realistischer Geschichten im Gegensatz zu mystischen, fantastischen. Immer wieder führen diese Denker die Erfahrung des Wetters an, nennen es aber selten in seiner grundlegenden Bedeutung. Es ist, als wäre es zu offensichtlich, zu allgegenwärtig, um es zu benennen. Das Wetter, als einer der deutlichsten Begriffe der Moderne, wird energisch durchgestrichen – vielleicht genauso wie Gott, folgt man Bruno Latour.[9] Der Exorzismus war unvollständig, und das Wetter birgt weiterhin seltsame theologische Kräfte. Der blinde Fleck gegenüber dem Wetter scheint eine Art massive Freud'sche Verdrängung zu sein. Vielleicht sind die unerwartet hereinbrechenden Stürme, Überschwemmungen und Temperaturen um uns herum die Rückkehr des Verdrängten. In jedem Fall ist ein quasitheologischer Diskurs sowohl für die Ökokritiker*innen auf der linken Seite (Gaia als Rachegöttin) als auch für die gläubigen Kritiker*innen auf der rechten Seite (schlechtes Wetter als Zeichen der bevorstehenden Apokalypse) unwiderstehlich.

Von diesen Überlegungen ausgehend lässt sich Anschluss bei Erich Auerbach suchen, einem der wenigen, der mit Benjamin um die Vorherrschaft als Deuter der Moderne rivalisieren könnte (beide stammten aus demselben deutsch-jüdischen Milieu in Berlin und wurden im selben Jahr, 1892, geboren). Auerbachs brillanter Klassiker *Mimesis* (1946) ist nichts weniger als eine gewaltige Geschichte des Realismus in der europäischen Literatur, die anhand ausgewählter Beispiele erzählt wird. In der Antike, so argumentiert er, konnten nur niedere Gattungen mit der profanen Realität umgehen. Das Epos konnte die Taten von Helden besingen und die Lyrik konnte die Sehnsüchte des Herzens ausdrücken, aber für gewöhnliche Menschen und Ereignisse hatten das klassische Griechenland und Rom nur den niederen Stil der Komödie oder Pastorale. Die Alten waren kaum interessiert an historischen oder sozialen Dynamiken – in scharfem Kontrast zum modernen Realismus. Die antiken Schriftsteller sahen keine gesellschaftlichen Kräfte und suchten nach moralischen Lehren für den Umgang mit Laster und Tugend, nicht nach aggregierten Erklärungen. Moderne Erzählformen dagegen verdichten viele Standpunkte; sie sind auf angesammeltes Wissen angewiesen. Realistische Beschreibungen sind dynamische Synthesen von Daten, gewissermaßen »synthetisch-dynamische Begriffsbildungen«.[10]

---

9 Vgl. Bruno Latour: Nous n'avons jamais été modernes. Essai d'anthropologie symétrique, Paris 1991.
10 Erich Auerbach: Mimesis. Dargestellte Wirklichkeit in der abendländischen Literatur, Tübingen 2015, 41.

Alle gesellschaftlichen Ordnungen haben Bilder von Realitäten gezeichnet, die die Augen und Ohren jedes Einzelnen übertreffen. Das Einzigartige an der Moderne ist die realistische Darstellung von Realitäten in Echtzeit. Begriffe wie ›Gesellschaft‹ oder ›Öffentlichkeit‹ kommen daher mit neuen Techniken zur Darstellung von Ganzheiten auf, die im achtzehnten Jahrhundert in West- und Nordeuropa Verbreitung fanden. Ebenso wie das Wetter. Der Roman ist wie der Wetterbericht eine Antwort auf die Herausforderung, wie man Welten darstellen kann, in denen es nicht mehr ausreicht, sie aus erster Hand zu kennen. Beide Genres sind historisch mit dem Verlust dessen verbunden, was Raymond Williams als »knowable communities« bezeichnet hat.[11] Panoramaartige Überblicke, die über die mögliche direkte Bekanntschaft eines Sterblichen hinausgehen, dafür die kulturellen oder natürlichen Horizonte in ihrer Totalität darstellen und repräsentative Gesamtzahlen liefern, kommen auf mit Zeitungen, Romanen, Enzyklopädien, Statistiken und Demographie. Das gilt auch für Streudiagramme und Tortendiagramme, Museen, die Volkszählung, visuelle Panoramen und Wetterberichte. Der Körper des mittelalterlichen oder Renaissance-Monarchen mag einst den Makrokosmos zum Mikrokosmos, den Staat zur Person verdichtet haben; moderne Formen der Verdichtung tun dies durch empirische Repräsentation. Ganze Datenpopulationen sind zum Gegenstand des Wissens geworden. Modern ist dabei der Anspruch auf Genauigkeit, Überprüfbarkeit und Aktualisierbarkeit – also der Realismus.

Vielleicht haben die meisten Menschen in den meisten Zeiten der Geschichte in ›imaginierten Gemeinschaften‹ gelebt, aber seit dem achtzehnten Jahrhundert ist das anders. Benedict Anderson, der den Begriff geprägt hat und ein weiterer Gelehrter ist, der stark von Benjamin und Auerbach profitiert hat, schlug vor, das Markenzeichen sowohl des Romans als auch der Zeitung darin zu sehen, dass sie ein Medium sind, das Gleichzeitigkeit herzustellen vermag. Beide bringen allein durch den Raum, nicht aber durch die Zeit getrennte Begebenheiten zusammen.[12] Eine Titelseite fasst Ereignisse und Geschichten zusammen, die kein einzelnes Individuum, das an die Grenzen der normalen Sterblichkeit gebunden ist, für sich selbst erfahren könnte. Ein Roman versammelt die Geschichten von Figuren, deren Leben parallel verläuft, die sich aber nicht unbedingt kennen. In Tolstois *Krieg und Frieden* (1869) zum Beispiel begegnen sich viele der fast zweihundert Figuren nie. Das Privileg, jeden kennen zu lernen, bleibt dem Erzähler und den Leser*innen überlassen. Auch wenn sowohl der Roman als auch seine

---

11 Vgl. Raymond Williams: The Country and the City, Oxford/New York 1973, 165–181.
12 Vgl. Benedict Anderson: Imagined Communities. Reflections on the Origin and Spread of Nationalism, London 2006, 25.

Schwester, die Zeitung, das Hauptaugenmerk auf menschliche Geschichten legen, versetzen sie die Leser*innen auch in Positionen geliehener Erfahrung. Beim Lesen werden wir zu Relais und Zeugen von Geschehnissen, die unsere eigenen Augen, Ohren und unser Verstand ohne Hilfe nie erfahren könnten. Sowohl Romane als auch Zeitungen erhöhen die Bandbreite und den Umfang möglicher Erfahrungen. Sie sind sensorische Aggregatoren.

Das moderne Alltagswetter ist ebenfalls eine Synthese von Daten, eine Kombination vieler Standpunkte. Man kann vom Regen durchnässt oder von der Sonne verbrannt werden, aber, wie bereits erwähnt, ist die primäre Wettererfahrung für moderne Menschen indirekt und vermittelt. Am Morgen schauen die meisten von uns nicht aus dem Fenster, sondern konsultieren lieber den Wetterbericht. Denn aus dem Fenster heraus kann man weder die Temperatur noch die Vorhersage für den Nachmittag sehen. Der Wind, der einem an den Ohren frieren lässt, oder das aufspritzende Regenwasser eine Pfütze, das die Schuhe verschmiert, sind nur kleine zufällige Teile von etwas Größerem, das man ›das Wetter‹ nennt. Bei modernem Wetter tritt instrumentelles Wissen, das von fernen Experten verarbeitet wird, vor oder ganz an die Stelle unmittelbarer Erfahrung.

Das Wetter ist eine herausragende Erscheinungsform des modernen Realismus, und *Mimesis* bemerkt dies beinahe. Auerbachs Kapitel über Virginia Woolfs Roman *To the Lighthouse* (1927) etwa beschäftigt sich mit den Auswirkungen des Windes auf das physische Innere und damit auf die psychische Innerlichkeit des Hauses. Die Handlung des Romans hängt von einer Vorhersage ab: das Wetter wird die versprochene Reise zum Leuchtturm ermöglichen. Aber diese äußere Handlung bleibt relativ schwach ausgearbeitet im Vergleich zu Mrs. Ramsays Bewusstseinsstrom, der nicht nur vom Wind abhängt, sondern selbst eine Art Wetter ist. Auerbach betont Woolfs Interesse an »kleine[n], unscheinbare[n], beliebig herausgegriffene[n] Vorgänge[n]«, so dass »große Veränderungen, äußere Wendepunkte des Lebens oder gar Katastrophen« nicht eintreten.[13] (Ghosh hätte das schreiben können.) Das Wetter weht durch Auerbachs Darstellung des prosaischen Erzählmodus des modernen Romans und der Weltanschauung, aber es gewinnt für ihn nie den Stellenwert eines eigenen Themas.

Dasselbe gilt für einen neueren Denker in Auerbachs Fußstapfen, Franco Moretti, der den realistischen Roman auf breiter Datenbasis in großem Maßstab vermessen hat. Seine Datierung des Umschlags der Sensibilität stimmt mit der von Benjamin überein:

> Seit Beginn des 19. Jahrhunderts verschwindet der althergebrachte lebhafte Gegensatz zwischen dem Alltäglichen und dem Heiligen, statt dessen bezeichnet die Begrifflichkeit

---

13 Auerbach (Anm. 10), 508.

des ersteren – ›everyday‹, ›alltäglich‹, ›quotidien‹, ›quotidiano‹ – nun zunehmend etwas Tristes und Farbloses: das ›Gewohnte‹ und ›Gewöhnliche‹, das ›regelmäßig Wiederkehrende‹, die ›Routine‹. Diese schwer faßliche Dimension des Lebens sucht Erich Auerbach in seiner großen Studie *Mimesis* [...] zu erhellen.[14]

Moretti beschäftigt sich besonders mit dem Roman, da er im wahrsten Sinne des Wortes ein Zeitvertreib ist. Die Bourgeoisie hatte die Zeit zur Verfügung, und der Roman war eine Möglichkeit, sich die Zeit zu vertreiben. Der Einschub ist die Haupterfindung des bürgerlichen Romans, sowohl als Stoff für die Handlung als auch als soziale Funktion. Bemerkenswert ist, dass Moretti in seiner brillanten Diskussion über Einschübe das Wetter kaum wahrnimmt, obwohl es zum Auffüllen von Zwischenzeiten oft gebraucht wird. Als Beispiel für die bürgerliche Ernsthaftigkeit führt er Gustave Caillebottes Gemälde *Rue de Paris, temps de pluie* (1877) an: fein gekleidete Figuren stolzieren unter ihren Schirmen durch die verregneten Straßen von Paris. Moretti weist nicht auf das offensichtlichste Merkmal des Bildes hin: Es ist ein perfektes Bild des bürgerlichen Wetters. Die Damen und Herren schwingen ihre Regenschirme als Waffen gegen die geringste Bedrohung ihrer Selbstachtung. Es ist auch eine Hommage an das vor Kurzem haussmannisierte Paris: Es gibt keinen Schlamm, und die Straßen glitzern im Regen, so dass nur ein paar Randfiguren ungeschützt vor den Sprenkeln bleiben. Das ist bürgerliches Wetter, nicht nur aufgrund der Selbstzufriedenheit der Menschen (und ihrer Vernachlässigung der Armen), sondern weil es zeigt, auf welch vielfältige Weise sie ihre Umwelt umgestaltet haben, um sich gegen die Natur zu isolieren. Ihr Regen ist nicht der süße Schauer des Aprils oder ein Geschenk des Himmels zur Befruchtung des Landes. Er ist ein Ärgernis, das von den glänzenden neuen Boulevards in die Gosse gelenkt wird. Sicherlich zeigt das Gemälde ein Paris, das im frischen Nass glänzt, aber niemand scheint den Regen als solchen zu genießen – außer Caillebotte, der offensichtlich von dem meteorologischen Panorama begeistert ist. Der Kontrast zwischen der aktiven Faszination des Malers für das Wetter und der Verachtung, die seine Sujets dafür empfinden, könnte deutlicher kaum sein.

Wettergeschichten, Wetterinformationen

Es ist eine bemerkenswerte Tatsache, dass *die Meteorologie* heute die respektable Wissenschaft der Wettervorhersage bezeichnet. Im Altgriechischen bedeutete *meteor* ein himmlisches Wunder oder eine Kuriosität. Von Aristoteles bis

---

14 Franco Moretti: Der Bourgeois. Eine Schlüsselfigur der Moderne, Berlin 2014, 107 f., Fn. 5.

ins achtzehnte Jahrhundert war die Meteorologie das Studium der Anomalien und Wunderwerke des Himmels – Nordlichter, Feuerkugeln, Wasserspeier, Sonnenhunde, Frösche, die vom Himmel regnen, und himmlische Armeen, die im Kampf marschieren. Während Begriffe wie *Alchimie* als Bezeichnung für eine Wissenschaft verschwunden sind und *Astrologie* in die hinteren Seiten der Zeitung abgedriftet ist, konnte *die Meteorologie* ihre diskreditierte Vergangenheit abwerfen. Um 1800 war sie zu einer Wissenschaft der Regelmäßigkeiten, Reichweiten und Muster geworden. Das Wetter verschob sich vom Wunder zur Norm. Eine genaue Wettervorhersage lag noch in weiter Ferne, aber synchrone Beschreibungen des Wetters als tägliches, routinemäßiges Phänomen kamen gerade rechtzeitig auf, so dass die Pariser, wie Benjamin sie jedenfalls beschreibt, das alles unerträglich langweilig finden konnten.

Historiker haben die reiche Tradition der Wetterbeschreibung in England im siebzehnten und achtzehnten Jahrhundert aufgezeigt. Geistliche und andere Beamte betrachteten das Wetter mit Begeisterung als Teil einer ganzheitlichen Beschreibung ihres lokalen Klimas. In Cornwall, Oxford, York, Edinburgh und an vielen anderen Orten verfolgten lokale Besessene liebevoll Regenfälle, Ernten, Hitzewellen, ungewöhnliche Stürme, Blitze, Flüsse, Tiere und Miasmen. Der Historiker Vladimir Janković hat diesen chorographischen oder lokal abgestimmten Schriften ein wunderbares Buch gewidmet.[15] Er erzählt, wie diese Art der Wetterberichterstattung, die verschwenderisch und elegant sein konnte, allmählich von Stadtwissenschaftlern delegitimiert wurde, die Daten vernetzter Beobachter zusammenführten, und in der Lage waren, ein zuverlässigeres Verständnis zu bieten, als es einem einzigen lokalen Augenpaar möglich war. Da die Meteorologie auf umfassenden Daten aufbaute, normalisierte sie das Wetter und abstrahierte es von der persönlichen sensorischen Erfahrung. Im neunzehnten Jahrhundert gab es keine »knowable communities« des Wetters mehr. Seitdem verlassen wir uns auf das medialisierte Wissen von Beobachtereliten und Datenauswertern.

Dies ist eine auffallende Verschiebung der Rede- und Schreibweisen über das Wetter vom Bemerkenswerten zum Alltäglichen, der einen entscheidenden historischen Wandel markiert. Vor der Neuzeit waren die einzigen Wettergeschichten, die es wert waren, aufgezeichnet oder gar berichtet zu werden, dramatische Wettergeschichten. Nur das Wetter außerhalb der Norm fand weitere Verbreitung. Im englischen *Newsletter* des 18. Jahrhundert zum Beispiel, gab es keinen täglichen Wetterbericht, obwohl es Berichte über spektakuläre Schiff-

---

15 Vgl. Vladimir Janković: Reading the Skies. A Cultural History of English Weather (1650–1820), Chicago 2000.

brüche, Blitzschläge und heftige Winde gab. (Der erste tägliche Wetterbericht in einer englischen Zeitung erschien 1862). Es gab Almanache für Bauern und Ephemeriden für Seefahrer, aber diese Genres behandelten mehr das Witterungsgeschehen im Allgemeinen und in saisonaler Hinsicht. Vor der Schnellpost, dem elektrischen Telegraphen oder anderen Mitteln zum Transport schnell veraltender Daten war das Routinewetter zu unbeständig, um es einem dauerhaften Medium wie dem Druck anzuvertrauen. Medien mit langsamen Datenübertragungsraten kann man das Wetter nicht anvertrauen. Es wäre absurd, die Einzelheiten eines stürmischen Märztages in einer Londoner Zeitung zu veröffentlichen und dann zu erwarten, dass ein Leser oder eine Leserin, sagen wir, in Edinburgh sie Tage später erhält und sich dann immer noch dafür interessiert. Nichts ist so alt wie der Wetterbericht von gestern. Aber wenn das Wetter aufregend oder anomal war, dann hatte es eine Chance, sich über Zeit und Raum zu verbreiten.

Eine Passage des melancholischen Arztes aus Oxford Robert Burton aus dem frühen siebzehnten Jahrhundert, die kürzlich von James Gleick ausgegraben wurde, ist ein Beispiel dafür, wie reichhaltige Informationen sich vor dem Internet verbreiten konnten:

> I hear new news every day, and those ordinary rumours of war, plagues, fires, inundations, thefts, murders, massacres, meteors, comets, spectrums, prodigies, apparitions, of towns taken, cities besieged in France, Germany, Turkey, Persia, Poland, &c. daily musters and preparations, and such like, which these tempestuous times afford, battles fought, so many men slain, monomachies, shipwrecks, piracies, and sea-fights, peace, leagues, stratagems, and fresh alarms.[16]

Es ist auf jeden Fall eine großartige Liste. Aber es gilt zu beachten, dass Burton nur von dramatischem Wetter hört: Überschwemmungen, Meteore, Kometen, Spektren (was Geister oder Regenbögen bedeuten könnte), Schiffswracks. Selbst inmitten seines Nachrichtennetzwerks, mit dem er prahlt, erhält er keine Berichte über das durchschnittliche Wetter in Frankreich, Deutschland, der Türkei, Persien oder Polen. In den 1620er Jahren war das einfach kein Thema. Nachrichten über einen massiven Hagelsturm oder eine Überschwemmung verbreiteten sich. Das Medium des Schreibens nahm das Wetter nur dann an, wenn es Blut regnete oder Bäume an den Wurzeln herausriss, wenn das Wetter die Ernte beeinflusste oder die Postzustellung unterbrach. Dasselbe gilt für die Erinnerung. Wir erinnern uns und geben seltsame und merkwürdige Geschichten weiter, aber wir würden uns nicht die Mühe machen, zu berich-

---

[16] Zitiert nach James Gleick: The Information. A History, a Theory, a Flood, New York 2012, 411.

ten, dass die Temperatur in New Haven an einem bestimmten Februartag unter den Gefrierpunkt gefallen ist.

Von der Überschwemmung, die durch vierzig Tage und vierzig Nächte Regen verursacht wurde, ist noch immer die Rede. Aber die Bibel schweigt über das tägliche Wetter Abrahams, Ruths oder Paulus'. Überliefert ist nur das Erstaunliche: die Plagen des Mose in Ägypten, die Dürre des Elija, die Sturmstillung Christi auf dem See Genezareth. Bemerkenswerterweise gibt es kein Wetter in der *Ilias*, aber einen großen, von Poseidon verursachten Sturm in der *Odyssee*.[17] Bei der Lektüre des alt-englischen Gedichts *The Wanderer* kann einem kalt werden, und die Frühlingszeiten bei Chaucer und Shakespeare lassen die Säfte fließen, aber es sind Jahreszeiten und Stimmungen, die diese Dichter skizzieren, nicht ein bestimmter Zeitpunkt im Kalender. Sie wussten nur, wie man dauerhafte Wetterarten, d. h. das Klima, festhalten kann. Es wäre lächerlich, herausfinden zu wollen, ob es 20 oder 25 Grad Celsius waren, als »the lover and his lass [...] o'er the green cornfield did pass.«[18] Die Allgemeinheit der Poesie und die dokumentarische Besonderheit des Wetterberichts haben unterschiedliche ontologische und historische Ordnungen.

Dichter*innen beschreiben ein bestimmtes Wetter nur dann sehr detailliert, wenn es *außergewöhnlich* ist. Sie geben Wettergeschichten wieder, nicht Wetterinformationen (um eine weitere nützliche Unterscheidung Benjamins aufzugreifen). Die spektakulären Stürme in Shakespeares *König Lear* und *Der Sturm* ereignen sich an bestimmten Orten und zu bestimmten Zeiten, aber wie merkwürdig wäre es, einen Bericht über ihre Temperatur, ihren Luftdruck, ihre Feuchtigkeit und ihre Windrichtung zu erhalten, und noch merkwürdiger wäre es, diesen Bericht zu bekommen, nachdem sich die Stürme gelegt haben. Shakespeare hatte weder die Mittel (Thermometer und Barometer kamen erst im siebzehnten Jahrhundert auf) noch das Motiv, das alltägliche Wetter zu beschreiben. Nur wenige Figuren in der Geschichte waren so sehr auf die Böen und Launen eingestellt, die durch das menschliche Herz wehen wie Shakespeare, aber er hat keinen Wetterbericht verfasst. Das lag in der Zukunft der Literatur.

Im achtzehnten Jahrhundert war die minimale Einheit für eine Prognose der Monat. Mitte des neunzehnten Jahrhunderts war sie zu einem Tag geschrumpft. Man nehme ein führendes Werk unter anderem der populären Meteorologie aus der Mitte des achtzehnten Jahrhunderts, Benjamin Franklins *Poor Richard's Almanac*. Hier ist seine Vorhersage für den Monat Juni 1753: »Clouds and like for

---

17 Vgl. Alex Purves: Wind and Time in Homeric Epic, in: Transactions of the American Philological Association 140/2 (2010), 323–350.
18 William Shakespeare: As You Like It London 1992, V.3, 16–18.

rain, with wind and thunder; flying clouds, warm and inclin'd to rain, with wind and thunder, then cooler, but soon grows hot again.«[19] Diese Vorhersage, wenn man sie überhaupt so nennen kann, erstreckt sich vertikal in einer Spalte, die sie locker mit den Tagen des Monats verbindet; die Vorhersagen schweben locker über dem Kalender, wie die fliegenden Wolken, die er vorhergesagt hat. Franklin war klug und wusste es besser, als sich zu sehr zu festzulegen. Er konnte seine Wette auf das Wetter dadurch absichern, dass er davon ausging, dass seine Vorhersagen schon irgendwann in besagtem Monat zutreffen würden. Man kann durchaus mit Sicherheit sagen, dass im Juni fliegende Wolken zu erwarten sind, die zu Regen neigen, und mit Temperaturen zu rechnen ist, die kühler sind und es dann wieder wärmer wird. Die Offensichtlichkeit, mit der er die Vergeblichkeit seiner Vorhersage offenbart, indem er sie mit Vagheit überdeckt, wirkt allerdings fast komisch. Aber niemand zu seiner Zeit hatte Zugang zu etwas Besserem. Das Beste war die jahreszeitliche Kenntnis der Wahrscheinlichkeiten und nicht die täglichen Vorhersagen.

Seit jeher haben Schriftsteller*innen und Geschichtenerzähler*innen von dramatischem Wetter und von jahreszeitlichen Mustern und Wetterzeichen berichtet. Historisch neu in der modernen Wettererzählung, in ihrer ganzen Breite von Romanen über Nachrichtenberichte bis hin zu beiläufigen Gesprächen, ist die Verdichtung ihres zeitlichen Horizonts auf den Tag – und neuerdings sogar auf die Stunde. Historisch gesehen war das undramatische, tägliche Wetter eine bisher unbesetzte Nische.

Über das Wetter sprechen sprechen

Die erste mir bekannte Erwähnung eines Gesprächs über das Wetter stammt aus Joseph Addisons historischer Londoner Zeitung *The Spectator* (1711):

> if we come into a more contracted Assembly of Men and Women, the Talk generally runs upon the Weather, Fashions, News, and the like publick Topicks. In Proportion as Conversation gets into Clubs and Knots of Friends, it descends into Particulars, and grows more free and communicative [...].[20]

---

19 Benjamin Franklin: Poor Richard Improved. Being an Almanack and Ephemeris For the Year of our Lord 1753 [1753], in: The Papers of Benjamin Franklin, July 1, 1750 through June 30, 1753, hrsg. von Leonard W. Labaree, New Haven 1961, Bd. 4, 408.
20 Joseph Addison: The Spectator. No. 68. Friday, May 18, 1711, in: The Spectator, Vol. 1, hrsg. von Donald F. Bond, Oxford 1987, Bd. 1, 289.

Wettergespräche dienen hier als soziales Schmiermittel unter Fremden, als unproblematische Gesprächseröffnung, bevor unter Freunden wichtigere Themen angesprochen werden. Es ist ein »publick topic.«[21] Samuel Johnson hielt das Gespräch über das Wetter für eine Ausrede, um seine schlechte Laune auf äußere Umstände zu schieben. Er beklagte sich, die Engländer seien »in haste to tell each other, what each must already know, that it is hot or cold, bright or cloudy, windy or calm.«[22] Später im Jahrhundert gab der Philosoph Immanuel Kant in bunt gemischten Versammlungen Ratschläge für ein geselliges Gespräch: Man solle mit dem Nahen und Unmittelbaren beginnen und allmählich zum Fernen übergehen. Wenn man von der Straße aus in eine gemischte, lebhafte Diskussion kommt, sei das unangenehme Wetter draußen eine zuverlässige Hilfe, um ins Gespräch zu kommen.[23] Begänne man sofort mit der Berichterstattung über die Türkei, die in den Zeitungen steht, täte das der Phantasie der Versammelten Gewalt an. Das Wetter war offensichtlich ein wichtiger Gesprächsstoff in der bürgerlichen Öffentlichkeit.

George Eliot bestätigt in *Middlemarch* die Idee, dass Wettergespräche eine delikate Angelegenheit waren. Der idealistische Dr. Lydgate und die kokette Rosamond Vincy sehen sich schon früh in der Blüte ihrer unter einem schlechten Stern stehenden Beziehung mit akuter zwischenmenschlicher Unbeholfenheit in der Gegenwart des jeweils anderen konfrontiert: Wenn sie sich anschauen, beginnen sich ihre Gefühle zu entzünden, und wenn sie es nicht tun, sind die Gefühle, die aufflammen, noch drängender, wenn sich ihre Augen unweigerlich wieder treffen. »Talk about the weather and other well-bred topics is apt to seem a hollow device«, bemerkt die Erzählinstanz, aber dadurch lasse sich ihre Unbehaglichkeit überwinden: »[they] slid gracefully into ease, and made their intercourse lively again.«[24] Das Wetter ist hier eine Art Salonthema für wohlerzogene Leute, nicht für Bauern oder Landarbeiter.

Die Intuition von *Middlemarch*, dass es hohl ist, über das Wetter zu sprechen, wird von Oscar Wilde in *The Importance of Being Earnest* (1895) noch übertroffen. Gwendolyn sagt zu Jack: »Pray don't talk to me about the weather, Mr. Worthing. Whenever people talk to me about the weather, I always feel

---

21 Ebd.
22 Samuel Johnson. No. 11. Discourses on the weather. June 24, 1758, in: Samuel Johnson's Essays, hrsg. von Matt Kirkland, zitiert nach der Online-Ausgabe: https://www.johnsonessays.com/the-idler/discourses-the-weather/ [konsultiert am 21.10.2020].
23 Immanuel Kant: Anthropologie in pragmatischer Hinsicht, hrsg. von J.H. von Kirchmann, Berlin 1869, 71.
24 George Eliot: Middlemarch. A Study of Provincial Life, Edinburgh 1907, 407.

quite certain that they mean something else. And that makes me so nervous.«[25] Sie hat Recht: Jack ist nicht am Wetter interessiert, sondern an ihr. Sie hat auch Recht, dass das Wettergerede eine Flut von verdrängten Bedeutungen transportiert – was auch die Arbeitshypothese dieses Essays ist. In George Bernard Shaws *Pygmalion* (1913) trainiert Professor Henry Higgins Eliza Doolittle, ein Cockney-Blumenmädchen, mit einem vornehmen Akzent zu sprechen. Im dritten Akt will Higgins, dass Eliza als Angehörige der Oberschicht durchgeht, und verbietet ihr, über etwas anderes als das Wetter und die Gesundheit der Menschen zu sprechen, wenn sie einen Salon mit feinen Gästen betritt. Natürlich geht das Gespräch auf wahnwitzige Weise schief, Elizas elegante Stimme drückt immer vulgärere Inhalte aus.[26] Schließlich beschwerte sich Virginia Woolf 1924 über die gekünstelte Konvention, »to talk about the weather and nothing but the weather throughout the entire visit.«[27] Eliot, Wilde, Shaw und Woolf sind alle des Wettergeredes überdrüssig, das sie sich durch komische oder ironische Behandlung erträglich machen. Ihre Figuren anders als ironisch über das Wetter reden zu lassen, würde eine fatale Unkenntnis darüber verraten, wie sich der Zeitgeist bewegt hat.

Diese Liste von Beispielen weist uns auf etwas Subtiles hin: In der heutigen Zeit spricht man nicht nur über das Wetter. Stattdessen sprechen die modernen Autoren und Autorinnen darüber, über das Wetter zu sprechen. Im Europa des achtzehnten Jahrhunderts wurde das Reden über das Wetter zu einem eigenen Sprachgenre. Das Wetter war ein Thema für drinnen: bei Eliot, Wilde, Shaw und Woolf wird im Salon über das Wetter geredet. Niemandes Überleben hing von diesem Wetter ab, dessen kleine, aber routinemäßigen Schwankungen zu austauschbaren Höflichkeiten wurden. Wie, fragte Benjamin, wurde unsere Beziehung zu den kosmischen Kräften zum Kanevas für unser leerstes Geschwätz? Er war nicht der einzige, der diese Frage stellte. Ein fast ebenso ehrwürdiges Genre wie das Sprechen über das Wetter ist das Klagen über die Leere des Sprechens über das Wetter. Das leere Geschwätz der *anderen* ist ein leichtes Ziel für Intellektuelle.[28]

---

25 Oscar Wilde: The Importance of Being Earnest. A Trivial Comedy for Serious People, London 1919, 30.
26 George Bernard Shaw: Pygmalion, New York 1988, III.
27 Virginia Woolf: Mr. Bennett and Mrs. Brown, London 1924, 21.
28 Vgl. Samuel McCormick: The Chattering Mind. A Conceptual History of Everyday Talk, Chicago 2020.

Fazit

Im Vorigen, das muss ich betonen, ging es mir nicht darum, eine weitere Geschichte der Entzauberung der Welt zu erzählen. Denn das Wetter wurde nicht nur entzaubert: Es wurde erfunden, normalisiert und unterdrückt. Das Treiben in der Atmosphäre ist immer noch geheimnisvoll und allgegenwärtig. Die Moderne hat den Kontakt zum Wetter nicht verloren; sie produzierte tägliches, genaues und medialisiertes Wetter. Sie lenkte die primäre Erfahrung des Wetters von unserem Körper weg und kanalisierte sie in Worte, Bilder und Zahlen, und manchmal, an den Rändern, in Klänge und Götter. Viele Wetterwörter waren gleichgültig, aber einige von ihnen waren dramatisch. Die Moderne machte das Wetter zu etwas, das sich einem direkten politischen, metaphysischen oder ästhetischen Engagement widersetzte. Das Verbot über das Wetter zu plaudern, kann heute höchst gefährlich sein. Wenn wir, mit unserem Antlitz der Vergangenheit zugewendet, in die Zukunft gehen, können wir zumindest erkennen, dass unser Vermächtnis des Wetterschreibens und Wettersprechens einer gründlichen Rekonstruktion bedarf. Die Medien der modernen Literatur und des modernen Journalismus, die Malerei und die Veranschaulichungen von Daten, die Statistik und die Messtechnik, die Lieder und die Stimmungen, die Götter und die Dämonen haben uns dieses neue Ding, das Wetter, geschenkt und dabei so getan, als ob es von geringer Bedeutung wäre. Es ist an der Zeit, den Reset-Knopf zu drücken und den Blick auf die Infrastruktur des modernen Wetters zu werfen; dort sind alle Schätze vergraben. Akzeptieren wir nicht länger die moderne Geschichte, dass das Wetter normal und trübe ist, sondern betrachten wir stattdessen die erstaunlichen Mittel, mit denen etwas so Zwingendes überhaupt erst normal und trübe gemacht wurde.

Übersetzt von Urs Büttner

Michael Gamper
Produktive Verwandlungen.
Meteorologische Störung bei Stifter,
Vischer und Benjamin

»Tief über Nordeuropa u. einzelne Fronten mit Störungen bringen Regenschauer o. etwas Regen (weiterhin nur etwas wärmer, aber kühl [...] im Süden Deut. etwas freundlicher, als im Norden)«.[1] Nachrichten wie diese des Online-Dienstes *Wetter-Board* gehören zu unserem Alltag und auch Berichte wie der folgende aus dem *Tagesspiegel* sind für uns zur Gewohnheit geworden: »Sturmtief ›Mike‹ hat Rettungskräften in Teilen Deutschlands in der Nacht zum Montag zu schaffen gemacht. [...] Der Sturm hat auf wichtigen Hauptstrecken der Deutschen Bahn im Osten und Norden Deutschlands für stundenlange Störungen gesorgt.«[2] Dass Wetter selbst ›Störungen‹ hervorbringt, dass also gewisse regelmäßig wiederkehrende Wetterphänomene als ›störend‹ wahrgenommen und bezeichnet werden, ist uns ebenso eine Selbstverständlichkeit wie der Umstand, dass heftigere Wetterstörungen zivilisatorische Folgen zeitigen, die in den sozialen Zusammenhang ebenfalls als ›Störungen‹ eingreifen. Wetterstörungen und ihre Folgen sind, darauf deutet der sachliche Ton der zitierten Mitteilungen hin, in der Regel Abweichungen von einer etablierten Norm, die aber noch innerhalb der Normalitätsgrenzen liegen, so dass sie aufgefangen werden können in allgemeinen Interdiskursen und standardisierten Narrativen. So entsprechen Wetterstörungen sehr genau einer allgemeinen Definition von ›Störung‹, welche diese als »eine Unterbrechung einer empirischen Regelmäßigkeit oder einer Normalerwartung, die sich je nach Grad ihrer Schwere selbst wieder einpegelt oder von der Gesellschaft eine größere Anstrengung zur Aufarbeitung und Eingliederung verlangt«.[3]

Leitend für die folgenden Überlegungen ist nun allerdings, dass eine Google-Suchanfrage zu ›Wetter‹ und ›Störung‹ keineswegs gleich zu den oben zi-

---
[1] Tief über Nordeuropa [...], Wetter-Board (24. Aug. 2014), www.wetter-board.de/index.php/Thread/67952-Tief-%C3%BCber-Nordeuropa-u-einzelne-Fronten-mit-St%C3%B6rungen-bringen-Regenschauer-o-etw/ [konsultiert am 19.11.2018].
[2] Sturmtief »Mike«. Bahnstrecken in Norddeutschland wieder in Betrieb, Tagesspiegel (30.03.2015), www.tagesspiegel.de/weltspiegel/sturmtief-mike-bahnstrecken-in-norddeutschland-wieder-in-betrieb/11572736.html [konsultiert am 19.11.2018].
[3] Lars Koch, Christer Petersen: Störfall – Fluchtlinien einer Wissensfigur, in: Zeitschrift für Kulturwissenschaften 5/2 (2011), 7–11, hier: 9.

https://doi.org/10.1515/9783110624489-006

tierten Nachrichten führt. Vielmehr sind die sieben zuerst gelisteten Treffer Hinweise auf Seiten, die »allestörungen.de«, »netzwelt.de«, »istoffline.com« oder »störungen.info« heißen und spezialisiert sind auf Störungen im Betrieb von anderen Webseiten.[4] Für den Logarithmus von Google ist mithin selbstreferenziell die mediale Störung wichtiger als diejenige in anderen Gegenstandsbereichen, und das Wie der Informationen über Störungen scheint also gleichermaßen von Störungen betroffen zu sein wie das Was.

Diesen Befund aus dem Populärbereich des Wetterwissens möchte ich als Ausgangspunkt nehmen für Überlegungen, die ›Störung‹ als ein wesentliches Konzept der Kulturen des Wetters ausweisen und es gleichermaßen im Bereich einer Literarischen Meteorologie wie der Meteopoetologie verorten. Dass die Meteopoetik in meinen Ausführungen eine marginale Rolle spielen wird, liegt daran, dass im Folgenden die epistemologisch und poetologisch verwandelnd wirkenden Dimensionen von ›Störung‹ im Zentrum stehen sollen. Unwetterstörung als bloßes Motiv im Sinne einer Stimmungsevokation oder einer allegorisch-symbolischen Spiegelung von Handlungsverläufen bzw. psychischen Dispositionen ohne akzentuierte Irritation der Wissens- und Darstellungsformen soll hier deshalb ausgespart werden.

Nach propädeutischen Überlegungen zur meteorologiehistorischen Genealogie von Störung will ich im Folgenden am Beispiel von Adalbert Stifters Erzählungen *Das Haidedorf*, *Kazensilber* und *Bergkristall* die wissensgeschichtliche Signifikanz der Wetterstörung im literarischen Text ausloten, danach nimmt der poetologisch orientierte Teil seinen Ausgangspunkt bei der *Ästhetik oder Wissenschaft des Schönen* von Stifters Zeitgenosse Friedrich Theodor Vischer und fokussiert weiter auf Walter Benjamins Kurzprosastück *Knabenbücher* aus *Berliner Kindheit um neunzehnhundert*.

Störung der Meteorologie

Der Umgang unserer Gegenwart mit dem Phänomen der Wetterstörung ist gleichermaßen selbstverständlich wie voraussetzungsreich hinsichtlich der implizierten Auffassung von Wetter. Das in den Zitaten aufgerufene Konzept von ›Wetter‹ ist Resultat einer bestimmten historischen Entwicklung der Meteorologie, die auch

---

4 Google-Suche »Wetter Störung«, https://www.google.de/search?ei=tWryW6OEA8aZsAeK55GoDg&q=wetter+st%C3%B6rung&oq=wetter+st%C3%B6rung&gs_l=psyab.3..0i22i30l3j0i22i10i30j0i22i30l6.161994.165510..166043...0.0..0.224.1716.5j8j1......0....1..gws-wiz.......0j0i131j0i67j0i131i67.2bQq8QZrmlE [konsultiert am 19.11.2018].

unsere Wahrnehmung und Bewertung von Wetterereignissen geformt hat. Denn die Rede von Störungen in Wetterdingen setzt voraus, dass es etwas geben muss, das gestört werden kann – eben eine durchgängige Präsenz von Wetter, das in seinem Verlauf eine Gleichmäßigkeit hat, die in sich und für den beobachtenden und dem Wetter ausgesetzten Menschen keine gravierenden Wechsel enthält.

Damit ist die Wetterstörung ursächlich gebunden an die Praktiken der modernen wissenschaftlichen Meteorologie, denn erst durch die regelmäßig in einem konsistenten Zeit-Raum-Kontinuum erfolgende Erhebung von Witterungsdaten etablierte sich Wetter als ein sich zwar wandelnder, aber dauerhaft gleichmäßig präsenter Zustand der Atmosphäre, der die Vorstellung von Wetter als diskontinuierlicher Menge von herausgehobenen und mit spezieller Signifikanz versehenen Ereignissen ablöste. Seit Aristoteles hatten die Bewegungen im Bereich zwischen Erdoberfläche und Mond als unregelmäßig und unberechenbar gegolten. Doch seit Ende des 18. Jahrhunderts verdichteten sich die Bemühungen um die gesetzmäßige Beschreibung der Vorgänge in der Gashülle der Erde nach Maßgabe der Methodik der empirisch-experimentellen Wissenschaften. Diese Anstrengungen verliehen einem diffusen Gegenstand eine diskursive Konsistenz, die ihn neu erfahrbar und fassbar machte.[5] Anschaulich wird dieser Prozess auch im sprachgeschichtlichen Befund, der eine allmähliche begriffliche Abstraktion des Terminus ›Wetter‹ feststellt, dessen Semantik sich von seinem ursprünglichen Sinngehalt als ›Lufthauch‹ und ›Wind‹ und von der Bezeichnung außerordentlicher und heftiger Vorgänge, vor allem von Gewittern, hin zur Gesamtbezeichnung aller Witterungsaspekte verschob.[6]

Im 19. Jahrhundert verlegte sich die Meteorologie auf eine verbesserte Erhebung und Auswertung der Daten, die in immer umfangreicherem Ausmaße geschah. Das Wissen über das zukünftige Wetter geriet zunehmend in die Aufmerksamkeit der sich verfestigenden Nationalstaaten, die sich davon politische und ökonomische Vorteile erhofften. Die neu eingerichteten zentralen meteorologischen Institute verarbeiteten Datenmengen in immer größerem Umfang mit statistischen und probabilistischen Methoden, um erwartbare Abfolgen

---

5 Dieser Wechsel steht im Zusammenhang eines umfassenderen Wandels der Zeitbegriffe, in dessen Verlauf Zeit als *kairos* durch Zeit als *chronos* abgelöst wird, was an so heterogenen Phänomenen wie der Newton'schen Physik, der Veränderung der Arbeitsgewohnheiten in der industriellen Produktion und der massenweisen und öffentlichen Verbreitung von Chronometern deutlich wird; siehe Jan Golinski: British Weather and the Climate of Enlightenment, Chicago/London 2007, 78 f.
6 Art. »Wetter«, in: Deutsches Wörterbuch von Jacob und Wilhelm Grimm, 16 Bde. in 32 Teilbänden, Leipzig 1854–1961, Bd. 29, Sp. 698–718.

des Wetters zu ermitteln,[7] und die Modellbildungen, etwa im Bereich der Zyklonentheorie, zielten darauf, atmosphärische Bewegungen im Rahmen gewisser Wahrscheinlichkeitsspielräume als regelmäßige und sich wiederholende Vorgänge beschreiben zu können.[8] Meteorologie entwickelte sich dadurch zu einer normalistischen Wissenschaft und das Wetter zu einem Phänomen, das in Termini von Normalverlauf und Devianz beschreibbar wurde.

Normalistische Konzepte von Meteorologie und Wetter werden in der Lehrbuchliteratur verstärkt um 1830 sichtbar, und dort findet sich denn auch bereits eine recht weit verbreitete Verwendung des ›Störungs‹-Terminus. Anhand von Ludwig Friedrich Kämtz' 1831 bis 1836 in drei Bänden erschienenem *Lehrbuch der Meteorologie* lässt sich das Auftreten von ›Störung‹ auf drei Ebenen beobachten, die den eingangs gemachten Beobachtungen der Gegenwartskultur weitgehend entsprechen. Zunächst ist, *erstens*, mehrfach von einer »Störung im Gleichgewichte der Atmosphäre«[9] die Rede, die dann zu verblüffenden Wetteräußerungen führe. So könne es in Situationen des gestörten Gleichgewichts »wohl geschehen, daß es ohne vorhergehende Wolkenbildung regnet«.[10] Kämtz geht also von einem Atmosphären-Modell aus, das sich, bei aller ablaufenden Bewegungsdynamik, in einem ausbalancierten Zustand des beständigen kompensierenden Ausgleichs befindet, der aber äußerst fragil ist und schon durch kleine und scheinbar marginale Abweichungen außer Kurs gerät.[11] Werden solche Zustände »größter Regelmäßigkeit«, etwa der Verlauf von Passatwinden, verändert, stellt sich eine »Störung dieses Ganges« ein und manifeste ungewöhnliche Wetterereignisse treten auf.[12] Diese Folgen der Störungen der Atmosphäre wiederum bewirken, *zweitens*, dass menschliche Einrichtungen durch die ungewöhnlichen Wetter-Manifestationen in Mitleidenschaft gezogen werden. »Häufig arten«, so Kämtz an anderer Stelle, »Winde in Stürme aus und stören dann die Schiffahrt«.[13] Weiter gibt es, *drittens*, Störungen der Messinstrumente, die durch atmosphärische Phänomene hervorgerufen werden. Vor allem Störungen der Magnetnadel bei der Untersuchung des Nordlichts disku-

---

7 Siehe Katharine Anderson: Predicting the Weather. Victorians and the Science of Meteorology, Chicago/London 2005.
8 Siehe dazu Gisela Kutzbach: The Thermal Theory of Cyclones. A History of Meteorological Thought in the Nineteenth Century, Boston 1979.
9 Ludwig Friedrich Kämtz: Lehrbuch der Meteorologie, 3 Bde., Leipzig 1831–1836, Bd. I, 402; Bd. II, 488; Bd. III, 530.
10 Ebd., Bd. I, 402.
11 Ebd., Bd. II, 465.
12 Ebd., Bd. I, 422 f.
13 Ebd., Bd. I, 242.

tiert Kämtz in großer Breite,[14] aber auch die Irritation von Messungen mit dem Barometer und dem Cyanometer, einem Instrument zur Messung der Intensität des Himmelblaus, werden verzeichnet.[15]

Demnach müssen Störungen innerhalb des Wettersystems den Meteorologen ebenso beschäftigen wie die Beeinträchtigung seiner Messinstrumente, die sich damit nicht als diskret vom Untersuchungsgegenstand getrennte technische Dinge erweisen, sondern selbst dem Forschungsvorgang unterworfene epistemische Dinge sind.[16] Störungen sind also intrikate Momente der internen, wissenschaftlichen Untersuchung, die der besonderen Aufmerksamkeit bedürfen, während die systemexternen Störungen der menschlichen Handlungen und gesellschaftlichen Vorgänge den Fachdiskurs nicht weiter betreffen. Relevant sind diese sozialen Störungen und die Möglichkeit ihrer Vorhersage aus Sicht der Meteorologie lediglich für die allgemeine Nützlichkeit und damit für die öffentliche Legitimation der Disziplin.

Eine konzeptuelle Konsequenz dieser normalistischen Meteorologie besteht nun darin, dass außergewöhnliche Wetterereignisse nicht um ihrer selbst willen von Interesse sind, sondern bloß als Irritationen des »Gleichgewichts« des übergeordneten Systems der Atmosphäre. Unwetter als »Störungen« sind damit erklärbar als Devianzen, beherrschbar durch die Benennung ihrer bewirkenden Faktoren und durch die Wahrscheinlichkeiten ihres Auftretens. Sie sind in dieser Weise, in der Terminologie von Lars Koch, Tobias Nanz und Johannes Pause, als »Sollbruchstörungen« zu verstehen, die »Einschnitte« darstellen, »mit denen eine Gesellschaft routiniert umgehen kann und die vielleicht nicht im Einzelfall, aber in kollektiver Hinsicht keine Verunsicherungen produzieren«. Meteopoetische Wetterunterbrüche lassen sich dieser Kategorie zuschlagen, weil auch sie keine markanten und dauerhaften epistemologischen oder poetologischen Veränderungen bewirken. Unwetter können sich jedoch zu »adaptiven Störungen« auswachsen, die sich nicht problemlos in den bestehenden gesellschaftlichen Umgang einbinden lassen, aber als Zäsuren fungieren, »die in einer Gesellschaft produktiv genutzt werden können, da die Störung ein Wissen freisetzt und an die Lernfähigkeit der Gesellschaft appelliert«.[17] Störung ist so ein notwen-

---

14 Ebd., Bd. III, 494–529.
15 Ebd., Bd. II, 333; Bd. III, 36.
16 Zur Terminologie von ›technischen‹ und ›epistemischen‹ Dingen siehe Hans-Jörg Rheinberger: Experimentalsysteme und epistemische Dinge. Eine Geschichte der Proteinsynthese im Reagenzglas, Göttingen 2001, 24–30.
17 Lars Koch, Tobias Nanz, Johannes Pause: Imaginationen der Störung. Ein Konzept, in: Bememoth. A Journal on Civilisation 9/1 (2016), 6–23, hier: 18, 19. Vgl. dazu auch Urs Büttner: Naturbe-

diges und systemimmanentes Element des Wettersystems, das für das kritische Gleichgewicht, die systemerhaltende Bewegung und Dynamik, unerlässlich ist.

Damit tritt sie in einen Gegensatz zur ›Katastrophe‹, die systemimmanent eine dauerhafte Schädigung bzw. grundlegende Veränderung des Systems bedeutet.[18] Katastrophe ist deshalb als Klima-, nicht aber als Wetterkatastrophe denkbar, wobei die Klimakatastrophe zunächst auch eine Folge von »adaptiven Störungen« aus sich entlässt, die zunehmend zu »Sollbruchstörungen« werden können. Freilich stehen bei der Klimakatastrophe wie bei der Wetterstörung die Auswirkungen auf den Menschen und die menschliche Gesellschaft im Vordergrund – das Katastrophale und Störende bemisst sich nicht an der Schädigung oder Zerstörung des Klimas oder der Erde, sondern der menschlichen Einrichtungen.

Literarische Meteorologie der Störung bei Stifter

Das diskursive Auftreten von ›Störungen‹ bedeutet also eine Disziplinierung des atmosphärischen Spektakels durch wissenschaftliche Konzeptualisierung, deren Kenntnis sich über Medien der wissenschaftlichen Popularisierung verbreitete und zumindest die gebildeten Schichten der europäischen Bevölkerung erreichte. Diesen gebildeten Schichten gehörte auch der österreichische Schriftsteller Adalbert Stifter an, und dieser zeichnete sich überdies innerhalb der akademischen Elite durch besonders gründliche naturwissenschaftliche Kenntnisse aus. Stifter hatte an der Universität Wien beim Physiker und Mathematiker Andreas Baumgartner studiert, trug sich eine Zeitlang mit Überlegungen zu einer universitären Anstellung im naturwissenschaftlichen Bereich und unterrichtete als Hauslehrer auch das volle Fächerspektrum der zeitgenössischen Naturwissenschaften.[19] So erstaunt es nicht weiter, dass Stifter in seinen Texten oft Themen der Naturwissenschaften aufgriff und sie zu Elementen seiner Narrationen verarbeitete. Dabei

---

wältigung, ›Natural Imaginaries‹ und die Möglichkeiten der Kunst. Ein theoretischer Versuch zur Ökologie des Wissens, in: Georg Braungart, ders. (Hrsg.): Wind und Wetter. Kultur – Wissen – Ästhetik, Paderborn 2018, 15–28, hier: 22 f.

18 Dem entspricht in gewisser Weise die »Überlastungsstörung« bei Koch, Nanz und Pause. Ebd., 19 f.

19 Siehe dazu Christian Begemann: Metaphysik und Empirie. Konkurrierende Naturkonzepte im Werk Adalbert Stifters, in: Lutz Danneberg, Friedrich Vollhardt (Hrsg.): Wissen in Literatur im 19. Jahrhundert, Tübingen 2002, 92–126.

übertrug er nicht bloß wissenschaftliche Inhalte in literarische Motive,²⁰ vielmehr gelang es ihm auch, die spezifische Form des naturwissenschaftlichen Wissens, vor allem die darin enthaltenen Momente von Unsicherheit, poetologisch fruchtbar zu machen.²¹

Der Meteorologie kommt denn auch für das Stifter'sche Schaffen eine herausragende Rolle zu. Das meteorologische Wissen hat etwa im *Nachsommer*-Roman (1857) eine den Inhalt *und* die Form des Erzählens umgreifende Funktion,²² aber auch in den Erzählungen integrierte Stifter wiederholt in dieser grundsätzlichen Weise Kenntnisse der Wetterkunde. Anders als im *Nachsommer*-Roman, der tunlichst bemüht ist, natürliche und soziale Störungen von der erzählten Welt auf dem Asperhof und dem Sternenhof fernzuhalten,²³ sind es dabei in den kürzeren Geschichten häufig außerordentliche Unwetter, die eine entscheidende Rolle für den Handlungsgang und das Verständnis spielen.

Entscheidend ist dabei, dass Stifter sich in seinen Narrativen auf das exzeptionelle Wetter nicht als isoliertes Ereignis eigener Geltung bezieht, sondern dass er dieses wiederholt dezidiert als Störung erzählerisch entwickelt. Der narrative Ansatz zielt mithin nicht auf die ästhetische Fruchtbarmachung des bemerkenswerten Wettervorgangs, sondern auf die epistemologische und lebensweltliche Erfahrung, die aus der Störung hervorgeht. Stifters Erzählungen beschäftigen sich also mit dem Wissen vom Wetter und seinen Störungen sowie deren sozialen Konsequenzen, und sie tun dies in der spezifischen Auseinandersetzung

---

20 Dies weist akribisch nach: Monika Ritzer: Von Suppenwürfeln, Induktionsstrom und der Äquivalenz der Kräfte. Zum Kulturwert der Naturwissenschaft am Beispiel von Adalbert Stifters Novelle *Abdias*, in: KulturPoetik 2/1 (2002), 44–67.
21 Siehe Michael Gamper: Stifters Elektrizität, in: ders., Karl Wagner (Hrsg.): Figuren der Übertragung. Adalbert Stifter und das Wissen seiner Zeit, Zürich 2009, 209–234.
22 Siehe Michael Gamper: Vorsicht. Emergenz eines Dispositivs der Moderne, Berlin 2015; zur Meteorologie im *Nachsommer* 18–31.
23 So äußert etwa Heinrich gegenüber Mathilde bei einem Besuch auf dem Sternenhof: »Ich möchte nur nicht eine Störung in Euer jeziges einsames Hauswesen bringen.« Adalbert Stifter: Werke und Briefe. Historisch-Kritische Gesamtausgabe, im Auftrag der Kommission für Neuere deutsche Literatur der Bayerischen Akademie der Wissenschaften hrsg. von Alfred Doppler, Wolfgang Frühwald, seit 2000 hrsg. von Alfred Doppler, Hartmut Laufhütte, Stuttgart u. a. 1978 ff., Bd. 4,2, 247. Im Folgenden werden Zitate aus dieser Ausgabe unter Angabe der Sigle HKG, der Bandnummer und der Seitenzahl direkt im Text nachgewiesen. Diese Stelle korrespondiert mit zahlreichen weiteren Stellen, an denen die Ethik des Umgangs der Personen miteinander daran geknüpft ist, sich bei Tätigkeiten nicht zu stören. Auch in der akkulturierenden Bearbeitung der Natur, so etwa bei der Rosenzucht, ist die Entfernung von Störendem oder Unvollkommenem eine wichtige Aufgabe (HKG Bd. 4,1, 257). Und der Ausgangspunkt der Beziehung von Heinrich und Risach ist bekanntlich ein Gewitter, das nicht eintritt – woraus sich romanumspannende Konsequenzen ergeben. Siehe dazu Gamper, Vorsicht (Anm. 22).

mit einer Auffassung des Unwetters, die dieses als Abweichung von einem erwartbaren Normalverlauf begreift, es aber nicht als bloße »Sollbruchstörung«, sondern als »adaptive Störung« konzipiert. Stifter erzählt mithin Geschichten, die von irritierenden Effekten von Wetterstörungen berichten, welche die geschilderten Sozialzusammenhänge erschüttern und bisweilen auch dauerhaft verändern.

Dabei nimmt er den Störungs-Begriff durchaus in der bei Kämtz beobachteten Dreigliedrigkeit der wissenschaftlichen Meteorologie auf, indem er immer auch die spezifische Verfasstheit des Wissens der erzählten Figuren vom Wetter thematisiert und das hartnäckige Nicht-Wissen, das die Voraussagen jedes auf Wahrscheinlichkeiten aufbauenden Wetterwissens mit sich führen, wiederholt berührt. Er zeigt weiter, dass es im Wetterwissen kein gesichertes Außen gibt, das den Gegenstand zu beherrschen erlaubt, sondern dass jedes Instrumentarium und jede vermeintlich gesicherte Regel sich vor dem konkreten Ereignis neu zu bewähren haben. Stifter entwickelt mithin Wetterereignisse nie in den Bereich des Katastrophischen hinein, sondern behandelt sie stets als Störungen, die zwar in den menschlichen Sozialzusammenhang eingreifen, dort aber zumindest langfristig nicht zerstörerisch wirken, sondern bei aller Erschütterung zu verbesserten Einrichtungen des Sozialen führen. Belegen möchte ich diese Thesen an drei Erzählungen von Stifter, wobei ich zwei, *Das Haidedorf* und *Kazensilber*, kurz und summarisch und eine, *Bergkristall*, etwas ausführlicher behandeln möchte.

Das Haidedorf, 1840 als zweiter literarischer Text von Stifter in der *Wiener Zeitschrift für Kunst, Literatur, Theater und Mode* publiziert, erzählt in vier Abschnitten die Geschichte von Felix, der als Kind in der Heide Schafe und Ziegen hütet, dann zuerst in die Stadt und später in die Welt zieht, dort studiert und das Heilige Land und den Orient bereist, während die abgeschiedene heimatliche Gegend sich bevölkert und neben dem elterlichen Haus ein kleines Dorf und eine landwirtschaftliche Ökonomie entsteht.[24] Als Mann kehrt Felix nach Hause zurück, worauf im vierten Teil der Erzählung diejenige Störung eintritt, die hier von Interesse ist. Die Störung manifestiert sich als Nicht-Eintreten des Erwarteten und Üblichen, nämlich als Nicht-Fallen von Regen im Frühjahr, weshalb den Dorfbewohnern die Ernte zu vertrocknen droht. Anschaulich schildert Stifter, wie unter den Bedingungen der Störung des Gewohnten den Wettererscheinungen eine neue individuelle Ereignishaftigkeit zuwächst. So heißt es über das Verhalten der Dorfbewohner: »[U]nd noch nie

---

[24] Ausführlich habe ich diese Erzählung hinsichtlich der meteorologischen Problematik analysiert im Aufsatz Literarische Meteorologie. Am Beispiel von Stifters *Das Haidedorf*, in: Georg Braungart, Urs Büttner (Hrsg.): Wind und Wetter. Kultur – Wissen – Ästhetik, Paderborn 2018, 261–277.

wurde ein so stoffloses Ding, wie eine Wolke, von so vielen Augen angeschaut, so sehnsüchtig angeschaut, als hier«. (HKG Bd. 1,1, 184)

Eine implizite, intertextuelle Auseinandersetzung mit der Meteorologie der Zeit ist gegeben in einer Episode, in der das »Wasserziehen[ ] der Sonne« geschildert wird. Dieses Wetterphänomen bedeutet, dass die hinter Wolken verborgene Sonne durch Wolkenöffnungen durchscheint und sichtbare Lichtstreifen erzeugt. (Ebd., 183) Das Phantasmagorische dieser Erscheinung im Text, die das Wetter für die Dorfbewohner zum »Gespenst« macht, (ebd., 182) besteht nun darin, dass sie, wie es etwa die Autorität für Stifter in Sachen naturwissenschaftlichen Wissens, die *Naturlehre* des bereits erwähnten Andreas Baumgartner, festhält, zwar Regen verheißt, aber in der Erzählung, entgegen den Befunden meteorologischer Wahrscheinlichkeit, keinen bringt. Der literarische Text relativiert damit die prognostische Kraft der durch systematische Beobachtung und Naturgesetze gestützten »sichersten Wetterregeln«[25] und bezieht sich in seinem Handlungsgang gerade auf den unwahrscheinlichen Fall und dessen reale und imaginäre Effekte. Er schildert mithin die soziale und psychologische Dynamik, die ein nicht-normaler, gestörter Wetter-Verlauf erzeugt. Dies bedeutet zum einen, dass er die soziale Dynamik einer Dorfgemeinschaft in sich anbahnender sozialer Not zeigt, und es heißt zum andern, dass er vorführt, wie Felix durch diese Wetterstörung vom rätselhaften sozialen Außenseiter zum geachteten Mitglied der dörflichen Gesellschaft wird. Denn Felix ist der einzige, der in der Lage ist, das Eintreffen des rettenden Regens an Pfingsten richtig vorherzusagen, und dies wird verbunden mit der Offenlegung seines Dichtertums, das auch sein seltsames, die Dorfbewohner verstörendes Verhalten erklärt. In der Journalfassung von 1840 ergibt sich die richtige Vorhersage aus einem prophetischen, gottbegnadeten Dichtertum, das in der Nachfolge biblischer Vorbilder steht, in der dann stark umgearbeiteten Buchfassung der *Studien* von 1844 aber aus einem erfahrungswissenschaftlich geschulten Dichtertum, das sich Felix in den Bildungsanstalten der Großstadt und auf seinen weiten Reisen angeeignet hat. Die Wetterstörung ist so in beiden Fassungen das Szenario, das zwei ganz unterschiedlich gezeichneten Dichtertypen jeweils die Anerkennung einer den literarischen Praktiken gänzlich fremd gegenüberstehenden Gemeinschaft sichert und diese damit dauerhaft verändert.

In *Kazensilber*, 1852 in der Erzählsammlung *Bunte Steine* publiziert, besteht die Wetterstörung wiederum aus dem puren Gegenteil des ausbleibenden Regens des *Haidedorfs*, nämlich aus einem unvermutet hereinbrechenden Hagel-

---

[25] Andreas Baumgartner: Die Naturlehre nach ihrem gegenwärtigen Zustande mit Rücksicht auf mathematische Begründung, 5. umgearbeitete und vermehrte Aufl., Wien 1836, 848 f.

Gewitter von einer Heftigkeit, dass es heißt:[26] »Was Widerstand leistete, wurde zermalmt, was fest war, wurde zerschmettert, was Leben hatte, wurde getödtet.« (HKG Bd 2,2, 265) Eine Störung ist dieser Hagelschlag in einem doppelten Sinn: Zum einen ist er eine besonders heftige »Störung im Gleichgewichte der Atmosphäre« im Kämtz'schen Sinne, zum andern ereignet er sich in besonderer Weise unerwartet und irritiert damit die meteorologische Wahrscheinlichkeit. Ereilt werden davon die Großmutter und die drei Kinder eines naheliegenden Gehöfts auf dem »Nußberg«, wo sie mit einem »braunen Mädchen« zu spielen pflegen, das jeweils aus dem Wald kommend zu ihnen stößt. Die Großmutter, eigentlich vertraut mit der Gegend und ihren Wetterlagen, begeht schwerwiegende Fehler in der Einschätzung der Wetterlage: Sie sieht zunächst zwar die aufziehenden Wolken, glaubt aber nicht an ein Gewitter, weil ein solches Mitte Oktober »nicht möglich« sei. (Ebd., 260f.) Als sie Donner hört, erkennt sie das kommende Gewitter, glaubt aber nicht, dass es heftig ausfallen werde. Und auch als die »Gestalt der Wolken [sich] verändert« und erste »Blize« sichtbar werden, sorgt sich die Großmutter bloß wegen der Blitze und sucht einen sicheren Unterstand. (Ebd., 261) Das »braune Mädchen« aber schafft währenddessen Reisigbündel herbei, aus denen sie einen kleinen, geschützten Unterstand errichtet. Als die Kinder und die Großmutter unter ihrer Haselstaude kauern, kann das Mädchen die Großmutter dazu bewegen, sich nochmals aus ihrem Unterstand zu bewegen, worauf diese die Gefahr erkennt und ausruft: »Heiliger Himmel, Hagel!« (Ebd., 263) Gemeinsam mit den Kindern begibt sie sich nun in das Reisigbündelhäuschen, und kurz darauf bricht ein Sturm los, bei dem die »Hagelkörner [...] so groß [waren] daß sie einen erwachsenen Menschen hätten tödten können«. (Ebd., 264)

Das Mädchen rettet damit seinen Begleitern das Leben, und später, nach der Rückkehr auf den ebenfalls stark in Mitleidenschaft gezogenen Gutshof, legt die Großmutter gegenüber den Eltern Rechenschaft über ihre Fehleinschätzung der Wetterlage ab und verweist zu ihrer Rechtfertigung auf ein dreifaches Wissen, aufgrund dessen mit dem Eintreffen des Hagels nicht zu rechnen war: erstens ihre Kenntnis der Gegend und ihrer regelmäßig wiederkehrenden Wettervorgänge, zweitens die Vorgaben der Bauernregeln und drittens das Vertrauen auf die göttliche Vorsehung. (Ebd., 276) Die Großmutter führt damit ein heterogenes, aber je für sich auf allgemeine Gültigkeit seiner regelhaften Be-

---

26 Die Überlegungen zu *Kazensilber* basieren auf folgenden Artikeln: Michael Gamper: Wetterrätsel. Zu Adalbert Stifters *Kazensilber*, in: Michael Bies, ders. (Hrsg.): Literatur und Nicht-Wissen. Historische Konstellationen 1730–1930, Zürich/Berlin 2012, 325–338; ders.: Kazensilber, in: Christian Begemann, Davide Giurato (Hrsg.): Stifter-Handbuch. Leben – Werk – Wirkung, Stuttgart 2017, 91–94.

stimmungen hin organisiertes Wissen ins Feld, das aber vor dem konkreten Ereignis des Hagels versagt. Die einzigen Wissensformen, die dem unerwarteten, weil unwahrscheinlichen Hagel gewachsen sind, sind die »Kenntniß und Vorsicht des braunen Mädchens«. (Ebd., 263) Nur es allein ist in der Lage, auf Grund von in der Erzählung nicht genauer bestimmten Vermögen situativ die Wettervorgänge in adäquater Weise als Zeichen im Hinblick auf die zukünftige Entwicklung hin zu verstehen. Diese »Kenntniß und Vorsicht« kontrastiert so in ihrer Vorgehensweise mit dem Wissensverfahren der Großmutter. Denn während diese die heraufziehenden Wolken als kontingente Ereignisse versteht, die sich dem Wahrscheinlichkeitskalkül nicht sicherer, aber »sicherste[r] Wetterregel[n]«[27] fügen, fasst das Mädchen sie als singuläres Geschehen auf, das als Einzelnes zu betrachten, zu untersuchen und zu behandeln ist. Die »Vorsicht« des Mädchens unterscheidet sich damit in der Klassifizierung des Ereignisses von einer im weiteren Sinne probabilistisch verfassten Epistemologie, die Unwetter als Störung klassifiziert, diese im unwahrscheinlichen Fall aber nicht vorherzusagen versteht.

Für die sechsköpfige Familie auf dem abgelegenen Gehöft ist der Hagelsturm aber nicht bloß eine Störung ihres gewohnten Lebens, weil er weite Teile der landwirtschaftlichen Einrichtungen zerstört. Er ist darüber hinaus auch eine Zäsur in ihrem sozialen Zusammenhang, weil die Eltern auf Grund der glücklichen Rettung der drei Kinder aus dem Hagel und später des kleinen Jungen aus einem Hausbrand beschließen, das »braune Mädchen« bei sich aufzunehmen und es »demjenigen Glüke zuzuführen«, »dessen es nur immer fähig wäre«. (HKG Bd. 2,2, 311) Die Wetterstörung evoziert also auch hier eine soziale Störung, da das Mädchen trotz aller Bemühungen ein Fremdkörper in der Familie bleibt. Das Mädchen wird nach Jahren des Lebens auf dem Hof immer trauriger und schließlich krank, und ähnlich wie die »braune Magd« (ebd., 248) aus einer der Volkssagen der Großmutter verlässt auch das Mädchen den Hof mit den Worten »Sture Mure ist todt« (ebd., 313 bzw. 248), eine Aussage, die auf den Untergang einer ursprünglichen und im Zivilisationsprozess mythisch gewordenen Naturerfahrung verweist, also jenes speziellen Zugangs zu den natürlichen Dingen, der dem Mädchen wohl die Antizipation des Hagelsturms erlaubte. Die soziale Welt der Familie bleibt von der doppelten Naturerfahrung aber auch nach Beseitigung der Störungen nachhaltig verändert: Zurück bleibt die lebendige und subjektformierende Erinnerung an jenes fremdartige Wesen, die den Sohn auch nicht verlässt, als er längst den

---

27 Baumgartner (Anm. 25), 848f.

Hof von seinem Vater übernommen hat und als einziger noch am Ort des Geschehens lebt.

Ist in *Kazensilber* der Störungscharakter des Wetterereignisses bezüglich der Erwartungen und des Wissens der handelnden Figuren besonders deutlich konturiert, so ist es in *Bergkristall*, der vierten Erzählung der Sammlung *Bunte Steine*, die zuvor schon in der Weihnachtszeit 1845 unter dem Titel *Der heilige Abend* in der Zeitschrift *Die Gegenwart* veröffentlicht wurde, die nachhaltige Veränderung der sozialen Disposition der erzählten Welt durch ein Wetterereignis, die im Zentrum steht. Dieses Wetterereignis ist im Fall der *Bergkristall*-Erzählung nochmals von anderer Qualität als in den beiden bereits erwähnten Erzählungen: Es handelt sich, im Gegensatz zum ausbleibenden Regen im *Haidedorf*, um ein positives, manifestes Phänomen, das aber nicht wie der Hagelsturm in *Kazensilber* durch seine Heftigkeit lebensbedrohende Dimensionen annimmt, sondern durch eine kontinuierliche materielle Anhäufung in das Leben der Menschen eingreift. Die Rede vom »sanfte[n] Gesez« (HKG Bd. 2,2, 12) aus der Einleitung in die Erzählsammlung *Bunte Steine* gewinnt am Beispiel des Schneefalls in *Bergkristall* eine besondere Bedeutung, legt sich doch der Schnee sacht und leise auf die Landschaft und gleicht die landschaftlichen Unterschiede aus. Eine dramatische Mächtigkeit gewinnt er aber im Verlauf der Erzählung, wenn zwei Kinder, Konrad und Sanna, die Orientierung verlieren und sich in lebensgefährlicher Weise in der Winterlandschaft verlaufen.

Dabei sind es wieder schwerwiegende Fehleinschätzungen der Wetterentwicklung, die den Ausgangspunkt des eigentlichen Erzählvorgangs bilden. Bevor *erzählt* wird, wie die Kinder am Tag des Heiligen Abends aus dem Dorf Gschaid über einen »Hals«, also »einen mäßig hohen Bergrücken, der zwei größere und bedeutendere Gebirge mit einander verbindet«, (HKG Bd. 2,4, 189) zu ihren Großeltern nach Millsdorf wandern, erläutert der Erzähler *beschreibend* auf einer Textstrecke, die einen Drittel des ganzen Texts umfasst, minutiös die geographischen und sozialen Gegebenheiten in dem abgelegenen Tal. In eine kontinuierliche temporale Verknüpfung geraten die berichteten Zustände und Ereignisse dann mit der Wanderung der Kinder, und auf dieser Wanderung gibt der weitgehend in Nullfokalisierung gehaltene Erzähler, der damit konstitutiv mehr weiß als die erzählten Figuren, Hinweise auf die Witterungslage, welche die handelnden Personen nicht wahrnehmen oder zu deuten verstehen. So bemerkt dieser Erzähler, dass beim Aufbruch der Kinder in Gschaid »kein Reif und bei näherem Anblike nicht einmal ein Thau« lag, »was nach der Meinung der Landleute baldigen Regen« bedeute. (Ebd., 204) Weiter stellt er fest, wie »sowohl die Wenigkeit als auch die Farbe des Wassers« darauf hindeuteten, »daß in den größeren Höhen schon Kälte herrschen müsse«, (ebd., 205) und weist schließlich darauf hin, dass, obwohl das Tal von Millsdorf »bedeutend tiefer liegt als das von

Gschaid, und auch um so viel wärmer war, daß man die Erndte immer um vierzehn Tage früher beginnen konnte als in Gschaid«, »doch auch hier der Boden gefroren« war »und auf dem Wege [...] schöne Eistäfelchen« lagen. (Ebd., 206) Dies alles weist auf das hin, was sowohl den Eltern als auch den Großeltern trotz ihrer Erfahrung mit den Wetterlagen in den beiden Tälern verborgen bleibt: dass mit Schneefall zu rechnen sei. Die Großmutter aber versorgt die Kinder zwar mit Proviant und warnt »Etwa kömmt gegen Abend ein Wind, da müßt ihr langsamer gehen«, schickt sie aber am frühen Nachmittag auf den Rückweg nach Gschaid. (Ebd., 207)

Diese Vorhersage der Großmutter trifft nicht ein, wie der Erzähler drei Mal ostentativ unterstreicht. (Ebd., 209, 211, 215) Dafür setzt aber, ebenso wenig von der Großmutter vorausgesehen, auf dem Heimweg Schneefall ein. Konrad sagt daraufhin zu seiner Schwester: »›Siehst du, Sanna, [...] ich habe es gleich gedacht, daß wir Schnee bekommen; weißt du, da wir von zu Hause weg gingen, sahen wir noch die Sonne, die so blutroth war wie eine Lampe bei dem heiligen Grabe, und jetzt ist nichts mehr von ihr zu erblicken, und nur der graue Nebel ist über den Baumwipfeln oben. Das bedeutet allemal Schnee.‹« (Ebd., 208) Konrad hatte dies aber zum früheren Zeitpunkt in der Erzählung nur gedacht und nicht gesagt, weswegen sein prognostisches Wissen nicht anwendbar wurde, und die beschwörende Anrede »weißt du«, die sich an die offensichtlich unwissende Schwester richtet, dokumentiert die versteckte und damit unwirksam gebliebene Qualität dieses Wetterwissens.

Der Schneefall intensiviert sich in der Folge rasch. Zuerst »fielen äußerst langsam einzelne Schneefloken«, die schon bald »immer reichlicher herab« kommen, und innert kurzer Zeit lag der Schnee »so dicht«, »daß er sich bereits um ihre Schuhe legte«. (Ebd., 208, 210) Dann wird »der Schneefall so dicht«, dass die Kinder »nur mehr die allernächsten Bäume sehen konnten«, (ebd., 211) und bald befinden sie sich »in eine einzige weiße Finsterniß gehüllt«. (Ebd., 216) Als nun aber »rings um sie nichts als das blendende Weiß« ist, (ebd., 214) wird die bedrohliche Wirkung des Schnees offenbar, die der Erzähler als Störung des Wissens inszeniert.[28] Auf die Frage des Mädchens, ob sie denn nun bald »zu der

---

[28] Die besondere Faszination Stifters für die Effekte von ›Weißeinbrüchen‹ ist verschiedentlich festgestellt und profund analysiert worden; siehe Uwe C. Steiner: Farbe als Lehre – Farbe als Fetisch – Farbe als Passion. Die Farbe Weiß von Goethe über Stifter bis zu Handke, in: Artheon 11 (1999), 3–11; Juliane Vogel: Mehlströme/Mahlströme. Weißeinbrüche in der Literatur des 19. Jahrhunderts, in: Wolfgang Ullrich, dies. (Hrsg.): Weiß. Ein Grundkurs, Frankfurt a. M. 2003, 167–192; Claudia Öhlschläger: Weiße Räume. Transgressionserfahrungen bei Adalbert Stifter, in: JASILO 9/10 (2005), 55–68; Sabine Frost: Whiteout. Schneefälle und Weißeinbrüche in der Literatur ab 1800, Bielefeld 2011, 125–159, 291–310.

Unglücksäule kommen« würden, welche die Passhöhe markiert, antwortet Konrad: »Ich weiß es nicht, [...] ich kann heute die Bäume nicht sehen, und den Weg nicht erkennen, weil er so weiß ist.« (Ebd., 211f.) Stifter macht sich die Homonymie von Farbzeichnung und konjugierter verbaler Form zu eigen, um die Effekte der Auslöschung aller Orientierungsmöglichkeit im dichten Schneefall zu verdeutlichen. Das Weiß des Schnees löscht das Wissen des Jungen um den Heimweg aus, und die Wiederholung der beschwörenden Formeln »Weißt du, Sanna« und »wie du auch wissen wirst«, (ebd., 213) die sich an diejenige Person, eben an seine Schwester, richtet, von der vorher gesagt wurde, dass sie »sich unbedingt unter seine Leitung« begebe, (ebd., 201) bekräftigen nur die nachhaltige Störung in der Möglichkeit, gesicherte Umwelt-Erfahrung zu machen, die in der Geschichte thematisiert wird.

In der Folge kommen die Kinder vom richtigen Weg ab und geraten in ein Gletscherfeld, und es ist nun ein anderes Nicht-Wissen, nämlich der »Starkmuth[ ] der Unwissenheit«, der den Kindern »Unablässigkeit und Kraft« gibt, »weil sie nicht wissen, wie viel ihnen beschieden ist, und wann ihr Vorrath erschöpft ist«, der sie immer weiter gehen lässt. (Ebd., 220, 214) Schließlich machen sich aber Hunger und Müdigkeit geltend, und die beiden begeben sich in ein natürlich gebildetes Steinhäuschen, wo ihnen »die unermeßliche Anstrengung, von der die Kinder nicht einmal gewußt hatten, wie groß sie gewesen sei«, »das Sizen süß unsäglich süß erscheinen« lässt. (Ebd., 222) Sie essen und fallen beinahe in Schlaf, was den sicheren Erfrierungstod bedeuten würde. (Ebd., 225f.) Konrad erzählt, als Binnennarration, die Geschichte vom »erfrornen Eschenjäger[ ]«, und die Kinder trinken »das Fläschchen mit dem schwarzen Kaffeh«, das ihnen die Großmutter für die Eltern mitgegeben hat. Was sie aber letztlich wirklich vor dem Einschlafen bewahrt, ist das Farbenspektakel eines Nordlichts, mit dem »die Natur in ihrer Größe ihnen« beisteht. (Ebd., 227)

Aber auch die durch das Naturschöne zuteil gewordene neue innerliche Kraft führt die beiden Kinder nur auf immer wieder neue Abwege in Schnee und Eis. Schließlich werden sie aber von einem Suchtrupp aus Gschaid gefunden. Es wird nun deutlich, dass der Schneefall und das Verschwinden der Kinder für großen Aufruhr in beiden Dörfern gesorgt hat und verschiedene Gruppen aus Gschaid und Millsdorf über den ganzen Berg verteilt nach ihnen suchen. Die Rettung wird deshalb von allen als große Erlösung gefeiert, (ebd., 234f.) und die Abhaltung des verschobenen Hochamtes in der Kirche von Gschaid zeigt an, dass die Dinge nun wieder in ihren geregelten Gang kommen. (Ebd., 236f.) Offenbar wird nun auch, dass das Nichteintreffen der Vorhersage der Großmutter, dass Wind aufkommen werde, den Kindern das Leben gerettet hat: »Wäre ein Wind gegangen, so wären die Kinder verloren gewesen«, kommentiert der Großvater das Geschehen und setzt hinzu, dass »[h]undert Jahre […] wieder vergehen« werden, bis ein solcher Schneefall ohne Wind wieder eintreten werde. (Ebd., 238)

Die soziale Störung, die das Verschwinden der Kinder auslöste, trat also ein, weil die Erwachsenen die vorliegenden Anzeichen für den Witterungsgang nicht prognostisch auswerten konnten, und sie wird aus der Welt geschafft, weil die nach den Regeln der Wahrscheinlichkeit gemachte Vorhersage nicht eingetroffen ist. Es sind also misslungene und verfehlte Aktualisierungen von Wetterwissen, die zu einer Irritation des gemeinschaftlichen Lebens führen, und es macht diese Erzählung für das vorliegende Thema so interessant, dass die Störungen des Wetterwissens zu einer sozialen Störung führen, die nachhaltig weiterwirkt und sich eben als eine »adaptive Störung« erweist. Denn am Abend werden nicht nur die Kinder ins Bett gebracht, wobei Sanna ihrer Mutter gesteht, sie habe auf dem Berg »den heiligen Christ gesehen«, sondern es sitzen auch die Leute im Wirtshaus beisammen, und »[j]eder erzählte, was er gesehen und gehört, was er gethan, was er gerathen, und was für Begegnisse und Gefahren er erlebt hat«. »Das Ereigniß« der verlorenen Kinder brachte so »auf lange den Stoff zu Gesprächen«, und der Erzähler verheißt, man werde »noch nach Jahren davon reden, wenn man den Berg an heitern Tagen besonders deutlich sieht, oder wenn man den Fremden von seinen Merkwürdigkeiten erzählt«. (Ebd., 239)

Damit konkretisiert sich eine Aussage aus der Exposition des Textes, wo davon die Rede war, dass der Schneeberg »der Mittelpunkt vieler Geschichten geworden« sei. (Ebd., 187) Vor allem aber wird durch das »Ereigniß« ein »Abschnitt in die Geschichte von Gschaid gebracht«. (Ebd., 239) Produziert werden durch die Störung der üblichen Abläufe also nicht nur »Geschichten«, sondern eben auch »Geschichte«, die den zyklischen, von sich wiederholenden Naturvorgängen und der Macht der Tradition und der Gewohnheit geprägten Alltag des Bergtals durchbricht. In die »eigene Welt« der Bewohner, die »sehr stettig« ist und in der »es […] immer beim Alten bleibt«, (ebd., 187) bringt die erzählte Begebenheit der zwei verlorenen Kinder eine Veränderung, die das »Alte« nicht das »Alte« bleiben lässt, sondern es unwiderruflich verändert.

Diese Veränderung geht zurück auf den Umstand, dass die Mutter der Kinder die Tochter des Färbers aus Millsdorf ist, die der Schuster von Gschaid einst nach langer Werbung zur Frau gewonnen hat. Diese Migration über den »Hals« hinweg, den später die Kinder begehen müssen, wenn sie zu ihren Großeltern gelangen wollen, führte dazu, wie der Erzähler berichtet, dass »die schöne Färberstochter von Millsdorf« auch als

> Schusterin in Gschaid […] von allen Gschaidern als Fremde angesehen wurde, und wenn man ihr auch nichts Übles anthat, ja wenn man sie ihres schönen Wesens und ihrer Sitten wegen sogar liebte, doch immer etwas vorhanden war, das wie Scheu oder wenn man

> will, wie Rüksicht aussah, und nicht zu dem Innigen und Gleichartigen kommen ließ, wie Gschaiderinnen gegen Gschaiderinnen, Gschaider gegen Gschaider hatten. (Ebd., 199)

Nun aber tritt mit der Rettung an Heiligabend in diesen Zustand, der einen Schatten des Unglücks über das Haus des Schusters brachte, eine grundlegende Änderung ein, wenn der Erzähler feststellt: »Die Kinder waren von dem Tage an erst recht das Eigenthum des Dorfes geworden, sie wurden von nun an nicht mehr als Auswärtige sondern als Eingeborene betrachtet, die man sich von dem Bergen herab geholt hatte.« Und weiter heißt es: »Auch ihre Mutter Sanna war nun eine Eingeborne von Gschaid.« (Ebd., 239 f.)

Diese vorbehaltlose Integration der Schusterin und ihrer Kinder in die dörfliche Gemeinschaft, die Epoche und damit »Geschichte« macht, ist freilich wiederum nicht denkbar ohne die »Geschichten«. Es ist das immer wieder neuerliche Erzählen im Wirtshaus oder gegenüber »den Fremden« von den »Merkwürdigkeiten« des Dorfes, welches die »Geschichte« macht und bestätigt. (Ebd., 239) Und es ist eine weitere »Geschichte«, nämlich diejenige des Autors Stifter durch die Instanz eines nullfokalisierten Erzählers hindurch, die das Narrativ von der dreifachen Störung, also von den epistemologischen und praxiologischen Dynamiken des Wetterwissens und den sich daraus ergebenden sozialen Konsequenzen, als kulturellen Schematismus nachhaltiger Veränderung ausstellt. Es ist mithin die spezifische mimetische Qualität der literarischen Erzählung, die in der reflektierenden narrativen Verdoppelung einer Wirklichkeit, die es als solche nie gab, einen Einblick darein gibt, was passieren kann, wenn Wetterstörungen gesellschaftliche Abläufe stören, und welche Bedeutung es hat, wenn von diesen Störungen erzählt wird. Stifters Texte künden dabei von den fruchtbaren und nachhaltigen Wirkungen, welche die furchtbaren Wetterstörungen und die sich mit ihnen verbindenden Dramen des Wetterwissens in den Beziehungen der Menschen hinterlassen, und sie sind damit exemplarisch für eine Literarische Meteorologie, die sich zugleich auf die Phänomenalität des Wetters und auf die Bestände des Wetterwissens gerade in dessen konstitutiver Vielfältigkeit und Variabilität bezieht. Stifters Texte erheben in ihrer Bearbeitung des Wetterstörungs-Themas den Anspruch, einen epistemologisch relevanten Beitrag zum Wetterwissen zu leisten, der sich in ein Verhältnis auch zum wissenschaftlichen Wissen setzt – und der gerade jene gesellschaftlichen Aspekte der Störung fokussiert, welche das wissenschaftliche Handbuch von Kämtz kennt und erwähnt, aber marginalisiert. Stifters Erzählungen interessieren sich somit für Probleme der wissenschaftlichen Erforschung atmosphärischer Phänomene und erproben die Möglichkeiten poetischer Konkurrenz und Alternativen, wobei diese Auseinandersetzung mit dem Wetterwissen Stifter auch immer zur Reflexion der eigenen Darstellungsintentionen, -bedingungen und -möglichkeiten führt, was im vorliegenden Fall vor allem eine Reflexion des Status von Erzählen bedeutet.

Meteopoetologien der Störung bei Vischer und Benjamin

Wenn nun im zweiten Teil ein meteopoetologischer Umgang mit Störung in den Blick genommen wird, stehen weniger Wetterphänomene hinsichtlich ihrer epistemologischen Schwierigkeiten im Zentrum, vielmehr interessieren sie nun hinsichtlich ihres Potentials, (text-)ästhetische Aspekte der Darstellung zu problematisieren. Meteopoetologisch sind Texte, weil sie Wetterereignisse auf Zusammenhänge der ästhetischen und diskursiven Formbildung beziehen und aus der Komplexität der meteorologischen Sachverhalte Einsichten für den eigenen poetologischen Prozess gewinnen.

In einem allgemeineren ästhetischen Sinne berührt Stifters Zeitgenosse Friedrich Theodor Vischer in seiner *Ästhetik oder Wissenschaft des Schönen* (1846–1858) eine solche Meteopoetologie der Störung. Programmatisch formuliert der linkshegelianische Tübinger Professor für Ästhetik und deutsche Literatur im Verlauf seiner Ausführungen zur »Metaphysik des Schönen«, die er im ersten Band seiner zehnbändigen Abhandlung entfaltet: »Das Wetter ist wirklich einer der schlimmsten Feinde des Schönen.«[29] Zu diesem vernichtenden Satz kommt der Verfasser im Zusammenhang der grundsätzlichen Diskussion des »Gegensatz[es] zwischen der Idee oder der Gattung und dem Individuum«, den er in seinen »Formen der Zufälligkeit« nun, am Ende des zweiten Schrittes seiner dreigliedrigen Erläuterung des »einfach Schönen«, »auf seine Spitze« treibt. (Ä 116) Im ersten Schritt hatte er die »Idee« des »einfach Schönen« dargelegt, die ihre »Wirklichkeit« zwar »im allgemeinen, ewigen Weltverlaufe und im zusammenfassenden Geiste des Denkens« besitze, die aber, auf Grund eines allgemeinen Gesetzes, »zuerst in der Form der Unmittelbarkeit oder der Anschauung vor dem Geist auftrete«. (Ä 48) In einem zweiten Schritt erläutert er dann, dass die Idee »als vollkommen verwirklicht in einem Einzelnen« erscheinen soll, das »als solches ein räumlich und zeitlich begrenztes endliches Wesen« sei. (Ä 94) Vischer diskutiert diesen Vorgang der Manifestation der Idee im Beschränkten und Konkreten unter dem Stichwort »Bild«.

---

29 Friedrich Theodor Vischer: Ästhetik oder Wissenschaft des Schönen. Zum Gebrauche für Vorlesungen, 2. Aufl., hrsg. von Robert Vischer, München 1922, Bd. 1, 118. Im Folgenden werden Zitate aus dieser Ausgabe unter Angabe der Sigle Ä und der Seitenzahl direkt im Text nachgewiesen.

In diesem Abschnitt erweist es sich als grundlegend, dass Vischer das Individuum als »zufällig« bezeichnet. Es wird also nicht allein bestimmt durch seine »Gattung«, sondern ebenso »durch ein Zusammentreffen von Bedingungen, welche aus dem gleichzeitigen Zusammensein der einen Gattung mit allen anderen fließen«. (Ä 94 f) Vischer hält den Begriff der Zufälligkeit für »wesentlich im Schönen«, (Ä 95) die »im Schönen unentbehrlichen Zufälligkeiten« könnten aber auch »getrübt« sein. Gegen Ende des Teils zum »Bild« kommt Vischer deshalb darauf zu sprechen, dass jede Gattung zwar »vernünftig und in sich zweckmäßig« sei, dass sie jedoch »mit den Zwecken anderer aus absoluter oder beziehungsweiser Bewußtlosigkeit ebenso leicht schlechtweg feindselig« zusammenstoße. Daraus entstehe dann nicht »ein Lebensreiz, sondern eine völlige Störung«. Jedes Individuum stelle so einen »Konflikt« dar, weil es neben seiner Gattung immer zugleich auch »Anderes« mit darstelle, was seiner Gattung widerspricht. So entstehe »eine Trübung und Störung, welche bis zu rein zufälliger Aufreibung fortgeht«. (Ä 116)

Vischer exponiert damit eine Facette von Hegels »Prosa des Lebens«,[30] die diesem noch das stärkste Argument gegen das Naturschöne gewesen war. Vischer wiederum offenbart an dieser Stelle einen der produktiven Grundwidersprüche seines Werks. Dieser bestehe, so der Literaturwissenschaftler Lothar Schneider, in seinem »Beharren auf dem Projekt einer idealistischen Gehaltsästhetik, die systematisch um den Zentralbegriff des Schönen gruppiert ist«, und in der gleichzeitigen »Weigerung, die Logik des Ästhetischen von der Konstitutionslogik des Gegenstands, über den das ästhetische Urteil gefällt wird, zu trennen«. Dies treibe Vischer dazu, »immer neue Aspekte der Wirklichkeit« in seine Überlegungen einzubeziehen, die ihre Systematik gefährdeten.[31]

Zu diesen Aspekten der Wirklichkeit gehört nun auch die »Atmosphäre«, die, so Vischer, »eine Form des unbewußten Seins« und demgemäß »in sich gesetzmäßig, also auch ein Werk der im Universum tätigen Vernunft und notwen-

---

[30] Georg Wilhelm Friedrich Hegel: Werke, hrsg. von Karl Markus Michel, Eva Moldenhauer, 20 Bde., Frankfurt a. M. 1970, Bd. 13, 199: »Dies ist die Prosa der Welt, wie dieselbe sowohl dem eigenen als auch dem Bewußtsein der anderen erscheint, eine Welt der Endlichkeit und Veränderlichkeit, der Verflechtung in Relatives und des Drucks der Notwendigkeit, dem sich der Einzelne nicht zu entziehen imstande ist. Denn jedes vereinzelte Lebendige bleibt in dem Widerspruche stehen, sich für sich selbst als dieses abgeschlossene Eins zu sein, doch ebensosehr von anderem abzuhängen, und der Kampf um die Lösung des Widerspruchs kommt nicht über den Versuch und die Fortdauer des steten Krieges hinaus.«

[31] Lothar Schneider: Rez. »Friedrich Theodor Vischer. Leben – Werk – Wirkung, hrsg. von Barbara Potthast, Alexander Reck. Heidelberg: Universitätsverlag Winter 2011«, in: Jahrbuch der Raabe-Gesellschaft 53/1 (2012), 175–182, hier: 181. Das rezensierte Werk stellt die ausführlichste Beschäftigung mit Vischer in den letzten Jahrzehnten dar.

dig [...] an ihrem Orte« sei. Der Mensch atme in ihr wie alle belebten Wesen, als Einzelner wie als Gemeinschaft sei er aber befähigt, »ein sittliches Werk« zu unternehmen, das »ganz einer andern Welt angehört, als der physischen«. So könne es geschehen, dass durch eine »plötzliche Veränderung der Atmosphäre, welche nicht vorauszusehen war und gegen welche sich nicht geschützt zu haben also auch dem Menschen nicht zum Vorwurf gereichen kann«, ein solches sittliches Werk »vereitelt« werde. Diese »Kollision« entsteht durch jenes »Gedränge«, das sich ergibt, wenn das »Stufensystem«, demzufolge jede Gattung »in sich und als Stufe des Ganzen vernünftig« ist, durcheinandergerät und Verhältnisse »außer der Linie« einträten. Eine solche »Störung« aber könne »nicht voraus in Rechnung« genommen werden, »denn wer dies täte, könnte überhaupt gar nichts unternehmen«. (Ä 117)

Die Atmosphäre hat also auf Grund ihrer Struktur (gesetzmäßig, aber nicht berechenbar und damit nicht voraussehbar) und ihrer Notwendigkeit (als Lebensgrundlage der organischen Wesen) das Zeug, als »roher, unästhetischer Zufall« wirksam zu werden. Dies geschehe freilich nicht in allen Fällen. Im Bereiche der Schifffahrt etwa, wo es »die Art des Zwecks mit sich bringt, die Natur in Rechnung zu nehmen«, gehöre das Wetter zu dem »ästhetisch ganz zulässigen und berechtigten Zufalle«. Die Beispiele des »rohen, unästhetischen Zufalls« aber führen in Vischers Argumentation direkt zum Eingangsdiktum der wirklichen und schlimmen Feindschaft des Wetters mit dem Schönen. Diese realisiere sich, wenn etwa »ein würdiger Redner eine Versammlung zu einem großen Werke begeistern will und ein Schnupfen hindert ihn«, oder es »wird Frühling, die Blumen blühen, die Bäume schlagen aus, aber ein Nachwinter zerstört alles«. (Ä 118)

Man hätte sich hier vielleicht prägnantere und spektakulärere Beispiele gewünscht, deutlich geworden mag aber wohl sein, weshalb Vischers wirklichkeitsversessene idealistische Ästhetik als historischer Einsatzpunkt für eine meteoästhetologische Wende der Wetterstörung in Anspruch genommen werden kann. Denn die Störung bei Vischer mag zwar durchaus ihre Ursache in einer plötzlichen Abweichung vom erwarteten Normalverlauf des Wetters haben, die eigentliche Störung, um die es Vischer geht, ist aber eine ästhetische, nämlich die »Störung« der Durchsetzung der Idee der Gattung auf Grund des »rohen, unästhetischen Zufalls« und damit die Zer-Störung der Erscheinung des Schönen im »Bild«. Für diese Destruktion stehen das Wetter und seine Wirkungen paradigmatisch ein.

Wetterstörung interessiert deshalb hier nicht mehr als meteorologisches Wissensfeld, auf dem die Literatur mit ihren erzählerischen und fiktionalen Mitteln operiert, sondern als problemindizierender Bildspendebereich, von dem her sich die ästhetische Störung exemplarisch entwickeln lässt. Ein Wissen vom

Wetter, vor allem von seiner Unberechenbarkeit, geht zwar in die ästhetiktheoretischen Überlegungen ein, das Räsonnement bearbeitet aber nicht die epistemologische Qualität dieses Wissens. Vielmehr transponiert es das Wetterwissen in Sachverhalte der allgemeinen Kunsttheorie und entwickelt diese damit weiter. Dabei ist weder zufällig noch beliebig, dass ›Wetter‹ und ›Atmosphäre‹ an solch neuralgischer Stelle auftreten. Vielmehr verdanken sie dies ihren aisthetischen Qualitäten und deren wissens- und kulturgeschichtlichen Zurichtung. Die meteopoetologische Forschungsperspektive wird so betont, dass den meteorologischen Phänomenen diese Qualitäten zukommen, weil sie Teil eines dominant werdenden Paradigmas normalistischer Störungs-Konzepte sind, die von der normativ orientierten Ästhetik Vischers nur ungenügend absorbiert werden können.

Störung wird so sichtbar als ein interessantes Motiv einer spätidealistischen Ästhetik, die in den Transformationsprozess der Moderne geraten und zunehmend gehalten ist, an der Peripherie die Grenzen des Ästhetischen auszutesten, während die zentralen Bestimmungen zunehmend fragwürdig geworden sind.[32] Vischer geht diese Problematik freilich defensiv an und entwickelt keinen positiven ›Störungs‹-Begriff. Den Vorgang der Störung versteht er als möglichst zu beseitigendes Übel. Zwar gibt es für ihn eine Form des Zufalls, der ästhetisch fruchtbar ist und im Fall des Wetters zum »ästhetisch ganz zulässigen und berichtigten Zufalle« des »Schiff[s] im Sturme« führt. (Ä 118) Alle mit »Trübung« und »Störung« bezeichneten Zufälle allerdings führen in die Feindschaft des Schönen.

Vischers ›Störungs‹-Begriff gehört damit in den Bereich der ›Unfall-Störungen‹, um eine terminologische Differenzierung des Linguisten und Medientheoretikers Ludwig Jäger aufzugreifen. Jägers Unterscheidung ist kommunikationstheoretisch angelegt und bezeichnet mit Störung^u Irritationen in einer Kommunikations-Konzeption, die Sprachproduktionsprozesse als durch kognitive Prozesse geplante, innerlich einzelsprachlich vorbereitete und dann in einer Äußerung an einen Rezipienten gerichtete Akte versteht, bei der fehlerhafte Abweichungen von der ursprünglichen Redeintention durch Nachbearbeitungen korrigiert werden. Störungen sind hier lediglich zu korrigierende Unterbrechungen. Davon zu unterscheiden ist eine von Jäger als »transkriptiv« bezeichnete Störung^t, die diese als konstitutives Moment der Redeentfaltung auffasst. Störungen sind dann keine performative Abweichungen von einer präverbalen Redeintention, sondern fungieren als notwendige transkriptive Weiterbearbeitung der Äußerung.[33] Störung

---

[32] Ebd., 178 f., 181.
[33] Ludwig Jäger: Störung und Transparenz. Skizze zur performativen Logik des Medialen, in: Sybille Krämer (Hrsg.): Performativität und Medialität, Frankfurt a. M. 2004, 35–73, hier: 41–48.

wird damit zum »Produktivitäts-Prinzip sprachlicher Sinngenese«,[34] und man könnte Heinrich von Kleists *Über die allmähliche Verfertigung der Gedanken beim Reden* als Grundlagentext einer Poetik bezeichnen, die sich einer solchen produktiven Poetik gestörter Kommunikation verschreibt. Vischers Ästhetik der Störung kann auf diesem Hintergrund als eine gelesen werden, die vom Autor auf ihre Beseitigbarkeit und Vermeidbarkeit hin konzipiert ist. Da sie aber genuin aus dem Anspruch der Versöhnung von Ideal und Wirklichkeit hervorgeht, bezeichnet sie eine objektive Widersprüchlichkeit von Vischers Theorie. Dadurch wird Vischers negativ gewendete Störungs-Analyse, die Störung als Unfall versteht, gegen die Intention des Verfassers lesbar als eine transkriptive Störung, die Vischers Ästhetik entschieden über den klassischen Schönheits-Begriff hinaustreibt.

Sucht man nun nach literarischen Belegen, die ein solches transkriptives meteopoetologisches Störungs-Konzept umsetzen, wird man im erwähnten Kleist-Text nicht fündig. Kleist argumentiert in seiner Schrift zwar durchaus elektrologisch,[35] kommt aber ohne meteorologische Beispiele aus. Abschließend wendet sich dieser Beitrag deshalb Walter Benjamins Kurzprosastück *Knabenbücher* zu, um die meteopoetologische Produktivität der Störung exemplarisch zu beleuchten. Entwickelt wird sie in diesem Kurzprosastück, das unter dem Titel *Schmöker* erstmals am 17. September 1933 im Unterhaltungsblatt der *Vossischen Zeitung* erschien, in Leseszenen aus einer rezeptionsästhetischen Perspektive in drei Schritten und in drei Abschnitten, welche in meteopoetologischer Perspektive die Leseerlebnisse des erinnernden Ich als Kind erzählen.

Im ersten Abschnitt wird in einer Schulzimmerszene der Weg geschildert, den ein Buch, aus der Schülerbibliothek kommend, aus der Hand des Lehrers durch die Bankreihen zum Ich nimmt. Beschrieben werden die Gebrauchsspuren des Buches, die ihm die kollektiv vermittelte Individualität verleihen, und der letzte Satz des Abschnitts lautet dann: »An seinen [des Buchs] Blättern aber hingen, wie Altweibersommer am Geäst der Bäume, bisweilen schwache Fäden eines Netzes, in das ich einst beim Lesenlernen mich verstrickt hatte.«[36] Wetterwirkungen sind hier präsent im synekdochischen Gebrauch von »Altweibersommer«, der einen kaum wahrnehmbaren und sprachlich weiter nicht fassbaren

---
34 Ebd., 41.
35 Siehe Michael Gamper: Elektrische Blitze. Naturwissenschaft und unsicheres Wissen bei Kleist, in: Kleist-Jahrbuch 2007, 254–272.
36 Walter Benjamin: Berliner Kindheit um neunzehnhundert. Fassung letzter Hand und Fragmente aus früheren Fassungen, mit einem Nachwort von Theodor W. Adorno, 5. Aufl., Frankfurt a. M. 2016, 27. Im Folgenden werden Zitate aus dieser Ausgabe unter Angabe der Sigle BK und der Seitenzahl direkt im Text nachgewiesen.

atmosphärischen Stoff beschreibt, der sich an den Naturgegenständen festsetzt und, als ›Netz‹, Verbindungen zwischen ihnen stiftet. Durch den Vergleich (»wie«) werden Buch- und Baumblätter ineinander gespielt, und es wird dem Buch eine naturgleiche atmosphärische Aura verliehen, die, so stellt es das erinnernde Ich dar, eine prägende, welteröffenende Wirkung auf das Lesen lernende Kind ausgeübt habe. Das meteopoetologische Element wirkt so nicht störend, wohl aber gewohnte Abläufe irritierend und in neue Bahnen lenkend auf das Kind ein.

Im zweiten Abschnitt konkretisiert sich die kindliche Leseszene: Das Buch ist nun beim erinnerten Ich angelangt, dieses liest. Das Lesen transformiert sich, über der Geste des Ohren-Zuhaltens, in ein »erzählen hören«, das »lautlos« bleibt. Diese imaginierte paradoxale Situation ruft eine neue Erinnerung auf, jene an ein »Schneegestöber«, das am Fenster stehend beobachtet wird, und das dem Kind ebenfalls »lautlos« erzählte. Die Passage lautet im Zusammenhang folgendermaßen:

> Manchmal jedoch, im Winter, wenn ich in der warmen Stube am Fenster stand, erzählte das Schneegestöber draußen mir so lautlos. Was es erzählte, hatte ich zwar nie genau erfassen können, denn zu dicht und unablässig drängte zwischen dem Altbekannten Neues sich heran. Kaum hatte ich mich einer Flockenschar inniger angeschlossen, erkannte ich, daß sie mich einer anderen hatte überlassen müssen, die plötzlich in sie eingedrungen war. Nun aber war der Augenblick gekommen, im Gestöber der Lettern den Geschichten nachzugehen, die sich am Fenster mir entzogen hatten. Die fernen Länder, welche mir in ihnen begegneten, spielten vertraulich wie die Flocken umeinander. Und weil die Ferne, wenn es schneit, nicht mehr ins Weite, sondern ins Innere führt, so lagen Babylon und Bagdad, Akko und Alaska, Tromsö und Transvaal in meinem Innern. Die linde Schmökerluft, die sie durchdrang, schmeichelte sie mit Blut und Fährnis so unwiderstehlich meinem Herzen ein, daß es auf immer den abgegriffenen Bänden die Treue hielt. (BK 27 f.)

Das Zusammenwirken von Schneefall und Wind hat den Effekt, dass ein dynamisches Geschehen sich entfaltet, in dem die kleinteiligen Flocken zu ›Scharen‹ geformt werden, die kurzzeitig als kollektive Gebilde wahrnehmbar werden, unablässig aber, in einem Wechsel von »Altbekannten« und »Neue[m]«, ineinander übergehen. Das ›Erzählen‹ des Schneegestöbers ist so ein metamorphotischer Vorgang der Bilderverwandlung, der wiederum dem Erzählen des erinnernden Ichs gleicht, das ebenfalls über die assoziative Bewegung der Erinnerung die Szenen aneinanderreiht und ineinanderschiebt. (BK 27)

Entscheidend für den vorliegenden Zusammenhang ist aber, dass das die strukturelle Dynamik des Schneegestöbers sich nicht bloß als Allegorie für das Schreiben des erinnernden Ich verstehen lässt. Vielmehr überträgt das Schneegestöber sich mit seiner alle klare und eindeutige Ordnung des Erzählens verstörenden Dynamik auf das Buch, dessen Zeichen sich als »Gestöber der Lettern« präsentieren und das nun in der Gestöber-Schrift diejenigen Geschichten erzählt, die »sich am Fenster [...] entzogen hatten«. Das stöbernde Erzählen des Buches erhält so einen höheren Grad der Konkretisierung als die Bilder des Schneegestöbers, dessen dynamische Struktur wiederholt sich aber im Leseprozess. Denn auch die »fernen Länder«, die dem Kind begegnen, »spielten vertraulich wie die Flocken umeinander«, und auch der Umstand, dass die »Ferne« nun nicht ins »Weite«, sondern ins »Innere« führt, verdankt sich der Erfahrung der Schneebeobachtung. Die Verinnerlichung der gelesenen Welt ist so eine, die nach dem Model des Schneegestöbers verfährt, und diese gestöberte Welt durchzieht das Innere des erinnerten Ich im Medium der »Schmökerluft«.

Die Störung des Schneegestöbers besteht damit in einer Erschütterung einer Sinnzuweisung, die sich über eine als arbiträr und stabil verstandene Zeichenstruktur der Sprache herstellt. Diese Irritation setzt eine alternative Signifizierungspraxis ins Werk, die nach dem Prinzip einer »Lehre vom Ähnlichen« und gemäß eines »mimetischen Vermögens« verfährt, wie Benjamin sie zeitnah zur Arbeit an der *Berliner Kindheit* konzipierte[37] – und von der Spuren auch in den Kurzprosa-Stücken festzustellen sind. So heißt es in *Die Mummerehlen*, erneut mit meteopoetologischem Bezug: »Beizeiten lernte ich es, in die Worte, die eigentlich Wolken waren, mich zu mummen. Die Gabe, Ähnlichkeiten zu erkennen, ist ja nichts als ein schwaches Überbleibsel des alten Zwanges, ähnlich zu werden und sich zu verhalten.«[38]

Das Kurzprosastück *Knabenbücher* geht aber noch einen Schritt weiter, weiter in die Lesegeschichte des erinnernden Ich zurück, wobei konstitutiv verunklart wird, inwiefern hier Erinnerung in Erfindung übergeht. Es geht nun um die gegenüber den Büchern aus der Schülerbibliothek »älteren«, »unauffindbaren«, »wundervollen« Bücher, die dem Ich »nur einmal im Traum wiederzusehen gegeben war«. Die Bücher, »die längst verschwunden waren, die ich nie wieder hatte finden können«, liegen nun im Traum in einem »Schrank«, und zwar in dessen »Wetterecke«. Laut dem Grimm'schen *Wörterbuch* bezeichnet

---

[37] Siehe Walter Benjamin: Lehre vom Ähnlichen / Über das mimetische Vermögen, in: ders.: Gesammelte Schriften, unter Mitwirkung von Theodor W. Adorno und Gershom Scholem hrsg. von Rolf Tiedemann und Hermann Schweppenhäuser, Frankfurt a. M. 1980, Bd. II,1, 204–210, 210–213.
[38] BK 59. Der Text schließt auch meteopoetologisch – am Ende heißt es über einem produktiven Verhörer entsprungene »Mummerehlen«: »Ihr Blick fiel aus den unentschlossenen Flocken des ersten Schnees.« BK 60. Siehe dazu Anja Lemke: »Im Gestöber der Lettern«. Mediale Übersetzungsprozesse der Erinnerung in Walter Benjamins *Berliner Kindheit um neunzehnhundert*, in: Harald Hildgärtner, Thomas Küpper (Hrsg.): Medien und Ästhetik. Festschrift für Burkhardt Lindner, Bielefeld 2003, 34–50.

»Wetterecke« die »himmelsrichtung, aus der die unwetter kommen«.[39] In der Tat geht es in diesen Büchern »gewittrig« zu, und es wird gesagt, dass »ein wechselnder und trüber Text sich wölkte«. Diese textuelle Wetterstörung geht einher mit einer sich verdunkelnden, kaum eindeutig dechiffrierbaren Metaphorik, die mit dem »Schneegestöber« gemeinsam hat, dass das Ich, obwohl die Bücher im Traum ihm »sonderbarer und vertrauter« erscheinen, sich ihrer nicht »versichern« kann. (BK 28)

Denn wo die stöbrige und gewittrige Meteopoetologie der *Knabenbücher* sich ausbreitet, da gibt es keine feste Ordnung der Bedeutungen mehr. Diese meteopoetologische Erfahrung einer Zeichenökonomie, die konstitutiv durch Störung gekennzeichnet ist, hat aber nicht bloß kontingenten Charakter. Vielmehr ist sie, dem Anspruch von Benjamins *Berliner Kindheit* gemäß, Teil jener Bilderwelt, welcher der Verfasser habhaft zu werden versucht, um die »Erfahrung der Großstadt in einem Kinde der Bürgerklasse« zu erkunden, der er die Kraft zuspricht, »spätere geschichtliche Erfahrung zu präformieren«. (BK 9) Die meteopoetologisch ausgerichtete Lektüre wird so zum bestimmenden Aspekt des Unternehmens, über die persönliche Erinnerung an die Kindheit und gerade an deren jenseits des bewussten Rationalen liegenden Potentialen eine alternative Geschichte der Jetztzeit zu schreiben.

Fazit

›Störung‹, so ließen sich meine Ausführungen zusammenfassen, ist ein prominentes Konzept normalistischer Meteorologie, das gerade auf Grund dieser herausragenden und populären Stellung auch in der literarischen Meteorologie und der Meteopoetologie seine Relevanz entfaltet hat. Gezeigt wurde, dass schon die meteorologische Handbuchliteratur des 19. Jahrhunderts ›Störung‹ in dreifacher Hinsicht thematisiert: erstens hinsichtlich ihres Gegenstandes als Wetterstörungen, zweitens hinsichtlich der durch Wettereinflüsse verursachten gesellschaftlich-kulturellen Störungen und drittens hinsichtlich der Störung der eigenen technischen Dinge, die den Erkenntnisprozess der Wissenschaft erschweren. Stifter nimmt diese phänomenale, gesellschaftliche und epistemologische Dimension auf und thematisiert, reflektiert und erweitert das meteorologische Wissen in seinen Erzählungen mit narrativen und fiktionalen Mitteln. Vischer und Benjamin hingegen sind uninteressiert am Wissen der Mete-

---

39 Art. »Wetterecke«, in: Deutsches Wörterbuch von Jacob und Wilhelm Grimm (Anm. 6), Bd. 29, Sp. 722.

orologie. Sie verwenden explizit und implizit Vorgänge der Wetterstörung, um durch deren allegorische und metaphorische Transponierung ästhetische bzw. poetologische Sachverhalte darzustellen. Benjamin tut dies in positiver, die verfremdende Produktivität der Störung herausstellenden Weise, während Vischer sie negativ als Unglücksbote für seine Ästhetik begreift. Freilich, so könnte man argumentieren, gerät die Wetterstörung dem Autor der *Ästhetik* unter der Hand und gegen seinen Willen zu einem die eigene Systematik unterminierenden Element, die auf den Autor von *Auch einer* (1879) vorausweist, dessen Nachruhm ganz wesentlich auf der Exposition der ›Tücke des Objekts‹ gründet.

Evi Zemanek
Oden an das Ozon. Spott und Spekulation über den ›potenzierten Sauerstoff‹ in satirischer Dichtung des Viktorianischen Zeitalters

>   Since Schönbein of Basle discovered the stuff,
>   we've lived half a centuree.
>   If of it we only could swallow enough,
>   How healthy, how happy were we!   (1890)

Das im Jahr 1839 von Christian Friedrich Schönbein entdeckte Ozon gehört zu den Phänomenen, die Chemikern wie Meteorologen im 19. Jahrhundert Rätsel aufgaben und zu wilden Spekulationen über Zusammenhänge von Wetter und Gesundheit verleiteten. Fast bis zur Jahrhundertwende wurden Eigenschaften und Wirkungen des ›potenzierten Sauerstoffs‹ in der Ozonforschung mehrfach neu bewertet. Die ihm damals zugeschriebene Ambivalenz als Heilmittel und Gift – die gemäß heutigem Wissensstand darin besteht, dass das Ozon in der Stratosphäre eine Schutzfunktion für das Leben auf der Erde hat, jedoch in Bodennähe auf Menschen und andere Organismen schädlich wirkt – provozierte ein vielfaches kreatives Echo in populären Medien.

Meine vorgängigen Beobachtungen, dass der virulente Ozon-Diskurs in diverse fiktionale und faktuale Textgattungen einging, auf sehr unterschiedliche Weise verarbeitet wurde und das Gas sogar höchst verschiedenartig semantisiert wurde,[1] geben Anlass, auch einen eigenen lyrischen Ozon-Diskurs zu erwarten und nach gattungsspezifischen Verfahren von Darstellung und Wissenspopularisierung in ›Ozon-Lyrik‹ zu fragen. Obwohl Wetterphänomene zum Inventar der Naturlyrik des 19. Jahrhunderts gehören, würde man nicht davon ausgehen, dass das Ozon, etwa wie der Wind oder der Nebel, in der ›ernsthaften‹ Lyrik besungen wird. Fündig wird man jedoch in humoristischen Versen, wie sie in Satirezeitschriften publiziert wurden, in besonderer Dichte im englischen *Punch* (*Punch or The London Charivari*, seit 1841) in den 1860er bis 1890er Jahren. Hier hat die massenmediale Thematisierung des Gases schon in den 1860er Jahren im Kontext der

---

[1] Vgl. dazu Evi Zemanek: Das Ozon als Pharmakon in Fontanes literarischen, epistolarischen und autobiografischen Werken, in: Urs Büttner, Ines Theilen (Hrsg.): Phänomene der Atmosphäre. Ein Kompendium, Stuttgart 2017, 379–394.

https://doi.org/10.1515/9783110624489-007

florierenden Viktorianischen Wissenskultur einen ersten Höhepunkt erlebt. Dank seines auffälligen Reichtums an Ozon-Beiträgen in verschiedensten Formen (wie Gedichten, Kommentaren, Glossen, humoristischen Erzählungen und Witzen in Form kurzer Dialog-Miniaturen) lässt sich die Entwicklung einer intertextuell verketteten Ozon-Lyrik hier besonders gut nachvollziehen.[2] »Oden an das Ozon« lautet der Titel dieses Beitrags, weil sich – mit Ausnahme der beiden zuerst besprochenen Gedichte – einige der im Folgenden angesprochenen Ozon-Gedichte selbst als Oden ausweisen. Dies tun sie gewiss nicht zuletzt wegen der verlockenden Alliteration und natürlich wegen der damit erzeugten semantischen Spannung – hätten doch auch englische zeitgenössische Leser*innen nicht erwartet, dass das kürzlich entdeckte Gas als Sujet für just diejenige lyrische Gattung gewählt wird, die seinerzeit für hohen, feierlichen Stil und seriöses Pathos steht.[3] Letzteres ist allerdings eine ideale Vorrausetzung für parodistische Vorhaben. Während deutschsprachige Oden seit der Aufklärung v. a. philosophische und moralische Themen behandeln, scheint die Bandbreite an Sujets in englischsprachigen Oden – zumindest zu Zeiten ihrer Hochkonjunktur in der ersten Hälfte des 19. Jahrhunderts – etwas größer zu sein, denkt man an Keats berühmte *Ode to a Nightingale* oder auch an Shelleys *Ode to the West Wind,* beide aus dem Jahr 1819.[4] Alternativ zum Lobgesang auf eine Person steht hier das emotionale Lob der Natur hoch im Kurs. Fraglos ändert sich dieses sowohl in der seriösen Lyrik ebenso wie im Gesamtdiskurs und infolgedessen auch in der Satire substanziell im Verlauf der zweiten Hälfte des 19. Jahrhunderts im Zuge der sich gerade erst formierenden ›Natur-Wissenschaften‹. Den enormen Erkenntniszuwachs im Viktorianischen Zeitalter darf man durchaus als kulturelle Verunsicherung und Erschütterung begreifen.[5] Angesichts dessen erfüllen verschiedene Formen

---

2 Gemäß meinen Recherchen erschienen im selben Untersuchungszeitraum in keiner deutschsprachigen Satirezeitschrift konzeptionell vergleichbare Ozon-Gedichte, in denen das Ozon als Protagonist besungen wird, auch wenn man deutschsprachige Gedichte findet, in denen das Gas – meist als ein Element der Beschreibung von Landpartien und Kuraufenthalten – knapp erwähnt wird. Dass man auch im deutschsprachigen Kulturraum dennoch über das Ozon, das diesbezügliche (Un-)Wissen und daraus resultierende kulturelle Praktiken spottet, bezeugen hingegen zahlreiche verbovisuelle Ozon-Karikaturen, wie man sie in den *Fliegenden Blättern*, im *Kladderadatsch*, in der *Bombe* sowie im *Kikeriki* insbesondere im Zeitraum zwischen 1880 und 1939 findet. Solche sucht man wiederum im *Punch* vergeblich, obwohl das Wetter und die Konversation darüber beliebtes Sujet in englischen (Satire-)Zeitschriften ist.
3 Vgl. Dieter Burdorf: Art. »Ode, Odenstrophe«, in: Reallexikon der deutschen Literaturwissenschaft, hrsg. von Harald Fricke u. a., Berlin/New York 2000, Bd. 2, 735–739.
4 Zur englischen Ode, besonders im 19. Jahrhundert, vgl. John D. Jump: The Ode, London 1974.
5 Vgl. dazu eingehender Barbara T. Gates: Ordering Nature. Revisioning Science Culture, in: Bernard Lightman (Hrsg.): Victorian Science in Context, London 1997, 179–186.

und Modi von einerseits Wissenschaftskritik und andererseits Wissenspopularisierung in verschiedenen Medien die Funktion, die Spannungen auszugleichen und zwischen konkurrierenden Weltbildern zu vermitteln, d. h. das Verhältnis von Wissenschaft und Religion, Gesellschaft, sozialer Schicht und Geschlecht auszutarieren.[6] In der Popularisierungsforschung gilt es als unumstritten, dass der Wissensstand einer Kulturgemeinschaft mehr durch Vermittlungsakte seitens diverser ›Popularisatoren‹ denn von Forschern selbst geprägt ist.[7] Zur Verbreitung und Diskussion von ›Wetterwissen‹, das im Fall des Ozons eng mit chemischem und physikalischem Wissen verknüpft war und heute in die Großbereiche der Klima- und Umweltwissenschaften fällt, leisteten im 19. Jahrhundert neben Dichtern auch Satiriker Beiträge, die aber bisher nicht ausreichend untersucht wurden. Die 1841 in London gegründete Satirezeitschrift *Punch* begriff sich laut eigenem Programm in den ersten Jahrzehnten ihres Erscheinens als Medium der Kommunikation sozialer Fehlentwicklungen.[8] Zu erwähnen ist, dass die erste Generation ihrer Autoren, Satiriker und Zeichner – allen voran etwa William Thackeray –, gut informiert waren über Entwicklungen in den Wissenschaften.[9]

Im Folgenden wird den Fragen nachgegangen, welches meteorologische, chemische und populäre Wissen die Spottgedichte absorbieren, in welcher Form sie dieses selbst popularisieren und warum sie es mitsamt den sich eben erst herausbildenden und schrittweise institutionalisierenden Wissenschaften Chemie und Meteorologie ironisch kommentieren und satirisch deformieren. Noch interessanter als der Umgang mit Wissen – so viel sei vorweggenommen – ist derjenige mit Nicht-Wissen. Wissenslücken provozieren wilde Spekulationen, die ihrerseits humoristisch koloriert werden.

---

6 Bei all dem geht es um die Frage, wer an der Wissenschaft oder Wissensgenerierung teilhaben kann und darf. Populärwissenschaftliche Zeitschriften forderten ihre Leser*innen auf, ihren Anleitungen folgend selbst Naturbeobachtungen und Experimente anzustellen und ihre Befunde einzusenden. Vgl. Bernard Lightman: »The Voices of Nature«. Popularizing Victorian Science, in: ders. (Hrsg.) (Anm. 5), 204 f.
7 Ausführlicher zur Popularisierung vgl. Lightman (Anm. 6), 187–211.
8 Vgl. James G. Paradis: Satire and Science in Victorian Culture, in: Lightman (Hrsg.) (Anm. 5), 143–175, hier: 148.
9 Vgl. ebd., 149 f.

Informieren und imaginieren: Meteorologische Sensationen und satirische Spekulationen

Dem ältesten mir bekannten (englischsprachigen) Ozon-Gedicht, *Interesting Departure* (1864), ist als Epigraph eine Nachricht aus einer »Meteorological Correspondence« vorangestellt, auf welche die nachfolgenden Terzinen reagieren. Äußerungskontext jener Nachricht (»There has been an unusal absence of ozone lately.«) ist der rege Informationsaustausch in den zahlreichen »meteorological societies«, die eine stetig wachsende Anzahl von Laien-Mitgliedern verzeichneten. Diese sammelten Wetterdaten und reichten diese nicht selten an Zeitungen weiter, die ihre Leser*innen dazu ermutigten, Wetterbeobachtungen zu teilen. Meteorologische Fachzeitschriften im engeren Sinne gab es im Erscheinungsjahr des Gedichts noch nicht, wohl aber die Proceedings der im Jahr 1850 gegründeten British Meteorological Society (1883 umbenannt in Royal Meteorological Society). Erklärter Zweck jener Gesellschaft war es, Messverfahren zu standardisieren, ein professionelles Netzwerk für den Datenaustausch aufzubauen und der Meteorologie Geltung als Wissenschaft zu verschaffen. Letzteres schloss das Ziel ein, den zweifelhaften öffentlichen Ruf der ›Meteorologie‹ zu verbessern und verbreiteten Wetter-Aberglauben zu verdrängen.[10]

Satirische Verse oder Kommentare, die unmittelbare Reaktionen auf tatsächliche oder vermeintlich erschienene Nachrichten darstellen, gehören im 19. Jahrhundert zum Standardrepertoire von Satirezeitschriften.

> INTERESTING DEPARTURE.
> »There has been an unusual absence of ozone lately.«
> – *Meteorological Correspondence, passim.*
>
> Oh where, and oh where, is our usual ozone gone?
> Its absence surely must have been remarked by every one.
> Can nobody inform us why and whither it has flown?
>
> Oh where, and oh where, did our usual ozone dwell?
> 'Twas somewhere in the atmosphere, but where I cannot tell:
> You must ask PROFESSOR AIREY, or some learned swell.
>
> Suppose, oh! Suppose, that our ozone's in the sky! –
> Just for a change it may perhaps have thither tried to fly –
> Can we exist without it, I wonder, if we try?[11]

---

10 Vgl. Jennifer Tucker: Nature Exposed. Photography as Eye-Witness in Victorian Science, Baltimore 2005, 134 f.
11 Interesting Departure, in: Punch 47 (17. Dez. 1864), 254; zitiert nach der Online-Ausgabe der Universitätsbibliothek Heidelberg: https://digi.ub.uni-heidelberg.de/diglit/punch [konsultiert am 20.04.2020].

Mit dem Bezug auf die vorangestellte Nachricht demonstriert das Gedicht Aktualitätsbezug. Die Nachricht selbst – dass man kürzlich eine ungewöhnliche Absenz von Ozon festgestellt habe – wirft jedoch Fragen auf und generiert Unsicherheit. Sie wird keineswegs als ›good news‹ aufgenommen, da Ozon seinerzeit als belebend gilt. Die *Encyclopedia britannica* informiert 1859 in der Sektion »Sanitary Science«, dass diese ›aktivere Form des Sauerstoffs‹, die leider nicht kontinuierlich auftrete, förderlich sei für den menschlichen Stoffwechsel und Miasmen reduzieren, d. h. vermeintlich infektiöse Luft desinfizieren könne. Der besagte Eintrag umreißt anschaulich den damaligen Wissenshorizont:

> The great aerial ocean which surrounds the world is necessary to the existence of both animals and plants. It is subject to considerable chemical and physical variations, which affect more or less the health of man. It is also the medium for the diffusion of those poisons, which, either arising from decomposing animal or vegetable matter, or the deceased body of man, produce these forms of zymotic disease which are most destructive of human life.
>
> Atmospheric air consists principally of oxygen and nitrogen [...]. Of these constituents, oxygen is the most important, as by its agency many of the functions of animal life are carried on. [...] Oxygen assumes two forms in the atmosphere, one of which is called ozone. This latter form, of ozone, is not always present, but is sometimes very abundant. Ozone is a more active form of oxygen gas. It readily unites with the combustible elements, and appears to be the great agent for reducing those compounds arising from decomposing animal and vegetal matters in the air which would otherwise be injurious to health. In the same way, it acts beneficially on the human system, by quickening those processes of oxidation which are essential to health.[12]

Mit der Absenz von Ozon konstatiert die Nachricht also eine atmosphärische Verschlechterung. Der erste Vers ist ein exklamativ-affektives Echo auf die neutral formulierte Nachricht, die folgenden affirmieren ironisch die Wichtigkeit des Sujets. Mit einem Augenzwinkern ziehen sie jedoch den Nachrichtenwert in Zweifel. Der dritte Vers fordert im Namen der Leser*innen mit dramatisierendem Gestus weitere Informationen. Die Sprechinstanz bündelt in pseudodialogischer Manier Stimmen aus der Bevölkerung und Leserschaft, die sich über das freche Verschwinden des Ozons empört und für die die diesbezügliche Unwissenheit unerträglich ist. Die Feststellung des Verschwindens wirft nämlich auch die Frage nach seinem vorherigen Aufenthaltsort auf, die man als Laie nur ungenau beantworten kann (»somewhere in the atmosphere, but where I cannot tell«, V. 5). Daher verweist die Sprechinstanz auf die Gelehrten, deren Autorität jedoch durch den fiktiven Namen eines repräsentativen Wissenschaftlers

---

[12] Art. »Sanitary Science«, in: Encyclopedia britannica, 8. Aufl. (1854–1859), Cambridge 1859, Bd. XIX, 602–621, hier: 608.

untergraben wird – deutschsprachige Leser*innen assoziieren »Professor Airey« vielleicht mit »Luftikus«, von dem man sich demnach kaum mehr Wissen erwarten dürfte als ohnehin bereits kursiert. Die dritte Strophe gibt den meteorologischen Laiendiskurs der Lächerlichkeit preis, indem sie die auch begrifflich unbeholfene, unpräzise Auffassung von Laien zitiert (»ozone's in the sky!« V. 7) und damit dem Gedicht jeglichen Erkenntnisfortschritt verweigert. Womöglich wurde diese Banalität vor allem wegen der Reimmöglichkeiten sky – fly – try zitiert. Die anschließende Vermutung, dass das Ozon versuchte, (fort) zu fliegen, mokiert sich über die verbreitete Neigung zur Anthropomorphisierung, die in der allgemeinen Unwissenheit bezüglich atmosphärischer Phänomene wurzelt.

Erst im letzten Vers wird die eigentliche anthropozentrische Sorge deutlich in der Frage, ob der Mensch ohne das Ozon überhaupt leben könne. Wie berechtigt diese Frage ist, lässt sich erst seit der Entdeckung der Ozonschicht in der Stratosphäre – im Jahr 1913 durch die Physiker Charles Gabry und Henri Buisson – ermessen. Vorher konnte man also keineswegs von der wichtigen Schutzfunktion des Ozons für das Erdklima wissen. In diesem Gedicht aber scheint die besagte Frage vielmehr darauf abzuzielen, den gerade erst beginnenden Diskurs über die Bedeutung des Ozons für den Menschen und das Leben auf der Erde zu trivialisieren und gar zu suggerieren, dass man wohl ohne das Ozon durchaus leben könne.

Nicht zuletzt kann man den letzten Vers als autoreflexiven Kommentar der Spottlyrik lesen: Können wir [Verfasser*innen von Satiren und Spottversen] noch ohne das Ozon leben, das für Karikaturist*innen aufgrund der diesbezüglichen Unsicherheiten und Ambivalenzen so viel spannender ist als andere Konversationsthemen? Andere Wetter-Phänomene wie Wind, Nebel, Regen und Sonne sind Sujets der ernsten Lyrik (man denke nur an Shelleys *Ode to the West Wind*). Ozon-Gedichte verspotten jene ernste Wetter-Lyrik. Sie sind zugleich Satiren auf die Meteorologie sowie auf die populären Konversationen über Wetter und sie sind Parodien auf einen Teil der Naturlyrik.

Nicht nur diese Pluralität der Bezugshorizonte macht es oft schwer, die eigentliche Stoßrichtung derartiger, meist von Ironie durchdrungener Gedichte aus Satiremagazinen zu erkennen. Bisweilen ist der Kontext, in dem das einzelne Gedicht erscheint, für dessen Verständnis aufschlussreich. *Interesting departure* steht direkt neben einem Text überschrieben mit *How to quash the quacks*, der zwinkernden Auges Ratschläge gibt, wie man gegen »Quacksalber« vorgehen kann, deren wirkungslose Mittelchen oft nicht ungefährlich waren. Solche katalogischen ›How to‹- Anleitungen sind ein beliebtes Format im *Punch*. In jener Auflistung nimmt die Rolle der Presse den größten Raum ein: Sie solle keine Werbung für wirkungslose Produkte platzieren. Der Sprecher rühmt sich ironisch, selbst niemals Zeitungen mit solcher Werbung zu kaufen. *De facto* ist das kaum möglich, denn solche Werbung findet sich überall, zum Beispiel für Ozon-Kosmetika und Ozon-Wasser. Anhänger des Ozons werden also im selben Atemzug attackiert wie diejenigen der »Quacks«.

Relativieren: Wissenschafts-, Diskurs- und Medienkritik

Vier Monate später erscheint im *Punch* – erneut neben einer satirischen Reaktion auf Quacksalber – das nächste Ozon-Gedicht: *Ozone (by an unscientific contributor)*. Bezeichnenderweise trägt es trotz der exponierten Laienperspektive den nun hinreichend geläufigen Namen des Gases im Titel. Auch diese unkundige Sprechinstanz inszeniert das Gedicht als Reaktion auf die überall kursierende Rede vom Ozon, doch modifiziert sie die (im ersten Gedicht zentrale) Frage nach dem Aufenthaltsort des Ozons, im Bemühen, endlich zum Kern des Phänomens – seinem Wesen, seinen Eigenschaften – vorzudringen und es epistemologisch verorten zu können.

OZONE
(BY AN UNSCIENTIFIC CONTRIBUTOR.)

[I.] TIME was, when to this tune I
Sang of the Turcophone,
Which, as you know, some months ago,
By ALI BEN was blown.
That's past, and into notice
Another name has grown,
For I've read and read,
What the Press has said
Of the quantities of Ozone.
   Now tell me what *is* Ozone?
   I cannot make out, I own,
   Is it bitter or sweet?
   Is it something to eat?
Oh! *do* tell me what *is* Ozone?

[II.] There's COXWELL and there's GLAISHER,
Aëronauts so bold,
Who all for love go up above,
To shiver and shake with cold.
Their letter to the papers
By GLAISHER signed alone,
Says where they've been,
And that they've seen
A quantity of Ozone.
   But he doesn't say what's Ozone?
   I cannot make out; I own
   That from what I have heard,
   I should say 'twas a bird,
But then *why* is it called Ozone?

[III.] There's MR. HINDE, Astronomer,
    Who's nothing else to do,
    But sit up at night to take a sight,
    And discover a star or two.
    But when some Heavenly body
    Is not so plainly shown
    As it ought to be, »Tis through,« says he,
    »The qualities of Ozone.«
        As he doesn't say what's Ozone,
        I rather suspect his tone,
        Which leads me to think
        It is something to drink,
    (*Thoughtfully*), But I've not heard it called
                          Ozone.

[IV.] I ask the modern doctors,
    And on this pipe they drone,
    That I should be buried and cemetery'd,
    If 't wasn't for Ozone.
    Of course I'm very grateful,
    As it saves my friends a groan.
    That so long I've been kept alive
    By a course of this same Ozone.
        Even Science says, what's Ozone,
        As yet, isn't clearly known.
        So now *I* know no more
        That I did long before,
    I asked you what *is* Ozone?[13]

Die wissbegierig vorgebrachte, leitmotivisch wiederholte und variierte Frage (»what *is* ozone?«, I.10, 14, II.11, IV.14) ist durchaus berechtigt, denn in der *Encyclopedia Britannica* heißt es damals noch vage, es handle sich wohl um ein Wasserstoffoxid, entweder O_2H oder O_3H.[14] Das Argument, dass man zunächst die »qualities« des Ozons kennen müsse, bevor man täglich über »quantities« streite, liest sich als Kritik an den pseudo-meteorologischen Nachrichten jener Zeit und als intertextuelle Referenz auf das zuvor besprochene Gedicht aus demselben Jahr, das den öffentlichen Diskurs spiegelt und verhöhnt. Der »unscientific contributor« geriert sich als frustrierter Zeitungsleser, dessen Wissensdurst weder (primär) von den Wissenschaftlern noch (sekundär) von den Medien gestillt wird. Zugleich gibt er sich aber auch als Journalist zu erkennen, der den Gesetzen der Informationsgesellschaft folgt – die eine kontinuierliche Abfolge von ›News‹ verlangen, deren Nachrichtenwert allein durch die Systemlogik der Massenmedien bestimmt wird – und hierarchielos, mit gleichem Gestus der Sensationskommunikation am einen Tag vom »Turcophone«, einem von Ali Ben [Sou-Alle] vorgestellten Musikinstrument,[15] und am nächsten Tag vom Ozon berichtet – jedoch nicht, ohne angesichts der Wissenslücken den Nachrichtenwert in Frage zu stellen. Das Gedicht kreist in vier unregelmäßig kreuz- und paargereimten Strophen um den beklagten blinden Fleck im Ozon-Diskurs. Nach der

---

13 Ozone (by an unscientific contributor), in: Punch 48 (15. April 1865), 154; Online-Ausgabe siehe Anm. 11.
14 Vgl. Art. »Chemistry«, in: Encyclopedia britannica, 8. Aufl. (1854–59), Cambridge 1954, Bd. VI, 437–525, hier: 461.
15 Vgl. José-Modesto Diago Ortega: Ali-Ben-Sou-Alle's Turcophone Patent (1860): the Closest Bridge between Clarinet and Saxophone, in: Galpin Society Journal 72 (März 2019), 175–191.

Exposition in der ersten Strophe zitiert es schlaglichtartig als Autoritäten »Aeronauten«, einen Astronom und »moderne Ärzte« herbei, deren Beobachtungen alle keine konkreten Antworten auf die gestellten Frage geben (II.10: »But he doesn't say what's Ozone«, sowie leicht variiert in III.10 und IV.10 f.). Eine gewisse Menge an Ozon bezeugen in der zweiten Strophe Henry Coxwell und James Glaisher, die 1862 bei einer Rekorde brechenden Ballonfahrt bis auf 11000 Meter Höhe aufgestiegen sind, um als Erste atmosphärisches Ozon in freier Luft zu messen, aufgrund von starken Kreislaufbeschwerden jedoch keine brauchbaren Messungen mitbringen konnten. Tatsächlich ist es erst 72 Jahre später gelungen, bei einer unbemannten Ballonfahrt die vertikale Ozonverteilung zu messen.[16] Die Ergebnislosigkeit dieser Ballonfahrt wird den mutigen Aeronauten im Gedicht zwar nicht direkt vorgehalten, doch klingt Befremdung angesichts dieses lebensgefährlichen Wagnisses an, dessen Erkenntnisziel für die Sprechinstanz nicht ganz nachvollziehbar ist. Noch weniger Respekt wird dem keinerlei Wagnis eingehenden, passiv beobachtenden Astronom (in der dritten Strophe) zuteil, der die Existenz von Ozon nur *ex negativo* nachweisen kann, indem er es bei erhöhter Konzentration dafür verantwortlich macht, die Sterne weniger klar sehen zu können – was aus heutiger Sicht nicht plausibel ist. Wird dem rätselhaften Gas hier ein negativer Effekt zugeschrieben, so erklären es die »modernen Ärzte« in der vierten Strophe zum lebenswichtigen Element, das sie in seiner Wirkung mit dem Sauerstoff gleichsetzen. Ozon wird als flüchtiges, unbeschreibbares Phantom begriffen, dessen Wesen selbst die hochangesehene, mit Majuskel versehene Wissenschaft – gemäß dem in populären Lexika referierten Wissensstand – noch nicht klären konnte (»Even Science says, what's Ozone? / As yet isn't clearly known.« IV.10 f.). Das Gedicht endet mit dem verzweifelten Resümee, dass man nach vier Strophen nicht mehr wisse als zu Anfang, und reicht die unbeantworteten Fragen weiter an die Leser*innen.

Welchen Informations- und Unterhaltungswert haben solche Gedichte, die bloß Ungewissheiten und Spekulationen akkumulieren und versifizieren? Dienen Sie nur dazu, die Ahnungslosigkeit der ›Wissenschaft‹ zu exponieren? Vom ersten Gedicht unterscheidet sich das zweite dadurch, dass seine Sprechinstanz weniger naiv ist: Die Selbstbezeichnung als »unscientific contributor« muss man nicht unbedingt als Bescheidenheitsgeste deuten; sie kann auch Geste der Distinktion und Abgrenzung vom ›unwissenden Wissenschaftler‹ und damit Ausdruck des Selbstbewusstseins dessen sein, der mit gesundem Menschenverstand Wissensgrenzen erkennt.

---

[16] Zur Geschichte der Ozon-Messung vgl. Uwe Feister: Ozon. Sonnenbrille der Erde, Leipzig 1990.

In England hat die Wissenschaftssatire (wie die Satire überhaupt) eine lange Tradition. Im *Punch* und anderen Satirezeitschriften wie z. B. den kurzlebigeren Blättern *Figaro* (1831–1838) und *Comick Almanack* (1835–1853) bildet die verbale und verbovisuelle Satire auf Wissenschaft und ihre Institutionen (neben der Satire auf Politik, Gesellschaftsleben und religiöse Orthodoxie) einen besonderen Schwerpunkt.[17] Schon eineinhalb Jahrhunderte früher hatten namhafte Satiriker der Aufklärung wie Jonathan Swift und Alexander Pope die im Rahmen der Royal Society praktizierte ›Wissenschaft‹ aufs Korn genommen. Man mokierte sich über das blindwütige Sammeln von Fakten, die Experimentierlust, die großen Erkenntnisziele und die bescheiden wirkenden tatsächlichen Fortschritte, die Kontroversen und den neuen Fachjargon, der die wissenschaftliche Elite zunehmend von unbeschlagenen Leser*innen trennte.[18] Diese Satiren waren ein publikumswirksames Medium, um verschiedenste Wissenschaftsbestrebungen zur Zeit ihrer beginnenden Institutionalisierung in Frage zu stellen. Im Unterschied zu ernstgemeinten Formen der Popularisierung sind sie nicht dem Ziel verpflichtet, die Akzeptanz für die neuen Wissenschaften in der breiten Öffentlichkeit zu fördern.[19]

Ästhetisieren: Poetizität und Pathos im lyrischen Ozon-Diskurs

In den darauffolgenden Jahren erscheinen Ozon-Gedichte, die sich im Titel explizit als Oden ausweisen und damit – anders als die zuvor besprochenen Gedichte – autoreflexiv in einem lyrischen Traditionsfeld positionieren. Der erneut gewählte, schlichte Obertitel des im Jahr 1867 wiederum im *Punch* erschienenen Gedichts *Ozone (An Ode to Meteorological Observers)* suggeriert, dass sich der schillernde Begriff in populären Medien noch immer nicht abgenutzt hatte. Laut Untertitel ist diese Ode nun den seinerzeit zahlreichen Beobachter*innen des Wetters gewidmet, die schon in *Interesting Departure* von 1864 sanft lächerlich gemacht wurden.

---

17 Vgl. Paradis (Anm. 8), 151 f.
18 Ausführlicher dazu vgl. ebd., 146.
19 Die Notwendigkeit, das Verständnis von und die Akzeptanz für die neuen Wissenschaften in der breiten Öffentlichkeit zu fördern, belegen Gründung und Aktivitäten der British Association for the Advancement of Science.

OZONE
(An Ode to Meteorological Observers.)

[I.] THERE is a word,
Perhaps absurd
The thought may be, I'll own;
But it sounds – oh
So full of woe!
The chemic term, Ozone.

[II.] 'Tis in the air
An essence rare;
Not much about it known:
Now less, now more.
The tempest roar
The sad winds sigh Ozone!

[III.] Each weather-sage,
That rain doth gauge,
And note each breeze that's blown
Cloud, mist, and, fog,
Down in his log
Takes care to put Ozone.

[IV.] Of its excess,
Or scantiness,
Effects by health are shown.
The sudden change,
Oft felt so strange.
Can that be from Ozone?

[V.] When east wind keen
Makes skin shagreen,
And pierces to the bone,
Perhaps its sting
Is that some thing
Of doleful name, Ozone.

[VI.] When plague and pest
Mankind infest,
And folk with fever groan,
The atmosphere
Is in a queer
State, as regards Ozone.

[VII.] When devils blue
Prevail on you
To mope, despond, and moan,
Is their control
Of heart and soul
Exerted through Ozone?

[VIII.] O dismal sound!
What gloom profound
In that lugubrious tone!
To blast forlorn
Of mournful horn,
Fancy attunes Ozone.

[IX.] Or bass, as low
As breath can blow
Upon the grim trombone;
Sepulchral note
Deep down in throat;
Ozone, Ozone, Ozone![20]

Wie *Ozone* von 1865 beklagt auch die ›Ode‹ von 1867 anfangs den Wissensmangel, unterscheidet sich von den beiden anderen Gedichten jedoch deutlich durch seine Interpretation des Ozons: Hier wird es nun plötzlich gänzlich negativ konnotiert, am Ende wird es sogar mit dem Tod assoziiert – in scharfem Kontrast zu *Ozone* von

---

20 Ozone (An Ode to Meteorological Observers), in: Punch 52 (2. Febr. 1867), 42; Online-Ausgabe siehe Anm. 11.

1865, in dem es als existenziell notwendig erachtet wird. Von den vorherigen Gedichten unterscheidet sich das spätere außerdem durch Dramatisierung und Pathos: »Ozone« klinge so voll des Leids, heißt es hier gleich in der ersten Strophe exklamativ (»But it sounds – oh / So full of woe! / That chemic term, Ozone.« I.4–6). Wie schon im allerersten Vers (»There is a word [...]«) wird das Ozon betontermaßen als Wort und Sprachmaterial des Dichtenden wahrgenommen, obwohl diese Sprechinstanz nun immerhin schon weiß, dass der Begriff epistemologisch der Chemie zugeordnet wird.

Am Ende der vierten Strophe greift das in seinem Verlauf zunehmend düster klingende Gedicht auch die Vermutung auf, dass sich außergewöhnlich hohe oder niedrige Ozon-Werte auf die menschliche Gesundheit auswirken. Verschiedene Leiden werden in den Folgestrophen hypothetisch auf das Ozon zurückgeführt: darunter nicht nur harmloseres Unwohlsein und Depression, sondern auch die Pest (VI.1) – wobei jedoch unklar bleibt, ob ein Übermaß oder ein Fehlen von Ozon dafür verantwortlich sei. Dieses Gedicht folgt also nicht mehr der zuvor zitierten Sichtweise der *Encyclopedia Britannica* in der Auflage von 1859. Ein vergleichender Blick in deutschsprachige Lexika zeigt, dass die Bewertungen der gesundheitsfördernden bzw. -schädigenden Wirkung des Gases im letzten Drittel des 19. Jahrhunderts schwanken und sich auch chemische und medizinische Abhandlungen gegenseitig widersprechen. Obwohl schon ab 1860 immer wieder darauf hingewiesen wurde, dass Ozon die Schleimhäute angreife und Husten oder Katarrh hervorrufe,[21] traute man ihm sogar zu, Pest und Cholera-Epidemien einzudämmen, sobald man es in ausreichender Menge künstlich herstellen und verteilen könne. Im vielgelesenen Familienblatt *Die Gartenlaube*, welches das Ozon seinem deutschsprachigen Publikum im Jahr 1860 in einem eigenen Artikel vorstellte, wurde das Gas ambivalent beschrieben, letztlich aber voll Faszination verklärt: »Es zerstört am schnellsten das tödtlichste Luftgift Schwefelwasserstoffgas und alle oxydablen Miasmen und ist so die größte Desinfections-(Reinigung von Ansteckungsstoffen)Substanz, die man bis jetzt kennt, die erste Großmacht in der Gesundheits-Polizei der Natur.«[22] Erst gegen Ende des Jahrhunderts heißt es dann – wiederum in einem Artikel der *Gartenlaube*, der Aussagen aus dem dreißig Jahre

---

21 Vgl. Art. »Ozon«, in: Neues Conversations-Lexikon für alle Stände, hrsg. von H. J. Meyer, 1. Aufl., Hildburghausen 1857–1861, Bd. 11 (Marengo–Ozon) 1860, 1484; sowie ausführlicher Art. »Ozon«, in: Neues Conversations-Lexikon, ein Wörterbuch des allgemeinen Wissens, hrsg. von H. J. Meyer, 2. Aufl., Hildburghausen 1861–1867, Bd. 12 (Nickellegierungen– Plattform) 1866, 462–464, hier: 462.
22 Der neue Gesundheits-Polizei-Präsident in der Natur (Ozon), in: Die Gartenlaube 42 (1860), 670. Vgl. außerdem Johann Hammerschmied: Das Ozon und seine Wichtigkeit im Haushalte der Natur und des menschlichen Körpers, Wien 1873.

früher entstandenen Artikel teilweise revidiert –, dass die bakterientötende Wirkung des Ozons überschätzt worden sei.[23]

Mehr noch als für die Einflüsse des Ozons auf die menschliche Physis interessiert sich die Ode aus dem Jahr 1867 für diejenigen auf die Psyche. In der achten Strophe üben Dämonen mithilfe des Ozons ihre dunkle Macht auf »Herz und Seele« (VII.5) aus. Bezeichnenderweise ist es der Ostwind, der das Ozon bringt und als Widerpart des in der abendländischen Literaturgeschichte insgesamt deutlich positiver konnotierten Westwinds fungiert.[24] Der in der Mitte des Gedichts (Strophe V) aufgerufene Ostwind räumt alle Zweifel daran aus, dass man es hier trotz der strophischen, metrischen und rhythmischen Unterschiede mit einer Kontrafaktur zu Shelleys berühmter *Ode to the West Wind* zu tun hat, auf die mit diversen Signalwörtern angespielt wird, unter anderem auch mit der bereits erwähnten »pest« (dort I.5). Wie eine Parodie auf Shelleys Ode klingen die Verse II.5f. sowie die Strophen VIII–IX, in denen das Ozon als akustisches Phänomen beschrieben wird und die damit auf Shelleys wiederholtes »Oh hear!« antworten (dort jeweils am Ende der ersten drei Strophen: I.14, II.14, III.14).[25] Unterstrichen wird die Referenz auf die hohe Lyrik durch den Stil des Gedichts: Der plaudernde mokante Konversationston der vorherigen Gedichte wird durch Pathos ersetzt. Das parodistische Gedicht übernimmt allerdings nur die negativen Beschreibungselemente von Shelley, der sich selbst von gängigen hauptsächlich positiven Zuschreibun-

---

23 Vgl. Das Ozon, in: Die Gartenlaube 6 (1891), 99.
24 Der sanfte Westwind wird schon in der griechischen Mythologie mit der Gottheit Zephyr und dem Frühling assoziiert. Vgl. Evi Zemanek: Art. »Westen«, in: Lexikon der literarischen Symbole, hrsg. von Günter Butzer und Joachim Jacob, Stuttgart 2008, 422f. Vorsicht ist jedoch in globaler Perspektive geboten, da die Winde naturgegebenermaßen in jeder Erdregion andere Konnotationen haben. Für eine negative Konnotation des Ostwinds sei hier nur ein im Jahrzehnt vor Entstehung des betreffenden Gedichts publiziertes und vielrezipiertes Referenzwerk genannt: In Dickens *Bleak House* (1852–1853) wird er für Rheuma-Schübe verantwortlich gemacht (vgl. Charles Dickens: Bleak House, London 1968, 40). Für ungesichertes Wissen über den Zusammenhang von Ozon und Wetter vgl. Art. »Ozon«, in: Meyers Konversations-Lexikon. Eine Encyklopädie des allgemeinen Wissens. 3. Aufl., Leipzig 1874–1878, Bd. 12 (Ney – Plünderung), 1877, 466–468, hier: 468: »Süd- und Südwestwind erhöht mit der Feuchtigkeit den Ozongehalt der Luft, während Ost- und Nordostwind ihn herabdrückt. Bei feuchtwarmer, regnerischer, stürmischer Witterung und bei Gewitter ist die Luft in der Regel sehr ozonreich, bei starkem Nebel aber ganz ozonfrei. Mit der Stärke des Windes wächst der Ozongehalt«; siehe auch die unveränderte Passage in Meyers Konversationslexikon. Eine Encyklopädie des allgemeinen Wissens, 4. Aufl., Leipzig 1885–1892, Bd. 12 (Nathusius – Phlegmone), 1888, 589–591, hier: 591.
25 Auch in Shelleys Ode ist die Rede von »breath« (I.1), »grave« (I.8), »sepulchre« (II.11), »a deep autumnal tone« (V.4) und »trumpet« (V.13). Vgl. Ode to the West Wind, in Percy Byshe Shelley: The Poems of Shelley, Volume Thee: 1819–1820, hrsg. von Jack Donovan, Cian Duffy, Klevin Everest, Michael Rossington, Oxford, Nr. 259.

gen des Westwinds durch eine betont ambivalente Beurteilung abgrenzt, wenn er den »breath of Autumn's being« (I.1) als »destroyer and preserver« (I.14) apostrophiert. Zwar beschreibt Shelleys lyrisches Ich, das sich in seiner Imagination als gefallenes Blatt und Wolke seinem Treiben hingibt, den ›wilden‹ Wind als Vollstrecker des Herbstes und Boten des Winters, erkennt jedoch am Ende darin auch die Voraussetzung für eine Regeneration im Frühling, da er die Samen verteilt, die im nächsten Sommer Früchte tragen werden.

Diese ungewöhnliche Ambivalenz ist ebenso ein Charakteristikum des populären Ozon-Diskurses: Wenngleich sie in diesem und den beiden zuvor angesprochenen Ozon-Gedichten noch nicht voll ausgeprägt erscheint, zeigt sie sich deutlich in der Zusammenschau des öffentlichen Ozon-Diskurses im letzten Drittel des 19. Jahrhunderts.[26] Das Bewusstsein von Wissenslücken belegt auch ein anderer Beitrag im *Punch*, der zu Jahresbeginn 1871 erschien. Es handelt sich um eine Liste von guten Vorsätzen für das neue Jahr mit dem Titel *Good Resolutions for the New Year*. Neben verschiedenen Maßnahmen einer gesünderen Lebensweise stehen Vorsätze, die eigene Bildung zu erweitern, und darunter: »to know all about ozone«.[27]

Einen Kulturwandel markiert schließlich eine dreiundzwanzig Jahre später, also 1890 erschienene Ozon-Ode, verfasst »von einem armen Familienvater«: *Ode to Ozone (By a Poor Paterfamilias)*. Auch hier verrät der Titelzusatz etwas über Perspektive, Motivation und Wissenshorizont des Sprechers.

ODE TO OZONE
(By a Poor Paterfamilias.)
»London is a terrible consumer of ozone.«
                     Standard.

O WHERE and O where, is our treasured Ozone?
   O where, and O where can it be?
From London to leeward 'tis utterly gone,
   To windward but little floats free.

Since SCHÖNBEIN of Basle discovered the stuff,
   We've lived half a cen-tu-ree.
If of it we only could swallow enough,
   How healthy, how happy were we!

Condensed form of oxygen, essence of air,
   That's fresh, or electricitee,
Ozone is the stuff shaken health to repair.
   'Tis for it we all fly to the sea!

---

[26] Die Ambivalenzen des öffentlichen Ozon-Diskurses spiegeln sich wiederum in Theodor Fontanes faktualen und fiktionalen Auseinandersetzungen mit dem Gas. Vgl. Zemanek (Anm. 1).
[27] Good resolutions for the New Year, in: Punch 60 (7. Jan. 1871), 4; Online-Ausgabe siehe Anm. 11.

Solidified Ozone they talk about now,
   To be bought in small bricks like pressed tea,
The air that is cheering when breathed on one's brow
   In cubic foot-blocks would bring glee.

How pleasant to buy one's Ozone, like one's coal,
   And store it up an-nu-al-lee!
And not fly for it to some dull cockney hol
   Just because it is dug by the Sea!

Ah yes, let us have it, this needful Ozone,
   In portable parcels! Ah me!
No longer need Paterfamilias groan
   At the cost of the month by the Sea![28]

Wie das älteste Ozon-Gedicht beginnt es mit dem Zitat einer Zeitungsnachricht: »London is a terrible consumer of Ozone.« Ausgangspunkt des Gedichts ist erneut ein in der Stadt festgestellter Mangel an nun also wieder positiv konnotiertem Ozon und ein ungestilltes Begehren danach (vgl. II.3f., III.3f.). Dass das Gedicht intentional intertextuell auf das früheste Gedicht *Interesting Departure* referiert, belegt der erste beinahe identische Vers (»Oh where, oh where, is our treasured Ozone?«), in dem lediglich das neutrale »our *usual* ozone« mit »treasured« ersetzt wird. Zum *common knowledge* gehörte es seinerzeit, dass es in Städten stets an belebendem Ozon fehle; die verbreitete Annahme war für den boomenden Tourismus in »ozonreiche« Reinluftgebiete mitverantwortlich. In der *Encyclopedia Britannica* konnte man lesen:

> Ozone is found abundantly in the air coming from the ocean and in mountainous and rural districts free from vegetable and animal decomposition. It is seldom found in the air of London or our large towns. When found, it is in the suburbs and when the wind is blowing from the sea or the country towards the city.[29]

Mit dem kulturellen Ritual der Sommerfrische in namhaften Seebädern rechnet dieser Sprecher nun jedoch ab, da solche Luftkuren für den »armen Familienvater« zu kostspielig seien. Recht gibt ihm ein Brockhaus-Artikel, der schon 1878 davor warnte, wegen des Ozons ins Gebirge oder an die See zu fahren:

---

28 Ode to Ozone, in: Punch 99 (27. Sept. 1890), 155; Online-Ausgabe siehe Anm. 11.
29 Encyclopedia britannica, 8. Aufl. (Anm. 12), Bd. XIX, 608. Und analog in Meyers Konversationslexikon: »Die Nähe der Meere und großen Seen, Wälder, feuchte Gebirgshöhen wirken günstig auf den Ozongehalt der Luft. [...] Enthält der Boden aber faulende organische Stoffe, so wirken die aus ihm aufsteigenden Gase desozonisierend; daher ist die Luft in dicht bevölkerten Städten ozonfrei«. Meyers Konversationslexikon, 4. Aufl. (Anm. 24), Bd. 12, 591.

> Wenn [...] bei der Schilderung eines Kur- oder Badeortes unter den Vorzügen der große Ozongehalt der dort herrschenden Luft hervorgehoben wird, so ist eine solche Behauptung in dem Sinne, in welchem sie aufgestellt wird, ohne naturwissenschaftliches Fundament und auf die Rechnung der Reklame zu schreiben.[30]

Im Sinne des Mottos »Not macht erfinderisch« schließt sich der Paterfamilias der Suche nach anderen Arten des Ozon-Konsums an. In der zweiten Gedichthälfte präsentiert er triumphierend die ›neue Erfindung‹: künstlich hergestelltes, erhärtetes Ozon, das man wie Kohle kaufen und lagern könne, sei der neueste Hit, der die Reise an die See erspart (vgl. IV.1f., V.1f.). Würde man Hinweise darauf finden, dass seinerzeit tatsächlich Ozon-Briketts verkauft wurden, wäre das Gedicht ein ironischer Kommentar auf diese Mode oder gar diesen Schwindel und die Naivität der Bürger*innen. Doch finden sich solche Hinweise nicht. Die Briketts mögen eine Erfindung des Satirikers sein, sein Spott gilt aber gleichermaßen dem *de facto* vielfach benutzten Ozonspray und dem sogar oral konsumierten Ozonwasser, das sich großer Beliebtheit erfreute und kräftig beworben wurde, obwohl sogar in Lexika davor gewarnt wurde:

> Nach all diesem erscheint die Anwendung des Ozons zu Heilzwecken mindestens unsicher; die Benutzung einer Ozonlösung (Ozonwasser) ist aber, ganz abgesehen von deren zweifelhafter Natur, an sich sehr unrationell, weil ihr Ozongehalt im Magen jedenfalls völlig zerstört wird und sicher auch nicht die geringste Menge O. ins Blut gelangt. Auch bei der Einatmung zerstäubten Ozonwassers wird das O. schon auf dem Weg zu den Respirationsorganen völlig zersetzt.[31]

Wie sehr der Konsum von Ozonwasser in Mode gekommen war, lässt sich daraus rückschließen, dass auch in der Familienzeitschrift *Die Gartenlaube* gegen diese Praxis vorgegangen wurde. Hier heißt es ein Jahr nach dem Erscheinen der zuletzt besprochenen Ode: »Der Nutzen der ›Ozonwässer‹ ist somit ein eingebildeter; überhaupt ist es erwiesen, daß in keinem einzigen der so viel angepriesenen Wässer Ozon vorhanden war, so daß man annehmen muß, daß Ozonwasser, selbst wenn es hergestellt wird, nicht haltbar sei.« Und für die Inhalation von Ozonsprays wird eine noch deutlichere Warnung ausgesprochen: »Die physiologische Wirkung des Ozons ist jedoch noch nicht genügend erforscht. Wird es künstlich hergestellt und in größeren Mengen eingeathmet, so reizt es die Schleimhäute.«[32] Daher lautet die Schlussfolgerung auch im Brockhaus: »Der Gebrauch von Ozoninhalationen und von sog. Ozonwasser gegen zahlreiche Krankheiten hat sich

---

30 Art. »Ozon«, in: Conversations-Lexikon. Allgemeine deutsche Real-Encyklopädie. 12. Aufl., Leipzig 1875–1879, Bd. 11 (Nordamerika – Potteries) 1878, 370.
31 Meyers Konversationslexikon, 4. Aufl. (Anm. 24), Bd. 12, 591.
32 Gartenlaube (Anm. 23), 99.

nicht bewährt.«³³ Dass es neben diesen Produkten eine weitere Alternative gibt, verdankt sich allein der imaginativen Kraft der Poesie.

Die Fortschritte in der Ozon-Forschung im 20. Jahrhundert können im vorliegenden Beitrag leider nicht referiert werden. Das Schlaglicht auf die Viktorianische Epoche soll genügen, um die Spezifik des satirisch-lyrischen Diskurses über Luftqualität, Klima, Wetterlage und deren physischen wie psychischen Auswirkungen auf den Menschen zu umreißen.

Fazit

Wo kann man die Ozon-Gedichte mit Blick auf die in der Einleitung des Bandes vorgeschlagene, aber betontermaßen nicht trennscharfe Unterscheidung zwischen einer Meteopoetik, einer Literarischen Meteorologie und einer Meteopoetologie verorten? Ohne als Ensemble eine der Kategorien idealtypisch zu verkörpern, kombiniert ein jedes Gedicht Kennzeichen aller genannter Kategorien. Gleichwohl zeichnet sich in jedem eine Tendenz zu einer der Kategorien ab.

Insbesondere die Flüchtigkeit und die ambivalente Wirkung des Ozons auf den Menschen machen den Reiz des Gases aus, um den die Verse mit einer der Lyrik oft eigenen zirkulären Argumentationsstruktur kreisen. Ziel jener Gedichte ist es nicht, das Ozon als ein flüchtiges, ambivalentes Phänomen möglichst exakt zu beschreiben und damit im Sinne einer literarischen Meteorologie, einen epistemologisch relevanten Beitrag zum Wetterwissen [zu] leisten.³⁴ In den Gedichten findet keine detaillierte, gelehrte Auseinandersetzung mit der Meteorologie oder auch der Chemie statt – das wäre den gegen Ende des 19. Jahrhunderts entstandenen Ozon-Gedichten angesichts des Wissenszuwachses in Meteorologie und Chemie im Rahmen der kleinen Form auch gar nicht möglich. In puncto Wissenspopularisierung ist festzuhalten, dass die besprochenen Gedichte weniger gesichertes Wissen vermitteln als kursierende Hypothesen hinterfragen. Auch beanspruchen sie nicht, das Wissen der seinerzeit jungen Wissenschaften durch eine poetisch-ästhetische Erkenntnis ernsthaft zu komplementieren, zumal sie die Ozon-Wahrnehmung weniger poetisch nachvollziehen als diesbezügliche Debatten kommentieren.³⁵ Als

---

33 Art. »Ozon«, in: Brockhaus' Konversations-Lexikon. 14. Aufl., Leipzig/Berlin/Wien 1892–1897, Bd. 12 (1894), 797.
34 Siehe Urs Büttner, Michael Gamper: Einleitung (des vorliegenden Bandes).
35 Die Aufgabe des Anspruchs, selbst einen epistemologischen Beitrag zu leisten, um stattdessen Kritik zu artikulieren, beobachten die Herausgeber des Bandes in ihrer Einleitung als durchaus typisch für das Paradigma der literarischen Meteorologie ab Mitte des 19. Jahrhunderts. Vgl. Büttner/Gamper (Anm. 35), 10 f.

Satiren stellen die Gedichte jegliches Wissen über das Ozon in Frage und ridikülisieren populäre Annahmen. Dramen des Wissens und des Nicht-Wissens werden auch hier (re-)inszeniert, aber im Zeichen von Satire und Parodie. In einigen Gedichten geht es dabei primär darum, die widersprüchlichen Thesen der Wissenschaft oder diese selbst zu diskreditieren, in anderen, Logiken des öffentlichen und populären Diskurses zu demaskieren und kulturelle Modeerscheinungen der Lächerlichkeit preiszugeben. Indem sie die Kommunikation über das Ozon (als Witterungsphänomen) zitieren und deren soziale Bedingungen reflektieren, erweisen sich alle untersuchten Gedichte auch als meteopoetisch orientierte Dichtung. Das Gedicht bewährt sich als effektive Form der Satire. Um diese genauer zu charakterisieren, kann man zwischen dem jeweiligen Objekt der Satire, dem Problem, auf das sie verweist, und der von ihr im Gedicht oftmals vorgeschlagenen imaginativen Problemlösung unterscheiden. Die Gemengelage sei in einer Tabelle veranschaulicht.

Objekt der Satire	Problem	Imaginative Problemlösung
Wissenschaft, Wissenschaftler*innen	Unzureichender Kenntnisstand, öffentlicher Informationsmangel	Experimente von Laien (z. B. neue fantastische Verfahren der Ozonmessung)
Wissenschaftlicher Ozon-Diskurs	Unverständlichkeit für Laien	Anthropomorphisierungen des Ozons, Unterstellung von intentionaler Agenzialität
Massenmedialer Ozon-Diskurs	Agenda-Setting, Nachrichtenökonomie, Sensationalismus	Medien-Satire und satirische, semiseriöse oder subversive Ozon-Popularisierung
Meteorologie	Nicht-Wissen bzgl. des Zusammenhangs zwischen Ozonkonzentration und Wetter/ Klima	klimageografische Lokalisierungsversuche (Wald, Gebirge, Küste)
Ozon-Tourismus, Luftkur	Modeerscheinung, gesellschaftliche Rituale, sozialer Druck	alternative Arten der Ozon-Therapie/des Ozon-Konsums
Ozon-Produkte (Ozon-Wasser, Raumspray, Cremes u. a.)	fragliche Wirksamkeit, Naivität der Nutzer	alternative Arten der Ozon-Therapie/des Ozon-Konsums

Richtet sich der Spott direkt gegen die Wissenschaft, so liegt das Problem in einem öffentlichen Informationsmangel, Popularisierungsschwierigkeiten und meist auch am unzureichenden Kenntnisstand innerhalb der Wissenschaft, also einer übergreifenden Unsicherheit. Darauf reagieren einige Gedichte, indem sie originelle Experimente von Laien imaginieren, zum Beispiel hinsichtlich der Ozon-Messung.[36] Mokiert sich ein Gedicht speziell über den meteorologischen oder chemischen Fachdiskurs, so verweist dies auf die Un- oder Missverständlichkeit der Fachsprache für Laien, die deshalb mit Anthropomorphisierungen des Ozons reagieren und ihm eine subjekthafte, intentionale Agenzialität unterstellen. Wird hingegen der massenmediale Ozon-Diskurs ridikülisiert, so kritisieren die Gedichte damit das Agenda-Setting und die Nachrichtenökonomie von Massenmedien sowie ihren Sensationalismus, auf den sie entweder mit einer Medien-Satire oder mit satirischer, also semiseriöser oder subversiver Ozon-Popularisierung reagieren. Wird hingegen speziell die Meteorologie attackiert, so liegt dies am vielbeklagten Nicht-Wissen bezüglich des Zusammenhangs zwischen Ozonkonzentration und Wetter bzw. Klima; im Gedicht wird dann scherzhaft eine klimageografische Lokalisierung unternommen oder eine Prognose über jahreszeitenspezifische Ozon-Vorkommen/Konzentrationen gewagt. Gedichte, die den Ozon-Tourismus oder die Verwendung von Ozon-Produkten (wie Ozon-Wasser, Raumsprays, Badetabletten) anprangern, kritisieren gesellschaftliche Modeerscheinungen, die fragliche Wirksamkeit der Produkte und die Naivität der Nutzer; im Fall des Ozon-Tourismus verweisen die Texte auch auf den sozialen Druck. Als Problemlösung werden alternative Arten der Ozon-Therapie oder des Ozon-Konsums imaginiert (man denke an die Ozon-Briketts des Paterfamilias).

Wie die Untersuchung zeigte, erschöpfen sich die Gedichte aber nicht in der Kritik an Unwissen und daraus erwachsenen kulturellen Praktiken. Auch wenn sie nicht zur Ozon-Forschung beitragen, vollziehen sie rhetorisch dennoch einen Erkenntnisprozess im Modus des (formal abgeschlossenen) Gedichts: einmal, um nach dem Durchspielen und Verwerfen verschiedener Thesen Erkenntnis *per se* zu relativieren, ein anderes Mal, um zur Erkenntnis zu gelangen, dass die Auseinandersetzung mit dem Ozon-Diskurs immerhin poetisch produktiv sein kann und der Lyrik ein neues Sujet generiert, das die klassischen Wetterphänomene wie den Wind im Sinne einer Diskursmodernisierung ablöst.

In diesem Sinne stellen auch Flüchtigkeit und Ambivalenz des Gases nur vordergründig ein Problem für die Gedichte dar: Tatsächlich profitieren sie davon gemäß der Eigenlogik satirischer und lyrischer Texte; die Wissenslücken und offenen Fragen gereichen zum rhetorischen Überschuss und ermöglichen erst die autoreferenziellen Sprachspielereien. Die ›Oden an das Ozon‹ spiegeln die Selbstbezüglichkeit der meteorologischen Diskurse, partizipieren daran und potenzieren

---

36 Siehe z. B. einen satirischen Kommentar auf die Krinolinen-Mode, der vorschlägt, Damen könnten dank ihrer voluminösen Reifröcke, die ihnen erlauben, wie Drachen in der Luft zu schweben, einen nützlichen Beitrag zur atmosphärischen Ozonmessung leisten. Vgl. Crinoline Kites, in: Punch 43 (30. Aug. 1862), 89; Online-Ausgabe siehe Anm. 11.

diese in der Poeisis. Insbesondere die *Ode to Meteorological Observers* tendiert zur einer spielerischen Meteopoetologie, wenn sie das Ozon explizit als Wort- und Lautmaterial begreift und als solches in den Dienst der eigenen Poiesis und der lyrischen Stimmungserzeugung stellt, ohne sich tiefergehend für das Gas zu interessieren und auch ohne ernsthaft zu beanspruchen, die poetischen Darstellungsverfahren von atmosphärischen Phänomenen innovativ zu erweitern. Dezidert ›lyrisch‹ sind die Gedichte vor allem, wo sie die Naturlyrik parodieren. ›Authentischen Gefühlsausdruck‹ und ›Naturnachahmung‹ gibt es jedoch nur als mokantes Zitat. Der Endreim dient hier nicht einer Harmonisierung, sondern als Vehikel für Volten und Pointen.

Fragte dieser Beitrag eingangs nach der Spezifik des *lyrischen* Ozon-Diskurses, so muss sich der Fokus zwangsläufig auf die Spezifik *englischsprachiger* Ozon-Lyrik verengen, da zu beobachten ist, wie stark die Generierung einer Semantik des Ozons im Gedicht vom Reimpotenzial und damit vom jeweiligen Idiom abhängt. Dass sowohl vorhandenes Wissen als auch Unwissen gerade in der englischen Lyrik so auffallend häufig thematisiert werden, ist sicher auch der Tatsache geschuldet, dass sich »Ozone« in Paar- und Endreimen mit »known« und »not known« verbinden lässt. Das Mess- und Wahrnehmungsproblem wird mit »shown« aufgerufen, aber auch mit »alone« (wenn die damals unmögliche Isolierbarkeit des Ozons beklagt wird). Zum Wahrnehmungs- und Messproblem gehört auch die Flüchtigkeit des Ozons, signalisiert durch die Reimwörter »gone« sowie »blown«, womit zugleich die Assoziation mit Wind und Wetter bekräftigt wird. Dass es überdies schwierig ist, das Ozon zu kontrollieren und zu beherrschen, indiziert das Reimwort »grown«, das auf eine steigende Ozonkonzentration ebenso verweist wie auf die wachsende mediale Aufmerksamkeit. Ein Relationierungsproblem zwischen Sprechinstanz und Naturphänomen wird mit dem Reimwort »(to) own« artikuliert, das den Wunsch, das Ozon zu begreifen und zugleich zu besitzen, ausdrückt. Wie die Reimwörter »groan« und »moan« hörbar machen, verursachen die genannten Probleme Sorge und Ärger; sie führen zu einer starken Emotionalisierung des Diskurses, was der lyrischen Rede *per se* gut entspricht. Auf deren Lyrizität und damit auch auf den ›Klang‹ des Ozons als Lautmaterial des Gedichts spielt das Reimwort »tone« an. Wie bedeutsam das Reimpotenzial eines Wortes für die Argumentation im Gedicht ist, zeigt ein Seitenblick auf deutschsprachige Gedichte, in denen die möglichen Reimwörter, zum Beispiel »Alpensohn«[37], wenn das Ozon 1875 im positiv konnotierten Naturraum

---

[37] »Hell tönt der Jodelruf des Alpensohnes, / Und stärkend ist die Fülle des Ozones.« Das Hochgebirge, in: Kladderadatsch. Humoristisch-satirisches Wochenblatt 28/31 (4. Juli 1875), 122, V. 5f.; zitiert nach der Online-Ausgabe der Universitätsbibliothek Heidelberg: https://digi.ub.uni-heidelberg.de/diglit/kla [konsultiert am 20.04.2020].

verortet wird, und »Zivilisation«[38], wenn 1923 Städte und Industrie für die Luftverschmutzung verantwortlich gemacht werden, ein andersartiges semantisches Feld abstecken. Diese Beispiele mögen genügen, um das Ineinandergreifen von meteopoetischen und meteopoetologischen Tendenzen zu zeigen.

Kennzeichen der vorgestellten Gedichte ist die Verschränkung von tradiertem (natur-)lyrischem Vokabular und Fachbegriffen mit Namen und Positionen der Ozonforschung in traditionellen Formen. Die untersuchten Texte sind spezifisch satirisch-lyrische Ausprägungen eines kulturkritischen Metadiskurses, aber auch eines Interdiskurses, der die Perspektiven von (emergenter) ›Wissenschaft‹, Laien und Gesellschaft miteinander in einen Dialog bringt. Insbesondere naturwissenschaftliche Entdeckungen – wie das Ozon – wurden nicht selten bekanntlich als Angriff auf traditionelle Weltbilder und Werte verstanden. Zeitschriften (wie im deutschen Kontext die *Gartenlaube*) versuchten, progressiven und orthodoxen Ideologien Raum zu geben. Dies leisten die Gedichte durch Zitate, rhetorische Fragen mit variierenden Antworten, (pseudo-)dialogische Passagen und thesenartige Zuspitzungen. Das Spannungsverhältnis zwischen diesen Perspektiven wird in den englischen Gedichten kulturspezifisch meist im Modus der Ironie artikuliert, die sich, zumal selbst mit Doppeldeutigkeit erzeugt, als besonders geeignet erweist, Paradoxien, Ambivalenzen und Inkohärenzen vorzuführen.[39] Sämtliche Brüche werden jedoch durch Rhythmus und Reim geglättet und durch Humor neutralisiert. Als Ersatz für die exponierten Ungewissheiten bietet die Satire Unterhaltung. Hauptgewinn der Lektüre ist allerdings, dass wir daraus etwas über die wilden Spekulationen über das Ozon und die daraus erwachsenden populären Praktiken erfahren, die in Enzyklopädien, wenn überhaupt, so nur knapp erwähnt werden. Die Spottgedichte sind also eine wichtige Quelle zur Rekonstruktion einer Kulturgeschichte des Ozons.

---

38 »Wir verpesten rings den Ozon! / Wir sind das Volk der culture, / Das Volk der Zivilisation!« Wir sind das Volk der Culture, in: Kladderadatsch. Humoristisch-satirisches Wochenblatt 76/8 (25. Febr. 1923), 127, V 28–30; Online-Ausgabe siehe Anm. 37.
39 Paradis erinnert daran, dass Satire sozusagen die militante Ausprägung der Ironie ist. Vgl. Paradis (Anm. 8), 144; und: »(I)rony is structural. Irony is a disconnection, a differential between two views of reality.« Ebd., 148.

Ursula Kluwick
Menschen im Nebel. Ein Beitrag zur Meteopoetik des Unheimlichen

Aus meteorologischer Sicht ist Nebel ein komplexes Phänomen, das je nach Entstehungsart verschiedene Formen annehmen kann. Die im *Brockhaus Wetter und Klima* vorgestellte Systematik etwa unterscheidet zwischen Abkühlungsnebel (Strahlungsnebel, Hochnebel, Bodennebel, Talnebel), Advektionsnebel, Mischungsnebel (Meeres- und Küstennebel, Front- oder Niederschlagsnebel) und Verdunstungsnebel.[1] In der Belletristik hingegen scheint Nebel hauptsächlich als generisches Phänomen Nebel aufzutreten. Zumindest der englische Roman des 19. Jahrhunderts, mit dem sich dieser Beitrag befasst, unterscheidet kaum zwischen verschiedenen Arten von Nebel und verwendet die beiden auch in nicht-literarischen Kontexten gängigsten Begriffe *fog* und *mist* relativ ausgewogen, wobei *mist* einen etwas leichteren Nebel bezeichnet, der die Sicht weniger beeinträchtigt als *fog*. Etwas anderes wäre auch kaum zu erwarten, sind die meteorologischen Unterbegriffe für verschiedene Formen von Nebel doch auch in der Alltagssprache nicht gebräuchlich.

Dennoch ist es auffällig, wie sehr sich die Darstellung des Nebels durch diese Begriffsknappheit von anderen Wetterphänomenen unterscheidet, wie etwa dem Regen, der in Romantexten des 19. Jahrhunderts in durchaus größerer lexikalischer Bandbreite beschrieben wird: Neben dem Überbegriff *rain* findet man hier Bezeichnungen wie *drizzle, downfall, downpour, gentle rainfall, shower, storm* u.v.a., die erkennen lassen, dass Regen als vielfältiges meteorologisches Ereignis beschrieben wird, das verschiedene Auswirkungen hat und verschiedene Stimmungen evoziert. Dieser Umstand trägt wohl auch der Tatsache Rechnung, dass, Karin Becker zufolge, Analysen in der Regenforschung »weit früher mittels genauer Messinstrumente« durchgeführt wurden als in der Nebelforschung, die erst zu »Beginn des 20. Jahrhunderts« an Präzision gewann.[2] Bis

---

[1] Der Brockhaus. Wetter und Klima. Phänomene, Vorhersage, Klimawandel, hrsg. von der Lexikonredaktion des Verlags F.A. Brockhaus, Red. Ulrich Kilian, Mannheim 2009, 234 f.
[2] Karin Becker: Nebel. Ästhetik des Unbestimmten im Werk Guy de Maupassants, in: Urs Büttner, Ines Theilen (Hrsg.): Phänomene der Atmosphäre. Ein Kompendium Literarischer Meteorologie, Stuttgart 2017, 281–291, hier: 282.

Anmerkung: Vorarbeiten zu diesem Aufsatz wurden unterstützt durch ein Marie Heim-Vögtlin Stipendium des Schweizerischen Nationalfonds.

dahin blieben meteorologische Untersuchungen von Nebel »einer observierenden Methode verhaftet.«[3] Und obwohl diese, wie indigenes Wetterwissen genauso zeigt wie das im Folgenden erwähnte viktorianische Vertrauen in *weather wisdom*, prinzipiell sehr wohl exakte klassifikatorische Differenzierungen hervorbringen kann, legt die häufige Rekurrenz von *fog* und *mist* in literarischen Nebelbeschreibungen in viktorianischen englischen Romanen nahe, dass hier der Diversität des Phänomens weniger Gewicht beigemessen wird als dem prinzipiellen Auftreten von Nebel als nicht näher differenziertem Ereignis. Das Interesse, das die Literatur am Nebel hat, ist offenbar nur in geringem Maße meteorologischer Natur. Wie die von mir im Folgenden besprochenen Beispiele zeigen, scheint Nebel in verschiedensten Texten immer wieder vergleichbare Effekte zu erzielen. Er erzeugt eine besondere – (in beiderlei Hinsicht) atmosphärische wie auch ästhetische – und zumindest in der westeuropäischen Literatur allgemein aufrufbare Wirkung, und es sind diese Auswirkungen auf Handlung und Stimmung, die im Sinne einer Meteopoetik im Mittelpunkt der literarischen Darstellung stehen.

Dieser Beitrag zur Meteopoetik des Nebels geht der Frage nach, welche ästhetischen Effekte das meteorologische Phänomen des Nebels in englischen Romanen des 19. Jahrhunderts entfaltet. Mein Hauptaugenmerk gilt dabei der Verknüpfung von ästhetischen Funktionen des Nebels mit den Auswirkungen seines Auftretens auf Handlungsebene – speziell der Reaktion der Romanfiguren auf den Nebel, der Stimmung, die durch Nebeleinfall erzeugt wird, und den konkreten Folgen des Nebels. Zentral ist dabei die Interaktion zwischen menschlichen Figuren und dem Nebel. Der Nebel, so möchte ich argumentieren, dient in den hier behandelten Texten als Instrument der Destabilisierung, das die Positionen im Verhältnis zu bzw. innerhalb der Natur teils beeinflusst, teils verändert. Wie die folgende Besprechung zeigt, erscheint er dabei häufig als unheimliches Wetterphänomen, dessen Agentialität die vermeintliche Autonomie der menschlichen Figuren untergräbt und in Frage stellt. Er steht im Dienst einer Ästhetik des Unheimlichen, die für den englischen Schauer- und Sensationsroman typisch, keineswegs aber ausschließlich mit diesen Gattungen verbunden ist. Vielmehr signalisiert der Nebel das Fortbestehen des Unheimlichen auch in offensichtlich realistischen Genres und, wie im ersten der hier besprochenen Beispiele, sogar in Kontexten, die sich ganz bewusst als empirisch-naturwissenschaftlich positionieren.

Wie bereits Karin Becker in einer ihrer Arbeiten zum Nebel als Phänomen der literarischen Meteorologie argumentiert hat, ist das 19. Jahrhundert eine be-

---

3 Ebd.

sonders fruchtbare Zeit für die Auslotung des Verhältnisses von wissenschaftlicher und literarischer Meteorologie. Im Zuge der Etablierung eines »neuen, sensoriellen Zugang[s] zur Umwelt« fungieren literarische Darstellungen von Wetter auch als Gegendiskurs zur wissenschaftlichen Meteorologie und dienen damit auch der Selbstbehauptung der Literatur im Zuge der *Two Cultures* Debatte.[4] Jesse Oak Taylor wiederum hebt auf den britischen Kontext bezogen die Hartnäckigkeit hervor, mit der die sogenannte *weather wisdom* im 19. Jahrhundert mit der Meteorologie als aufstrebender Wissenschaftsdisziplin konkurriert, ja diese in der öffentlichen Einschätzung konsequent untergräbt:

> [T]hroughout the nineteenth century scientific understanding was held to be inferior to the »weather wisdom« of traditional ecological knowledge precisely because the latter relied on sense perception, which was understood to be far better attuned to atmospherics than to the approximation of it made possible through technical instrumentation and rational thought.[5]

Die Art der Nebeldarstellung, die im vorliegenden Beitrag vorgestellt wird, ist insofern mit *weather wisdom* verbunden, als auch sie menschliche Sinneswahrnehmungen betont. Allerdings tritt in den hier besprochenen Beispielen neben der sensorischen auch die seelische Empfindung bzw. Empfindsamkeit in den Vordergrund. Körper und Geist sind miteinander verquickt: Durch die visuelle und taktile Wahrnehmung der sich durch den Nebel verändernden Umgebung wird im Betrachter Unbehagen wachgerufen. Vom Nebel umfangen, werden die Romanfiguren ihrer gewohnten Position zumindest metaphorisch entrückt. Die Welt sieht plötzlich anders aus, und mit dem Verschwinden verlässlicher Orientierungspunkte muss das menschliche Subjekt sich einerseits neu orientieren,

---

[4] Ebd., 284. Siehe auch Beckers Ausführungen zu wissenschaftlichen und literarischen Zugängen zum Verhältnis von Nebel und Wolken. Karin Becker: Les vapeurs des écrivains. Les nuages et le brouillard dans la littérature française du XIXe siècle. Étude comparée de deux météores aqueux, in: Pierre Glaudes, Cornelia Klettke (Hrsg.): Nuages romantiques – Des lumières à la modernité, Berlin 2018, 109–137.

[5] Jesse Oak Taylor: The Sky of Our Manufacture. The London Fog in British Fiction from Dickens to Woolf, Charlottesville/London 2016, 79. Der Begriff »weather wisdom« stammt von Katherine Anderson: Predicting the Weather. Victorians and the Science of Meteorology, Chicago 2005, 186. »Weather wisdom« als Alternative zu den auf Instrumenten basierenden Erkenntnissen der Meteorologie beharrte zentral auf der Überlegenheit natürlicher Sinnesorgane gegenüber der artifiziellen ›Empfindung‹ technischer Instrumente. Siehe auch Peter Moores Skizzierung der sich wandelnden Rolle der »weather-watchers« um 1800: The Weather Experiment. The Pioneers who Sought the Future, London 2015, 3–6 sowie Linda Richters Ausführungen zur Semiotik des Wetters als eigenständige Wissenspraxis: Semiotik, Physik, Organik: Eine Geschichte des Wissens vom Wetter (1750–1850), Frankfurt a. M./New York 2019.

sich andererseits auch mit seiner Stellung innerhalb einer unvermutet unheimlich gewordenen Natur befassen.

Im Folgenden bespreche ich zunächst ein Beispiel aus der englischen Literatur, das exakt diesen Nexus zwischen dem Verschwinden der gewohnten Landschaft hinter dem Nebelschleier und der unheimlichen Verunsicherung des Subjekts durch die paradoxerweise genau in der Unsichtbarkeit der Umwelt sichtbar werdende Macht der Natur geradezu exemplarisch veranschaulicht. Aus diesem Beispiel entwickle ich anschließend mit Hilfe von Überlegungen des Neuen Materialismus eine Vorstellung von der Agentialität des Nebels, durch die viktorianische Texte einen meteopoetischen Beitrag zur Konzeptualisierung der Beziehung von Mensch und Natur leisten.

Wabernde Schwaden: von der Agentialität des Nebels

Bei Arthur Conan Doyles Sherlock-Holmes-Romanen handelt es sich zunächst um Texte, die eher die menschliche Fähigkeit, die Natur zu beobachten und zu kontrollieren, in den Vordergrund rücken als die Macht der Natur über den Menschen. In der Erzählung *The Adventure of the Speckled Band* (1892) etwa benutzt Dr. Roylott eine dressierte Giftschlange, um seine beiden Stieftöchter zu ermorden und sich so Zugriff auf ihr Erbe sichern zu können.[6] Im Roman *The Hound of the Baskervilles* (1902) wird auf analoge Weise ein abgerichtetes Tier eingesetzt, um die Personen zu töten, die in der Erbfolge vor dem Mörder stehen. Obwohl diese Form der Beherrschung der Natur in der Sherlock-Holmes-Reihe die Norm darstellt, wird die menschliche Macht über die natürliche Umgebung aber auch immer wieder untergraben, sowohl auf subtile als auch auf recht direkte Weise. In der bereits genannten Kurzgeschichte *The Adventure of the Speckled Band* etwa durchschaut Sherlock Holmes aufgrund seiner genauen Beobachtungen der Umgebung sofort, dass hier eine Schlange im Spiel sein muss. Als er Dr. Roylott eine Falle stellt und die Schlange dabei ertappt, wie sie durch einen Luftschacht in das Zimmer einer der Stieftöchter kriecht, attackiert und vertreibt er sie. Durch diese Offensive ihrerseits in Angriffsstimmung versetzt, beißt die Schlange den ersten Menschen, dem sie auf ihrer Flucht begegnet – Dr. Roylott, ihren Halter, der auf sie wartet, um sie nach erfolgreicher Mission wieder einzusperren und der an dem Biss sofort stirbt. In Conan Doyles zweitem Sherlock-Holmes-Roman,

---

6 Arthur Conan Doyle: The Adventures of Sherlock Holmes [1892], Oxford 2008, 196 f.

The Sign of the Four (1890), endet schließlich eine aufregende Verfolgungsjagd auf der Themse damit, dass der Verbrecher Jonathan Small beim Versuch, über das Flussufer zu entkommen, im Schlamm der Themse regelrecht steckenbleibt, wodurch seine Gefangennahme erst möglich wird. Die Natur begünstigt hier den Erhalt von Recht und Ordnung, entzieht sich aber zugleich jeglicher Kontrolle. Auch Smalls Verfolger können ihn nur aus dem Schlamm befreien, indem sie an Bord bleiben und ihn mit einem Seil vom Schiff aus herausziehen.[7] Die Nebelszene, auf die ich mich konzentrieren möchte, findet sich am Ende von Conan Doyles drittem Sherlock-Holmes-Roman, *The Hound of the Baskervilles*. Dieser Roman handelt vom Geschlecht der Baskervilles, einer in Dartmoor angesiedelten Adelsfamilie. Sherlock Holmes wird gebeten, den mysteriösen Tod von Sir Charles Baskervilles aufzuklären und gleichzeitig seinen Erben Sir Henry, den letzten bekannten Vertreter des Geschlechts, zu schützen. Der Legende nach lastet auf den Baskervilles ein Fluch: Viele der männlichen Nachkommen sind unter nicht geklärten Umständen ums Leben gekommen, der Überlieferung nach ermordet von einem gigantischen schwarzen Höllenhund mit brennenden Augen und Lefzen. Auch beim Leichnam von Sir Charles wurden die Abdrücke riesiger Pfoten entdeckt, und Holmes soll nun aufklären, wie Sir Charles zu Tode gekommen ist, auch, um zu verhindern, dass Sir Henry dasselbe Schicksal erleidet wie sein Vorgänger. Denn die Anzeichen, dass auch sein Leben in Gefahr ist, häufen sich.

Holmes findet bei seinen Recherchen in London und Dartmoor heraus, dass der angebliche Naturforscher Stapleton, seit einiger Zeit ein Nachbar und Freund des verstorbenen Sir Charles, in Wirklichkeit ein Baskerville ist, der nach Sir Charles nun mit Sir Henry auch den letzen rechtmäßigen Erben aus dem Weg schaffen möchte, der zwischen ihm und dem Besitz der Baskervilles steht. Zu diesem Zweck hat Stapleton sich die Legende von der Bestie zunutze gemacht, die der Überlieferung nach eine Reihe der Baskervilles regelrecht in den Tod gehetzt hat. In einem Versteck hält er einen riesigen Jagdhund gefangen, dessen Augen und Maul er mit Phosphor bestreicht. Wird der Hund nach Tagen des Hungerns nachts freigelassen, verwandelt er sich in ein blutrünstiges Ungeheuer, dessen Kopf in Flammen zu stehen scheint.

Die folgende Szene entstammt dem letzten Teil des Romans und stellt den klassischen Höhepunkt seines Spannungsbogens dar. Holmes hat Stapleton eine Falle gestellt. Er gibt vor, selbst abgereist zu sein, und hat Sir Henry, der sonst strikte Anweisung hat, sich ohne Begleitung nicht von seinem Anwesen zu entfernen, am Abend allein zum Haus der Stapletons geschickt. Holmes' Ziel ist es,

---

[7] Arthur Conan Doyle: The Sign of the Four [1890], London 2001, 87.

Stapleton zu einer Attacke auf Sir Henry zu verleiten, wenn dieser in der Dunkelheit und ohne Schutz den Heimweg antritt. Erzählt wird die Szene von Holmes' Freund und Begleiter Watson, mit welchem sich Holmes und Lestrade, ein Inspektor von Scotland Yard, in der Nähe des Hauses versteckt halten, um Sir Henrys nächtlichen Aufbruch abzuwarten. Während die Detektive warten, tritt nun der Nebel in Aktion:

> I have said that over the great Grimpen Mire there hung a dense, white fog. It was drifting slowly in our direction, and banked itself up like a wall on that side of us, low, but thick and well defined. The moon shone on it, and it looked like a great shimmering icefield, with the heads of the distant tors as rocks borne upon its surface. Holmes's face was turned towards it, and he muttered impatiently as he watched its sluggish drift.
> ›It's moving towards us, Watson.‹
> ›Is that serious?‹
> ›Very serious, indeed – the one thing upon earth which could have disarranged my plans.⁸

In dem Augenblick, in dem Holmes Klarheit schaffen möchte – also das geplante Verbrechen verhindern und das vergangene aufklären – ist er selbst auf größtmögliche Klarheit angewiesen. Er muss Sir Henry, der hier unwissentlich als Lockvogel eingesetzt wird, von Stapleton unbeobachtet bewachen, damit der von Holmes provozierte Angriff zwar stattfinden, zugleich aber vereitelt werden kann. Dieses Kalkül beruht jedoch fast ausschließlich auf Holmes' Vertrauen in seine eigene Beobachtungsgabe. Seine Sinneswahrnehmungen, allen voran Hör- und Sehsinn, dürfen nicht beeinträchtigt werden, denn nur sie sind es, die ihn vor dem Herannahen des Hundes warnen können.

In dieser angespannten Situation schiebt sich nun also der Nebel wie eine undurchdringbare Barriere zwischen die Detektive und ihr Observationsobjekt, den Weg, der zum Haus der Stapletons führt und über den Sir Henry in Kürze Richtung Baskerville Hall aufbrechen soll, um die Attacke durch Stapletons Bestie zu provozieren. Die genauen Umstände sind hier relevant. Die Aufgabe eines Detektivs im Kriminalroman, dessen genaue Parameter Conan Doyle mit seinen Sherlock-Holmes-Geschichten ja signifikant mitgeprägt, ja teilweise überhaupt erst erschaffen hat, ist es, den Ort eines Verbrechens zu lesen und zu interpretieren und ihm alsdann eine logische Schlussfolgerung als einzig richtige Lesart – nämlich als die erfolgreich rekonstruierte Wahrheit – zu entlocken. Die genaue Observation ist hier also von höchster Wichtigkeit, gerade bei Sherlock Holmes, der dafür berühmt ist, aus den winzigsten und obskursten Details die fantastischsten – nichtsdestotrotz aber immer richtigen – Schlüsse zu ziehen. Hier, am Höhepunkt der Spannung von *The Hound of the Baskervilles*, hat Holmes

---

8 Arthur Conan Doyle: The Hound of the Baskervilles [1902], Oxford 2008, 148 f.

nun allerdings die Rechnung ohne die Natur gemacht. Sein ungeduldiges Murren hilft nichts: Der Nebel droht, seinen ausgeklügelten Plan in einer Katastrophe münden zu lassen. Seiner hier explizit beschriebenen Schönheit, ja beinahe Sublimität zum Trotz ist der Nebel damit auch bedrohlich, denn er weist Holmes in Schranken, mit denen er nicht gerechnet hat.[9] Dass Holmes' Plan den Nebel vernachlässigt, ist im Grunde nicht nachvollziehbar, denn der Nebel ist im Dartmoor von Doyles Roman beileibe nichts Außergewöhnliches. Die düstere herbstliche Atmosphäre des Hochmoors ist beinahe permanent von Nebel und Tristesse geprägt. Umso mehr erstaunt es, dass Holmes zwar jegliche von Menschen ausgehende mögliche Durchkreuzung seiner Pläne in Betracht gezogen und – so behauptet er in seiner ihm eigenen Megalomanie – auch ausgeschlossen, dabei aber eines der typischsten Wetterphänomene des Hochmoors übersehen hat.[10] Für sein Verhältnis zur Natur, die er hier in seinen Kalkulationen auf fahrlässige Weise vollkommen außer Acht lässt, ist das bezeichnend. Denn der Nebel ist eben genau nicht der negative *deus ex machina*, als den ihn Holmes mit seinem ungeduldigen Gebrumme und Gemurmel gerne darstellen möchte, sondern ein normales und vorhersehbares Phänomen. Dass Holmes ihn nicht in seine Berechnungen miteinbezogen hat, ist umso verwunderlicher, als er bekannterweise einer der Prototypen des bewusst empirisch vorgehenden Detektivs ist, stets darauf bedacht, bei jeder Gelegenheit seine betont wissenschaftliche Observationsgabe unter Beweis zu stellen: Er beobachtet seine Umgebung und die Orte, an denen Verbrechen stattgefunden haben, aufs Genaueste und interpretiert die Daten, die er durch seine Beobachtungen erhält, unter Heranziehung naturwissenschaftlicher Erkenntnisse. Im ersten Roman der Sherlock-Holmes-Reihe, *A Study in Scarlet* (1887), wird Holmes Watson demzufolge auch als »a little too scientific« –

---

9 Clémentine Chasles bezeichnet den Nebel ganz explizit als »Diener« des Hundes: »[I]l sert la malfaisante créature canine et tente de contrebalancer les plans des héros Holmes et Watson.« Clémentine Chasles: Les fonctions du brouillard dans la littérature anglaise au XIXe siècle, in: Karin Becker, Olivier Leplatre (Hrsg.): La brume et le brouillard dans la science, la littérature et les arts, Paris 2014, 207–224, hier: 223. Für sie repräsentiert der Nebel in *The Hound of the Baskervilles* damit das Böse. Vgl. ebd., 218.
10 Chasles erwähnt in ihrer Besprechung des Nebels im Sinne von *smog* folgendes Zitat aus dem Roman: »I think we might employ [the remaining two hours] in getting some dinner and then, Lestrade, we will take the London fog out of your throat by giving you a breath of the pure night air of Dartmoor.« Doyle, The Hound of the Baskervilles (Anm. 9), 146. Diese Stelle macht deutlich, dass Holmes Dartmoor ausdrücklich nicht mit seinem spezifischen Wetter, sondern mit einer stereotypen Vorstellung von der Reinheit ländlicher Natur (als Kontrast zu urbaner (Luft-)Verschmutzung, hier eben dem *smog*) assoziiert. Vgl. Chasles (Anm. 10), 209.

als wissenschaftlich auf eine Art, die an Kaltblütigkeit grenzt – vorgestellt.[11] Seine ausgesprochene Leidenschaft (»passion«) für »definite and exact knowledge« ist seinen Kollegen im Spital, in dessen Labor er arbeitet, geradezu unheimlich.[12] Mögen die Schlussfolgerungen, die er bei seinen Observationen zieht, auf heutige Leserinnen und Leser auch geradezu fantastisch wirken, so werden sie in der fiktionalen Welt der Sherlock Holmes Geschichten von seinen Gegenübern doch ehrfürchtig als empirische Beweisführungen akzeptiert. Angesichts dieses Hintergrunds ist Holmes' Missachtung der meteorologischen Eigenheiten des Dartmoor'schen Hochmoors in *The Hound of the Baskervilles* umso auffälliger. Der Roman sieht davon ab, aus dieser Szene einen expliziten Hinweis auf metereologisches Wissen zu entwickeln oder Holmes' Haltung zu eben diesem zu kommentieren. Stattdessen bedient er sich einer Meteopoetik des Nebels, die seit dem 19. Jahrhundert besonders häufig ist, wie auch Karin Becker gezeigt hat. Der aufsteigende Nebel symbolisiert Orientierungslosigkeit und Verunsicherung. Die sicheren Parameter der sichtbaren Welt verschwinden. Holmes weiß, dass er Sir Henry bei allem ausgeklügelten Raffinement seines Plans nicht vor Stapleton und seinem Hund wird schützen können, wenn der Nebel sich nicht verzieht. Mit dem Verschwinden der empirisch beobachtbaren Umgebung hinter den Nebelschwaden droht den Figuren die Kontrolle zu entgleiten, und das vermeintlich Übernatürliche kann in der Form der (scheinbar) Wirklichkeit werdenden Bestie der Legende in die logische Welt des Sherlock Holmes einbrechen. Der Nebel erzeugt damit eine unheimliche Stimmung, die gleichzeitig der Spannungssteigerung dient. Zu dieser Funktion des Nebels gesellt sich in *The Hound of the Baskervilles* noch eine weitere Symbolik. Wie Lawrence Frank argumentiert, wird die nebelumhüllte Landschaft des Moores zur Vision des menschlichen Geistes: »the Devon landscape, the fog, and the moon all provide a vision of the human mind.«[13] Noch spezifischer steht die Nebellandschaft hier für die Psyche Stapletons, die den Hund der alten Legende Wirklichkeit hat werden lassen, der er also buchstäblich entsprungen ist, genauso, wie der Hund im nächsten Moment aus dem Nebel hervorspringen wird, um sich auf Sir Henry zu stürzen. Aus ästhetischer Sicht werden die Verunsicherung der menschlichen Figuren und die metaphorische Überlappung von Nebel und Psyche durch Verfahren erzielt, die den Nebel als agentielle Materie sichtbar machen. Auf dem Grimpen Mire sind es nicht nur

---

11 Arthur Conan Doyle: A Study in Scarlet [1887], Oxford 2008, 8.
12 Ebd.
13 Lawrence Frank: *The Hound of the Baskervilles*, the Man on the Tor, and a Metaphor for the Mind, in: Nineteenth-Century Literature 54/3 (1999), 336–372, hier: 361.

die Menschen, die handeln, sondern auch der Nebel agiert. Wie diese Szene zeigt, wird durch diese materielle Agentialität gleichzeitig die menschliche Position destabilisiert, denn der Nebel ist hier nicht nur bloß ein zusätzliches Agens, seine Wirkmacht ist viel auffälliger als die der Menschen, die lange defensiv und passiv bleiben.[14]

Der Nebel ist vor allem durch die Verben, mit denen er verbunden ist, als agentiell markiert. Diese Verben drücken Bewegung aus, teils auch aktive Bewegung: Der Nebel treibt dahin, er driftet, er baut sich selbst zu einer hohen Wand auf, er bewegt sich schließlich direkt auf Holmes und Watson zu. Dabei wird der Nebel sukzessive aktiver und nimmt immer lebendigere Züge an:

> Every minute that white woolly plain which covered one-half of the moor was drifting closer and closer to the house. Already the first thin wisps of it were curling across the golden square of the lighted window. The farther wall of the orchard was already invisible, and the trees were standing out of a swirl of white vapour. As we watched it the fog-wreaths came crawling round both corners of the house and rolled slowly into one dense bank on which the upper floor and the roof floated like a strange ship upon a shadowy sea.[15]

Der Nebel verwandelt die Landschaft um Stapletons Haus; aus dem Hochmoor wird durch sein Aufsteigen eine Wasserlandschaft, in der die menschliche Behausung zunehmend verschwindet: ihr langsames Untergehen und die Verfremdung der natürlichen Umgebung kündigen dabei auch die Verunsicherung der Figuren an. Dies wird verstärkt durch die in diesem Textausschnitt deutliche Agentialität des Nebels, die den Handlungsspielraum der Menschen einschränkt. Im vorliegenden Beispiel müssen Holmes und Watson sich sukzessive zurückziehen, um nicht selbst vom Nebel verschluckt zu werden.

> Holmes struck his hand passionately upon the rock in front of us, and stamped his feet in his impatience.
> ›If he isn't out in a quarter of an hour the path will be covered. In half an hour we won't be able to see our hands in front of us.‹
> ›Shall we move farther back upon higher ground?‹
> ›Yes, I think it would be as well.‹

---

14 Karin Becker konzediert dem Nebel bei Maupassant eine ähnlich aktive Rolle, die die menschlichen Akteure zur Passivität verdammt: «[L]e brouillard est souvent un agent majeur, un véritable protagoniste» und eine «force supérieure»; «les protagonistes sont forcés à la résignation passive, vécue comme une défaite, laissant l'individu dans l'impuissance complète». Karin Becker: Maupassant et le brouillard comme figure de la dissolution, in: Karin Becker, Olivier Leplatre (Hrsg.): La brume et le brouillard dans la science, la littérature et les arts, Paris 2014, 243–259, hier: 255.
15 Doyle, The Hound of the Baskervilles (Anm. 9), 149.

> So as the fog-bank flowed onwards we fell back before it until we were half a mile from the house, and still that dense white sea, with the moon silvering its upper edge, swept slowly and inexorably on.
> ›We are going too far,‹ said Holmes. ›We dare not take the chance of his being overtaken before he can reach us. At all costs we must hold our ground where we are.‹[16]

Angesichts des unaufhaltsamen Herannahens des Nebels verliert der sonst so beherrschte Holmes seine viel gerühmte Contenance, sein Protest gegen den Nebel ist impulsiv, körperlich unbeherrscht und aussichtslos. Was Holmes und Watson bleibt, ist nur der Rückzug und die Hoffnung, dass der Nebel den für sie letztmöglichen Aussichtspunkt ausspart, von dem aus sie Sir Henry noch zu Hilfe eilen können. Von Watson wird dieses Vorgehen im Stil einer kämpferischen Auseinandersetzung beschrieben: »we fell back«, »we must hold our ground«. Wehren können sich die Detektive gegen den Nebel nicht. Er fließt vollkommen unbeirrt immer weiter ins Tal hinein und breitet sich unerbittlich – »inexorably« – aus.

Der Nebel wird in dieser Szene aus *The Hound of the Baskervilles* nicht im eigentlichen Sinne personifiziert. Er wird nicht wie ein Mensch beschrieben, und das Kräuseln, Sich-Kringeln und Schlängeln, das Wogen und Driften, durch das er sich ausbreitet, geschieht weder mit Absicht noch mit bestimmter Zielrichtung. Es ist einfach in der Natur des Nebels, sich zu bewegen. Diese Art von materieller Agentialität wurde in neuester Zeit durch Ansätze des Neuen Materialismus wieder sichtbar gemacht, vor allem in seiner speziellen Ausformung als *Material Ecocriticism*. Agenz wird hier als Feld verteilter Agentalitäten konzeptualisiert, das Menschen mit zahlreichen anderen Akteuren teilen.[17] Im besprochenen Zitat tritt dies als Ko-Agentialität zutage: Allein das Dasein des Nebels beeinflusst die Situation und zwingt die menschlichen Akteure dazu, zu reagieren und ihr eigenes Verhalten an die unvorhergesehene – wenn auch durchaus nicht unvorhersehbare – Neuordnung der Landschaft anzupassen. Holmes und Watson müssen sich zurückziehen, der herannahende Hund wird bis zuletzt vom Nebel verdeckt und springt schließlich direkt aus den Nebelschwaden heraus auf sie zu. Der Schock, den sie durch diesen plötzlichen Angriff erleiden, führt wiederum dazu, dass sie wertvolle Minuten verlieren und Sir Henry weiter gefährden. Watson beschreibt den Angriff des Hundes wie folgt: »There was a thin, crisp, continuous patter from somewhere in the heart of that crawling bank. The cloud was within fifty yards of where we lay, and we glared at it, all three, uncertain what horror

---

16 Ebd., 149 f.
17 Serenella Iovino, Serpil Oppermann: Theorizing Material Ecocriticism. A Diptych, in: Interdisciplinary Studies in Literature and Environment 19/3 (2012), 448–475, hier: 451. Vgl. auch Jane Bennett: Vibrant Matter. A Political Ecology of Things, Durham/London 2010, 9.

was about to break from the heart of it.«[18] Dabei handelt es sich natürlich um ein klassisches Horrorszenario: Man hört nur das Geräusch der herannahenden Bestie, aber ihre genaue Position innerhalb der umherkriechenden (»crawling«) Nebelbank ist ungewiss, denn der Nebel dämpft Geräusche und verhindert die exakte Bestimmung ihrer Koordinaten. Verhüllt vom dichten Nebel, bleibt der Hund bis auf kürzeste Distanz unsichtbar, womit verhindert wird, dass sich Holmes und seine Begleiter auf seine Monstrosität einstellen können. Als er die Nebelmauer schließlich durchbricht und über die Beobachter hinweg auf Sir Henry zu galoppiert, sind dessen Beschützer zunächst vor Entsetzen handlungsunfähig. Sir Henry entrinnt nur knapp dem Tode, denn Holmes und Watson erreichen ihn erst, als der Hund bereits nach seiner Kehle schnappt. Analog zum Ablauf dieser Szene gehört Nebel spätestens seit der Romantik zum gängigen meteopoetischen Repertoire des Horrorgenres. Wie das besprochene Beispiel erkennen lässt, bietet Nebel ideale Bedingungen für die Entwicklung von Horror. Verunsicherung, Orientierungslosigkeit und Furcht durch Beeinträchtigung des Seh- sowie des Hörsinns machen das menschliche Subjekt anfälliger für überraschende Angriffe von außen. Der Nebel verändert die Umgebung und lässt sie fremd erscheinen. Dadurch evoziert er eine unheimliche Stimmung, schafft aber auch die Umweltbedingungen, die den plötzlichen Einbruch des Monströsen ermöglichen, der für Horror typisch ist. Das bisher verborgene Monster, das durch den Nebel kommt, kann hier buchstäblich eine Wand der Wahrnehmung durchbrechen und damit Erschrecken und Entsetzen auslösen. Das Horrorgenre bedient sich des Nebels also sowohl ästhetisch, indem es ihn symbolisch-atmosphärisch einsetzt und das Unheimliche auf den Plan ruft, als auch als konkretes Plot-Element, indem es seine physikalischen Eigenschaften (Lichtreflexion und Schalldämpfung) dazu benutzt, realistische Bedingungen für die Entwicklung des Grauens zu schaffen. Auch aus dem Horrorfilm ist dieses Verfahren hinlänglich bekannt.[19]

Nebel ist also eng mit der Meteopoetik des Horrorgenres verknüpft. Damit ist die Bandbreite der ästhetischen Funktionen des Nebels allerdings noch lange nicht erschöpft. Eine Funktion des Nebels, die im besprochenen Zitat angelegt ist und die im viktorianischen Roman gattungsübergreifend vertreten

---

18 Doyle, The Hound of the Baskervilles (Anm. 9), 150.
19 Siehe etwa Christine L. Corton: London Fog. The Biography, Cambridge, Mass. 2015; Adam Charles Hart: Transitional Gothic. Hammer's Gothic Revival and New Horror, in: Richard J. Hand, Jay McRoy (Hrsg.): Gothic Film. An Edinburgh Companion, Edinburgh 2020, 58–76, hier: 58. Antonio Lázaro-Reboll zählt Nebel in seiner Besprechung von spanischen Horrorfilmen nach 1975 zu den stereotypen Konventionen des Horrorfilms; Antonio Lázaro-Reboll: Spanish Horror Film, Edinburgh 2012, 202f.

ist, ist die Destabilisierung des menschlichen Subjekts, die auch zur Hinterfragung der individuellen Identität führt. In *The Hound of the Baskervilles* ist es einerseits die Durchkreuzung von Holmes' Plänen durch den Nebel, die seine Position der Allwissenheit bedroht, andererseits ist es der flüchtige Blick, den wir durch Watson auf Holmes' Gesicht erhaschen, in dem Moment, in dem der Hund die Nebelwand durchbricht: »I glanced for an instant at his face. It was pale and exultant, his eyes shining brightly in the moonlight. But suddenly they started forward in a rigid, fixed stare, and his lips parted in amazement.«[20] Holmes ist von dem grauenvollen Aussehen des Hundes offensichtlich überrumpelt, und für einen kurzen Moment scheint das Übernatürliche hier tatsächlich die Überhand zu gewinnen und damit auch Holmes' gewohnte empirisch-rationale Kontrolle über seine Umgebung zu erschüttern, die den Kern seines Selbstverständnisses ausmacht. Der reale Tod des Hundes durch echte Pistolenschüsse löst das «Übernatürliche» wieder auf, und Holmes' logische Erklärung der Ereignisse, mithilfe derer er seine rationale Vormachtstellung im Roman wieder einnimmt, folgt bereits im nächsten Kapitel. Wie jedoch Pennington bemerkt, bleibt in diesem Sherlock-Holmes-Roman ein Rest des Zweifels an Holmes' Hyperrationalität bestehen.[21] Stapleton verschwindet im Moor, aber seine Leiche wird nie gefunden. Sir Henrys Nerven sind zerrüttet und gemeinsam mit seinem Arzt kehrt er Dartmoor erst einmal den Rücken, um auf eine lange Reise zu gehen. Das nebelverhangene Moor bleibt auch nach Aufklärung des Mordes bzw. der Mordversuche unheimlich.

Schleichendes Unheil: Nebel als Erosion

Die unheimliche Atmosphäre, die mit dem Auftreten von Nebel aufkommt, hat ihre Ursache nicht nur im Sichtbarwerden einer materiellen Agentialität, die sich menschlichem Einfluss entzieht, sondern auch in der Verbindung zwischen menschlichem Körper, seiner Umgebung und seiner Gesundheit. Die angegriffene Nerven Sir Henrys, der, so suggeriert der Roman, noch lange unter seiner Todeserfahrung im Nebel leiden wird, gehören zu den körperlichen Auswirkungen, die der viktorianische Roman dem Nebel zuschreibt. Im

---

20 Ebd.
21 »Holmes' solution, from a detective narrative standpoint makes sense, but it seems somewhat anti-climactic, seems too probable, too mundane and commonplace – downright inadequate – for the story that the reader has witnessed. Holmes's solution is just too tidy.« John Pennington: »Eliminate All Other Factors«. Fantastic Hesitation in Arthur Conan Doyle's *Hound of the Baskervilles*, in: Journal of the Fantastic in the Arts 15/2 (2005), 132–143, hier: 141.

Zusammenhang mit der im 19. Jahrhundert populären Miasmentheorie,[22] mit der Nebel als eine Art übler Dunst eng verbunden ist, wird Nebel auch für die Zerstörung nicht nur der psychischen sondern auch der physischen menschlichen Gesundheit verantwortlich gemacht. Nebel ist für Menschen schädlich, er dringt in sie ein und verändert ihre Körper. Als Miasma gedacht, ist er auch in diesem Kontext unheimlich, da es den Menschen kaum möglich ist, sich vor seinem Einfluss zu schützen. Im Nebel wird die in der natürlichen Umwelt lauernde Krankheit im Unterschied zu anderen Miasmen sichtbar.

Ein markantes Beispiel hierfür liefert die folgende Szene aus Charlotte Brontës 1847 erschienenem Bildungsroman *Jane Eyre*, der die Entwicklung der Waise Jane von ihrer Kindheit als unterdrücktes Mündel bis zur Ehefrau eines Gutsbesitzers nachzeichnet. Jane ist von ihrer Tante in eine karitative Schule für Waisen abgeschoben worden und schildert hier ihren ersten Eindruck vom Schulhof:

> I shuddered as I stood and looked round me: it was an inclement day for out-door exercise; not positively rainy, but darkened by a drizzling yellow fog; all underfoot was still soaking wet with the floods of yesterday. The stronger among the girls ran about and engaged in active games, but sundry pale and thin ones herded together for shelter and warmth in the verandah; and amongst these, as the dense mist penetrated to their shivering frames, I heard frequently the sound of a hollow cough.[23]

In diesem Zitat weist der Nebel auf Transformationen im menschlichen Körper hin.[24] Er ist selbst instabil, ein Sprühnebel, fast schon ein Nieselregen, und sein Auftreten hier symbolisiert und bewirkt zugleich eine gefährliche innere Destabilisierung des Körpers. Wie bei Doyle ist der Nebel hier als agentiell markiert: Er sickert in die Körper der Mädchen und macht sie krank. Die kleine, fröstelnde Mädchenherde scheint vor den Augen von Jane, die in diesem unwirtlichen Wetter selbst erzittert, an Substanz zu verlieren. Der Nebel durchdringt sie bis auf die Knochen, verwandelt sie förmlich in schlotternde Gerippe – und diese Wortwahl, »shivering frames«, hallt hier im hohlen Husten, den Jane aus der Gruppe der

---

22 Siehe etwa Michelle Allen: Cleansing the City. Sanitary Geographies in Victorian London, Athens 2008; Tina Young Choi: Writing the Victorian City. Discourses of Risk, Connection, and Inevitability, in: Victorian Studies 43/4 (2001), 561–589; Pamela. K. Gilbert: Mapping the Victorian Social Body, Albany 2004; Stephen Halliday: The Great Stink of London. Sir Joseph Bazalgette and the Cleansing of the Victorian Metropolis, Stroud 1999; Stephen Halliday: Water. A Turbulent History, Stroud 2004; Bill Luckin: Pollution and Control. A Social History of the Thames in the Nineteenth Century, Bristol/Boston 1986; Anthony S. Wohl: Endangered Lives. Public Health in Victorian Britain, London/Melbourne/Toronto 1983.
23 Charlotte Brontë: Jane Eyre [1847], London 2006, 58 f.
24 Siehe auch Ursula Kluwick: Aquatic Matter in Victorian Fiction, in: Open Cultural Studies 3/1 (2019), 245–255.

Mädchen vernimmt, ominös nach. Denn die Schülerinnen werden in der Tat vom Nebel regelrecht ausgehöhlt und ihrer Gesundheit beraubt, wie das Jane kurz darauf erläutert: »That forest-dell, where Lowood lay, was the cradle of fog and fog-bred pestilence.«[25] Der dem Tal entsteigende Nebel kriecht als todbringendes Gespenst durch die Korridore der Schule und verwandelt sie im Frühjahr durch eine Typhus-Epidemie in ein Spital. Bewirkt der Nebel in dieser Szene Veränderungen im Körper, so beeinflusst er in anderen Beispielen primär die menschliche Psyche.[26] In Mary Elizabeth Braddons zwischen 1862 und 1863 erschienenem Sensationsroman *John Marchmont's Legacy* etwa wird die Perspektivlosigkeit einer der weiblichen Hauptfiguren in einer Schlüsselszene durch einen Spaziergang im Nebel ausgedrückt. Olivia Arundel ist in ihren Cousin Edward verliebt, weiß jedoch, dass er ihre Gefühle nie wird erwidern können. An dem Tag, an dem sie einen anderen Heiratsantrag annimmt und damit ihr eigenes Schicksal besiegelt (durch ihre Eifersucht auf ihre Stieftochter, in die Edward sich verliebt, wird sie zur Komplizin eines Verbrechens werden), wandert sie allein durch den Nebel, der hier symbolisch für ihre Einsamkeit steht:

> She wandered across the dreary marshes, down by the lonely seashore, in the grey November fog.
> She stood for a long time, shivering with the cold dampness of the atmosphere, but not even conscious that she was cold, looking at a dilapidated boat that lay upon the rugged beach. The waters before her and the land behind her were hidden by a dense veil of mist. It seemed as if she stood alone in the world, – utterly isolated, utterly forgotten.[27]

Mit dem zerklüfteten Strand und baufälligen Boot wäre die Landschaft, die Olivia hier betrachtet, unter anderen meteorologischen Bedingungen der Inbegriff des Pittoresken. Der Nebel aber beschwört eine trostlose Stimmung herauf, die Olivias Hoffnungslosigkeit entspricht und widerspiegelt. Er umhüllt die Welt um sie herum und lässt sie nur Zerfall sehen. In ihrer Konzentration auf ihre eigene Isolation nimmt sie nicht einmal mehr ihre eigenen Sinneseindrücke wahr. Ihres Fröstelns, mit dem ihr Körper auf die in sie eindringende feuchte Kälte reagiert, ist sie sich nicht bewusst, und diese Spaltung zwischen Körper und Psyche nimmt symbolisch ihren Abschied von ihren Träumen und Hoffnungen und in der Folge auch ihre Abkehr von den moralischen Normen ihres Umfelds vorweg.

---

25 Brontë (Anm. 24), 85.
26 Chasles beschreibt dieses meteopoetische Verfahren auch für andere Passagen aus *Jane Eyre*, in denen Landschaftsbeschreibung (d. h. die Darstellung von wetterbedingten Naturstimmungen) und Psyche im Sinne des *pathetic fallacy* übereinstimmen. Vgl. Chasles (Anm. 10), 223.
27 Mary Elizabeth Braddon: John Marchmont's Legacy [1862–63], Oxford 1999, 91 f.

Nebel zwischen Meteopoetik und Meteopoetologie

Während die besprochene Szene aus Charlotte Brontës *Jane Eyre* mit ihrem Bezug auf die Miasmentheorie stark mit den, nach vorherrschender Ansicht im viktorianischen England, tatsächlichen Auswirkungen von Nebel als Krankheitserreger in Zusammenhang steht, ist die Ästhetik der Nebelszene in Braddons Roman in viel stärkerem Maße der Symbolik verpflichtet. Frei nach Oscar Wilde wird Olivia nicht depressiv, weil sie im Nebel wandelt, sondern der Nebel wird durch ihre Gefühle der Einsamkeit und der Hoffnungslosigkeit erst heraufbeschworen.[28] Von Bedeutung ist hier die überzeichnete Stimmung, die der Nebel erst kreiert, nicht der Nebel als meteorologisches Phänomen an sich. Der Nebel, das Wetter, und die Landschaft, durch die Olivia wandert, formen hier ein Stimmungsbild, das Einblick in Olivias sich zunehmend verdüsternde Psyche gibt. Damit steht diese Szene aus Braddons Roman an der Grenze zwischen Meteopoetik und Meteopoetologie, es handelt sich um ein klassisches Beispiel der *pathetic fallacy*. Das letzte Beispiel, das ich besprechen möchte, löst sich gänzlich von der hier noch vorhandenen Verankerung in realem Wetter. Nebel hat zwar auch im folgenden Textausschnitt einen realen Ausgangspunkt – eben den Londoner Nebel, ein Mischprodukt aus industriellen wie häuslichen Rauchemissionen und der natürlichen Verdunstung über den Feuchtgebieten im Mündungsgebiet der Themse, für das später das Wort *smog* erfunden wurde –, aber die insistierende Betonung seiner Allgegenwärtigkeit macht schnell deutlich, dass hier eine symbolische Bedeutungsebene sukzessive in den Vordergrund tritt. Bei der betreffenden Passage handelt es sich um den Beginn des 1853 erschienenen Gesellschaftsromans *Bleak House* von Charles Dickens. Ausgehend vom realen und mit London auf besondere Weise verknüpften Phänomen des Nebels entspinnt Dickens hier eine Symbolik des Nebels, die von realen Wetter-

---

28 Oscar Wilde behauptet in einem seiner berühmten Aphorismen, dass das Londoner Klima ein Effekt der Kunst ist, da erst die Impressionisten der Bevölkerung den Nebel vor Augen geführt haben: »Things are because we see them, and what we see, and how we see it, depends on the Arts that have influenced us. To look at a thing is very different from seeing a thing. One does not see anything until one sees its beauty. Then, and then only, does it come into existence. At present, people see fogs, not because there are fogs, but because poets and painters have taught them the mysterious loveliness of such effects. There may have been fogs for centuries in London. I dare say there were. But no one saw them, and so we do not know anything about them. They did not exist till Art had invented them. Now, it must be admitted, fogs are carried to excess. They have become the mere mannerism of a clique, and the exaggerated realism of their method gives dull people bronchitis. Where the cultured catch an effect, the uncultured catch cold.« Oscar Wilde: The Decay of Lying [1891], in: ders.: The Complete Works of Oscar Wilde, hrsg. von Josephine M. Guy, Oxford 2007, Bd. 4, 73–103, hier: 95.

konditionen entkoppelt eine poetisch übertragende Bedeutung gewinnt. Im Übergang zwischen den hier abgedruckten zweiten und vierten Absätzen des Romans entwickelt sich der Nebel zum Leitmotiv:

> Fog everywhere. Fog up the river, where it flows among green aits and meadows; fog down the river, where it rolls defiled among the tiers of shipping, and the waterside pollutions of a great (and dirty) city. Fog on the Essex marshes, fog on the Kentish heights. Fog creeping into the cabooses of collier-brigs; fog lying out on the yards, and hovering in the rigging of great ships .... Fog in the eyes and throats of ancient Greenwich pensioners, wheezing by the firesides of their wards; fog in the stem and bowl of the afternoon pipe of the wrathful skipper, down in his close cabin; fog cruelly pinching the toes and fingers of his shivering little 'prentice boy on deck. Chance people on the bridges peeping over the parapets into a nether sky of fog, with fog all round them, as if they were up in a balloon and hanging in the misty clouds. [...]
>
> The raw afternoon is rawest, and the dense fog is densest, and the muddy streets are muddiest near that leaden-headed old obstruction, appropriate ornament for the threshold of a leaden-headed old corporation: Temple Bar. And hard by Temple Bar, in Lincoln's Inn Hall, at the very heart of the fog, sits the Lord High Chancellor in his High Court of Chancery.[29]

Schon als Wetterphänomen, als das er von Dickens' extradiegetischem Erzähler eingangs beschrieben wird, durchdringt der Nebel in dieser Schilderung alles.[30] Dies zeigen bereits die insistierenden Anaphern, die, unterstützt vom primär parataktischen Aufbau der Passage, den Nebel vor allem im ersten oben zitierten Absatz, dem zweiten des Romans, in den Vordergrund treten lassen und seine Allgegenwart stilistisch betonen. Die pulsierenden Wiederholungen von »fog« entwickeln hier ein ästhetisches Eigenleben, das mit dem Effekt des Nebels auf die Londoner Bevölkerung korreliert. Der Nebel zieht den Bewohnern von London und seiner Umgebung den Boden unter den Füßen weg und verfremdet die Koordinaten der bekannten Welt so, dass sie nicht mehr wissen, wo oben und wo unten ist. Alles ist Nebel, und die Desorientierung der Menschen ist damit perfekt.

Am dichtesten ist der Nebel aber im Court of Chancery, das als Ergänzung zum Common Law eigentlich Klarheit in die Beziehung zwischen dem Volk und seinem Rechtswesen bringen und Härtefälle im Zeichen der Billigkeit abfedern

---

[29] Charles Dickens: Bleak House [1853], London 1996, 13f.
[30] Wie auch Alexandra Harris für den Effekt des Nebels auf den gesamten Roman betont: »The fog will seep its way into every crevice of the novel, becoming the setting, symptom, and symbol of all that occurs.« Alexandra Harris: Weatherland. Writers and Artists under English Skies, London 2015, 296.

soll. Der Repräsentant des englischen Rechtssystems hat seinen Sitz bei Dickens aber direkt im »Herzen des Nebels«. Die durch den Nebel verursachte Sichtbehinderung ist damit natürlich symbolisch aufgeladen. Anstelle von salomonischer Gerechtigkeit, Weitsicht und Klarheit, drei Grundhaltungen, die die Chancery verkörpern sollte, steht das Wirken des Lord Kanzlers hier für Blindheit, moralische Diffusität und wahllose Ungerechtigkeit. Als Mittelpunkt der Nebellandschaft, zu der London und der politisch dominante Südosten Englands bei Dickens werden, ist das Kanzleigericht der Ursprung eines Sumpfes aus Korruption und Machtmissbrauch, der die einfachen Menschen, so zeigt es die Handlung des Romans, in Unglück und Verderben stürzt.

Liest man den oben zitierten Beginn des Romans nun im Bewusstsein des im vierten Absatz verdeutlichten Symbolcharakters des Nebels noch einmal in die Gegenrichtung, so erhält die im zweiten Absatz zunächst noch an das reale Wetterphänomen Nebel gekoppelte Beschreibung von London und seiner Umgebung auch eine zusätzliche symbolische Bedeutung. Die Allgegenwärtigkeit des Nebels versinnbildlicht die Auswirkungen von Korruption und Ungerechtigkeit auf den Alltag der englischen Bevölkerung. Alle Lebensbereiche sind von der moralischen Blindheit des Systems betroffen: die banalsten Handlungen (etwa das Pfeiferauchen) werden davon ebenso beeinflusst wie die englische Wirtschaft (vertreten durch die Schifffahrt). Die individuellen Personen sind voneinander getrennt. Der Nebel schiebt sich wie eine Barriere zwischen sie, so dass sie zwar alle unter demselben Phänomen leiden, aber jeder und jede für sich allein. Die Verblendung und die Willkür des Systems führen zu sozialer Isolation, was Dickens im weiteren Verlauf des Romans genauer ausarbeitet, hier aber bereits in der tristen Beschreibung der einzelnen Figuren, die unter dem Nebel leiden (wie etwa Kapitän und Schiffsjunge) andeutet. *Bleak House* gilt als einer der großen realistischen Romane der viktorianischen Epoche Englands, die den Anspruch erheben, ein Gesamtbild der englischen Gesellschaft zu zeichnen und die die mannigfaltigen Verflechtungen zwischen den diversen sozialen Gruppen aufzeigen wollen. Der Leitmotivcharakter und die starke symbolische Aufladung des Nebels allerdings setzen den Realismus in diesem Roman stellenweise beinahe außer Kraft. Gemeinsam mit anderen atmosphärischen Phänomenen – allen voran dem abwechselnd als Geruch, öliger Flüssigkeit, fettiger Asche oder einfach Dunst beschriebenen Produkt der fantastischen ›plötzlichen Selbstentzündung‹ (»spontaneous combustion«) eines der Opfer der Chancery[31] – wird

---

31 Die Nacht, in der die Figur des Krook berühmt-berüchtigterweise dieser »spontaneous combustion« zum Opfer fällt, ist »steaming«, eine Figur spricht von sich selbst als »stewing and fuming«. Andere bemerken nacheinander »a queer kind of flavour«, »soot ... like black fat«,

der Nebel zum Symbol für die komplette Durchdringung des Systems mit einer zum Selbstzweck gewordenen korrupten und menschenverachtenden Bürokratie, die jegliche moralische Instanz aus den Augen verloren hat und die Gesellschaft zerstört. Unter Rückbezug auf die Ästhetik des Unheimlichen entfaltet der Nebel dabei in der Verknüpfung von realem meteorologischem Ereignis mit Sozial- und Systemkritik ein Eigenleben, das sich einer realistischen Poetik beinahe entzieht.

Fazit

Die hier besprochenen Beispiele der englischen viktorianischen Romanliteratur zeigen, dass sich die Literatur des meteorologischen und physikalischen Wissens von der Instabilität des Nebels bedient, um dargestellte Landschaften und Szenarien so zu verändern und zu verfremden, dass sie unheimlich erscheinen. Sie entwirft dabei eine Meteopoetik des Nebels, deren charakteristische Ästhetik im Text auch zu einer Betonung der Agentialität der nicht-menschlichen Natur führt. In ihrer Übertragung der Spezifik von Nebel als materiellem Vorgang in die dichterische Sprache hebt die Literatur spätestens seit dem 19. Jahrhundert die dem Nebel eigene Transformierbarkeit und Mobilität hervor, womit sie wiederum die Position der menschlichen Figuren im Text teilweise untergräbt oder prekär erscheinen lässt. Wie seine fortwährende Popularität in allen Gattungen des Unheimlichen bis hin zum zeitgenössischen Horrorfilm eindrücklich belegt, liegt in dieser Funktion als Stilmittel einer meteopoetischen Ästhetik wohl die wahrscheinlich nachhaltigste Bedeutung des Nebels.

Das Beispiel von Charles Dickens' *Bleak House* deutet aber zusätzlich zur meteopoetischen Funktion, die in diesem Roman ebenfalls aktiviert wird, auch die Möglichkeit einer Meteopoetologie des Nebels an. Denn der Nebel wird hier, von seinen meteorologischen Bedingungen entkoppelt, nicht bloß als Symbol für ein ganzes Gesellschaftssystem gesehen, sondern dichterisch auch stilisiert zur *conditio (in)humana* des hochviktorianischen Londons.[32] Die Unschärfe, mit der er symbolisch verquickt ist, steht auch in Bezug zu der zentralen formalen Innovation des Romans, der doppelten Erzählperspektive, die für Dickens ein-

---

und »[a] thick, yellow liquor ... which is offensive to the touch and sight and more offensive to the smell. A stagnant, sickening oil.« Dickens (Anm. 30), 506–519.

32 Dickens nimmt hier teilweise bereits T. S. Eliot vorweg, der London siebzig Jahre später in seinem modernistischen Gedicht *The Waste Land* als Ödland darstellt, als »Unreal City«, über deren Brücken die Toten »Under the brown fog of a winter dawn« ziehen. T. S. Eliot: The Waste Land [1922], New York 2001, 60 f.

malig ist und auch innerhalb der viktorianischen Prosaliteratur in dieser Form kein Vorbild hat.[33] Dickens' Roman exponiert damit eine Korrelation zwischen Nebel, Visibilität und Erzählperspektive, wie sie auch für die modernistischen Romane *The Voyage Out* von Virginia Woolf und *Heart of Darkness* von Joseph Conrad namhaft gemacht wurde:

> The loss of determinacy expressed in vague and blurred vision not only affects the subject's ways of seeing and being, but narrative reality at large. The uncertainty of perception denotes a transitional reality which can no longer be encompassed by a single conceptual view, but one which leads to a dispersal of perspectives and meaning, releases chains of associations, and enables the reader to establish connections between them.[34]

Dass Dickens seine berühmte doppelte Erzählinstanz ausgerechnet in demjenigen Roman einführt, der auch für seinen leitmotivischen Zugang zum Nebel bekannt ist, ist bezeichnend. Die ästhetisch-formale Verbindung zwischen Nebel, Sehvermögen und Erzählperspektive wird zwar nicht explizit poetologisch hervorgehoben, doch es ist bedeutsam, dass, wie Philip Collins aufzeigt, die beiden Erzähler einander trotz der vielen Querverbindungen zwischen den von ihnen erzählten Kapiteln konsequent ignorieren – als würden sie einander nicht ›sehen‹.[35] Beide betonen, dass Nebel die Sicht auf die Umgebung versperrt und damit die Einschätzung der Realität erschwert,[36] und das Unvermögen zu erkennen, was vor den eigenen Augen liegt, ist eines der zentralen Themen des Romans.[37] Das Leitmotiv des Nebels unterstreicht hier die Auseinandersetzung damit, was sichtbar, was er-

---

33 Dickens stellt in *Bleak House* zwei voneinander komplett unabhängige Erzählsituationen nebeneinander: Die des betont abgehoben und (wie in den hier zitierten Passagen des Romans ersichtlich) über der fiktionalen Welt schwebenden auktorialen Erzählers, der – anders als in anderen viktorianischen Romanen – nicht einmal annähernd personalisiert ist, und die der Ich-Erzählerin Esther Summerson, deren Erzählung nicht als Einschub durch den auktorialen Erzähler motiviert sondern vollkommen eigenständig ist.
34 Die hier besprochene verschwommene Sicht ist ein Effekt des Nebels und seiner Verschleierung der Umgebung; Claudia Olk: Virginia Woolf and the Aesthetics of Vision, Berlin/Boston 2014, 85 f.
35 Collins weist auch auf die einzige Ausnahme hin: »Only once does the Narrator betray any consciousness of Esther and her narrative: she goes to bed at the end of Chapter 6, and Chapter 7 opens with »While Esther sleeps, and while Esther wakes … «. Philip Collins: Some Narrative Devices in *Bleak House*, Dickens Studies Annual 19 (1990), 125–146, hier: 127.
36 Siehe den hier zitierten Beginn des Romans; für Esther bspw. Dickens (Anm. 30), 42.
37 Zu nennen sind hier beispielsweise die Weigerung mehrerer Figuren, die Aussichtslosigkeit der Prozesse zu erkennen, in die sie am Court of Chancery involviert sind, sowie Esthers Blindheit einerseits für Alan Woodcourts Liebe zu ihr und andererseits für die wahre Identität ihrer Mutter.

zählbar und was hinter dem Schleier des Erzählens erkennbar ist.[38] Die poetologische Reflexion über die ästhetisch-formale Funktion des Nebels mag bei Dickens zwar noch fehlen, doch sein Roman weist bereits fünfzig Jahre in die Zukunft hin zu den Anfängen modernistischer Meteopoetologie. Zu Conrads Marlow, für den die Bedeutung einer Geschichte nicht in ihrem Kern liegt sondern im Nebelschleier, der diesen Kern umhüllt und der von der Geschichte erst beleuchtet wird, ist es von hier aus nicht mehr weit.[39]

---

[38] So ›vernebelt‹ etwa Esther Summersons äußerst naive Weltsicht oft Zusammenhänge, die die Leser erst rekonstruieren müssen.

[39] Joseph Conrad: Heart of Darkness [1899], hrsg. von Paul B. Armstrong, New York 2006, 8: »[T]o him the meaning of an episode was not inside like a kernel but outside, enveloping the tale which brought it out only as a glow brings out a haze, in the likeness of one of these misty halos that sometimes are made visible by the spectral illumination of moonshine.«.

Marlene Dirschauer
Zeitenwandel und Wetterwechsel. Ein Streifzug durch Virginia Woolfs Meteopoetologie

»What a weathercock of sensibility I am!«[1] Mit diesen Worten kommentiert Virginia Woolf am 1. Juli 1926 selbstironisch die Unbeständigkeit ihrer Gefühle, die ihr beim Lesen früherer Tagebucheinträge vor Augen geführt wird.[2] Ihre Tagebücher sind nicht nur barometrischer Indikator der Höhen und Tiefen ihrer Stimmung, sie dokumentieren auch immer wieder die jeweils aktuellen Wetterverhältnisse, und nicht selten ist dabei eine Verbindung zwischen den meteorologischen Bedingungen und Woolfs Gemütslage erkennbar. Indem Woolf sich ihrer eigenen Befindlichkeit so ausgesetzt porträtiert wie ein Wetterhahn den Winden, führt sie beide Aspekte in der Idee der Wechselhaftigkeit zusammen, die im Kontext der literarischen Moderne auch poetologisch wirksam wird. So lässt zum Beispiel Woolfs Zeitgenosse James Joyce die Handlung von *Ulysses* an einem Junitag spielen, über dessen Wetter gesagt wird es sei »as unpredictable as a child's bottom.«[3] Ähnlich unvorhersehbar wie das Wetter (oder, um das Zitat aufzunehmen, der Hintern eines Kindes) ist der Roman selbst, dessen einzelne Kapitel so variieren, dass sie jegliche Form einer dominierenden Deutungshoheit *ad absurdum* führen und die Leser*innen dazu herausfordern, sich in ihrer Lektüre den narrativen und perspektivischen Veränderungen immer wieder neu anzupassen.

Auch Woolfs modernistische Poetik zeigt ein ausgeprägtes Interesse für das, was sich der Vorhersagbarkeit und Sicherheit entzieht. Ihr Zugeständnis an die Launenhaftigkeit des Geistes – »how shifting and vacillating one's mind is!«[4] – und ihr Wissen um die Instabilität des menschlichen Körpers[5] wirken sich auch auf ihr Literaturverständnis aus. So stellt sie in ihrem programmatischen Essay

---

1 Virginia Woolf: The Diary of Virginia Woolf, hrsg. von Anne Olivier Bell und Andrew McNeillie, 6 Bde, New York 1977–1980, Bd. 3, 91.
2 Woolfs Bemerkung bezieht sich auf den vorangegangen Tagebucheintrag, in dem sie ihre Verzweiflung darüber beschreibt, mit einem neuen Hut den Spott ihrer Freunde auf sich gezogen zu haben.
3 James Joyce: Ulysses, Oxford 2008, 87.
4 Woolf, Diary (Anm. 1), Bd. 2, 59.
5 Vgl. Virginia Woolf: On Being Ill, in: dies.: The Essays of Virginia Woolf, hrsg. von Stuart N. Clarke und Andrew McNeillie, 6 Bde, San Diego 1986–2011, Bd. 5, 195–207.

Modern Fiction die vermeintliche Souveränität des Schriftstellers infrage, der die Wirklichkeit als ein ihm fassbares und kohärentes Ganzes versteht. Stattdessen betont sie die Mannigfaltigkeit und Beliebigkeit von Eindrücken, die auf den modernen Menschen einprasseln wie ein »incessable shower of innumerable atoms«.[6] Es ist bezeichnend, dass Woolf das Gefühl, der Wirklichkeit ausgeliefert zu sein, mit der meteorologischen Metapher des Schauers einfängt, und damit die Unberechenbarkeit des Wetters auch auf poetologischer Ebene produktiv macht.

Wetterphänomene faszinierten die modernistischen Schriftsteller*innen weniger als Realitätseffekt oder aufgrund ihres traditionsreichen symbolischen Potenzials, sondern weil sie die Sicherheit einer genauen Kalkulierbarkeit unmöglich machen. Als »Inbegriff des Akzidentiellen schlechthin«[7] wird das Wetter in der Literatur der Moderne aufgewertet und das (vermeintlich) Zufällige in eine Poetik der Kontingenz überführt. Damit sind die Wetterdarstellungen des frühen 20. Jahrhunderts nicht zuletzt Ausdruck einer Zeit, deren Sicht auf die physikalische Welt der Idee der Relativität Rechnung trägt und die Unbestimmbarkeit als Determinante zulässt.

In Anlehnung an die von Urs Büttner und Michael Gamper in der Einleitung zu diesem Band formulierte Eigenheit meteopoetologischer Texte, aus den Wetterereignissen Konsequenzen für die eigenen poetischen Verfahren ableiten zu können, untersucht dieser Beitrag die narrativen und poetologischen Funktionen des Wetters in Woolfs Romanen im Spannungsfeld zwischen Prognose und Erwartung, Erfahrungswert und (poetischem) Ereignis. Entlang ausgewählter Wetterdarstellungen in *The Voyage Out* (1915), *To the Lighthouse* (1927), *Orlando* (1928) und *Between the Acts* (1941) erfolgt ein Streifzug durch Woolfs Romane, der schlaglichtartig ihr Früh-, Haupt- und Spätwerk beleuchtet. Gerade weil das Wetter keine stabile Größe ist, sondern in Form und Funktion in den einzelnen Romanen variiert, reflektieren seine unterschiedlichen Darstellungen die Entwicklung ihrer Poetik.

Es soll gezeigt werden, dass Woolf die Idee des Flüchtigen, Willkürlichen und Unberechenbaren als literarisches Verfahren nutzt, um die Linearität narrativer Zeit, die Gradlinigkeit des Plots und scheinbare Entsprechungen zwischen dem Außen der dargestellten Wirklichkeit und dem Innen der Figuren infrage zu stellen. Dies betrifft besonders die intrikate Verknüpfung von Wetter und Zeit, die sich, wie im vorliegenden Band mehrfach hervorgehoben wird, bereits in der ety-

---

[6] Virginia Woolf: Modern Fiction, in: dies.: The Common Reader, hrsg. von Andrew McNeillie, 2 Bde., London 2003, Bd. 1, 146–154, hier: 150.

[7] Urs Büttner: Poetik der (In-)Kohärenz. Zur literarischen Meteorologie von Raabes *Chronik der Sperlingsgasse*, in: Jahrbuch der Raabe-Gesellschaft 54 (2016), 74–93, hier: 92.

mologischen Nähe beider Konzepte äußert.[8] Bevor im Folgenden der Zeitlichkeit des Wetters und der Wetterhaftigkeit der Zeit als besonders augenfälliges Zeugnis ihrer Kontingenzpoetik genauer nachgegangen wird, soll ein Blick auf die zentrale Unwetterszene in Woolfs erstem Roman *The Voyage Out* ihre wachsende Kritik an realistischen Darstellungsweisen veranschaulichen, die bereits den Übergang zur Moderne vorbereitet.

The Voyage Out und die Grenzen literarischer Wettersymbolik

Woolfs 1915 erschienener Debütroman ist stärker als ihre späteren experimentellen Romane den Erzähltraditionen des 19. Jahrhunderts verpflichtet, von denen er sich jedoch gleichzeitig zu distanzieren beginnt. Woolfs kritische Auseinandersetzung mit konventionellen Erzählverfahren manifestiert sich in den Wetterdarstellungen als Merkmal einer realistischen Erzähltradition, in der, wie es Friedrich Christian Delius im deutschsprachigen Kontext für den bürgerlichen Realismus behauptet hat, das Wetter als Stimmungsmacher fungiert.[9] Woolfs erster Roman zeigt jedoch die Grenzen vermeintlicher Entsprechungen zwischen dem Himmelsgeschehen und der Figurenpsychologie auf. Die junge Protagonistin, Rachel Vinrace, fährt in Begleitung ihrer Tante in die südamerikanischen Tropen und verbringt einige Monate in einem kleinen Hotel in dem fiktiven Ort Santa Marina. Dort lernt sie einen angehenden Schriftsteller kennen, mit dem sie sich verlobt. Doch kurz darauf erkrankt sie und stirbt. In dem Motiv der Reise einer jungen Hauptfigur in die exotische Fremde bedient sich Woolf des Topos des Bildungsromans, der jedoch im Tod der Protagonistin einen jähen Bruch erfährt. Schon ihr erster Roman weist auf die Kluft hin, die zwischen den Erwartungen der Leser*innen an den Text und dem Text selbst bestehen kann. Dies wird besonders in der eindrucksvollen Unwetterdarstellung am Ende des Romans deutlich. Nach Rachels Tod zieht in aller Symbolkraft ein Gewitter auf, das die aufgewühlte emotionale Stimmung der anderen Hotelgäste, die Rachels Sterben miterlebt haben, kathartisch entlädt. Als das Unwetter wieder abzieht, heißt es:

---

8 Diese Nähe zeigt sich zwar vor allem in den vom Lateinischen abgeleiteten romanischen Sprachen, besteht aber auch im Englischen fort, so z. B. in dem Wort »tempest«.
9 Friedrich Christian Delius: Der Held und sein Wetter. Ein Kunstmittel und sein ideologischer Gebrauch im Roman des bürgerlichen Realismus, München 1971.

> After a minute or two, when nothing was heard but the rattle of water upon glass, there was a perceptible slackening of the sound, and then the atmosphere became lighter.
> »It's over,« said another voice. [...] For some minutes the rain continued to rattle upon the skylight, and the thunder gave another shake or two; but it was evident from the clearing of the darkness and the light drumming of the rain upon the roof, that the great confused ocean of air was travelling away from them, and passing high over head with its clouds and its rods of fire, out to sea. [...]
> As the storm drew away, the people in the hall of the hotel sat down; and with a comfortable sense of relief, began to tell each other stories about great storms.[10]

Der Sturm, dessen Beschreibung sich über mehrere Seiten erstreckt, steht in offensichtlicher narrativer Verbindung mit dem Tod der jungen Protagonistin. Der Tumult, die Verwirrung und die Anspannung, die in der Darstellung des Unwetters evoziert werden, fangen die dazu analog gezeichnete emotional aufgewühlte Atmosphäre nach Rachels Tod ein. Doch der »comfortable sense of relief« unter den ihr nicht näher stehenden Hotelgästen, die willkommene Erleichterung, die mit dem Wegziehen des Gewitters einhergeht, lässt sich innerhalb dieser Analogie nicht nur als ein fast zynischer Kommentar auf die allgemeine Erleichterung lesen, die sich nach dem ›unbequemen‹ Sterben der jungen Frau einstellt, sondern hat auch rezeptionsästhetische Relevanz: Er spielt auf das bewährte narrative Mittel an, eine Entsprechung von Innen und Außen – in dem Fall von Wetter und kollektivem Gemütszustand – herzustellen. Das Abrufen dieser Tradition lenkt die Interpretationsarbeit der Leser*innen in die gewohnten Bahnen, in denen Innen- und Außenraum, Natur und Mensch, Wetter und Stimmung korrelieren. Doch Woolfs Romanwerk untergräbt in der Folge zunehmend derartige Parallelisierungen zwischen meteorologischer und psychologischer Atmosphäre. Vor allem die Romane, die sie zwischen 1922 und 1931 in ihrer produktivsten Schaffensphase geschrieben hat, bestätigen die in der Einleitung dieses Bandes hervorgehobene Tendenz meteopoetologischer Texte, mit der Verabschiedung realistischer Darstellungsweisen scheinbare Vorausdeutungen der Handlung durch das Wetter zu enttäuschen.[11] Bei Woolf ist diese Inkongruenz eng an die Tatsache geknüpft, dass das Wetter dem menschlichen Leben gegenüber hauptsächlich als indifferent gezeichnet wird.[12] In ihrer 2015 erschienenen Monografie zum Wetter in der englischen Literaturgeschichte betont Alexandra Harris die Gleichgültigkeit des Wetters als wesentliches Merkmal Woolf'scher Meteopoetologie, indem sie den Himmel als einen

---

10 Virginia Woolf: The Voyage Out, London 1992, 348–349.
11 Siehe die Einleitung zum vorliegenden Band.
12 Zwei Ausnahmen bilden die in diesem Beitrag besprochenen Szenen aus *The Voyage Out* und *Between the Acts*.

Ort identifiziert, der in ihrem Werk eine vom menschlichen Leben entfernte, dem Menschen unerreichbare und ihm gegenüber gleichgültige Sphäre darstellt.[13] Die Untersuchung des Wetters als eines Phänomens, das zugleich »divinely beautiful« und »divinely heartless« ist,[14] lässt Rückschlüsse auf wichtige Eigenheiten Woolfs poetischer Verfahren zu. Das Wetter wird zum narrativen Struktur- und Formelement, das einen Moment der Nicht-Entsprechung signalisiert. Es stellt eine Störung oder gar einen Bruch innerhalb des traditionellen Verhältnisses zwischen den erzählten äußeren Begebenheiten einerseits und den Figuren und dem Handlungsverlauf andererseits dar, das Woolf bereits in ihrem ersten Roman infrage zu stellen beginnt. Das subversive Potenzial des Wetters zeigt sich vor allem in der Verschränkung von Woolfs innovativen Wetter- und Zeitdarstellungen, die nun anhand dreier Romane exemplarisch herausgearbeitet werden soll.

Die Flüchtigkeit der Prognose: *To the Lighthouse*

Die Divergenz zwischen Erwartung und Erfüllung zeigt sich besonders deutlich in *To the Lighthouse*, das als eines der Schlüsselwerke der englischsprachigen Moderne gilt. Hier trägt das Wetter wesentlich zum experimentellen Charakter des Romans bei und kann als zentrales Strukturelement gedeutet werden, das die Idee eines geradlinigen Plots unterläuft. Gleich der erste Satz des Romans knüpft die Handlung an die Bedingung des Wetters: »›Yes, of course, if it's fine tomorrow‹, said Mrs. Ramsay.«[15] Mit diesen Worten stellt Mrs. Ramsay ihrem sechsjährigen Sohn James die von ihm sehnsüchtig erwartete Fahrt zum Leuchtturm für den folgenden Tag – den letzten Ferientag – in Aussicht. Er überhört geflissentlich die Bedingung – »if it's fine tomorrow« – und hält den Ausflug für sicher. Doch die himmlische Wonne (»heavenly bliss«), die das mütterliche Versprechen auslöst, wird schon kurz darauf durch das »Aber« des Vaters zunichte gemacht: »›But,‹ said his father [...] ›It won't be fine.‹«[16] Der Vater deutet den Wetterzustand richtig: Das Wetter schwingt um, die Fahrt zum Leuchtturm wird verschoben. Die Poetik der Kontingenz setzt an eben dem Moment ein, in dem der Roman, statt der narrativen Prognose zu gehorchen, die aus dem Titel und Romananfang gezogen wer-

---

13 Alexandra Harris beschreibt den Himmel als »remote and apart from human life, unreachable and unconcerned.« Alexandra Harris: Weatherland. Writers and Artists under English Skies, London 2015, 348.
14 Harris zitiert hier aus Woolfs Essay *On Being Ill*. Ebd., 349.
15 Virginia Woolf: To the Lighthouse, London 1992, 7.
16 Ebd., 8.

den kann, sich dem Wetterumschwung anpasst, das erwartete Ereignis aus den Augen verliert und stattdessen eine völlig unvorhergesehene Perspektive einnimmt. So geht der folgende Tag in den Mittelteil des Romans über, der zehn Jahre umspannt, und in dem Woolf den steten Zerfall des verlassenen Sommerhauses der Familie beschreibt.

In diesem kürzesten und doch zentralen Teil des Romans, »Time Passes«, wird das Wetter von menschlichen Erwartungen und Empfindungen gelöst und die Zeit selbst erscheint als eigentlicher Akteur. Ihre *agency* drückt sich im Wirken der Natur und ihrem Effekt auf das Sommerhaus der Familie aus, während menschliche Figuren, ja menschliches Leben überhaupt an die Ränder des Erzählten verdrängt werden. Der plötzliche Tod der Mutter und zweier Geschwister sowie der Erste Weltkrieg finden nur kurz in Klammern Erwähnung, ansonsten liegt der Fokus allein auf dem Antagonismus zwischen den Kräften der Natur einerseits und dem Haus der Familie als Symbol menschlicher Kultur andererseits. Mit Ausnahme des sporadischen Erscheinens der Haushälterin Mrs. McNab ist das verlassene Haus ganz der Natur überlassen: »Night after night, summer and winter, the torment of storms, the arrow-like stillness of fine weather, held their court without interference.«[17] Das Vergehen von Zeit manifestiert sich als ein Oszillieren zwischen dem immer gleich bleibenden Rhythmus der Jahreszeiten und der verändernden Wirkung ihrer jeweiligen Witterungsverhältnisse, die den langsamen Verfalls des Hauses bedingen, und die Maria DiBattista als »unbezwingbare« Gestalten der Zeitlichkeit selbst deutet: »The force of temporality and its indomitable figures – mutability, transience, all the meteorological and seasonal metaphors of irrevocable change that pervade Woolf's vision of time passing.«[18]

Fernab des menschlichen Geschehens wird Zeit als ein Wirken meteorologischer Kräfte – Winde, Hitze und Kälte, Feuchtigkeit – personifiziert:

> Only through the rusty hinges and swollen sea-moistened woodwork certain airs, detached from the body of the wind [...] crept round corners and ventured indoors. Almost one might imagine them, as they entered the drawing-room, questioning and wondering, toying with the flap of hanging wall-paper, asking, would it hang much longer, when would it fall? Then smoothly brushing the walls, they passed on musingly as if asking the red and yellow roses on the wall-paper whether they would fade.[19]

Doch diese Personifikation, die das Vergehen von Zeit als abstrakter Kraft greifbarer zu machen scheint, ist dem einleitenden »almost« sowie der »as if«-Struktur dieser Sätze unterworfen: Fast könnte man sich Zeit als diese anthropomorphen

---

17 Ebd., 146.
18 Maria DiBattista: Virginia Woolf's Major Novels. The Fables of Anon, New Haven 1980, 190.
19 Woolf, To the Lighthouse (Anm. 15), 138.

und daher fassbaren Naturgestalten vorstellen, die durch das Haus ziehen, *als ob* sie menschliche Reflexions- und Artikulationsfähigkeit besäßen. In Wirklichkeit aber besteht der Text auf der »insensibility of nature«.[20] Alexandra Harris weist auf die in Woolfs Tagebüchern festgehaltenen schockartigen Momente hin, in denen der Autorin die Gefühllosigkeit und Gleichgültigkeit der Natur in aller Plötzlichkeit ins Auge springt. Das meteorologische Himmelsgeschehen werde laut Harris so zur ereignishaften Unterbrechung in einem monotonen, anthropozentrischen Vor-Sich-Hinleben: »Our lives rumble on more or less coherently and anthropocentrically, until suddenly we look up.«[21] Nur wenige Schriftsteller*innen, fährt Harris fort, würden ihre Leser*innen so eindringlich zu diesem Moment des Aufblickens in den Himmel veranlassen und das dort Geschehende so stark mit der Ephemeralität menschlichen Lebens kontrastieren lassen wie Woolf. Der Mittelteil von *To the Lighthouse* betont so konsequent wie kaum ein anderer Text in ihrem Oeuvre die Gleichgültigkeit und Unberechenbarkeit, die sich in der abstrakten, unpersönlichen Dimension jener Kräfte zeigen, denen von Menschenhand Erbautes – hier etwa das Sommerhaus der Familie Ramsay – anheimfällt.

Woolfs Roman besteht mit neuer Dringlichkeit auf eine vom menschlichen Blick unabhängige, selbstgenügsame Schönheit der ungemessenen Zeit, wie sie etwa in der folgenden Passage poetisiert wird:

> Loveliness and stillness clasped hands in the bedroom, and among the shrouded jugs and sheeted chairs even the prying of the wind, and the soft nose of the clammy sea airs, rubbing, snuffling, iterating, and reiterating their questions – »Will you fade? Will you perish?« – scarcely disturbed the peace, the indifference, the air of pure integrity, as if the question they asked scarcely needed that they should answer: we remain.[22]

Nachdem diese anthropomorphen Wetterkräfte zehn Jahre lang weitgehend ungestört gewaltet haben, kehrt die Familie schließlich in das gerade so und gerade noch wiederhergestellte Haus zurück und der dritte und letzte Teil des Romans beginnt. Nun stimmen die Bedingungen für eine Fahrt zum Leuchtturm – das Wetter ist gut – doch die kindliche Vorfreude ist gänzlich verflogen, und nur äußerst widerwillig begleiten James und seine Schwester Cam, beide mittlerweile Teenager, ihren Vater auf die Expedition. Unter Berücksichtigung der oben erwähnten etymologischen Nähe von Zeit und Wetter ließe sich die Struktur des Romans als eine Frage nach dem richtigen *Timing* beschreiben, das hier fehlt: Erst stimmt das Wetter nicht, dann ist der richtige Zeitpunkt verpasst. Beides aber ist durch den Mittelteil des Romans zu einer abstrakten, unpersönli-

---

20 Ebd., 150.
21 Harris (Anm. 13), 348.
22 Woolf, To the Lighthouse (Anm. 15), 141.

chen Zeit in Relation gesetzt. In der hier von mir beispielhaft skizzierten Kontiguität von Wetter und Zeit verhandelt Woolf die Komplexität menschlicher Zeiterfahrung angesichts einer davon unberührten, stetig voranschreitenden Zeit der Natur, gegen die sie sich behaupten muss.

Orlando: Literaturgeschichte, meteorologisch

Während eine wetterbedingte Planänderung in To the Lighthouse eine neue Art der Zeitdarstellung motiviert, macht sich Orlando. A Biography die Unbeständigkeit des Wetters als Ausgangspunkt einer alternativen Literaturgeschichtsschreibung zunutze. Dabei rekurriert der Roman auf Wetterdarstellungen in der Literatur, um sich den verschiedenen Epochen – oft auf ironische Weise – über die Atmosphäre literarischer Werke, statt über Namen und Daten zu nähern. Nicht zuletzt aufgrund seines innovativen Umgangs mit dem literarischen Material vergangener Epochen und seines ungewöhnlichen Zeitkonzepts ist der Roman ein charakteristisches Beispiel der Hochmoderne, wie nun anhand seiner Wetterdarstellungen gezeigt werden soll.

Woolf entwarf Orlando als Biografie ihrer engen Freundin und zeitweisen Geliebten, der Schriftstellerin Vita Sackville-West, deren fiktives alter ego Orlando über drei Jahrhunderte lebt, vom Beginn der Erzählung im 17. Jahrhundert bis zu ihrem Ende am 28. Oktober 1928 – dem Publikationsjahr des Romans. Der zeitliche Rahmen des Romans erlaubt es, drei Jahrhunderte englischer Literaturgeschichte aus neuer Sicht erzählen, denn Orlando ist selbst Rezipientin und Produzentin von Literatur. Sowohl die unorthodoxe Behandlung der Erzählzeit als auch die Tatsache, dass die Hauptfigur mitten im Roman das Geschlecht wechselt, dient einer feministischen Neuschreibung der Literaturgeschichte. Indem Woolf Orlando als englischen Adligen im 17. Jahrhundert zur Welt kommen und ihn für den ersten Teil des Romans alle damit einhergehenden Freiheiten genießen lässt, dann aber die Einschränkungen thematisiert, die Orlando als Frau, und noch dazu als dichtende Frau, erleben muss, schafft sie eine Figur, durch die sich die Literaturgeschichte aus einer der Logik von Zeit und Genre trotzenden Perspektive heraus beleuchten lässt. Orlando ist daher nie nur er oder sie selbst, und nie *nur* Vita Sackville-West, sondern verkörpert eine verschiedene Ären der englischen Literaturgeschichte. Obwohl Orlando kaum altert und nicht stirbt, sondern am Ende, etwa vierzigjährig, in der Jetztzeit der englischen Moderne ankommt, ist sie dem Zeitenwandel ausgesetzt. Es sind die unterschiedlichen historischen Zeiten, die die Bedingungen für Orlandos Leben, Schreiben und sogar Geschlecht legen. Der transformative Charakter des Plots und der Hautfigur rückt das Konzept der Veränderung und des Wandels ins Zentrum: »change was incessant, and change perhaps would never cease.«[23]

Hier kommt die Unbeständigkeit des Wetters als narratives Stratagem ins Spiel. Denn bei der Frage, wie sich Leben und Literaturgeschichte im Bewusstsein der ihnen inhärenten steten Veränderungen darstellen lassen, sucht der Text nach flexibleren als den bisher bestehenden Formen. Die vielfältigen meteorologischen Beschreibungen im Roman weisen auf einen neuen Umgang mit literaturgeschichtlichem Wissen hin: Die Unbeständigkeit und die Wechselhaftigkeit des Wetters unterhöhlen vermeintlich stabile Konzepte von Literaturgeschichte. Stattdessen zeichnet Woolf Orlandos Lebensphasen und, damit verwoben, verschiedene Literaturepochen als sich stets in der Veränderung befindliche wetterbedingte Aggregatszustände.

Der erste Teil des Romans spielt zur Zeit der elisabethanischen Regentschaft und nimmt nach Seiten etwa ein Drittel des Romans in Anspruch, obwohl nur wenig biografische Zeit vergeht. Das disproportionale Verhältnis zwischen erzählter Zeit und Erzählzeit deutet auf die auch in Woolfs Essays immer wieder hervorgehobene Signifikanz dieser Zeitspanne nicht nur für Orlandos eigenes Leben, sondern auch für die Literaturgeschichte allgemein hin. Während des legendären Frosts von 1608/09, bei dem die Themse meterdick zufror, verliebt sich Orlando in die russische Prinzessin Sasha. Der prägende Moment der ersten, noch dazu unglücklichen Liebe fällt nicht zufällig mit der Wirkungszeit wichtiger frühneuzeitlicher Dichter wie Shakespeare, Donne, Marlowe und Ben Johnson zusammen. Woolf beruft sich auf dieses historisch dokumentierte Wetterereignis, um einen besonderen Moment im Leben ihres Protagonisten hervorzuheben. Sie monumentalisiert den zugefrorenen Fluss, dessen Eis von solcher Härte ist, dass es so dauerhaft wie Stein zu sein scheint, »that it seemed permanent as stone«.[24] In und auf der gefrorenen Themse kommen Zeit und Geschichte zu einem Stillstand, aber nicht im Sinne einer Stagnation, sondern eines Innehaltens – fest und durchsichtig wird plötzlich der Prozess ihres Entstehens. Woolf geht weder auf Orlandos Innenleben noch auf die elisabethanische Dichtung explizit ein, stattdessen ist beides im zugefrorenen Fluss versinnbildlicht. Als Orlando eine Aufführung von Shakespeares *Othello* auf dem Eis sieht, wird in einer kurzen Passage die Qualität des Stücks als dessen Potenzial angedeutet, im Besonderen das Allgemeine einzufangen, denn in der Unmittelbarkeit der Worte Shakespeares scheint Orlandos Liebesleiden bereits enthalten: »The words even without meaning were as wine to him. But now and again a single phrase would come to him over the ice which was as if

---

23 Virginia Woolf: Orlando. A Biography, London 2000, 124.
24 Ebd., 44.

torn from the depths of his heart.«[25] Die Tiefe des Flusses, die durch die ungewöhnlichen Witterungsbedingungen sichtbar wird, ist gleichzeitig als eine Entdeckung der eigenen Seelentiefe inszeniert. In der schmerzlich endenden ersten Liebeserfahrung legt sich Orlando aufs Eis, starrt in seine Tiefen, als ob er sie läse, und denkt an den Tod: »Orlando would fling himself face downwards on the ice and look into the frozen waters and think of death.«[26] Woolf beginnt ihre fiktive Biografie also nicht – wie üblich – mit der Geburt oder Kindheit ihres Protagonisten, sondern mit dessen Positionierung in und Identifizierung mit einer bestimmten Epoche. Die zugefrorene Themse steht hier auch für die plötzlich sichtbare Tiefe des Ichs, sowohl in der frühneuzeitlichen Literatur als auch in Orlandos prägender ersten Liebe.

Auf die Aufführung von *Othello* folgt Orlandos erste Krise, die, wie auch scheinbar in *Othello*, von einem Verrat durch eine Frau ausgelöst wird. Orlando und Sasha hatten geplant, sich um Mitternacht zu treffen und gemeinsam aus England zu fliehen. Doch während Orlando auf seine Geliebte wartet, fängt es plötzlich an zu regnen.

> Suddenly he was struck in the face by a blow, soft, yet heavy, on the side of his cheek. So strung with expectation was he, that he started and put his hand to his sword. The bow was repeated a dozen times on forehead and cheek. The dry frost had lasted so long that it took him a minute to realise that these were raindrops falling; the blows were the blows of the rain. At first, they fell slowly, deliberately, one by one. But soon the six drops became sixty; then six hundred; then ran themselves together in a steady spout of water. It was as if the hard and consolidated sky poured itself forth in one profuse fountain. In the space of five minutes Orlando was soaked to the skin.[27]

Nach mehreren Wochen, in denen eine Art Versteinerung und Verfestigung der Materie auf die Zeit selbst übergegangen zu sein schien, wird Orlando nun auf doppelte Weise von der Gegenwart und Realität eingeholt. Der Regen, der in aller Härte auf seine Haut prasselt, nimmt die nicht minder harten Schläge der Kirchturmuhren vorweg (das englische Wort »strike«, das sich sowohl auf den Regen als auch auf das Schlagen der Uhr bezieht, macht dies noch deutlicher). Beides zwingt ihn, sich einzugestehen, dass Sasha nicht kommen wird:

> Suddenly, with an awful and ominous voice, a voice full of horror and alarm which raised every hair of anguish in Orlando's soul, St. Paul's struck the first stroke of midnight. Four times more it struck remorselessly. [...] Other clocks struck, jangling one after another. The whole world seemed to ring with the news of her deceit and his derision.[28]

---

25 Ebd., 41.
26 Ebd., 31.
27 Ebd., 42.
28 Ebd.

Während der trockene Frost ihn das Gefühl von Regen auf der Haut hatte vergessen lassen, wie er ihn überhaupt das Vergehen von Zeit hatte vergessen lassen, erscheint Orlandos Körper jetzt sowohl der Zeit als auch dem Wasser gegenüber wehrlos: Wie ein Schwamm saugt er die Gegenwart auf (»soaked to the skin«), die sich als Regen manifestiert. Zeit wird greifbar, indem die Regentropfen und die Schläge der Kirchturmuhr zu einer überwältigenden Kraft verschmelzen. Woolf zeichnet den Moment der Krise als atmosphärischen Wandel, als Veränderung des Aggregatszustands, in dem sich der Himmel »the hard and consolidated sky« wortwörtlich verflüssigt. In einer unendlichen Ansammlung von Regentropfen und Glockenläuten beginnen Wasser und Zeit wieder zu fließen.

Das Vergehen von Zeit wird als Bewegung von Wasser ausgedrückt: Die zugefrorene Themse repräsentiert eine Zeit, die den Kern ihrer eigenen Ewigkeit bereits in sich trägt, indem sie im Fließen innehält. In späteren Passagen wird Orlando immer wieder zu diesem Punkt seiner Vergangenheit zurückkommen, die mit der Beständigkeit eines Steins (»as permanent as stone«) – oder eben mit der Beständigkeit eines literarischen Werks wie *Othello* – Jahrhunderte überdauern wird. Die plötzliche Wasserbewegung kündigt dagegen nicht nur die Beschleunigung von erzählter Zeit an, die in den nächsten Kapiteln folgen wird, sondern ist auch ein Hinweis darauf, wie der Roman mit seiner Zeit umgeht: Er denkt und dichtet Zeit nicht in den üblichen Einheiten von Minuten, Stunden, Tagen, Jahren, Jahrhunderten, sondern als verschiedene Aggregatszustände. Indem Woolf Zeit als Wasser – hier als Eis, später als Dunst, Schaum, erhöhte Luftfeuchtigkeit, Wassertiefen – materialisiert und ihre Literaturgeschichte als Variation metaphorisierter atmosphärischer Stofflichkeit schreibt, fordert sie die Rigidität der bisherigen Literaturgeschichtsschreibung heraus.

Die Kontiguität von Wetter und Zeit im Roman sowie seine die traditionelle Literaturgeschichtsschreibung infrage stellenden meteorologischen Darstellungen lassen sich anhand eines weiteren Epochenübergangs verdeutlichen. Nach der Enttäuschung seiner ersten Liebe zieht sich Orlando in die Einsamkeit zurück. Er fällt in einen tiefen Schlaf, der sieben Tage dauert, und aus dem er schließlich als Frau wiedererwacht. Die Leser*innen folgen Orlando durch ein komprimiert dargestelltes 18. Jahrhundert, in dem sie sich mit der juristischen Schwierigkeit konfrontiert sieht, wie sie als unverheiratete Frau und einzige Erbin im Besitz ihres Familienanwesens bleiben kann. Sie schreibt nur wenig und ohne jemals zu veröffentlichen. Doch am Ende des Kapitels bahnt sich eine Veränderung in den äußeren Bedingungen an, die als meteorologisches Ereignis inszeniert ist: »[A] small cloud gathered behind the dome of St. Paul's.«[29]

---

29 Ebd., 156.

Die jetzt eintretende Transformation ist die expliziteste im Roman und beschreibt den Übergang ins viktorianische Zeitalter, den die Erzählerin abermals als Veränderung in der Atmosphäre zeichnet: »The whole of the eastern sky was covered with an irregular moving darkness [...] [H]eight upon height above the city was engulfed by it.«[30] Diese allumfassende Veränderung wird durch einen plötzlichen und steilen Anstieg der Luftfeuchtigkeit verursacht. Die sich ausbreitende viktorianische Feuchtigkeit – »damp« ist in dieser Passage das Schlüsselwort und kann als Metapher für die wachsende Industrialisierung gelesen werden – hat eine erstaunliche Wirkmacht. »[T]he change did not stop at outward things. The damp struck within. Men felt the chill in their hearts; the damp in their minds.«[31] Schließlich macht diese Feuchtigkeit auch vor der Literatur keinen Halt, womit Woolf auf die Tendenz des 19. Jahrhunderts zum Epischen anspielt: »[T]here is no stopping the damp; it gets into the inkpot as it gets into the woodwork – sentences swelled, adjectives multiplied, lyrics became epics.«[32] Eine weitere Folge ist ein größerer Schreibfluss. So bemerkt auch Orlando die plötzliche Fließkraft ihrer Worte, die ihr jedoch nicht geheuer ist: »Nothing more repulsive could be imagined than to feel the ink flowing thus in cascades of involuntary inspiration.«[33] Während der Anfang des 19. Jahrhunderts sich trotz dieser Kaskaden vermeintlicher Inspiration als wenig produktiv für ihr Schreiben erweist, zwingt der Zeitgeist Orlando, ihre Position in der Gesellschaft zu überdenken. Wie für eine Protagonistin des 19. Jahrhunderts üblich wird auch in Orlando der Wunsch geweckt zu heiraten. In der Szene, in der sie sich verlobt, wird die atmosphärische Darstellung aus Charlotte Brontës *Jane Eyre* parodiert, was Orlando kurzfristig in die Tradition rebellischer, am Ende jedoch immer glücklich verheirateter Romanheldinnen einreiht. Nun scheint ihr ambiger Status endlich geklärt – »I am [...] a real woman, at last!«[34]. Doch der Zustand der Konformität hält nur so lange, bis klar wird, dass Orlandos Verlobter ebenso wenig eindeutig ein Mann ist wie sie eine Frau.

In *Orlando* erscheint Literaturgeschichte nicht in Stein gemeißelt, die einzelnen Epochen folgen weder Zahlen noch Fakten, sondern sind vielmehr an ein so unberechenbares Phänomen wie das des Wetters gekoppelt: und die Protagonistin ist den Wettern und Witterungen verschiedener Zeitgeister und Denkmuster ausgesetzt. Erst als Orlando ihre Abhängigkeit von äußeren Umständen erkennt und überwindet, erst als ihr bewusst wird, dass sie zwar ein Produkt der Zeit

---

30 Ebd.
31 Ebd., 158.
32 Ebd.
33 Ebd., 164.
34 Ebd., 175.

ist, die Zeit aber gleichzeitig in der Dichtung bezwungen werden kann – »she need neither fight her age, nor submit to it; she was of it, yet remained herself« –, ist sie frei genug zu schreiben und das Geschriebene zu veröffentlichen: »[t]herefore, she could write, and write she did. She wrote. She wrote. She wrote.«[35]

Nachdem drei Jahrhunderte englischer Literaturgeschichte entlang zum Teil extremer Wetterbedingungen gezeichnet wurden, wirft *Orlando* am Ende einen Blick in den Himmel der Moderne:

> All was still now. It was near midnight. [...] The cold breeze of the present brushed her face with its little breath of fear. She looked anxiously into the sky. It was dark with clouds now. The wind roared in her ears. But in the roar of the wind she heard the roar of an aeroplane coming nearer and nearer.[36]

Der heranbrausende Sturm entpuppt sich als dröhnendes Flugzeug: Das Wetter verliert im 20. Jahrhundert seine Monopolstellung als Himmelsgeschehen.

Between the Acts und die Krise der Kontingenz

Die Leichtigkeit und Verspieltheit in *Orlando* (»Orlando [was] merely childs [sic!] play«)[37] ist vor dem Hintergrund der Kriegserfahrung und Woolfs zunehmender psychischer Instabilität während des Schreibens ihres letzten und 1941 posthum veröffentlichten Romans *Between the Acts* einer radikal veränderten Atmosphäre gewichen. Während die Wetterdarstellungen in *To the Lighthouse* und *Orlando* von einer experimentellen Neugier an der Kontingenz des Wetters geprägt sind, die jeweils unterschiedliche literarische Verfahren inspiriert, haben die vorherrschende Trockenheit und der plötzliche Regenschauer in *Between the Acts* stark symbolischen Charakter, der unmittelbar mit seiner Entstehungszeit zusammenhängt – mit der Tatsache, dass die Suche nach neuen Darstellungsformen auch in der Krisenerfahrung der Moderne begründet liegt: dem Ersten Weltkrieg, der Weltwirtschaftskrise, dem Aufstieg des Faschismus und dem Zweiten Weltkrieg, dessen Ende Woolf nicht überleben wollte. Während *To the Lighthouse* den Ersten Weltkrieg im gespenstisch-entmenschlichten Mittelteil des Romans verarbeitet, liegt der Schatten des Zweiten Weltkrieges so sehr über *Between the Acts*, dass er schließlich auch seine Fertigstellung unmöglich macht.

---

35 Ebd., 184.
36 Ebd., 227.
37 Woolf, Diary (Anm. 1), Bd. 3, 264.

Die Handlung ist hauptsächlich auf einen Junitag im Jahr 1939 konzentriert, an dem die Familie Oliver auf ihrem ländlichen Gut die Aufführung eines Historienspiels ausrichtet. Dieses jährlich wiederkehrende Ereignis ist von der allgemeinen Anspannung angesichts des unmittelbar bevorstehenden Kriegsausbruchs überschattet. Die Wetterdarstellungen greifen die Dynamik zwischen Routine und Ausnahme, Wiederholung und Ereignis auf. Einerseits fungieren sie als Inbegriff des Gewöhnlichen, wie sie etwa durch die interne Fokalisierung der Protagonistin Isa Oliver, der Schwiegertochter des Gutsherrn, zum Ausdruck kommt: »Every summer, for seven summers now, Isa had heard the same words; about the hammer and nails; the pageant and the weather. Every year they said, would it be fine or wet; and every year it was – one or the other.«[38] Andererseits wird der Moment der Differenz in dieser scheinbaren Gleichheit betont, wenn in Isas Überlegungen zum Wetter plötzlich ein unerwartetes und verfremdendes Bild der Gewalt auftaucht – ein Echo des zuvor gelesenen Ausschnitts aus der Zeitung, der von einem brutalen Mord berichtet: »The same chime followed the same chime, only this year beneath the chime she heard: ›The girl screamed and hit him about the face with a hammer.‹«[39] In das gewohnte ›wie immer‹ schleicht sich ein unvorhergesehenes Element der Gewalt und Bedrohung ein, das im Zusammenhang mit dem historischen Kontext des Romans gelesen werden muss. Dieses Element unterschwelliger Gewalt bleibt während des ganzen Romans als Subtext zu den auf den ersten Blick harmlos wirkenden Kommentaren zum Wetter bestehen. So zum Beispiel auch in der Passage, in der die Schwester des Hausherrn, Lucy Swithin, mit der Köchin über das Wetter redet: »›Will it be fine?‹ asked Mrs. Swithin, her knife suspended [...] ›Seems like it,‹ said Mrs. Sands, giving her sharp look-out of the kitchen window.«[40] Auch hier wird der scheinbar banale Wortwechsel der Frauen vom Bild des hängenden Messers gestört, dessen Schärfe sich im Blick der Köchin (»sharp look-out«) verdoppelt.

Die dargestellte Wirklichkeit vermittelt zunächst den Eindruck eines trockenen, eintönigen Sommers. Mehrfach wird der Sommer als besonders trocken,[41] der Landsitz als wasserfern beschrieben.[42] Darin erinnert das Setting in *Between the Acts* an den Anfang von T.S. Eliots 1922 publizierten Gedicht *The Waste Land*. Die ersten Verse zeichnen eine Atmosphäre, in der der Mensch als entwurzelt und

---

[38] Virginia Woolf: Between the Acts, Oxford 2008, 20.
[39] Ebd.
[40] Ebd., 31.
[41] Ebd., 89.
[42] Ebd., 26 f.

isoliert und als einer ihm gegenüber feindlichen Hitze und Dürre schutzlos ausgesetzt dargestellt wird:

> What are the roots that clutch, what branches
> Grow
> Out of this stony rubbish? Son of man,
> You cannot say, or guess, for you know only
> A heap of broken images, where the sun beats
> And the dead tree gives no shelter,
> the cricket no relief,
> And the dry stone no sound of water.[43]

Woolfs Verbildlichung einer krisenhaften Vorkriegserfahrung schöpft aus Eliots Verbildlichung einer krisenhaften Nachkriegserfahrung; ähnlich fragmentiert und vereinzelt wie die verschiedenen lyrischen Stimmen in *The Waste Land* sind auch die Figuren in *Between the Acts*, die sich wiederholt als »dispersed«[44] wahrnehmen. Wie auch schon bei Eliot, über dessen Gedicht die ominöse Vorhersage des anderen Extrems schwebt (»fear death by water«[45]), ist die monotone Trockenheit in *Between the Acts* mit dem plötzlich auftretenden Schauer kontrastiert.

Bereits die Wettervorhersage prognostiziert diese Wechselhaftigkeit: »›The forecast,‹ said Mr Oliver, turning the pages till he found it, ›says: Variable winds; fair average temperature; rain at times.‹« Als die Familie daraufhin in den Himmel schaut, um zu sehen, ob er dem Meteorologen »gehorche«,[46] wird wie so oft in Woolfs Werk die Distanz zwischen menschlichen Belangen und dem Wettergeschehen betont:

> Certainly the weather was variable. [...] There was a fecklessness, a lack of symmetry and order in the clouds, as they thinned and thickened. Was it their own law, or no law, they obeyed? [...] Beyond that was blue, pure blue, black blue; blue that had never filtered down; that had escaped registration. It never fell as sun, shadow, or rain upon the world, but disregarded the little coloured ball of earth entirely. No flower felt it; no field; no garden.[47]

---

43 T. S. Eliot: The Waste Land, in: ders.: The Complete Poems and Plays, London 2004, 59–80, hier: 61.
44 Die Phrase »dispersed are we« erschallt über das Grammophon und wird im Text mantraartig wiederholt. Woolf, Between the Acts (Anm. 38), 176–178.
45 Eliot (Anm. 43), 62.
46 »[T]hey all looked to the sky to see whether they sky obeyed the meteorologist.« Woolf, Between the Acts (Anm. 38), 20–21.
47 Ebd., 21.

Die Wolken bewegen sich in anarchischer Unberechenbarkeit, ohne Sinnhaftigkeit, Symmetrie oder erkennbare Ordnung. Während Sonne, Schatten und Regen registrierbar sind und die menschliche Sphäre unmittelbar affizieren, gibt es einen Bereich jenseits dieser Registrierbarkeit, einen Bereich, der die menschliche Welt – »the little coloured call of earth« – gänzlich ignoriert: ein Blau, das sich der Sprache selbst entzieht.

Umso erstaunlicher scheint es vor diesem Hintergrund, dass gerade in einem Roman, der die Gleichgültigkeit des Wetters anfänglich so deutlich hervorhebt, ein meteorologisches Ereignis zum unerwarteten *deus ex machina* wird. Das von Miss La Trobe geschriebene Theaterstück erzählt schlaglichtartig die englische Geschichte von ihren Anfängen bis zur Gegenwart. Bei der von ihr nicht im Voraus verschriftlichten Darstellung der Jetztzeit vertraut Miss La Trobe auf den Effekt der Momenthaftigkeit der Wirklichkeit. Als sich dieser Effekt nicht einstellt, befürchtet sie das Scheitern ihres Plans: »Panic seized her. Blood seemed to pour from her shoes. This is death, death, death, she noted in the margin of her mind; when illusion fails. Unable to lift her hand, she stood facing the audience.«[48] Doch genau in diesem Moment fängt es unvermittelt an zu regnen: »And then the shower fell, sudden, profuse. No one had seen the cloud coming. There it was, black, swollen, on top of them. Down it poured like all the people in the world weeping. Tears, Tears. Tears.«[49] Ähnlich wie in der oben diskutierten Szene in *Orlando* verschmelzen die meteorologische und emotionale Atmosphäre, doch der Regen in *Between the Acts* erhält zusätzlich intertextuelles Gewicht. Woolf zitiert hier die Epizeuxis »Tears! tears! tears!« aus Walt Whitmans Gedicht *Tears*, das ein nächtliches Unwetter an der Küste beschreibt:

> Tears! tears! tears!
> In the night, in solitude, tears,
> On the white shore dripping, dripping, suck'd in by the sand,
> Tears, not a star shining, all dark and desolate,
> Moist tears from the eyes of a muffled head;[50]

Während die intertextuellen Verweise in *Orlando* die spielerisch-ironische Haltung der Erzählerin widerspiegeln, die den Stoff der Literaturgeschichte unbekümmert für ihre eigenen Zwecke nutzt, ist die Intertextualität in *Between the Acts* ungleich düsterer Natur. Stimmen früherer Dichter füllen die Lücken, die sich in einem Erzählen auftun, das mit der Sprache selbst ringt. Der unentschiedene Wechsel zwischen Trockenheit und Wasserfülle in Eliots *The Waste Land*

---

48 Ebd., 161 f.
49 Ebd., n. 49: 162.
50 Walt Whitman: Tears, in: ders.: Leaves of Grass, New York 1931, 294.

wird hier aufgenommen und durch die explizite Appropriierung der in Whitmans Gedicht evozierten Einsamkeit und Trostlosigkeit des Naturspektakels (»all dark and desolate«) noch expliziter als bei Eliot ins Symbolische überführt. Das Wetter wird so zum Inbegriff einer historischen und gesellschaftlichen Krise, in dem das Echo früherer Krisendarstellungen widerhallt. Der Subtext unterschwelliger Gewalt im vermeintlich harmlosen Wetterdiskurs wird freigelegt und bricht sich im Motiv der Tränen und des »unloosen'd ocean«[51] Bahn, den Woolf an späterer Stelle im Roman zitiert. Die Regentropfen als Tränen des im Werk sonst so indifferenten Himmels versinnbildlichen eine »universale« Klage:

> »O that our human pain could here have ending!« Isa murmured. Looking up she received two great blots of rain full in her face. They trickled down her cheeks as if they were her own tears. But they were all people's tears, weeping for all people. [...] The rain was sudden and universal. Then it stopped. From the grass rose a fresh earthy smell.

Indem die Regentropfen metonymisch statt der Menschen und für die Menschen weinen, schaffen sie ein verbindendes Element, das die sonst als zerstreut porträtierten Zuschauer in der Jetztzeit vereint und sie auf diese Weise schließlich doch den gegenwärtigen Moment wahrnehmen lässt: »›That's done it,‹ sighed Miss La Trobe, wiping away the drops on her cheeks. Nature once more had taken her part. The risk she had run acting in the open air was justified.«[52] Diese für Woolfs Werk ungewöhnliche Einmischung des Wetters in die emotionalen Belange der Menschen mag der historischen Ausnahmesituation geschuldet sein, in der eine Poetik der Kontingenz an ihre Grenzen stößt. Der kathartische Regen als eigentlicher Akteur unterstreicht die Passivität und Hilflosigkeit des Einzelnen angesichts des erwarteten Kriegsausbruchs. In *Between the Acts* erlangt die Natur ihre symbolische Sprache zurück; doch dies geschieht nicht, um dem Menschen mehr Bedeutung zu geben, sondern als Ausdruck einer Sprachlosigkeit, die sich aufgrund des drohenden Bedeutungsverlusts einstellt.

Woolfs Meteopoetologie als *signpost* der Moderne

»Modernism never seems to be in the eye of the storm«, stellt Anna Jones Abramson in ihrer 2016 erschienenen Untersuchung zum Wetter in der britischen Litera-

---

51 Ebd.
52 Woolf, Between the Acts (Anm. 38), 162.

tur der Moderne fest.⁵³ Das neue Interesse am Alltäglichen, das sich in den Werken vieler modernistischer Schriftsteller*innen beobachten lässt, rückt die Stadt als Schauplatz in den Vordergrund. Unheilvolle Gewitter wie in Mary Shelleys *Frankenstein*, schicksalhaftes Unwetter wie in Emily Brontës *Wuthering Heights* oder Jane Austens *Pride and Prejudice*, sintflutartige Regengüsse wie in George Eliots *The Mill on the Floss*, die alle unmittelbar mit dem Setting der Romane zusammenhängen, weichen im 20. Jahrhundert einer Darstellung des Wetters, die dessen stillen, alltäglichen, scheinbar ereignislosen Charakter fokussiert – *scheinbar* ereignislos, denn die Ereignishaftigkeit des Wetters wird nicht aufgegeben, sondern auf die Ebene der Struktur und Komposition modernistischer Texte transponiert.

Diesen neuen Fokus auf das poetologische Potenzial des Wetters hat mein Streifzug durch Woolfs Meteopoetologie herausgestellt. Gerade in der modernistischen Hochphase ihres Schreibens, die in meiner Untersuchung durch *To the Lighthouse* und *Orlando* repräsentiert war, unterlaufen ihre Wetterdarstellungen narrative und generische Erwartungen und produzieren unvorhergesehene Entwicklungen im Text. Ein plötzlicher Wetterumschwung führt in *To the Lighthouse* zum Aufschub des Sujets, das zunächst in der Leuchtturmfahrt erwartet wird, und bewirkt das Abschweifen des Textes von seinem scheinbar eigentlichen Gegenstand. Das Wetter initiiert einen Bruch im Erzählen, das die konventionelle Dominanz des Plots herausfordert, indem nicht das Wetter der Handlung, sondern die Handlung dem Wetter angepasst wird und darin der Gegensatz zwischen menschlichen Plänen einerseits und einer demgegenüber gleichgültigen Natur andererseits aufdeckt. In *Orlando* kann das sich stets im Wandel befindliche Wetter als spielerischer Ausgangspunkt einer neuen und freieren Art des biografischen und literaturgeschichtlichen Erzählens gelesen werden, das die Rigidität traditioneller Genregrenzen hinter sich lässt. In der Varietät wetterbedingter Aggregatzustände fängt Woolf sowohl die Flüchtigkeit der Zeit als auch den Charakter des sich beständig verändernden Zeitgeists der unterschiedlichen Epochen ein. Der Idee der Wechselhaftigkeit und Unbeständigkeit verhaftet trotzen die Romane den Prognosen, die ihre Leser*innen aus vermeintlich fixen Anzeichen wie Plot, Titel oder Genre ziehen.

Während *To the Lighthouse* und *Orlando* die Kontingenz des Wetters für ihre narrativen Verfahren produktiv machen, hat das Verhältnis zwischen Wetter und Handlung in Woolfs letztem Roman einen stärker symbolischen Charakter. Das

---

53 Anna Jones Abramson: The Age of Atmosphere. Air, Affect, and Technology in Modernist Literature. Dissertation UC Berkeley 2016, zitiert nach: https://digitalassets.lib.berkeley.edu/etd/ucb/text/Abramson_berkeley_0028E_16366.pdf [konsultiert am 04.09.2020].

Wetter erscheint hier als Sprache der Natur, deren Symbolik jedoch anders wirksam ist als in der Literaturtradition des 19. Jahrhunderts, von der sich Woolf bereits in ihrem ersten Roman abzuwenden begann. *Between the Acts* zeichnet ein widersprüchliches Bild vom Wetter, dessen Unentschiedenheit selbst sinnbildlich eine Zeit der Unsicherheit markiert: Einerseits unterstreicht der Roman die Gleichgültigkeit meteorologischer Phänomene gegenüber menschlichem Leben, die bereits den Mittelteil von *To the Lighthouse* motiviert; andererseits wird eine Angleichung zwischen menschlicher und meteorologischer Atmosphäre geschaffen, die ein unterschwelliges Element der Gewalt in den Text einführt und eine Symbolik der Krisenhaftigkeit generiert. Stärker als Woolfs frühere Romane muss *Between the Acts* im Kontext seiner Zeit und als unmittelbares Zeugnis einer zweiten Kriegserfahrung gelesen werden, die sich in der Wettersymbolik manifestiert.

Statt nur ein Phänomen auf der Ebene der textinternen Wirklichkeit zu sein, kehren die Wetterdarstellungen in Woolfs Romanen – im Sinne einer Meteopoetologie – die Wirkungsweisen der Texte hervor, in denen sie figurieren – und zwar nicht, indem sie affirmativ Entsprechungen herstellen, sondern in poetischer Auflehnung gegen das, was vorhersehbar und sicher scheint. Die von mir herausgearbeitete intertextuelle Färbung ihrer Meteopoetologie belegt nicht nur einmal mehr die Relevanz des Wetters für die Literatur, indem sie die schiere Fülle an Wetterdarstellungen in zurückliegenden wie zeitgenössischen Texten offenbart, auf die sich Woolf immer wieder (kritisch, ironisch oder auch Hilfe suchend) bezieht; die Intertextualität ihrer Wetterpoetik trägt auch selbst wesentlich zum modernistischen Eigenwert ihrer Texte bei, die das Neue erst in permanenter Auseinandersetzung mit dem Alten hervorbringen.

Ines Theilen
El cuento que se llevó el viento?! El (real) maravilloso, das Erzählen und der Wind bei Cristóbal Colón, Juan Rulfo und Gabriel García Márquez

»aires dulçes«/Süße Lüfte

Es verwundert kaum, im Bordbuch[1] einer Seereise Bemerkungen über das Wetter zu lesen, ist das Gelingen einer solchen Fahrt, insbesondere in Zeiten der Segelschifffahrt, doch maßgeblich von der Gunst der Witterung abhängig. Dennoch sind die Eintragungen, die Cristóbal Colón – im deutschen Sprachraum besser bekannt als Christoph Kolumbus – während seiner ersten vermeintlichen Indienreise zum Wetter machte, bemerkenswert, weil dem Wind darin eine interessante Doppelrolle zukommt: Zum einen wird die Luftströmung von den Seereisenden erwartungsgemäß deshalb gut beobachtet, weil von der Stärke und Richtung des Windes die von allen ersehnte sichere Heimkehr abhängt.[2] Zum anderen aber wird der Wind in Colóns Bericht selbst zu einem Erzähler oder zumindest zum Medium eines »Diskurs[es] des Wunders«.[3] Colón ist überzeugt mit der ›Neuen

---

[1] Grundlage der Lektüre sind die von Bartolomé de las Casas überlieferten Fragmente des Bordbuches in der folgenden Ausgabe: Cristóbal Colón: Textos y documentos completos. Edición de Consuelo Varela, Nuevas cartas, Edición de Juan Gil, Madrid 1997. Das Zitat in der Überschrift findet sich ebd., S. 105; im Folgenden werden Zitate aus dieser Ausgabe unter Angabe der Sigle DC und der Seitenzahl direkt im Text nachgewiesen.
[2] »Dize aqui el Almirante: mucho me fue neçessario este viento contrario, porque mi gente andavan muy estimulados, que pensavan que no ventavan en estos mares vientos para bolver a España.« Ebd., 103. Die deutschsprachige Übersetzung lautet:»Diesen Gegenwind habe ich unbedingt nötig gehabt, mußte ich doch meine Mannschaft stets zur Weiterfahrt antreiben, da sie der Ansicht waren, dass in diesen Gewässern keine Winde gingen, die geeignet wären, unsere Schiffe nach Spanien zurückzubringen.« Christopher Columbus: Dokumente seines Lebens und seiner Reisen, auf der Grundlage der Ausgabe von Ernst Gerhard Jacob (1956) erweitert und neu herausgegeben, Leipzig 1991, Bd. 1, 95; im Folgenden werden Zitate aus dieser Übersetzung unter Angabe der Sigle DCL und der Seitenzahl direkt im Text nachgewiesen.
[3] Stephen Greenblatt: Wunderbare Besitztümer. Die Erfindung des Fremden: Reisende und Entdecker, Berlin 1994, 87–132, bes. 115. Colón markiert und vermittelt die später Amerika getaufte ›Neue Welt‹ als eine wunderbare Welt. Das Wunderbare fungiert als ästhetischer Differenzbegriff, der sowohl mit dem Verschiedenen (*diverso*) als auch mit dem Formlosen oder Unförmigen (*disforme*) konnotiert wird. Amerika ist Schauplatz und Projektionsfläche dieses Wunderbaren. Vgl. dazu Karlheinz Barck: Wunderbar, in: Ästhetische Grundbegriffe. Histori-

Welt‹ das irdische Paradies oder gar etwas noch Wundervolleres und zugleich Verwunderlicheres entdeckt zu haben.[4] Noch bevor der Admiral Land betritt, verkünden die Winde mit ihrer Sanftheit und Süße bereits dieses Wunder. Sie sind Teil einer rhetorischen Strategie, die von Beginn an die Rezeption dieser nur theoretisch unbeschriebenen ›Neuen Welt‹ steuert.

> Domingo, 16 de Setiembre
> [...] Dize aquí el Almirante que »oy y siempre de allí adelante hallaron aires temperantíssimos, que era plazer grande el gusto de las mañanas, que no faltava sino oír ruiseñores [...].« (DC 101)

> Domingi, den 16. September
> [Der Admiral sagt:] [...] Von diesem Tage an werden wir immer ein mildes Klima[5] antreffen. Mit wahrem Genuß erlebte ich die Schönheit eines jeden Morgen, denen fast nichts andres zu ihrem vollen Zauber fehlte als der Sang der Nachtigallen. (DCL 91)

Am 16. September 1492 beschreibt der Admiral einen beinah paradiesischen Zustand, der verheißungsvoll mit dem nahen Ende der Reise verbunden wird. Es zeigt sich von diesem Tag an nämlich nicht nur der Wind von seiner milden Seite, es mehren sich auch die Zeichen, die auf die Nähe von Land hinweisen:[6] »Vieron mucha[s] yerva« (DC 101) (»Wir sichteten des öfteren viel Gras«, DCL 92), »gran multitud de aves« (DC 102) (»einen großen Schwarm Vögel«, DCL 93), »un páxaro [...] que era como un garjao; era páxaro de río y no de mar« (DC 103) (»ein [ ] Vogel, der einer Möwe glich [...]; es handelte sich um einen auf Flüssen vorkommenden Vogel«, DCL 94), »un alcatraz [...]. Vieron una vallena« (DC 103) (»Ein Pelikan [...]. Wir erspähten einen Walfisch«, DCL 94). Über Tage verzeichnet das Bordbuch neue Hinweise und immer wieder ergeht dabei ein Loblied auf die Lüfte, die als »los aires los mejores del mundo« (DC 103) (»und die Luft weich und mild« (DCL 94), wörtlich: die besten Lüfte der Welt) bezeichnet werden. Die Winde werden zu einem Medium der Erzählung von Colón, deren rhetorische Strategie darin besteht, die Ängste und Wünsche des Entdeckers in die Gegenstände einzuschreiben, die er wahrnimmt, während umgekehrt das Wunderbare in seinen Diskurs eine Welt von Gegenständen einträgt, die sein Verständnis des Bekannten und Wahrscheinlichen überschreiten.[7] Die Milde der Luft lässt einen

---

sches Wörterbuch in sieben Bänden, hrsg. von dems. u. a., Stuttgart 2010, Bd. 6, 730–773, hier. 769.

4 Vgl. dazu auch Greenblatt (Anm. 3), 123 f.
5 Im Original ist von den milden Lüften die Rede.
6 Wenn auch der Admiral nicht daran glaubt, dass es sich um das Festland handelt, sondern von vorgelagerten Inseln ausgeht. Vgl. DC 101.
7 Vgl. Greenblatt (Anm. 3), 119.

Hauch jenes Paradieses herüberwehen, das der Admiral an Land vorzufinden wünscht: »La mar era como un río, los aires dulçes y suavíssimos« (DC 105) (»Die See war spiegelglatt, die Luft weich und äußerst mild.« DCL 98). Im Bordbuch des Cristóbal Colón sind Wind, Wunder und das Erzählen aufs Engste miteinander verwoben. Die folgende Lektüre möchte der Konstanz und Variation dieser Verbindung ca. fünfhundert Jahre später nachspüren und zeigen, dass die Wiederentdeckung und Umdeutung des Wunderbaren in der lateinamerikanischen Literatur des 20. Jahrhunderts[8] mit einem deutlichen Auffrischen des bei Colón so milden Windes in Zusammenhang gebracht werden kann, das eine meteopoetische sowie meteopoetologische Lesart der Texte nahelegt.

Um zu zeigen, wie der Wind die Atmosphäre der erzählten Welt bestimmt und seine Dynamiken zum Modell des Erzählens werden, folgt meine Lektüre exemplarisch den Luftströmungen in zwei narrativen Texten, die von einer allgemeinen Erneuerung des Erzählens im Lateinamerika der 1940er und 50er Jahre beeinflusst sind[9] und gemeinhin jener breiten Strömung zugeordnet werden, die von Tlön über Comala nach Macondo[10] fließt und wahlweise als ›Boom-Literatur‹ oder ›Magischer Realismus‹ bezeichnet wird.[11] Der Schwerpunkt wird auf einer Lektüre von Juan Rulfos Erzählung *Luvina* liegen, die bezüglich des Windes und seiner narrativen Funktion einen Gegendiskurs zu Colóns Narrativ darstellt. Ab-

---

8 Im 20. Jahrhundert erfährt der Begriff des Wunderbaren einen Transfer zum kulturellen Inbegriff des spanischen Amerika, zu einem »Axiom postkolonialer Identitätsfindung«. Barck (Anm. 3), 769. Interessant ist, dass dieser Begriffstransfer erneut einen Umweg über Europa macht, wenn er von lateinamerikanischen Intellektuellen angestoßen wird, die sich in den 1920er und 1930er Jahren in Paris aufhalten.

9 Zu den sozialen und literarischen Voraussetzungen dieser Veränderungen vgl. Erik Hirsch: Realismo mágico, lo real maravilloso und lo neofantástico. Ein undurchdringlicher Urwald lateinamerikanischer Begrifflichkeiten?, in: Zeitschrift für Fantastikforschung 2 (2014), 73–97, hier: 79.

10 Diese geographische Bestimmung der Strömung des Magischen Realismus stammt von Donald L. Shaw, der damit die Autoren Jorge Luis Borges (Tlön in *Tlön, Uqbar, Orbis Tertius*), Juan Rulfo (Comala in *Pedro Páramo*) und García Márquez (Macondo in *Cien años de soledad*) als zentrale Wegmarken für die Literatur setzt, die unter diesem Terminus gefasst wird. Vgl. Donald L. Shaw: Nueva narrativa hispanoamericana. Boom, Posboom, Posmodernismo, Madrid 1999, 44.

11 Die Literatur des sogenannten Booms wird nicht selten mit der Strömung des Magischen Realismus gleichgesetzt. Tatsächlich sind die beiden Termini nicht deckungsgleich und besitzen allenfalls eine gemeinsame Schnittmenge. Zur Gesichte des viel diskutierten und disparaten Begriffs des Magischen Realismus vgl. überblicksweise sowohl Barck (Anm. 3) als auch Hirsch (Anm. 9). Mein Verständnis des Magischen Realismus orientiert sich an Alejo Carpentier, der in seinem Roman *El reino de este mundo* das Wunderbare in Lateinamerika als alltägliche Allgegenwart beschreibt. Der Magische Realismus wäre damit als künstlerischer Ausdruck eines spezifischen lateinamerikanischen Wirklichkeitsverständnisses zu verstehen.

schließend soll der Wind noch in Gabriel García Márquez' Erfolgsroman *Cien años de soledad (Hundert Jahre Einsamkeit)* beobachtet werden, der nicht nur als zentraler Text des Magischen Realismus sowie des lateinamerikanischen Booms gilt, sondern inhaltlich explizit sowohl auf Cristóbal Colon als auch auf Juan Rulfo Bezug nimmt und damit den Rahmen dieser Überlegungen schließt.[12]

»aire negro«/schwarzer Wind

> San Juan Luvina. Me sonaba a nombre de cielo aquel nombre. Pero aquello es el purgatorio. Un lugar moribundo donde se han muerto hasta los perros y ya no hay ni quien le ladre al silencio; pues en cuanto uno se acostumbra al vendaval que allí sopla, no se oye sino el silencio que hay en todas las soledades [...]. (L 207)

> San Juan Luvina! Wie ein himmlischer Name klang mir das damals. Aber das ist das Fegefeuer. Ein sterbender Ort, wo selbst die Hunde ausgestorben sind und keiner mehr da ist, der die Stille anbellen könnte. Denn hat man sich einmal an den Sturmwind gewöhnt, der dort bläst, dann hört man nur noch die Stille, die Stille der Einsamkeit. (Ld 97)

Der Leser erfährt von Luvina doppelt vermittelt durch eine Erzählung in der Erzählung.[13] Der intradiegetische Erzähler ist ein ehemaliger Lehrer, der von der

---

12 Der direkte Bezug zu Rulfo besteht in einer Referenz auf dessen Roman *Pedro Páramo*, vgl. dazu Steven Boldy: A Companion to Juan Rulfo, Woodbridge 2016, 3. Die Erzählung *Luvina* wird jedoch in vielerlei Hinsicht als Modell für den Roman betrachtet. Vgl. dazu ebd., 37. Die Bezüge zu Colón sind vor allem motivisch: »A playful example of this mixture of myth and history is the allusion to Christopher Columbus's observation that the ›gente von cola‹ (people with tails) live on the next island over. Columbus's tails appear in the ancestral line of Buendía family who are cursed with the deformity of a piglike tail, a creation that is thought to develop from familial inbreeding, liking Columbus's fantasy with an apocalyptic end for Latin America.« Amanda Holms: Transformation of the Magical Real. Ransmayr and García Márquez, in: Canadian Review of Comparative Literature (2002), 537–551, hier: 541.
13 Juan Rulfo: Luvina, in: ders.: El llano en llamas, Madrid 2016. Das Zitat in der Überschrift findet sich ebd., S. 198. Im Folgenden werden Zitate aus dieser Ausgabe unter Angabe der Sigle L und der Seitenzahl direkt im Text nachgewiesen. Die deutsche Übersetzung wird nachfolgend unter Angabe der Sigle Ld aus Juan Rulfo, Der Llano in Flammen, übersetzt von Mariana Frenk, Frankfurt 1980 zitiert.
In *Luvina* wird das mündliche Erzählen inszeniert und bestimmt die Struktur der Erzählung. Es gibt zahlreiche Brüche, die aus diesem Setting resultieren. Meine Beobachtung stützt die allgemeine Einschätzung der Kritik, dass es eine »fictionalization auf orality« in Rulfos erzählerischem Werk gebe. Wie Lucy Bell würde ich deshalb aber nicht die modernistischen Einflüsse negieren. Lucy Bell: The death of the storyteller and the poetics of (un)containment. Juan Rulfo's *El Llano en Llamas*, in: Modern Language Review 107 (2012), 815–836, hier: 815.

Regierung nach Luvina entsandt wurde, aber nach ungewisser Zeit[14] desillusioniert und gebrochen zurückgekehrt ist.[15] Diese Binnenerzählung beginnt *in medias res* und wird erst zu Beginn des dritten Absatzes als solche erkennbar, wenn der Lehrer ein Gegenüber anspricht: »– Ya mirará usted ese viento que sopla sobre Luvina.« (L 198) (»Sie werden ihn schon zu sehen bekommen, diesen Wind, der über Luvina dahinbläst.«, Ld 88). Doch der Angesprochene wird darauf nicht antworten. Der Lehrer berichtet einem stummen Gegenüber, dessen Aufbruch nach Luvina unmittelbar bevorsteht,[16] von seiner Zeit an diesem »lugar muy triste [...] que es el lugar donde anida la tristeza« (L 200) (»sterbende[n] Ort« [...], wo die Trübsal zu Hause ist«, Ld 90). Sein Monolog wird nur gelegentlich durch einen extradiegetischen Erzähler unterbrochen, der die intradiegetische Erzählsituation beschreibt, dabei jedoch stets den Adressaten der Erzählung ausspart und auf den erzählenden Lehrer fokussiert.[17] Das Gegenüber des Lehrers bleibt damit während der gesamten Erzählung eine Leerstelle, die die Leser*innen einnehmen könnten.[18] Der Lehrer beginnt seinen Bericht mit der Beschreibung der Landschaft der Kalkberge, auf deren höchstem Gipfel Luvina gelegen ist:

> El aire y el sol se han encargado de desmenuzarla, de modo que la tierra de por allí es banca y brillante como si estuviera rociada siempre por el rocío del amanecer; aunque esto es un puro decir, porque en Luvina los días son tan fríos como las noches y el rocío se cuaja en el cielo antes que llegue a caer sobre la tierra. ... Y la tierra es empinada.
> (L 197)

> Wind und Sonne sind an der Arbeit, den Stein zu zerreiben, so daß die Erde dort immer weiß und glänzend ist, als ob der Morgentau darauf läge. Aber das ist nur so dahingeredet, denn in Luvina sind die Tage ebenso kalt wie die Nächte, und der Tau wird am Himmel starr, bevor er noch auf die Erde fällt. ... Und die Erde ist zerklüftet. (Ld 88)

Die formende Kraft dieser Landschaft ist der Wind, »un viento que no deja crecer ni las dulcamaras: esas plantitas tristes que apenas si pueden vivir un poco untadas a la tierra, agarradas con todas sus manos al despeñadero de los mon-

---

14 Vgl. L 204, Ld 94 f.
15 Vgl. L 201 und 207, Ld 91 und 97.
16 Vgl. besonders L 206: »Usted va para allá ahora, dentro de pocas horas.« (»Jetzt, in ein paar Stunden, gehen Sie dorthin.« Ld 97).
17 Beinah bekommt der Leser den Eindruck, es gebe tatsächlich gar keinen Zuhörer und es handle sich um einen Monolog. Der extradiegetische Erzähler spricht jedoch an einer Stelle explizit davon, dass die Geräusche der Umgebung »[h]asta ellos« (L 198), »zu den beiden« (Ld 89) dringen. Dabei bleibt der Zuhörer unbestimmt und gesichtslos.
18 Lucy Bell sieht den »co-operative reader« auch innerhalb der Geschichte repräsentiert: »By the internal viewers who are forced to look through the partially open, cracked door«. Bell (Anm. 14), 832.

tes« (L 197), (»[ein Wind,] der nicht einmal das Bittersüß gedeihen lässt, diese traurige kleine Pflanze, die sich dicht an die Erde schmiegt, sich mit all ihren Händchen an den steilen Abhängen festhält und so gerade noch ein bißchen leben kann.«, Ld 88). Zu dieser kargen unfruchtbaren und zerfurchten Landschaft passt die akustische Beschreibung des Windes, dessen Klang bereits eine gewisse Aggression oder gar Brutalität konnotiert. Er bewegt den Stachelmohn, sodass es klingt als fahre ein Messer über Stein, und er lässt die Kreuze in der Kirche ächzen als knirsche jemand mit den Zähnen.[19] Doch nicht nur die Landschaft wird vom Wind bestimmt, auch die Architektur von Luvina ist seiner Willkür ausgeliefert:

> [El viento] [e]s pardo. [...] Se planta en Luvina prendiéndose de las cosas como si las mordiera. Y sobran días en que se lleva el techo de las casas como si se llevara un sombrero de petate, dejando los paredones lisos, descobijados. Luego rasca como si tuviera uñas: uno lo oye a mañana y tarde, hora tras hora, sin descanso, raspando las paredes, arrancando tecatas de tierra, escarbando con su pala picuda por debajo de las puertas, hasta sentirlo bullir dentro de uno como si se pusiera a remover los goznes de nuestros mismos huesos. (L 198)

> Er [der Wind] ist dunkel. [...] Er setzt sich in Luvina fest und heftet sich an die Dinge, als ob er hineinbisse. Und an manchen Tagen weht er die Dächer fort, als wären es Hüte aus Palmstroh, und läßt die Mauern kalt und entblößt dastehen. Dann wieder scharrt er mit Nägeln. Man hört ihn von früh bis spät Stunde um Stunde, wie er rastlos an Wänden schabt, Erdbrocken davon losreißt, mit seiner spitzen Schaufel unter den Türen herumstochert, bis man ihn schließlich im eigenen Körper tosen hört, als ginge er gerade dran, einem die Knochen aus den Scharnieren zu zerren. (Ld 89)

Die Gebäude werden vom Wind demontiert, zerkratzt, zerfurcht und schließlich macht der Wind selbst vor den Körpern der Bewohner nicht halt, wenn er ihnen in die Knochen fährt. Die Routinen der Menschen werden von der Windstärke bestimmt. So verlassen die Frauen von Luvina ihre Häuser nur in den frühen Morgenstunden, um das stets knappe Wasser zu holen (vgl. L 203, Ld 94). Dann schweigt der Wind für kurze Zeit und das Rauschen ihrer Gewänder durchbricht stattdessen die Stille. In Luvina leben ausschließlich Frauen, Kinder und ältere Menschen. Die Männer verlassen den Ort, sobald sie das Erwachsenenalter erreichen und kehren nur zurück, um den Alten Nahrung zu bringen und für Nachwuchs zu sorgen. Diese gesellschaftliche Praxis wird auch als »ley«, als Gesetz bezeichnet. Die Rückkehr der Männer ist ebenso unvorhersehbar und

---

[19] Vgl. L 197, Ld 88 sowie L 203, Ld 93. Diese akustische Beschreibung steht im Kontrast zum Geräusch des Windes in der extradiegetischen Erzählung, das eher idyllisch als Rauschen der Mandelbäume beschrieben wird. Vgl. L 198, Ld 89.

flüchtig wie die Gewitter, die in Luvina normalerweise einmal im Jahr aufkommen und Regen bringen, die aber auch für mehrere Jahre ausbleiben können (vgl. L 205, Ld 95). Wie die Aktivität der Frauen wird auch das Kommen und Gehen der Männer akustisch durch ein Geräusch markiert: »murmullo«, ein Gemurmel, wenn sie kommen, und ein Murren, »gruñido«, wenn sie gehen. Während der ständige Wind für den Lehrer eine Bedrohung darstellt, wird derselbe von den Einheimischen auch als schützende Kraft verstanden:

> Es mandato de Dios [...]. Malo cuando deja de hacer aire. Cuando eso sucede, el sol se arrima mucho a Luvina y nos chupa la sangre y la poca agua que tenemos en el pellejo. El aire hace que el sol se esté allá arriba. Así es mejor. (L 206)

> Der [Wind] dauert so lange, wie er dauern muß, das ist Gottes Gebot [...]. Schlimm ist es erst, wenn kein Wind mehr ist, dann kommt die Sonne ganz dicht an Luvina heran und saugt uns das Blut aus und das bißchen Wasser, das wir in der Haut haben. Der Wind macht, daß die Sonne da oben bleibt. So ist es besser. (Ld 97)

Die Logik der Bewohner von Luvina folgt nicht der des von der Regierung entsandten Lehrers. Sie suchen nicht Schutz vor dem Wind, sondern vor der Sonne.[20] Sie leben in eigenen Strukturen und achten vor allem ihre Toten, um derentwillen sie auf keinen Fall den Ort verlassen würden, denn »¿quién se llevará a [sus] muertos?« (L 206), wer wird ihre Toten mitnehmen? Mit Blick auf die Bedeutung der Toten ist es nicht wenig überraschend, dass eine Art Grabmal Zentrum des Dorfes und der Geschichte bildet. Die Kirche oder vielmehr die Ruine dessen, was einmal ein intakter Kirchenbau gewesen sein muss, wird dem Lehrer und seiner Familie in der ersten Nacht in Luvina Obdach. Ein Gasthaus ist nirgendwo zu finden, lediglich das Gotteshaus, bietet dürftigen Schutz, »un jacalón vacío, sin puertas, nada más con unos socavones abiertos y un techo resquebrajado por donde se colaba el aire como por un cedazo« (L 202) (»ein großer, leerer Schuppen mit ein paar leeren Türöffnungen und einem Dach voller Risse, durch das der Wind wie durch ein Sieb hineinblies«, Ld 92); doch der Wind erreicht selbst den verfallenen Altar, hinter dem sich die Familie einrichtet, und er rüttelt an den im Kirchenraum vorhandenen Kreuzen, den Insignien des Christentums (vgl. L 302, Ld 93). Die Kirche erscheint in dieser Beschreibung wie ein Totenschädel mir leeren Augen- und Mundöffnungen,[21] sie ist das Zentrum einer Totenstadt, die landschaftlich zerfurcht und architektonisch beschädigt lebende Tote zu beherbergen scheint:

---

20 Im Großteil der Forschung wird die Sonne als Symbol für Bildung oder Aufklärung verstanden, die im Kontrast zu den indigenen Bräuchen der Bewohner von Luvina steht.
21 William Rowe sieht hier eine Überblendung verschiedener kultureller Bilder. Während die Kirche für das Christentum steht, verweist der Totenschädel auf den Totenkult in Mexiko *(día de los muertos)*. Die Ruine wird damit zum Element der Erneuerung – was der intakte Kirchenbau

> Mascando bagazos de mezquite seco y tragándose su propia saliva para engañar el hambre. Los mirará pasar como sombras, repegados al muro de las casas, casi arrastrados por el viento. (L 206)

> Wie sie die ausgesogenen Überreste trockener Mezquiteschoten zerkauen und ihre eigne Spucke runterschlucken, um den Hunger zu betäuben. Sie werden sie wie Schatten vorbeiwanken sehen, dicht an die Hausmauer gedrückt und wie in Gefahr, vom Wind davongeweht zu werden. (Ld 96)

Der Lehrer bildet anfangs einen Kontrast zu diesen ausgelaugten passiven Menschen. Mit dem Kopf voller Ideen kommt er nach Luvina und möchte den »Stoff«[22] (Ld 97) (»plasta«, L 207) formen, den er mit sich herumträgt, doch er scheitert. »[...] pues en cuanto uno se acostumbra al vendaval que allí sopla, no se oye sino el silencio que hay en todas las soledades. Y eso acaba con uno. Míreme a mí. Conmigo acabó.« (L 207) (»Denn hat man sich erst einmal an den Sturmwind gewöhnt, der dort bläst, dann hört man nur noch die Stille, die Stille der Einsamkeit. Und das macht einen fertig. Sehen Sie mich an! Mich hat es fertiggemacht.« Ld 97).[23]

Der Lehrer verliert seine Illusionen und damit auch den Antrieb, die Menschen von Luvina etwas lehren zu wollen. Während jene von den Schluchten, in denen der Wind zu entstehen scheint, meinen, sie seien die Geburtsstätten der Träume (vgl. L 197, Ld 88), findet der Erzähler diese Annahme abwegig. Der Wind lässt ihn lediglich seine Einsamkeit wahrnehmen, und in dieser Einsamkeit verliert das Erzählen seinen Sinn. Folgerichtig bricht die intradiegetische Erzählung an dieser Stelle ab. Der Lehrer, der bereits seit geraumer Zeit in den luftleeren Raum spricht und auf seine (rhetorischen) Fragen keine Antworten erhält, beginnt noch einen letzten Satz, der jedoch unvollendet in der Luft hängen bleibt. Daraufhin schweigt er und schläft schließlich einsam am Tisch ein. Mit dem Bild

---

auch im Christentum repräsentieren könnte. Der Wind wird von Rowe ebenfalls als Moment kultureller Überschreibung beurteilt. Während der (gute) Wind im Christentum für den Heiligen Geist stehen könne, stehe er in *Luvina* für Quetzalcoatl, den Gott des Windes. Vgl. William Rowe: Rulfo. *El llamo en llamas*, London 1987, 62.

22 Die deutsche Übersetzung von *plasta*, wörtlich weiche Masse, ist interessant, weil sich das deutsche Wort *Stoff* sowohl auf den Bildungskontext bezieht und beispielsweise auf den Lernstoff verweisen kann, den der Lehrer vermittelt, als auch dem Kontext des Erzählens entstammt und den Stoff einer Geschichte bezeichnet (Gewebemetapher als Textmetapher). Im Original liegt meines Erachtens eine Konnotation mit der formenden bildenden Kunst, dem Modellieren, näher, was jedoch ebenfalls eine semantische Verbindung mit Erziehung und Bildung beinhaltet.

23 Die Übersetzung ist hier schwächer als ich die Phrase »acabar con alguien« verstehen würde. Wörtlich bedeutet die Wendung, mit jemandem Schluss zu machen, endgültig abzuschließen.

des schlafenden Erzählers, der vor einer Petroleumlampe sitzt, in deren Licht die Termiten verenden, schließt wenig später auch die extradiegetische Erzählung. Lucy Bell spricht in Bezug auf *Luvina* von einer Inszenierung des »Death of the Storyteller« und bezieht sich dabei auf Walter Benjamin, der in seinem *Erzähler*-Aufsatz den modernen Autor als einen Einzelgänger beschreibt, ohne direkten Bezug zu seiner Leserschaft. Dieser tritt an die Stelle des traditionellen, in eine Gemeinschaft eingebundenen Erzählers. Tatsächlich ähnelt der intradiegetische Erzähler in *Luvina* diesem von Benjamin skizzierten Typus.[24] Bell möchte die gescheiterte Kommunikation und die Vereinzelung dieses neuen Erzählers jedoch nicht allein auf gesellschaftliche Umstände zurückführen, sondern wertet diese auch als narratives Kalkül, als »active method of control and containment«.[25] Die Kirchenruine werde zum Symbol für das Text- und Lektüreverständnis Rulfos. Sie sei als Ort kultureller Überschreibungen ein Behältnis, aus welchem unterschiedliche Leser jeweils andere Inhalte extrahieren könnten:

> [I]t figures for the power of the fragmentary narrative itself, whose shell-like quality renders it infinitely open to infiltration or contamination by different readers, discourses, and systems; whose transculturative power lies in its poetic ability to connote, suggest, and symbolically unite different cultural practices and meanings.[26]

Unberücksichtigt von Bells ansonsten detaillierter Analyse bleibt der Wind, der das Kirchengebäude füllt und dessen Verfall vorantreibt. Dieser Wind erodiert nicht nur architektonische Strukturen und rüttelt an kulturellen Symbolen wie dem Kreuz, er lässt auch das Erzählen in seinem traditionellen Sinne verstummen. Der Lehrer hat keine Zuhörerschaft, und er tradiert keine gemeinschaftlichen Erzählungen. Ihm fehlt sowohl jede Verbindung zu den Bewohnern Luvinas als auch zu seinem Gegenüber.

Der nimmermüde, bisweilen aggressive aber zugleich auch traurige Wind bei Juan Rulfo erfüllt eine doppelte narrative Funktion: Zum einen wird er meteopoetisch zum Träger einer von Gewalt und Resignation bestimmten gesellschaftlichen Atmosphäre. Die Menschen werden von diesem Wind gebeutelt und versehrt, begehren jedoch nicht dagegen auf. In ihrer Resignation gegenüber der Gewalt der Natur spiegelt sich ihre Haltung zur Regierung, von der sie sich vergessen und deren Willkür sie sich ausgesetzt fühlen. Indem sie das Wetter als Gesetz wahrnehmen, rücken sie es in die Nähe der politischen Sphäre

---

24 »Allá dejé la vida ... « (L 201). »Dort habe ich mein Leben gelassen.« (Ld 91).
25 Bell (Anm. 14), 821.
26 Ebd., 832.

und folglich erwarten sie ebenso wenig Milde vom Wind wie vom Staat. Diese düstere Stimmung kann nicht aufgeklärt werden, womit der von der Regierung entsandte Lehrer vom Beginn seiner Tätigkeit an zum Scheitern verurteilt ist.

Zum anderen scheint der Wind meteopoetologisch ein narratives Modell für den intradiegetischen Erzähler zu sein, der beinahe ohne Unterlass – unterbrochen nur durch kurze Trinkpausen – auf sein stummes Gegenüber einredet.»Usted ha de pensar que estoy dando vueltas a una misma idea. Y así es, sí señor ... « (L 204) (»Sie werden denken, dass ich immer auf derselben Sache herumreite. Und so ist es ja auch, jawohl.« Ld 95). Wie sich in Luvina die Vorgänge tagein tagaus wiederholen, so wirkt auch die Klage des Lehrers repetitiv, ermüdend und desillusionierend wie der Wind selbst. Die Dynamiken dieses Windes bestimmen die monologische Struktur der Erzählung. Darüber hinaus ermöglicht der Wind als anonyme Naturgewalt erst jene Form des Erzählens, die Bell als »Poetics of (Un)Containment« bezeichnet, indem er zur Zerstörung der Kirche beiträgt und den freien Raum für Suggestion und Assoziation schafft, den Bells ›aktiver Leser‹ benötigt.

Durch seine beinah überzeichnete Trostlosigkeit unterscheidet sich der Wind, der den Leser bei Rulfo anweht, deutlich vom Winde Colóns. Er spiegelt nicht die Hoffnung, sondern die Resignation. Während der Wind im Bordbuch des Admirals selbst zum Erzähler wird und das Paradies ankündigt, lässt er bei Rulfo das (traditionelle) Erzählen verstummen. Dies geschieht vor allem auch deshalb, weil der intradiegetische Erzähler den Wind nur als zerstörerische Kraft erlebt und unfähig ist, ihn im Sinne der Bewohner von Luvina als Lebensvoraussetzung, sowohl im Sinne einer notwendigen Anpassung als auch eines Schutzes, zu verstehen. Seine Perspektive auf Luvina gleicht insofern der Perspektive Colóns auf die ›Neue Welt‹, als es die Perspektive eines Außenstehenden ist, der das Wahrgenommene nur der eigenen Logik unterzieht. Während Colón seine ›Neue Welt‹ jedoch mannigfaltig anreichert und ihre Vielfalt feiert, konstatiert der Lehrer, dessen Logik auch die der Regierung und des Vaterlandes ist, die Leere (vgl. L 205, Ld 96). Nicht paradiesische Verheißung liegt in der Luft, stattdessen ist diese durchwirkt von scheinbar unabänderlicher Gewalt, Einsamkeit und Leere, die jedoch durch die Zerstörung freie Räume schafft und neue Möglichkeiten der Partizipation (der Leser*innen) öffnet.

»huracán bíblico«/biblischer Taifun

Während Luvina als Totenstadt konstruiert wird, ist Macondo, der Schauplatz von Gabriel García Márquez' Erfolgsroman *Cien años de soledad*,[27] bis zur einschneidenden ersten Beerdigung (CA 94) ein Dorf ohne Tote und gleicht in seiner Fruchtbarkeit und Fülle eher der neuen, (scheinbar) unbeschriebenen Welt Colóns.[28] Das Pflanzenwachstum etwa vollzieht sich in der Gegend um Macondo so schnell, dass sich die Schneise, die José Arcardio Buendía mit seinen Männern in den Dschungel schlägt, um den abgelegenen Ort mit der Welt zu verbinden, stets sofort wieder schließt (vgl. CA 19, CAd 21). Dennoch wird das Dorf als »aquel paraíso de humedad y silencio« (CA 21) (»Paradies aus Feuchtigkeit und Schweigen«, CAd 19) bei Márquez durchaus ambivalent dargestellt. Dies betrifft auch die Figuren. Die Mitglieder der Familie Buendía, deren Geschichte der Roman über sechs Generationen erzählt, zeigen deutlich einen Mangel an Empathie und ein Verhängnis zur Einsamkeit, Eigenschaften, die wir ähnlich auch an Rulfos intradiegetischem Erzähler beobachtet haben.[29]

Bereits mit dem ersten Satz seines Romans knüpft Márquez an Juan Rulfo an[30] und verknüpft zugleich Wetter und Wunder: »Muchos años después, frente al pelotón de fusilamiento, el coronel Aureliano Buendía había de recordar aquella tarde remota en que su padre lo llevó a conocer el hielo.« (CA 9) (»Viele Jahre später sollte der Oberst Aureliano Buendía sich vor dem Erschießungskommando an jenen fernen Nachmittag erinnern, an dem sein Vater ihn mitnahm, um das Eis kennenzulernen.« CAd 7). Die klimatischen Bedingungen Macondos bilden die Voraussetzung für das Staunen, mit dem die Erzählung von *Cien años de soledad* beginnt. Die im Roman erwähnten Wetterphänomene Hitze und Regen sowie das üppige Wachstum der Vegetation sprechen dafür, Macondo einer tropischen Klimazone zuzuordnen. In einer solchen durch nahezu gleichbleibende Wärme be-

---

[27] Gabriel García Márquez: Cien años de soledad, Barcelone 2004. Das Zitat in der Überschrift findet sich ebd., S. 495. Im Folgenden werden Zitate aus dieser Ausgabe unter Angabe der Sigle CA und der Seitenzahl direkt im Text nachgewiesen.
[28] »El mundo era tan reciente, que muchas cosas carecían de nombre, y para mencionarlas había que señalarlas con el dedo.« (CA 9) In deutschsprachiger Übersetzung: »Die Welt war noch so jung, dass viele Dinge des Namens entbehrten, und um sie zu benennen, mußte man mit dem Finger auf sie deuten.« Gabriel García Márquez: Hundert Jahre Einsamkeit, übers. von Curt Meyer-Clason, Köln 2006, 7. Im Folgenden werden Zitate aus dieser Ausgabe unter Angabe der Sigle CAd und der Seitenzahl direkt im Text nachgewiesen.
[29] Aureliano schaut schließlich tatenlos dabei zu, wie sein neugeborener Sohn von Ameisen abtransportiert wird. Vgl. CA 493, CAd 495.
[30] Vgl. Anm. 12.

stimmten Umgebung, in der Eis unter natürlichen Bedingungen nicht vorkommt und nur unter großem (technischen) Aufwand zu erzeugen und zu erhalten ist, kann der Eisblock, den die Zigeuner zur Schau stellen, als unerklärliches Wunder erlebt und als imaginative Projektionsfläche genutzt werden. José Arcadio Buendía interpretiert das Gesehene zunächst hilflos als den größten Diamanten der Welt (vgl. CA 29, CAd 27). Die Berührung mit dem Block wird für ihn zu einem Schlüsselmoment, das ihm alte Träume erklärt und auf die Zukunft von Macondo verweist.

> José Arcadio Buendía no logró descifrar el sueño de las casas con paredes de espejo hasta el día en que conoció el hielo. Entonces creyó entender su profundo significado. Pensó que en un futuro próximo podrían fabricarse bloques de hielo en gran escala, a partir de un material tan cotidiano como el agua, y construir con ellos las nuevas casas de la aldea. Macondo dejaría de ser un lugar ardiente, cuyas bisagras y aldabas se torcían de calor, para convertirse en una cuidad invernal. (CA 36)

> José Arcadio Buendía gelang es nicht, den Traum von den spiegelwändigen Häusern zu enträtseln, bis zu dem Tage, an dem er das Eis kennenlernte. Nun erst glaubte er, seinen tiefen Sinn zu verstehen und dachte, daß es in nächster Zukunft möglich sein müsse, Eisblöcke in großem Rahmen herzustellen, und zwar aus einem so alltäglichen Stoff wie Wasser, und mit ihnen die neuen Häuser des Dorfes zu bauen. Macondo würde aufhören, ein glutheißer Ort zu sein, dessen Scharniere und Sicherheitsriegel sich in der Hitze verbogen, und sich in eine winterliche Stadt verwandeln. (CAd 34)

Tatsächlich wird Macondo am Ende des Romans als »ciudad de los espejos (o los espejismos)« (CA 495) (»die Stadt der Spiegel (oder der Spiegelungen)«, CAd 495) untergehen. Die Verbindung von Wetter und Wunder, die im ersten Satz des Romans geknüpft wird, bleibt im Verlauf der Erzählung bestehen. So werden durch das Wetter und seine zuweilen wunderlichen Ausprägungen gelegentlich die erzählten Inhalte (ironisch) kommentiert. Nach dem Tode von José Arcadio Buendía regnet es beispielsweise Blüten vom Himmel, und diese märchenhafte Begebenheit scheint die Reaktion – einer göttlichen Macht oder des Erzählers – auf den Tod des Gründers von Macondo zu sein (vgl. CA 173, CAd 173).

Auch die Schlussszene des Romans, in welcher ein »huracán bíblico« (CA 495) (»biblische[r] Taifun«, CAd 495) Macondo vernichtet, ließe sich als ein solcher Kommentar lesen, interpretierte man die Zeilen als (göttliche) Bestrafung der Sünde. John R. Clark hat bereits darauf hingewiesen, dass eine solche Lesart zwar möglich sei, jedoch ins Leere laufe. Am Ende des Romans wird nicht nur die Sippe der Buendías ausgelöscht, deren Angehörigen man inzestuöse Liebesbeziehungen vorwerfen könnte, das Dorf wird in Gänze vernichtet, sodass final niemand übrig bleibt, der aus einer exemplarischen (göttlichen) Züchtigung zu lernen imstande wäre. Clark interpretiert den scheinbar dramatischen Schluss des Romans deshalb eher als »epic mockery«:³¹ »We are closer in *One Hundred Years of Solitude* to well-known satiric finales that run at cross-purpose with cause and effect, presenting us with Bang and Whimper at one and the same time.«³²

Ohne eine gewisse satirische Qualität des biblischen Sturms leugnen zu wollen, der durch die letzten Romanseiten fegt, entgeht dieser Lektüre jedoch die Verbindung von Wind und Erzählen, die der Romanschluss noch einmal deutlich inszeniert. Aureliano ist nach genau hundert Jahren im Stande, die in Sanskrit geschriebenen und zusätzlich mehrfach codierten Pergamente des Zigeuners Melquíades zu lesen, die Generationen seiner Familie vor ihm vergeblich zu entschlüsseln versucht haben.³³ Wie bei Dornröschens Dornenhecke kommt es offenbar vor allem auf den richtigen Zeitpunkt an, damit Dornen und Zeichen das Ersehnte freigeben. Zum Vorschein kommt eine detaillierte Familiengeschichte, die hundert Jahre im Voraus verfasst wurde, wobei Melquíades die Geschehnisse nicht, wie in einer solchen Chronik üblich, der Reihe nach angeordnet hat, sondern derart verschachtelt, dass sich alles simultan zu ereignen scheint (vgl. CA 493f., CAd 494). Aureliano ist auf wundersame Weise in der Lage, all diesen erschwerenden Hindernissen zum Trotz die Chronik zu lesen, er interessiert sich bei der Lektüre jedoch weniger für seine Vorfahren als für sich selbst. Diese Ignoranz und Ungeduld ruft schließlich den Wind auf den Plan, der nicht nur Macondo, das Zentrum des Romans, sondern auch alle potenziellen weiteren Leser der Familiengeschichte vernichtet:

> En este punto, impaciente por conocer su propio origen, Aureliano dio un salto. Entonces empezó el viento, tibio, incipiente, lleno de voces del pasado, de murmullos de geranios antiguos, de suspiros de desengaños anteriores a las nostalgias más tenaces. [...] Estaba tan absorto, que no sintió tampoco la segunda arremetida del viento, cuya potencia cicló-

---

31 Vgl. John R. Clark: »The Biblical Hurricane« in *One Hundred Years of Solitude*. Bang or Whimper?, in: Ilan Stavans (Hrsg.): Critical Insights. *One Hundred Years of Solitude* by Gabriel García Márquez, Pasadena 2011, 169–174, hier: 173.
32 Ebd, 172.
33 Gustavo Arango schlägt vor, den Roman als einen sich über Generationen erstreckenden Versuch einer Lektüre zu lesen. Er hat zudem die Bedeutung von Lektüre und Schreiben in Márquez Roman detailliert herausgearbeitet und auf die zahlreichen verschiedenen Leser-Figuren innerhalb der Erzählung hingewiesen. Dem Schreiben spricht Arango noch größere Bedeutung zu, da beinah jede Figur in diesem Roman schreibe. Dabei seien die Gedichte Coronel Aureliano Buendías sowie die Aufzeichnungen des Zigeuners Melquíades die bedeutendsten Schriftstücke, die jedoch beide der Vernichtung anheimfallen. Aureliano verbrennt seine Gedichte selbst und Melquíades Aufzeichnungen, um deren Entzifferung sich Generationen der Familie Buendía bemüht haben, werden durch den biblischen Sturm am Ende der Erzählung vernichtet. Vgl. Gustavo Arango: The Living Manuscript. The Reader as a Character in *One Hundred Years of Solitude*, in: Stavan (Hrsg.) (Anm. 40), 213–226, hier: bes. 221.

nica arrancó de los quicios las puertas y las ventanas, descuajó el techo de la galería oriental y desarraigó los cimientos. [...] Macondo era ya un pavoroso remolino de polvo y escombros centrifugado por la cólera del huracán bíblico, cuando Aureliano saltó once páginas para no perder el tiempo en hechos demasiado conocidos, y empezó a descifrar el instante que estaba viviendo, decifrándolo a media que lo vivía, profetizándose a sí mismo en el acto de descifrar la última página de los pergaminos, como si se estuviera viendo en un espejo hablado. Entonces dio otro salto para anticiparse a las predicciones y averiguar la fecha y las circunstancias de su muerte. Sin embargo, antes de llegar al verso final ya había comprendido que no saldría jamás de ese cuarto, pues estaba previsto que la ciudad de los espejos (o los espejismos) sería arrasada por el viento y desterrada de la memoria de los hombres en el instante en que Aureliano Babilonia acabara de descifrar los pergaminos, y que todo los escrito en ellos era irrepetible desde siempre y para siempre, porque las estripes condenadas a cien años de soledad no tenían una segunda oportunidad sobre la tierra. (CA 494 f.)

Hier machte Aureliano in seiner Ungeduld, seinen Ursprung kennenzulernen, einen Sprung. Nun kam der Wind auf, mild, tastend, voll von Stimmen der Vergangenheit, vom Geflüster uralter Geranien, vom Geseufze der noch vor den hartnäckigen Sehnsüchten erlebten Enttäuschungen. Er nahm ihn nicht wahr [...]. Er war so versunken, daß er auch den zweiten Ansturm des Windes nicht merkte, dessen Zyklonengewalt Türen und Fenster aus den Angeln riß, das Dach der Westgalerie abdeckte und die Grundmauern entwurzelte. [...] Macondo war bereits ein von der Wut des biblischen Taifuns aufgewirbelter wüster Strudel aus Schutt und Asche, als Aureliano elf Seiten übersprang, um keine Zeit mit allzu bekannten Tatsachen zu verlieren, und begann, den Augenblick zu entziffern, den er gerade durchlebte, und enträtselte ihn, während er ihn erlebte, und sagte sich im Akt des Entzifferns selber die Seiten der Pergamente voraus, als sähe er sich in einem entsprechenden Spiegel. Nun blätterte er von neuem, um die Umstände seines Todes festzustellen. Doch bevor er zum letzten Vers kam, hatte er schon begriffen, daß er nie aus diesem Zimmer gelangen würde, da es bereits feststand, daß die Stadt der Spiegel (oder der Spiegelungen) von Wind vernichtet und aus dem Gedächtnis der Menschen in dem Augenblick getilgt sein würde, in dem Aureliano Babilonia die Pergamente endgültig entziffert hätte, und das alles in ihnen Geschriebene seit immer und für immer unwiederholbar war, weil die zu hundert Jahre Einsamkeit verurteilten Sippen keine zweite Chance auf Erden bekamen. (CAd 494)

Der Wind ist, wie die Pergamente des Melquíades, voll von Stimmen der Vergangenheit, er trägt Erzählungen mit sich, doch werden diese von Aureliano in seiner Selbstbezüglichkeit überhört. Die Stadt der Spiegel und Spiegelungen verweist auf das narzisstische Verhalten einer Gegenwart, die sich losgelöst von der Vergangenheit wahrnimmt und ihre Zerstörung unbemerkt durch die Stimmen derselben, durch den Wind, erfährt.[34] Als potenzieller Erzähler, der jedoch nicht gehört wird, löscht der Wind in einem apokalyptischen Akt, der an mythische und biblische

---

34 Amanda Holms Lektüre des Roman, vor allem seines Endes, stützt diese Lesart: »The word ›solitude‹ appears not only in the tide, but also on almost every page of *Cien años* reminding the reader that the Macondo experiment fails because of a lack of solidarity among its inhabi-

Vorbilder anknüpft, die Möglichkeit des Erzählens aus, indem er den momentanen Leser der Dokumente sowie alle möglichen weiteren Leser ebenso vernichtet wie die Geschichte selbst, deren Schauplatz vom Erdboden getilgt wird: El cuento que se llevó el viento? (Die Erzählung, die der Wind davonträgt?)

Nicht ganz, denn das Buch liegt in den Händen von Leser*innen, die nach der Lektüre das Gelesene neu verknüpfen und weitergeben können. Die Leser*innen verfügen über das Wissen der fiktionalen Vergangenheit und können die Fäden selbst zusammenführen. Die Erzählung verschwindet und überdauert zugleich. Ähnlich wie bei Rulfo steht am Ende ein aktiver Leser als potentieller Erzähler, und die Voraussetzungen für diesen Wechsel schafft der Wind.

vientos y cuentos/Winde und Erzählungen

In Cristóbal Colóns Aufzeichnungen ist der Wind zunächst ein zentrales Wetterphänomen, denn die Seefahrer sind von seiner Gunst und Stärke abhängig. Die Beobachtungen des Windes geben jedoch nicht nur die realen Verhältnisse wieder, sondern erweisen sich als Elemente einer Erzählstrategie, die den Rezipienten das Wunderbare der Neuen Welt vor Augen führen möchte. Dieses Changieren zwischen realer und strategisch mit Blick auf das Narrativ eingesetzter Wetterbeobachtung ermöglicht es, im Rahmen der von den Herausgebern dieses Bandes vorgeschlagenen Terminologie, das Bordbuch im Bereich der *Meteopoetik* zu verorten. Vielmehr als die realen Wetterbedingungen zeigen sich in Colóns Aufzeichnungen vom Wetter die Erwartungen, die der Admiral in Bezug auf die Neue Welt hegt. Gelegentlich wehen die Böen jedoch über diese terminologischen Grenzen hinaus, denn der Wind hat bereits bei Colón eine deutliche, eigene Stimme bzw. er ist angefüllt mit den Stimmen der Vergangenheit und des Mythos, wenn er eine Ahnung des irdischen Paradieses und damit des Wunderbaren zu den Seefahrern herüberweht.

Fünfhundert Jahre nach Colón wird dieses Wunderbare neu definiert. Statt Projektionsfläche europäischer Reisender zu sein, wird es zum Inbegriff lateinamerikanischer Identität und Realität und beeinflusst als solcher das Erzählen. Auch nach dieser Wiederentdeckung und Umdeutung des Wunderbaren bleibt der Wind ein Verbündeter der Narration, der sowohl die Ebene der Erzählung als auch die Ebene des Erzählens beeinflusst. Bei Juan Rulfo wie auch bei García Márquez leben und agieren die Figuren unter spezifischen klimatischen Bedingungen

---

tants. Even in the final pages of the novel, when Aureliano sees his baby nephew being devoured by ants, he feels nothing for the child.« Holms (Anm. 12), 545.

und wissen um die hilfreiche und zerstörerische Macht des Windes, nach der sie zum Teil sogar ihren Tagesablauf ausrichten. Der Wind wird in diesen Texten des 20. Jahrhunderts zu einem meteopoetischen Moment, das eine gesellschaftliche Stimmung codiert. Das Verhältnis der Menschen zu diesem Wetterphänomen spiegelt ihre Haltung zur übermächtig und anonym erlebten Staatsmacht.

Zwar wehen bei Rulfo und Márquez dem Leser keine paradiesischen Verheißungen mehr entgegen, doch bleibt der Wind dem Wunderbaren eng verbunden. Es ist, wie bei Colón, weniger das reale als ein mythisch überhöhtes und narrativ ins Unwahrscheinliche gesteigertes Wetter, das den Leser*innen in Luvina und Macondo entgegenschlägt. Der Wind, der in Luvina weht, schafft eine fast surreale Landschaft und wird von den Einheimischen als (göttlicher) Schutz, vom Erzähler dagegen als autonome negative Macht begriffen, und Macondo wird nicht von einem normalen Unwetter, sondern von einem biblischen Sturm vernichtet. In allen drei Texten ist der Wind eine polyphone Komposition von Erzählstimmen. In den Texten des Boom wird ihm darüber hinaus explizit eine zerstörerische Tendenz zugeschrieben. Historische und mythologische Elemente werden aus ihren jeweiligen Kontexten genommen, in neuen Zusammenhängen angespielt und schließlich deformiert oder zerstört. Dies geschieht beispielsweise, wenn in der Kirche Luvinas indianische Mythen neben christlichen Insignien aufscheinen, in der Leere der Ruine jedoch sogleich wieder verhallen, von Text und Wind gleichermaßen erodiert. Auch Márquez verwebt seine Erzählung mit alten Mythen, wie etwa die kolumbianischen Anekdote über Menschen, die mit einem Schwanz geboren werden.[35] Diese Mythen werden im Roman aufgerufen, verwoben und variiert, fallen aber am Ende der Zerstörung anheim, wenn der Roman die schriftlichen Quellen ebenso vernichtet wie die Träger von mündlichen Überlieferungen. Der zunächst stimmgewaltige Wind schafft im 20. Jahrhundert eine plötzliche Leere, die in scharfem Kontrast zur wunderbaren Fülle Colóns steht und die zum Verstummen der Erzählinstanzen führt. El cuento que se llevó el viento ... (Der Wind, der die Erzählung mit sich fort trägt ...).

Der leere Raum, der durch diese Zerstörung entsteht, lässt sich jedoch füllen. Die Leser*innen sind zur Partizipation aufgerufen, und das Erzählen darf neu beginnen.

---

35 Vgl. Cristóbal Colón, Carta a Santángel (1493), in: DC 223.

David Wachter
»aus-/gewirbelt«. Meteopoetologie des Schnees in Celans Lyrik

»Schneefall, dichter und dichter, [...]«[1] – so entwirft Paul Celan in *Heimkehr* (1955/56)[2] eine poetische Winterlandschaft. Durch »[w]eithin gelagertes Weiß« (KGA 94) zieht sich eine »Schlittenspur des Verlornen« (ebd.), und auf unsichtbaren Hügeln wartet ein »ins Stumme entglittenes Ich« (ebd.). Mit dieser Präsenz des Wetters steht das Gedicht in Celans Œuvre nicht allein da. In allen Werkphasen werden Phänomene wie Regen, Wind, Sturm, Nebel, Frost oder Gewitter thematisiert; auch die zyklisch wiederkehrenden Jahreszeiten und sogar das Wetter als Abstraktum kommen vor.[3] Mit Abstand am wichtigsten ist für Celan jedoch der Schnee. Er findet sich in den frühen wie auch in den späten Gedichten, wird häufiger erwähnt als jedes andere meteorologische Ereignis und dient nicht selten als poetologische Chiffre,[4] in der sich Grundprobleme des eigenen Schreibens verdichten.[5] Dabei greift Celan explizit geologische Wis-

---

[1] Paul Celan: Heimkehr, in: ders.: Die Gedichte. Kommentierte Gesamtausgabe in einem Band, hrsg. und komm. von Barbara Wiedemann, 5. Aufl., Frankfurt a. M. 2014, 94. Im Folgenden werden Gedichte aus dieser Ausgabe unter Angabe der Sigle »KGA« und der Seitenzahl direkt im Text nachgewiesen. In Absätzen, die sich erkennbar auf dasselbe Gedicht beziehen, wird nur das erste Zitat pro Absatz mithilfe der Sigle ausgewiesen; weitere Zitate werden mit Anführungszeichen, aber ohne erneute Quellenangabe markiert.
[2] Die beigefügte Datierung für im Haupttext erwähnte Gedichte bezieht sich auf das Jahr, in dem das jeweilige Gedicht entstanden ist, nicht auf die Erstpublikation des gesamten Bandes. Alle Angaben sind aus dem Kommentar Barbara Wiedemanns in der KGA entnommen.
[3] Regen fällt u. a. in *Zweihäusig, Ewiger* (KGA 143 f.) und *Engholztag* (KGA 186 f.); der Wind weht in *Windgerecht* (KGA 101) oder *Sibirisch* (KGA 144); es stürmt in *Es war Erde in ihnen* (KGA 125) und *Steinschlag* (KGA 339); Nebel behindert die Sicht in *Beilschwärme* (KGA 280); der Frost kommt in *Angewintertes* (KGA 260) und *Hinter frostgebänderten Käfern* (KGA 290); Gewitter drohen in *Verwaist* (KGA 257) und *Blitzgeschreckt* (KGA 284); der Winter bricht ein in *Angewintertes* (KGA 260); der Sommer kommt in *Blume* (KGA 98); und das Wetter erscheint in *Mit Traumantrieb* (KGA 295 f.) und *Wetterfühlige Hand* (KGA 297).
[4] Als ›poetologisch‹ werden im Folgenden ganze Texte und einzelne Motive verstanden, die implizit oder explizit die Bedingungen, Möglichkeiten und Grenzen literarischen Schreibens thematisieren und/oder problematisieren.
[5] Zu den poetologischen Problemfeldern des Bandes *Sprachgitter*, dem das Gedicht *Heimkehr* entstammt, siehe exemplarisch Jürgen Lehmann: Sprachgitter, in: ders., Markus May, Peter Goßens (Hrsg.): Celan-Handbuch. Leben – Werk – Wirkung, 2. aktualisierte und erweiterte Aufl., Stuttgart/Weimar 2012, 72–80.

https://doi.org/10.1515/9783110624489-011

sensbestände auf.⁶ Wie anhand von Lektürespuren nachgezeichnet worden ist, finden sich etwa in *Weggebeizt* (GKA 180 f.) die Fachtermini »Büßerschnee« und »Wabeneis« aus Siegmund Günthers *Physischer Geographie* (1895).⁷ Dieses Wissen wird jedoch nicht zu einer »literarischen Meteorologie«⁸ weiterentwickelt, sondern von seiner Quelle abgekoppelt und »im Rahmen der poetischen Verfahren« als »Sprachmaterial für die eigenen dichterischen Konstruktionen« verwendet.⁹ Celan re-metaphorisiert Begriffe wie »Gletschertische«, um ihnen im poetischen Entwurf seiner Gedichte neue Bedeutungen zu geben, und entwickelt so eine »Meteopoetologie« im vollen Wortsinn.¹⁰ In der Celan-Forschung wurde diese poetologische Relevanz des Schnees verschiedentlich bemerkt. In seiner Studie *Paul Celan. Magie der Form* begreift Winfried Menninghaus den Schnee als ein zentrales Motiv in einem geologisch-chemischen »Kraftfeld«,¹¹ behandelt ihn aber nur kursorisch im Zusammenhang mit verwandten Motiven wie Eis, Kristall und Stein. Dagegen verfolgt Andreas Girbig mit Blick auf das Gesamtwerk seine These, dass Celan das Wetterphänomen zur poetologischen Reflexion über »Erinnerung und Dialog« einsetze und dabei das Sprechen über die Erfahrung der Shoah problematisiere.¹² Wiebke Amthor wiederum arbeitet heraus, dass und wie der Schnee als Metapher der Sprache zur Triebkraft wechselseitigen Übersetzens bei Celan und du Bouchet avanciert.¹³ Mein Beitrag schließt an dieser Stelle an und verfolgt zwei Ziele. Zum einen soll die Semantik des Schnees bei Celan syste-

---

6 Vgl. Uta Werner: Textgräber. Paul Celans geologische Lyrik, München 1998; Erika Schellenberger-Diederich: Geologie und Astronomie, in: Lehmann/May/Goßens (Hrsg.) (Anm. 5), 293–296. Eine größere Studie für Celans Auseinandersetzung mit der Meteorologie steht meines Wissens noch aus.
7 Vgl. Axel Gellhaus: Marginalien. Paul Celan als Leser, in: Christoph Jamme, Otto Pöggeler (Hrsg.): »Der glühende Leertext«. Annäherungen an Paul Celans Dichtung, München 1993, 41–65, hier: 59.
8 Zum historisch-epistemischen Profil einer ›literarischen Meteorologie‹ siehe Michael Gamper: Rätsel der Atmosphäre. Umrisse einer ›literarischen Meteorologie‹, in: ders., Alexander Košenina (Hrsg.): Rätsel der Atmosphäre. Nicht-Wissen zwischen Himmel und Erde. Schwerpunktteil der Zeitschrift für Germanistik NF 24/2 (2014), 229–243.
9 Michael Gamper: Wetter machen. Meteorologie und das Wissen der Literatur, in: Dritte Natur 1 (2018), 135–143, hier: 140.
10 Zu diesem Konzept siehe vor allem die Einleitung von Urs Büttner und Michael Gamper im vorliegenden Band.
11 Vgl. Winfried Menninghaus: Paul Celan. Magie der Form, Frankfurt a. M. 1980, 80.
12 Vgl. Andreas Girbig: »Die Abgründe sind / eingeschworen auf Weiß«. Erinnerung und Dialog. Bemerkungen zum Motiv des Schnees in Gedichten Paul Celans, in: Cahiers d'études germaniques 47 (2004), 123–136.
13 Vgl. Wiebke Amthor: Schneegespräche an gastlichen Tischen. Wechselseitiges Übersetzen bei Paul Celan und André du Bouchet, Heidelberg 2006.

matisch und mit Blick auf ihre Entwicklung im Gesamtwerk entworfen werden; zum anderen erkunden zwei Einzellektüren die literarische Umsetzung seiner Meteopoetologie. Welche poetologische Relevanz hat der Schnee für Celans Lyrik? Wie verhalten sich Wahrnehmungen verschneiter Räume zur Zeichenhaftigkeit von Schnee als poetologischer Chiffre? Welche semantischen Bedeutungsspektren enthält diese Chiffre? Lässt sie sich ›entziffern‹, oder widersetzt sie sich der Lesbarkeit? Und wie bestimmen diese Bedeutungshorizonte die konkrete Motivtextur und spezifische Textdynamik einzelner Gedichte? Mit Bezug auf diese Fragen verfolge ich die Leitthese, dass der Schnee bei Celan von semantischen Gegensätzen geprägt ist, die sich in seinen Gedichten auf komplexe Weise verbinden und dabei poetologische Spannungsfelder u. a. von Schweigen und Sprechen oder Vergessen und Erinnern adressieren.[14] Im Folgenden entwerfe ich zunächst systematische Aspekte einer ›Meteopoetologie des Schnees‹, um die so entwickelten Analysekategorien dann in drei Abschnitten zu Celans frühem, mittlerem und späten Werk sowie zwei Einzellektüren anzuwenden.

Meteopoetologie des Schnees: Systematische Aspekte

In der neuzeitlich-modernen Literatur kommt der Schnee in einer kaum überschaubaren Vielfalt zur Sprache.[15] Bei der Zusammenschau fällt als gemeinsames Merkmal ins Auge, dass der Schnee nicht nur als wiederkehrendes Motiv für eindrucksvolle Winterlandschaften steht, sondern durchweg für die (Selbst-)-Reflexion von Literatur verwendet wird. Anhand von Forschungsarbeiten zu diesen

---

14 Dabei orientiere ich mich an Winfried Menninghaus' Befund, dass Celans Figurationen des Schnees »Gestalten des (angestrebten) Positiven [seien], denen in der Materialität ihrer Metaphorik die Negativität einbeschrieben ist, von der sie sich abstoßen.« Menninghaus (Anm. 11), 113.
15 Den Überlegungen in diesem Abschnitt liegen folgende Untersuchungen zugrunde: Sabine Frost: Whiteout. Schneefälle und Weißeinbrüche in der Literatur ab 1800, Bielefeld 2011; Juliane Vogel: Mehlströme/Mahlströme. Weißeinbrüche in der Literatur des 19. Jahrhunderts, in: dies., Wolfgang Ullrich (Hrsg.): Weiß, Frankfurt a. M. 2003, 167–192; Monika Schmitz-Emans: Schrift und Abwesenheit. Historische Paradigmen zu einer Poetik der Entzifferung und des Schreibens, München 1995 (bes. Exkurs: Metaphorische Valenzen der Farbe Weiß, 41–56); Andreas Homann: Eis. Kulturwissenschaftliche Erkundungen von der frühen Neuzeit bis heute, Paderborn 2017; Christoph Grube, Markus May: Schnee, in: Günter Butzer, Joachim Jacob (Hrsg.): Metzler Lexikon literarischer Symbole, 2. Aufl., Stuttgart 2012, 380 f.; Urs Büttner: Schnee: Eine ästhetische Expedition – Alfred Anderschs Reise an die Packeisgrenze, in: ders., Ines Theilen (Hrsg.): Phänomene der Atmosphäre. Ein Kompendium literarischer Meteorologie, Stuttgart 2017, 304–318.

Texten lassen sich drei Aspekte hervorheben: Der Schnee kann als symbolisch aufgeladenes Motiv, als wahrgenommener (Außen-)Raum oder als Zeichenreservoir eingesetzt und poetologisch aufgewertet werden.

Symbolik. – Wie Christoph Grube und Markus May im *Metzler Lexikon literarischer Symbole* hervorheben, dient der Schnee traditionell als »Symbol der Isolation, des Todes und des Grabes, einer umfassenden Erstarrung oder Verwirrung, des Alters, aber auch der Unschuld, der Reinheit, der Schönheit, einer Sphäre der Erkenntnis, sowie des Trägers einer Spur bzw. von deren Auslöschung.«[16] Diese symbolischen Merkmale leiten Grube und May aus realen Eigenschaften des Schnees wie der winterlichen Kälte, dem Kristallisationsprozess von Wasser, der weißen Farbwirkung, der Bedeckung von Oberflächen oder der Ein- und Ausgrenzung von Subjekten her. Bereits der Aspekt der Isolation ist für Grube und May »ambivalent besetzt«:[17] Der Schnee kann wie in Adalbert Stifters *Aus dem bairischen Walde* (1867) das Subjekt gegen seinen Willen in einem Innenraum einschließen, aber auch wie in Wilhelm Raabes *Stopfkuchen* (1891) vor übergriffigen Personen oder unerwünschten Ereignissen schützen. Er kann für den Verlust individueller oder gesellschaftlicher Orientierung stehen und eine Erstarrung allen Lebens bis hin zum Tod ausdrücken. Diese Mortifikation kann wiederum subjektive Ängste symbolisieren oder allegorisch auf gesellschaftliche Probleme hinweisen. Dieser negativen Semantik steht jedoch ein positives Bedeutungsspektrum gegenüber. Schließlich bildet der Schnee auch ein Symbol der Unschuld, Reinheit und Schönheit wie etwa in Barthold Heinrich Brockes' *Kirsch-Blühte bey der Nacht* (1727). Zugleich artikuliert er eine mögliche (Selbst-)Erkenntnis. Dieses epistemologische Potenzial bleibt allerdings widersprüchlich: Der Schnee kann als Untergrund für entzifferbare Spuren dienen, aber auch Zeichen durch Überdeckung unlesbar machen, wobei gerade dieser Entzug der Lesbarkeit moderne Schnee-Texte von Stifters *Bergkristall* (1845/53) bis hin zu Orhan Pamuks *Kar/Schnee* (2002) buchstäblich ›umtreibt‹. Zugleich kann Schnee auch selbst als Schrift wirken, die sich in den Körper oder in den dargestellten Raum einschreibt, etwa in Aris Fioretos' *Stockholm Noir/Die Seelensucherin* (2000), wo der Schnee gleichsam ›auf der Stadt schreibt‹.

Raum-Wahrnehmung. – Besonders Isolation und Orientierungsverlust können sich zu topographischen Merkmalen verschneiter Räume materialisieren. Beim Einbruch des Weißen lösen sich Raumstrukturen auf. So betont Juliane Vogel anhand von Erzählungen und Romanen Edgar Allan Poes, Adalbert Stifters oder Thomas Manns eine Tendenz verschneiter Räume zum Amorphen: »In-

---

[16] Grube/May (Anm. 15), 380.
[17] Ebd.

mitten des Weißen wird das Widerspiel von Eingrenzung und Entgrenzung, von Gegenständlichkeit und Abstraktion, Gestaltbildung und Gestaltauflösung, Kraft und Stoff in apokalyptischer Permanenz durchgespielt. Nicht zuletzt auch jenes von Bedeutungsbildung und der [sic] Bedeutungszerstörung.«[18] An diesem Zitat lassen sich wiederkehrende Eigenschaften verschneiter Räume ablesen. Zunächst werden bestehende Grenzen und Ordnungen infrage gestellt. Neben der »Eingrenzung« von Protagonisten, die isoliert in Innenräumen oder bewegungslos an äußeren Orten verharren müssen,[19] wird mitunter auch eine »Entgrenzung« möglich. Fließende Übergänge zwischen Innen- und Außenwelt ermöglichen dann liminale Erlebnisse der Überschreitung.[20] Im ›weißen Rauschen‹ lösen sich die Konturen der Dinge auf; in der visuellen Unschärfe verwandeln sich konkrete Gegenstände in diffuse Materien oder abstrakte Kräfte. Diese »weiße Energie«[21] geht häufig mit einer ästhetischen Erfahrung der Formlosigkeit und der Störung einher. Der Schneefall als Ereignis und die verschneite Landschaft als Raum verunsichern dann die Wahrnehmung von Textsubjekten.[22] Der Entzug präziser Sichtbarkeit desorientiert die Protagonisten, die wie Stifter in *Aus dem bairischen Walde* oder wie Hans Castorp in Manns *Zauberberg* im Schnee umherirren. Diesen Kontrollverlust in der weißen Leere nimmt das literarische Personal allerdings nicht nur als erschreckend, sondern gelegentlich auch als faszinierend wahr. Er bildet die Grundlage für eine ästhetische Erfahrung des Erhabenen, kann aber auch dazu motivieren, sich einen Weg durch den diffusen Raum zu suchen.[23]

Zeichen. – Schneefälle und weiße Landschaften bilden in literarischen Texten nicht nur Wahrnehmungs-, sondern auch Zeichenräume. Auch in semiotischer Hinsicht herrschen Störungen vor, so etwa in Stifters *Bergkristall*, wo eine umgefallene und dadurch unlesbar gewordene Wegmarkierung die beiden Kinder in die Irre laufen lässt. Diese Irritation von Zeichen verweist häufig auf Probleme gestörter Bedeutungssetzung in übertragenem Sinne und wird so poetologisch relevant. Nicht nur mit der gänzlichen Abwesenheit, sondern bereits mit der Uneindeutigkeit von Zeichen stellen Schnee-Texte die Frage nach Grenzen der Lesbarkeit literarischer Zeichen und ihrer Übergänge zur Unlesbarkeit.[24] Diese Verbindung von Schnee und Schrift hängt damit zusammen, dass Schnee sowohl einen Untergrund

---

18 Vogel (Anm. 15), 171.
19 So in Stifters Beschreibung der eigenen Isolation in *Aus dem bairischen Walde*.
20 So in Hans Castorps sinnlichem und imaginativem Rausch in Thomas Manns *Zauberberg*. Vgl. auch Frost (Anm. 15), 294.
21 Frost (Anm. 15), 170.
22 Vgl. ebd., 17.
23 Vgl. Schmitz-Emans (Anm. 15), 45.
24 Vgl. Frost (Anm. 15), 33.

bilden kann, auf dem sich Spuren abzeichnen, als auch eine Oberfläche, die Spuren verdeckt. Der verschneite Raum wird dabei häufig zur Metapher der weißen Seite, auf welcher sich der Text einschreibt, wodurch sich neue Wege, aber auch Zeichen-Konfusionen ergeben können.[25] Verschneite Landschaften bilden daher häufig Räume für metatextuelle Reflexionen; der Weg durch den Schnee wird metaphorisch mit einem Prozess des Schreibens verknüpft.[26] Die Störung wird dann selbst »zum Anlass der Textproduktion«.[27] Indem der Text die weiße Seite als einen Möglichkeitsraum partiell beschreibt,[28] kann er jedoch nicht vergessen lassen, dass die Seite zumindest teilweise weiß bleibt. Der weiße Rest, von dem sich die schwarzen Lettern abheben, fungiert damit als »optisches Pendant des Schweigens«;[29] dementsprechend wird der verschneite Raum nicht selten zum Ort, an dem die Spannung zwischen der Setzung von Spuren und ihrer Auslöschung zum Ausdruck kommt und die Ambivalenz zwischen Sprechen und Schweigen ausgetragen wird.

»Schnee des Verschwiegenen«: Trauer und Sprache in Celans Frühwerk

In allen Phasen von Celans Œuvre tritt der Schnee als literarisches Motiv und poetologische Chiffre in Erscheinung. Besonders häufig findet er sich jedoch in der frühen Dichtung bis zum Gedichtband *Von Schwelle zu Schwelle* (1955).[30] Bereits das erste dieser Gedichte artikuliert mit der Anfangszeile »Es fällt nun, Mutter, Schnee in der Ukraine« (KGA 399) Celans Trauer über den Verlust von Friederike Antschel, die im Winter 1942/43 ermordet worden war. Und auch

---

25 Die Verknüpfung von Schnee, weißer Seite und Reflexion des Schreibens untersucht, am Beispiel Robert Walsers, Wolfram Groddeck: »Weiß das Blatt, wie schön es ist?« Prosastück, Schriftbild und Poesie bei Robert Walser. In: Text. Kritische Beiträge 3/1 (1997), S. 23–42.
26 Ebd., 32.
27 Ebd., 314.
28 Schmitz-Emans (Anm. 15), 50.
29 Ebd.
30 Girbig zählt für Celans Gesamtwerk 40 Gedichte, in denen das Wort ›Schnee‹ vorkommt, darunter sechs Gedichte in der Anfangsphase seines Dichtens, neun in *Sand aus den Urnen*, sieben in *Mohn und Gedächtnis* (davon vier textidentisch mit Gedichten aus *Sand aus den Urnen*) und sieben in *Von Schwelle zu Schwelle*. Je nach Zählweise sind somit 25 bzw. 29 Gedichte, also mehr als die Hälfte der insgesamt 48 Gedichte, dem Frühwerk zuzurechnen. Vgl. Girbig (Anm. 12), 127. Diese Zählung lässt sich nach genauer Prüfung bestätigen.

Schwarze Flocken (vermutlich nach 1944) verknüpft das persönliche Trauma mit einer verschneiten Winterlandschaft, wo der Schneefall als Gewaltakt (»brannte der Schnee mich«, KGA 18) wahrgenommen wird. Wiederholt ist hervorgehoben worden, dass sich Celans Werk von der Trauer über seine ermordete Mutter herschreibt.[31] Besonders direkt wird dieser biographische Bezug in den zitierten Gedichten hergestellt. Bereits in *Es fällt nun, Mutter, Schnee in der Ukraine* lässt sich eine poetologische Reflexion im Zeichen des Schnees bemerken. Die Anrede an die verstorbene Mutter stellt einen Dialog her. Allerdings wird durchweg deutlich, dass die Kontaktaufnahme im Zeichen des Schmerzes scheitern muss: »Von meinen Tränen hier erreicht dich keine.« (KGA 399) Das auf sich gestellte Ich bleibt einsam, von der Mutter getrennt. In den zahlreichen Fragen, die das Gedicht stellt, stehen sowohl die Zeichenhaftigkeit körperlicher Trauer – »die Herzen Fahnen und die Arme Leuchter« – als auch die Funktion von Kunst als Trost oder Anklage – »erlöst das Linde und entblößt das Scharfe?« – zur Disposition. Dabei arbeitet *Es fällt nun, Mutter, Schnee in der Ukraine* mit Symbolen wie »Stern« und »Harfe«, denen traditionell eine poetologische Bedeutung beigegeben ist. In der verschneiten Landschaft des Gedichts sind diese Motive jedoch nur entstellt zu finden: »zerrissen / die Saiten einer überlauten Harfe«. So problematisiert die Frage: »Was wär es, Mutter, Wachstum oder Wunde – / versänk auch ich im Schneewehn der Ukraine?« mit dem eigenen Überleben zugleich die Möglichkeiten eines literarischen Sprechens über die Judenvernichtung.[32]

Bereits in Celans erstem Schnee-Gedicht ist damit eine Tendenz zur Selbstreflexion angelegt. Diese meteopoetologische Stoßrichtung kehrt in anderen Gedichten aus dem Frühwerk wieder. Wie am Leitfaden von Symbolik, Raumwahrnehmung und Semiose zu sehen ist, verknüpft der Schnee dabei semantische Gegensätze auf komplexe Weise.

Symbolik. – Von den Bedeutungsfacetten, die Grube und May im *Metzler Lexikon literarischer Symbole* für den Schnee auffächern, realisiert Celans Frühwerk am deutlichsten die Semantik des Todes. Zur Trauer über den existenziellen Verlust der eigenen Eltern kommt die kollektive Dimension des jüdischen Schicksals hinzu. Im Bild des Schneefalls aus *Schwarze Flocken* gerät Jaakob als Stammvater des jüdischen Volkes mit seinem »himmlische[n] Blut« (KGA 19) in eine Verbindung zum militärischen Rang des Hetman (Oberbefehlshaber auf polnisch-ukrainischem Gebiet), der zugleich metonymisch für Hetman Chmielnicki steht, unter dessen Führung beim Kosakenaufstand von 1648 zahlreiche jüdische Gemeinden

---

[31] Siehe zuletzt Hans Graubner: »Unter dem Neigungswinkel«. Celans biographische Poetologie, Würzburg 2018.
[32] Vgl. dazu Peter Goßens: Das Frühwerk bis zu *Der Sand aus den Urnen* (1938–1950), in: ders./Lehmann/May (Hrsg.) (Anm. 5), 39–54, hier: 44.

in Polen zerstört wurden.³³ Dieser kollektiv-religiöse Anspielungshorizont tritt allerdings nicht durchgehend auf und außerdem nicht in konsistenter Weise: In *Es fällt nun, Mutter, Schnee in der Ukraine* wird die Trauer in das christliche Motiv von Christi Dornenkrone (»Des Heilands Kranz aus tausend Körnchen Kummer«, KGA 399) gefügt, während »Gottes Fieber« in *Nachts ist dein Leib* (1944) sowohl einen christlichen als auch einen jüdischen Bezugshorizont aufweisen könnte. Darüber hinaus wird die Semantik des Todes auch auf ambivalente Weise mit dem Bildfeld des Lebendigen verknüpft: In *Harmonika* (vermutlich 1946) ist der Schnee »meergrün« (KGA 21) und das angesprochene Du »ißt [sic] von erfrorenen Rosen«. Diese Mehrdeutigkeit wird mit der Farbsymbolik des Weißen verknüpft: »Schneeig weiß« sind in *So schlafe* (1950) die Haare des nächtlichen Windes, und »mehr noch des Weißen« (KGA 81) erweitert das Bedeutungsspektrum von Schnee in *Flügelnacht* (1954).

Raumwahrnehmung. – In Celans früher Lyrik finden sich häufig Winterlandschaften, die von lyrischen Subjekten wahrgenommen werden. Diese Erfahrung des Schnees ist negativ konnotiert: Zum Kontaktverlust in *Es fällt nun, Mutter, Schnee in der Ukraine* kommt die bereits erwähnte Gewalt des Schnees gegen das Ich in *Schwarze Flocken* hinzu. Dabei kommt die Störung der Wahrnehmung, die sich aus dem Verlust räumlicher Koordinaten ergibt, deutlich zur Sprache. In *Flügelnacht* wird in der weißen Landschaft »[u]nsichtbar, / was braun schien« (KGA 81). Der Schnee lässt sich in fließenden Übergängen kaum von »Kreide und Kalk« unterscheiden, die ihrerseits im umfassenden »mehr noch des Weißen« aufgehen.

Zeichen. – Eine poetologische Dimension erhält der Schnee in Celans früher Lyrik insbesondere durch die Reflexion semiotischer Prozesse, mit denen die Gedichte das Verhältnis von Bedeutungssetzung und -entzug reflektieren. Diese Problemlage kommt in Schrift- und Sprachmetaphern zum Ausdruck. In *Schwarze Flocken* bildet die Schneelandschaft das atmosphärische Pendant für »ein Blatt aus ukrainischen Halden« (KGA 19), also ein Schriftstück, das dem lyrischen Ich in einem durch Anführungszeichen markierten Zitat die Ermordung seiner Eltern mitteilt. Die Schrift wird so zum Medium für die Erkenntnis eines Verlusts. Zugleich aktualisiert *Schwarze Flocken* die traditionelle Webmetaphorik, die sich aus der etymologischen Wurzel von ›Text‹ (dem lateinischen ›tectum‹ = ›das Gewebte‹) ergibt.³⁴ Am Gedichtende konstatiert das lyrische Ich: »Kam mir die Träne. Webt ich das Tüchlein.« Somit stellt der Schnee in *Schwarze Flocken* einen Raum für die

---

33 Siehe den Kommentar von Barbara Wiedemann in KGA 589.
34 Hans Graubner entfaltet diese Webmetaphorik en détail am frühen Gedicht *Strähne* (1952), das in besonderer Weise Text- und Schneemetaphorik miteinander ›verknüpft‹. Vgl. Graubner (Anm. 30), 65–79.

Kommunikation von Zeichen her, nimmt selbst aber keinen semiotischen Charakter an. Vor seinem Hintergrund wird die Schrift zum Affektmedium, das den Ausdruck existenzieller Trauer ermöglicht, und zugleich zum Vehikel einer Trauma-Bearbeitung, die es ermöglichen soll, die Tränen zu stillen und das Subjekt zu trösten.

In anderen Gedichten aus derselben Schreibperiode wird der Schnee zum Medium, mit dem das lyrische Ich mit einem nicht genau benannten, aber an die Mutter erinnernden Du in Kontakt tritt: »Die Hand voll Schnee, bin ich zu dir gegangen« (KGA 27), heißt es in *Nachts ist dein Leib*. Bemerkenswert erscheint hier insbesondere, wie intensiv die Störung von Wahrnehmung im Schnee mit einer poetologischen Reflexion verbunden wird. In *Da du geblendet von Worten* (1951) wird die in »geblendet« konnotierte Lichtwirkung des Schnees, die das wahrnehmende Subjekt durch seine diffuse Brechung desorientiert, mit einem Übermaß an Rede(n) verbunden. Aus dieser ›Überblendung‹ negativ konnotierter Störungen entsteht jedoch keine völlige Orientierungslosigkeit. Vielmehr bildet sie den Ausgangspunkt für die poetische Genese eines Baums als ambivalentem Motiv des Lebens, dem sich ein »Aschenlid« (KGA 51) nähert. Dieses Augenmotiv verweist auf eine vergangene Gewalt bei der Verbrennung von Materie zu Asche, lässt mithilfe der Homophonie von ›Lid‹ und ›Lied‹ aber auch die Entstehung von Dichtung anklingen. Diese Aufwertung des Schnees zum poetologischen Medium findet sich wieder, wenn die Figur der Schwester »Schnee zu Gedanken verspann«, aus dem Schnee also einen Text generiert, der eine dichterische Erkenntnis zum Ausdruck bringt.

Der Schnee fungiert jedoch nicht nur als Raum und Medium für das dichterische Sprechen, sondern zugleich als dessen Fluchtpunkt, so wie auch der Tod und die Toten nicht nur einen Ausgangspunkt, sondern zugleich ein Ziel darstellen, auf das sich Celans Gedichte hinschreiben. Wie Friederike Günther jüngst gezeigt hat, ist seinem Werk eine Tendenz zum Anorganischen eigen. Im Kontext der frühen Schnee-Gedichte zeigt sich dies eindrucksvoll an *Strähne*. Ausdrücklich hervorgehoben wird hier ein »Wort, das sich regt / Firnen zulieb, / ein Wort, das schneewärts geäugt [...]« (KGA 66) in Erscheinung tritt. Gemäß dieser Poetologie geht es dem Gedicht darum, sich in die Richtung des Schnees zu wenden, um zuletzt in die eisigen Regionen von Gletschern vorzudringen[35] und so den Toten zu einer Präsenz im Eingedenken des Gedichts zu verhelfen. Als »Wort, das mich mied«, problematisiert es bereits hier – und dann im Verlauf von Celans Werk immer deutlicher – die Position des lyrischen Ich, das sich nicht ohne Vorbehalte artikulieren kann, sondern auf der Suche nach einem adäquaten Sprechen im Ho-

---

35 Mit »Firnen« weist das Gedicht auf den ›Firnschnee‹ hin, der sich besonders in Gipfelregionen findet. Vgl. Graubner (Anm. 30), 68.

rizont der Shoah »schneewärts«, also hin zur Fremde lebensferner Gletscherzonen aufbrechen muss.

Der Schnee wird damit zur materiellen Umgebung für ein ›anderes‹ Sprechen am Rande des Schweigens, das sich einer konventionellen Verwendung von Sprache verweigert. In *Strähne* wird es zum »Wort, das neben den Worten einherging« (KGA 66) und dabei Mimesis an das Sprachlose betreibt: »ein Wort nach dem Bilde des Schweigens«. Diese Neigung zum Verstummen wird auf geradezu paradoxe Weise mit der Wendung an ein Du engeführt. So endet das Gedicht *Strähne* mit der Formulierung »du [...] schneist hier herab«; sprachlich wird der Dialogpartner somit selbst zum Winterwetter, in dem Leblosigkeit vorherrscht.

Diese Spannung zwischen Leben/Sprache und Tod/Verstummen kehrt wieder im bekannten Gedicht *Mit wechselndem Schlüssel,* in vielerlei Hinsicht einem Kerntext von Celans früher Meteopoetologie.[36] Hier wirbelt der »Schnee des Verschwiegenen« (KGA 74) in einer poetischen Winterlandschaft und verdichtet sich zugleich zeichenhaft zum »Wort« als der Synekdoche einer lyrischen Sprache, welche das Nichtgesagte wie auch das Nichtsagbare in sich aufnimmt. Indem das Gedicht auf die Unsagbarkeit am Horizont des eigenen Sprechens hinweist, thematisiert es zugleich das Problem der Unlesbarkeit als Grenze des Verstehens. Im Gedichttitel *Mit wechselndem Schlüssel* bespricht Celan die hermetische Tendenz der eigenen Lyrik, deren enigmatische Komplexität von wechselnden Deutungsbemühungen jeweils unterschiedlich als sinnstiftendes »Wort« entziffert werden kann, sich aber immer auch gegen die eigene Les- und Entzifferbarkeit sperrt.

»Tiefimschnee«: Spuren-Lektüre im mittleren Werk

Dieser Einsatz des Schnees als poetologische Chiffre wird in den beiden Bänden *Sprachgitter* (1959) und *Atemwende* (1967) weitergeführt; es entstehen literarische Motivtexturen an der Grenze der Les- und Entzifferbarkeit.

Symbolik. – Die semantische Mehrdeutigkeit, die dem Schnee bereits im Frühwerk eigen ist, verstärkt sich in der mittleren Werkphase. Neben der Kälte des Winters kehrt auch der Bezug zum Tod wieder. So macht sich das lyrische Ich in *Schneebett* (1957) auf den Weg in ein »Sterbegeklüft« (KGA 100), das in der Forschung als Aufenthaltsort der Toten gedeutet wird, mit denen das Ge-

---

[36] In ihrer genauen, auch auf die Genese des Gedichts eingehenden Lektüre hebt Wiebke Amthor die Verknüpfung von Schnee und Wort hervor. Vgl. Amthor (Anm. 13), 195–224, bes. 215.

dicht in Kontakt tritt.[37] Dieser Bereich des Todes wird jedoch eng und zugleich spannungsreich mit Phänomenen des Lebens verknüpft. So lässt sich die Bewegung in *Schneebett* nicht nur als Abstieg des lebendigen Ich zu den Toten der Vergangenheit lesen, sondern auch als Aktualisierung von Spuren eines vergangenen Lebens, das in körperbezogenen Phänomenen wie »Augen«, »atemgefleckt«, »wölkende Seele« oder »Zehnfingerschatten« gegenwärtig ist. Das lyrische Subjekt erfährt dabei einen »Hartwuchs im Herzen«, sodass die gegenläufigen Bewegungen einer Mortifikation des Lebendigen und einer Verlebendigung des Toten komplex ineinandergefügt werden. Celans Gedichten dieser Phase ist somit eine »Assimilierung an das Anorganische«[38] eigen, wobei der Bereich des Nichtlebendigen seinerseits mit einer Vitalmetaphorik des ›Wachstums‹ besetzt und so in die Nähe des Organischen geführt wird. Ein zentrales Motivfeld für diese komplexe Verknüpfung ist der Schnee, eine einschlägige Bewegung die seiner Kristallisation. So wird in *Schneebett* mit der Formulierung »Kristall um Kristall« die geometrische Struktur anorganischer Materie betont; zugleich findet in *Windgerecht* (1957) ein »Schneewuchs« (KGA 101) statt. Diese Verbindung von Organischem und Anorganischem erreicht ihren poetologischen Höhepunkt im einschlägigen Gedicht *Weggebeizt* (1963), das mit der poetologischen Chiffre eines »Atemkristall[s]« (KGA 180) endet. Zu dieser positiven Symbolik des Lebendigen tritt das Motiv der Geborgenheit hinzu. Im titelgebenden »Schneebett« (KGA 100) begegnen sich das lyrische Ich und ein namenloses Gegenüber in den weißen Flocken. In *Du darfst* (1963) wiederum fordert das lyrische Subjekt sein Gegenüber auf, es »getrost / mit Schnee [zu] bewirten« (KGA 175), sodass der Schnee weniger als Chiffre der Gewalt denn als Medium einer ›tröstlichen‹ Begegnung in Erscheinung tritt.

Raumwahrnehmung. – Die Begegnung zwischen Leben und Tod findet im mittleren Werk verstärkt in Schneelandschaften statt. Diese winterlichen Räume sind Regionen des Todes wie in *Schneebett* oder *Weggebeizt*. In ihnen herrschen abstrakte Geometrien vor wie in *Windgerecht*, wo sich eine Felswand »Raute bei Raute« (KGA 101) präsentiert, oder kosmische Weiten wie in *Singbarer Rest* (1964), wo sich am »Schneeort« (KGA 182) Trabanten und Kometen befinden. Diese von anorganischen Materien konstituierten Räume werden häufig dynamisch durch-

---

[37] Während Georg-Michael Schulz diesen Weg als Vereinigung des lebenden Ich mit den Toten der Shoah liest und Uta Werner einen erneuten Sterbeprozess der Toten im Gedicht erkennt, betont Friederike Günther die transformative Wirkung, welche der Weg in die Vergangenheit auf das aktuelle Erleben des lyrischen Subjekts hat. Vgl. Georg-Michael Schulz: Schneebett, in: Lehmann/May/Goßens (Hrsg.) (Anm. 5), 225–232, hier: 225; Werner (Anm. 6), 106–119, hier: 114; Friederike F. Günther: Grenzgänge zum Anorganischen bei Rilke und Celan, Heidelberg 2018, hier: 317–350.
[38] Schulz (Anm. 36), 226.

quert. Dabei beschreiten Celans Gedichte vertikale Gänge entlang geologischer Formationen und verbinden den Abstieg im Raum mit einem Weg in die Vergangenheit. In *Schneebett* etwa lassen sich in der »Steilwand« (KGA 100) sedimentierte Schichten geologischer Tiefenzeiten erkennen, wobei auf dem Weg von oben nach unten zugleich die Spuren historischer Vergangenheit in Form fragmentierter Körperteile der Toten begegnen. Damit vollziehen *Schneebett*, *Windgerecht* oder *Weggebeizt* vom Leben her eine »Bewegung auf die Toten zu«.[39] Diese Toten bleiben als »Stimmen« (KGA 101) präsent und artikulieren sich weiterhin in »Gesänge[n]« (ebd.), sodass sie im Gedicht zumindest partiell ins Leben zurückgeholt werden.[40] Nach meiner Lektüre sind Leben und Tod in Celans Schnee-Räumen somit komplex verknüpft. Gerade ihre widersprüchliche Konstellation eröffnet Freiräume, bei denen sich der Weg durch Topographien des Todes für Erfahrungen des Lebendigen öffnet. Besonders prägnant führt in *Weggebeizt* »der Weg durch den menschen- / gestaltigen Schnee [...] zu / den gastlichen / Gletscherstuben und -tischen« (KGA 181). Buchstäblich dringt das Gedicht hier in einen Bereich jenseits des »menschen-« vor, der zugleich in den Höhen eines Gletschers und »[t]ief / in der Zeitenschrunde« liegt. Dieser transhumane Bereich stellt einerseits eine Zone des Ausgesetztseins dar; andererseits scheint in den geologischen Formationen der »Gletscherstuben« metaphorisch eine prekäre, aber doch mögliche Heimat denk- und sichtbar. Gerade der Kristall, welcher die physikalische Struktur des Schnees prägt, bildet hier eine Raumfigur, in der die (geologische wie historische) Vergangenheit auf die aktuelle Gegenwart trifft.

Zeichen. – Im mittleren Werk tritt der Schnee in mehrfacher Hinsicht semiotisch in Erscheinung. Wie eingangs erwähnt, greift Celan besonders in seinen Gedichten aus *Sprachgitter* und *Atemwende* auf geologisches Wissen zurück. Im Autorennachlass sind ganze Wortlisten überliefert, welche der Autor u. a. aus geologischer Fachliteratur exzerpierte und in einzelne Gedichtentwürfe integrierte.[41] Neben Siegmund Günthers *Physischer Geographie* (1895) beziehen sich diese Wortlisten vor allem auf Franz Lotzes *Geologie* (Berlin 1955) und Roland Brinkmanns *Abriß der Geologie* (1956). Celan entnahm diesen Quellen Fachbe-

---

39 Schulz (Anm. 36), 225. Treffend spricht Günther von »Grenzgänge[n] *zum Anorganischen*« (Anm. 36), 320 (Hervorhebung im Original).
40 Dieser Aspekt des Lebendigen, der in Celans Bildern der Mortifikation stets auch durchscheint, wäre gegenüber Schulz und Günther zu betonen, die den Aspekt des Anorganischen bei Celan ins Zentrum ihrer Analysen rücken.
41 Die Wortlisten sind abgedruckt in Paul Celan: Sprachgitter. Vorstufen – Textgenese – Endfassung. Tübinger Celan-Ausgabe, bearbeitet von Heino Schmull, Frankfurt a. M. 1996, 109–122. Im Folgenden werden Zitate aus dieser Ausgabe unter Angabe der Sigle »TCA SG« und der Seitenzahl direkt im Text nachgewiesen.

griffe wie »Rautenfries« (TCA SG 113) und verwendete sie für seine Schnee- und Eis-Gedichte. Wie Uta Werner gezeigt hat, greift er dabei auf heterogene Wissensformate zurück, die einander in den Gedichten überkreuzen. So trifft geologisches Wissen in *Schneebett* auf mantische Praktiken, wie sie u. a. in Gestalt von »Mondspiegel[n]« (KGA 100) als Medien arkaner Prophetie in Erscheinung treten.[42] Diese Überkreuzung lässt erkennen, dass es Celan auch bei seinen Denk- und Bildfiguren des Schnees nicht darum geht, in einer literarischen Meteorologie ein eigenes Wissen vom Wetter zu entwickeln. Stattdessen nutzt er naturwissenschaftliche Texte als Sprachmaterial, mit dem er Bildfelder für poetologische Reflexionen generiert. Auch im mittleren Werk finden sich dabei Schrift- und Textmetaphern, etwa das »Schneegarn« (KGA 105) aus *In Mundhöhe* (1957) oder die »Sichelschrift« (KGA 182), die in *Singbarer Rest* (1964) »am Schneeort« zu lesen ist. Mit diesen Text- und Schriftmetaphern thematisiert Celan die poetologische Frage, wie Spuren der gewaltsamen Vergangenheit im Gedicht entziffert werden könnten und wie sich im Angesicht dieser Spuren ein Dialog mit den Lebenden und den Toten gestalten ließe.

Die Meteopoetologie des Schnees beruht dabei, stärker als im Frühwerk, auf komplexen Motivtexturen und einer Tendenz zur Dekomposition der Sprache. Neben den Gedankenstrichen und harten Enjambements, mit denen Verse wie »das bunte Gerede des An- / erlebten – das hundert- / züngige Mein- / Gedicht« (KGA 181) in *Weggebeizt* sprachliche Zäsuren setzen,[43] findet sich auch eine Tendenz zur performativen Sprengung sprachlicher Einheiten. Besonders kühn wird die Syntax in *Keine Sandkunst mehr* (1964) zerlegt, wo sich Sprache in einer formsprengenden Materialität fragmentierter Buchstaben und Laute präsentiert und auf diese Weise die Tendenz zum Verstummen, die Celans Gedichte poetologisch antreibt, auch performativ umgesetzt wird: »Tiefimschnee, / Iefimnee, / I – i – e.« (KGA 184)[44]

Zugleich weisen die Gedichte darauf hin, dass ein kreativer Akt, der Spuren vergangener Gewalt zu entziffern versucht, selbst eine gewaltsame Tätigkeit ins Werk setzt. Tödliche Gewalt und die Reflexion darüber ist ihnen eingeschrieben. In *Weggebeizt* räumt der »Strahlenwind deiner Sprache« (KGA 180) mit geradezu nuklearer Energie das »bunte Gerede des An-/erlebten]« (KGA 181) beiseite. Mit dem so zerstörten »Mein- / gedicht« spielt Celan hier auf die Verleumdungen im Kontext der Goll-Affäre an. Zugleich adressiert er ein lyrisches Sprechen, in wel-

---
42 Vgl. Werner (Anm. 6), 109 f.
43 Vgl. Sieghild Bogumil: Das Letzte was bleibt. Weggebeizt, in: Hans-Michael Speier (Hrsg.): Gedichte von Paul Celan, Stuttgart 2002, 133–147, hier: 140.
44 Vgl. Girbig (Anm. 12), 132.

chem das traditionelle Ich der subjektiven Rede ausgetrieben werden soll.⁴⁵ In *Singbarer Rest* entspricht dieser nuklearen Gewalt das Sprechen in kosmischer Ferne; der »Schneeort« (KGA 182) bildet den Standpunkt »dessen, der durch / die Sichelschrift lautlos hindurchbrach«. Einiges spricht für Friederike Günthers interessanten Zugang, diese Verse nicht als Emphase eines Widerstands gegen die gewaltsame »Sichelschrift«⁴⁶ zu lesen, sondern als Reflexion darüber, dass ein »vergangener Akt der Vernichtung« im eigenen Text gegenwärtig bleibt.⁴⁷ Mit Blick auf die gewaltsame Tendenz des kreativen Akts in *Weggebeizt* stellt sich dann weitergehend die Frage, in welchem Maße das lyrische Sprechen für Celan selbst in eine mimetische Nähe zu jener Gewalt geraten muss, von der es – wie es in *Weggebeizt* heißt – ein »unumstößliches Zeugnis« (KGA 181) ablegt. Man würde Celans Poetologie freilich missverstehen, wenn man sie als Apologie sprachlicher Gewalt deuten würde. Celan betont zwar destruktive Tendenzen einer Lyrik, die einen »Weg durch den menschen-« (KGA 181) beschreibet; doch das Ziel dieser Dynamik besteht nach *Weggebeizt* darin, im »Atemkristall« (ebd.) eine Konstellation aus Totem und Lebendigem freizusetzen, die in letzter Instanz nach Möglichkeiten des dialogischen Gesprächs sucht, indem sie sich – so in *Hohles Lebensgehöft* (1964) – »hinaus zu den Schnee- / gesprächen« (KGA 185) wagt.⁴⁸

»Vom Eiswind herübergeweht«: Schnee-Wege in *Heimkehr* (1955/56)

Zu Celans eindringlichsten Schnee-Gedichten gehört zweifellos die eingangs zitierte *Heimkehr* aus *Sprachgitter*:

HEIMKEHR

Schneefall, dichter und dichter,
taubenfarben, wie gestern,
Schneefall, als schliefst du auch jetzt noch.

---

45 Graubner weist detailliert nach, wie sich Celan in diesen Versen auf die Denunziationen durch Yvan Golls Witwe Claire Goll bezieht, und betont zugleich die »Zunahme von Aggressivität« in diesen Versen. Vgl. Graubner (Anm. 30), 136.
46 Bei »Sichel« wäre an die Runen der SS zu denken.
47 Günther (Anm. 36), 388.
48 Bei Giuseppe Bevilacqua wird der »Atemkristall« zur zentralen Chiffre für Celans immanente Poetologie im mittleren und späten Werk. Vgl. Bevilacqua: Auf der Suche nach dem Atemkristall, übers. von Peter Goßens, München 2004.

Weithin gelagertes Weiß.
Drüberhin, endlos,
die Schlittenspur des Verlornen.

Darunter, geborgen,
stülpt sich empor,
was den Augen so weh tut,
Hügel um Hügel,
unsichtbar.

Auf jedem,
heimgeholt in sein Heute,
ein ins Stumme entglittenes Ich:
hölzern, ein Pflock.

Dort: ein Gefühl,
vom Eiswind herübergeweht,
das sein tauben-, sein schnee-
farbenes Fahnentuch festmacht.
(KGA 94)

Eindrücklich entwirft *Heimkehr* eine winterliche Szenerie. Die poetische Schneelandschaft gestaltet sich allerdings nicht als Naturlyrik, in der eine objektive Außenwelt subjektiv wahrgenommen würde, sondern als eine »seelische Landschaft«,[49] in der das Eingedenken eines Individuums über eine kaum vergangene Geschichte der Gewalt und des Todes topographisch materialisiert wird. Der Gang durch den verschneiten Raum wird zur Weg-Findung. Ein wahrnehmendes, aber nicht als »Ich« auftretendes Subjekt sucht in der weißen Leere nach Orientierung. Dieser Parcours gestaltet sich als Begegnung mit der »Schlittenspur des Verlornen«, mit der die andeutungsweise präsenten, aber nicht explizit benannten Toten der Shoah in der Gegenwart des Gedichts anwesend bleiben. Sprachlich umgesetzt wird eine Poetik der Erinnerung, welche Zeichen der Vergangenheit vor dem Vergessen bewahrt und zugleich die Grenzen des eigenen Sprechens im »Stumme[n]« – dem Abbruch der Rede im Schweigen – reflektiert. Bemerkenswert und auch für die Meteopoetologie des Gedichts relevant ist allerdings, dass die Schnee-Landschaft hier nicht nur

---

[49] Leonard Olschner: Heimkehr, in: Jürgen Lehmann (Hrsg.): Kommentar zu Paul Celans »Sprachgitter«, Heidelberg 2005, 143–148: hier: 145. Überzeugend charakterisiert Olschner diese innere Stimmung als »Melancholie«. Ebd.

einen unwirtlichen Ort der Fremdheit darstellt, sondern auch das Potenzial zu einer »Heimkehr« enthält.⁵⁰

Diese Spannung zwischen Erinnerung und Suche nach einer Heimat betrifft bereits den Beginn des Gedichts. Mit der »Heimkehr« des Titels kontrastiert der »Schneefall« der *ersten Strophe* als Indiz für ein ungastliches Wetter, dem ein Wahrnehmungssubjekt ungeschützt ausgesetzt ist. Dem entworfenen Raum ist zugleich eine Reflexion der Zeit eigen, die zwischen »gestern« und »heute« gespannt ist, sodass dieses Gedicht ein Eingedenken in die »gestern«, also vor kurzer Zeit stattgefundene, Gewalt und ihre Nachwirkung im »[H]eute« zu leisten vermag. Doch die Bewegung des fallenden Schnees weist bereits auf die Gefährdung dieses Eingedenkens hin, führt sie doch potenziell zur Bedeckung von Spuren und damit zur Auslöschung im Vergessen, das hier im Schlaf des »[D]u« angedeutet wird. Zudem lässt das Syntagma »dichter und dichter« eine poetologische Dimension des Gedichts erkennen. Als Beschreibung der Intensität des Schnees betont es in immanenter Reflexion zugleich Celans Verfahren, die Problematik von Erinnern vs. Vergessen und Sprechen vs. Schweigen in komplexen Motivtexturen zu ›verdichten‹. Es verweist somit auf die Gefahr des Vergessens im Schneetreiben und damit auf die Arbeit an der Erinnerung, welche der ›Dichter‹ zu leisten hat.

Die *zweite Strophe* erweitert diese poetologische Aufladung der Schnee-Landschaft. In der Formulierung »[w]eithin gelagertes Weiß« wird sie als abstrakter und zugleich grenzenloser Raum gekennzeichnet. Dabei aktualisiert das Gedicht die vielfältige Symbolik des Weißen im Spannungsfeld von Abwesenheit/Nichts sowie Vergessen einerseits und Potenzialität/Gestaltungsraum andererseits. »[G]elagert« wiederum kennzeichnet diesen Raum als artifiziell konstruiert, was den möglichen Ersteindruck eines Naturgedichts widerlegt und zugleich auf das nationalsozialistische ›Lager‹ verweist. Die Schneelandschaft erweist sich somit als eine raum-zeitliche Topographie, welcher die historische Gewalterfahrung der jüngsten Vergangenheit semantisch eingeschrieben ist. Diese historische Tiefendimension wird in der vertikalen Organisation des Textes realisiert. »Drüberhin«, also auf der Oberfläche dieses Raums, verweist die »Schlittenspur des Verlornen« auf einen Verlust, bei dem direkt an die Ermordung der Juden – insbesondere auch von Celans eigenen Eltern – in der Shoah zu denken ist. Als »Spur« sind die Toten der Vergangenheit zeichenhaft gegenwärtig. Indem das lyrische Subjekt diese Zeichen visuell und gedanklich nachvollzieht, realisiert es eine Poetik der Spuren-Lektüre,

---

50 Wie Leonard Olschner gezeigt hat, zieht sich die Frage nach der Möglichkeit einer Heimat – und zugleich deren Problematisierung – durch Celans lyrisches Werk. Vgl. Olschner: Paul Celans Poetik der Heimkehr, in: Celan-Jahrbuch 8 (2001/02), 75–113.

welche das Eingedenken in die Geschichte mit der Entzifferung ihrer semiotischen Restbestände verbindet. Diese Spuren ziehen sich horizontal durch den Raum. Das Adjektiv »endlos« impliziert dabei sowohl die Persistenz dieser Bewegung als auch ein Verschwinden der Akteure im leeren Raum – und verweist in der historischen Doppelbödigkeit des Textes zugleich auf die ›Endlösung‹ als Euphemismus der Gewalt.

Mit der *dritten Strophe* öffnet sich der horizontale Raum auf eine vertikale Tiefendimension. Dadurch erscheint die historische Zeit geologisch sedimentiert. Unterhalb der Schneedecke befinden sich mehrere Erhebungen, die eigentlich »unsichtbar«, aber doch gegenwärtig und für das eingedenkende Subjekt – metonymisch in den »Augen« verkörpert – wahrnehmbar sind. Wie Uta Werner gezeigt hat, lassen diese »Hügel« an Kenotaphe denken, die als leere Gräber auf namentlich benannte Tote verweisen, deren sterbliche Überreste sie jedoch nicht enthalten.[51] Folgt man dieser Deutung, dann materialisiert sich in ihnen eine Spannung aus An- und Abwesenheit der Toten. Erscheinen diese »geborgen«, gleichsam in einer Heimat nach dem Tod bewahrt, so geht von ihren Scheingräbern doch eine beunruhigende Dynamik aus. Schließlich suggeriert die Formulierung »stülpt sich empor«, dass die »Hügel« selbst aktiv werden und in der Gegenwart des Gedichts die schneebedeckte Oberfläche durchstoßen. In dieser Situation nimmt das Subjekt einen Schmerz wahr, wobei unbestimmt bleibt, ob bereits die Existenz der Toten im Kenotaph oder erst die aktive Aufwölbung als Bewegung »den Augen so weh tut«.[52]

In der *vierten Strophe* setzt ein neuer Wahrnehmungsvorgang ein: »[M]it der inneren Vorstellung«[53] erschließt sich der visuelle Eindruck der Toten, die zum materiellen Erinnerungszeichen eines »Pflock[s]« geworden sind und sprachlos – als »ins Stumme entglittenes Ich« – die Wölbungen besetzen. Zugleich wird hier die positive Konnotation der »Heimkehr«, die im Gedichttitel sowie der Beschreibung der Toten als »geborgen« anklingt, deutlich problematisiert. Schließlich findet das lyrische Subjekt nicht selbst eine Heimat, sondern wird »heimgeholt«, sodass der NS-Slogan ›Heim ins Reich geholt‹ anklingt, mit der der ›Anschluss‹ Österreichs an das Deutsche Reich 1938 euphemistisch beworben wurde.[54] Mit dieser Konnotation könnte man die vierte Strophe so lesen, dass hier die Vision einer Geborgenheit der Toten im Bild eines »unfreiwillige[n], fremdbestimmte[n], gewaltvollen Heimgang[s]«[55] rundheraus dementiert würde. Aus der inneren Logik des Gedichts her-

---

51 Werner (Anm. 6), 80.
52 Vgl. ebd., 81.
53 Ebd.
54 Vgl. Olschner, Heimkehr (Anm. 48), 147.
55 Ebd.

aus lässt sich die Stelle jedoch auch so deuten, dass die ambivalente Bewegung diese »Heimkehr« zwar problematisiert, aber doch partiell gelten lässt. Gerade der verschneite Raum verkörpert diese Spannung aus Rettung und Enteignung.

Dies wird nicht zuletzt in der *fünften Strophe* deutlich. Hier herrscht zwar Kälte vor; doch ausgerechnet der »Eiswind« transportiert ein »Gefühl« als Indiz eines Lebens, das sich im Angesicht der Shoah behauptet. Indem dieses Gefühl »sein tauben-, sein schnee- / farbenes Fahnentuch festmacht«, bezeugt es zeichenhaft die eigene Existenz und gedenkt zugleich derjenigen, die als »ins Stumme entglittenes Ich« nicht mehr selbst sprechen können. Dabei verweist die Wiederholung des Adjektivs »taubenfarbe[n]« nicht nur auf die Weiße des Schnees, sondern auch auf dessen Trübung zu einer grauen Farbe. So realisiert *Heimkehr* ausdrücklich jene »grauere Sprache«,[56] die Celan in seiner *Antwort auf eine Umfrage der Librairie Flinker* (1958) als Kennzeichen eines adäquaten Schreibens im Angesicht der Shoah hervorgehoben hat.

Auf diese Weise endet der Weg durch den verschneiten Raum an einem Ort der Kälte, der im unwirtlichen Schnee zugleich eine fragile Heimat eröffnet und so »für die Todeslandschaft [zeugt] wie zugleich für eine Befriedung der Gegenwart und den Vollzug einer Heimkehr«.[57]

»Schneekneipe«: Meteorologische Rätsel im Spätwerk

Während Celans letzter zu Lebzeiten veröffentlichter Gedichtband *Fadensonnen* (1968) keine Schnee-Gedichte mehr enthält, findet sich die weiße Materie in den Nachlassbänden *Lichtzwang* (postum 1970), *Schneepart* (postum 1971) und *Zeitgehöft* (postum 1976) wieder in acht Gedichten.[58] Gegenüber den großen Schnee-Gedichten aus der mittleren Phase, darunter *Heimkehr* oder *Weggebeizt*, fällt eine weiter zunehmende Verdichtung der Motivtextur und eine radikale Verkürzung der Gedichte auf: *Kein Halbholz* (1967) enthält elf, *Magnetische Bläue* (1967) nur noch sechs Verse.

Symbolik. – Auch im Spätwerk kehren die semantischen Felder der Kälte, des Todes und des Ausgesetztseins am Leitfaden des Schnees wieder. So wird er in *Ma-*

---

56 So Celans prägnante Formulierung in der Antwort auf eine Umfrage der Librairie Flinker von 1958. Siehe Paul Celan: Gesammelte Werke in sieben Bänden. Dritter Band, hrsg. von Beda Allemann und Stefan Reichert, Frankfurt a. M. 2000, 167 f., hier: 167.
57 Olschner, Heimkehr (Anm. 48), 148.
58 Fünf weitere Schnee-Gedichte sind im übrigen Nachlass ediert.

gnetische Bläue (1967) mit Polarregionen, in *Schneepart* (1968) mit »geriffelte[m] Eis« (KGA 320) und in *Lila Luft* (1967) mit der Wintertristesse am Anhalter Bahnhof in Berlin verbunden, wobei auch hier Schwellenfiguren wie etwa der »gesömmerte Schnee« (KGA 292) in *Magnetische Bläue* zu finden sind. Hinzu kommt die Verbindung von Gewalt und Anorganischem: Das »Schneekorn« (KGA 297) stellt im Gedicht *Im Zeitwinkel* eine Störung im »Steinaug« dar, seinerseits einem ambivalenten Ort, wo Leben und Tod fast ununterscheidbar zusammenfallen.

Raumwahrnehmung. – Auch im Spätwerk markiert der Schnee geographische Randzonen, die mit ihren unklaren Raumstrukturen und ihren sedimentierten Spuren vergangener Gewalt eine Atmosphäre des Ausgesetztseins evozieren. So befindet sich der verletzte Körper, der in *Im Zeitwinkel* das »Schneekorn« enthält, in raumzeitlichen Grenzgebieten (»Zeitwinkel«, »Flurgrenze«), und so sind die »Abgründe« (KGA 318), aus denen in *Was näht* (1968) eine »Schneenadel« (KGA 318) hervorgeht, »eingeschworen auf Weiß«. In diesen unbestimmten Zonen befindet sich kein lyrisches Subjekt mehr, wohl aber ein »Du«, das den Raum wahrnimmt und durchläuft. »Magnetische Bläue im Mund, / erkeuchst du Pol um Pol« (KGA 292), heißt es im Gedicht desselben Titels. Hier gerät das lyrische Du in ein komplexes, nur schwer entzifferbares Verhältnis zum Raum: Der Neologismus ›erkeuchen‹ lässt sich so lesen, dass die Figur atemlos die Polarregionen erreicht, aber auch so, dass sie in ihrer Atemlosigkeit diese Pole überhaupt erst hervorbringt. Im lyrischen Bild einer Bewegung durch den verschneiten Raum wird somit die Grenze zwischen Innen- und Außenraum durchlässig.

Diese Zonen des Ausgesetztseins, die von Spuren vergangener Gewalt geprägt sind, können im Zeichen des Schnees durchaus noch eine – wenn auch ambivalente – Heimat ermöglichen. So eröffnet sich in *Warum dieses jähe Zuhause* (1968) bereits durch den Gedichttitel unvermittelt ein Ort der Geborgenheit. »[G]letschrig« (KGA 325) begegnet ein im Spätwerk so seltenes Ich seinem Gegenüber, »war ich bei dir, Geschneete«, sodass sich im Zusammenfall von Subjekt und Raum – das Ich wird zum Gletscher, das Du zum Schnee – eine unerwartete und unerklärliche Vertrautheit ergibt. Der dergestalt auftauchende Schutz bleibt allerdings so flüchtig wie prekär. In *Warum dieses Zuhause* setzt die Geborgenheit einen Akt der Gewalt voraus; der Begegnung von Ich und Du liegt ein Mord zugrunde: »du selbst erschlägst deine Brüder«. In *Lila Luft* wiederum findet eine Fahrt durch das verschneite Berlin statt.[59] Mit den »gelben Fensterflecken« (KGA 316), die an die Judenverfolgung erinnern, und dem »Anhalter Trumm«, der die Zerstörung im

---

[59] Den biographischen Kontext dieser Fahrt durch Berlin, die Celan im Jahr 1967 ganz real mit Walter Georgi und Marlies Janz unternahm, erläutert Marlies Janz: »Noch nichts Interkurrierendes«. Paul Celan in Berlin im Dezember 1967, in: Celan-Jahrbuch 8 (2001/02), 335–345.

Zweiten Weltkrieg als Ruine materiell präsentiert, ragen wiederholt Spuren vergangener Gewalt in die Gegenwart hinein.[60] Die Fahrt endet in Innenräumen, die sich »von der / Stehkneipe zur / Schneekneipe« erstrecken, also ihrerseits verschneite Orte darstellen. Die Bewegung vom ›Stehen‹ zum ›Schnee‹ bietet hier eine gewisse Zunahme der Vertrautheit; doch die Gastlichkeit des Schnees begrenzt sich auf eine ›Kneipe‹, die zuletzt doch fremd bleibt.

Zeichen. – Auch Celans späte Schnee-Texturen artikulieren Schrift- und Textmetaphern, etwa die zitierte »Schneenadel« aus dem Gedicht *Was näht* (1968), das bereits im Titel auf die Herstellung eines Gewebes verweist. Dabei reflektieren die Gedichte fundamentale Probleme dichterischen Sprechens. In *Magnetische Bläue* ertönt ein fragwürdiger Gesang, der durch sein Übermaß an (Ge-)Rede beunruhigt. »[B]ald hängt der taumlige Star / im doppelten Liedschwarm« (KGA 292), heißt es hier, wobei im ›Hängen‹ durchaus ein Akt der Gewalt (das ›Erhängen‹ als Exekutionspraxis) mitklingt. Diese poetologische Konnotation findet sich besonders deutlich in *Schneepart*. Mit ›-part‹ verweist der Gedichttitel auf eine musikalische Partitur, die Stimmen notiert, und damit auf die Text und Stimme verbindende Metaphorik musikalischer Notation, die Celan im berühmten Gedicht *Engführung* (1957/58) als literarische Fuge realisiert. »[V]or / den für immer entfensterten / Hütten« (KGA 320), also in einer öden Landschaft ohne Behausung, sucht das Gedicht nach Hoffnungsspuren, wie sie im »Aufwind« des ersten Verses aufscheinen, und entfaltet im Partizip »gebäumt«, mit dem das ›Aufbäumen‹ gegen einen Zwang anklingt, zugleich einen Akt des Widerstands.[61] Dabei erhebt das Gedicht die Forderung, in einer künstlerischen Aktivität »Wortschatten heraus[zu]haun«, also wie in *Weggebeizt* mit physischer Gewalt ein Sprachpotenzial zu eröffnen. In der Konnotation von ›jemanden heraushauen‹ ist eine Befreiung aus der Gefangenschaft impliziert;[62] zugleich bleibt die Sprache, die dabei eröffnet wird, durchweg vom ›Schatten‹ vergangener Gewalt geprägt, die gemäß Celans Poetologie einer ›graure[n] Sprache‹ in eine adäquate Dichtung aufgenommen werden muss.

---

60 Vgl. ebd., 342.
61 Zur Spannung zwischen Trostlosigkeit und Hoffnung in *Schneepart* siehe Hans-Michael Speier: Paul Celan, Dichter einer neuen Wirklichkeit. Studien zu *Schneepart* (I), in: Celan-Studien 1 (1987), 65–79, hier: 71.
62 Vgl. ebd., 73.

»Grenzschnee«: Topographische Verdichtung in *Kein Halbholz* (1967)

Wie dicht die Motivtextur ist, die besonders in Celans Spätwerk in der poetologischen Chiffre des Schnees zusammenfindet, lässt sich exemplarisch an *Kein Halbholz* erkennen, das im Jahr 1967 in Paris entstand:

> KEIN HALBHOLZ[63] mehr, hier,
> in den Gipfelhängen,
> kein mit-
> sprechender Thymian.
>
> Grenzschnee und sein
> die Pfähle und deren
> Wegweiser-Schatten
> aushorchender, tot-
> sagender
> Duft.
>   (KGA 293)

Auch das vorliegende Gedicht situiert sich in einer Bergregion. Die »Gipfelhänge« weisen auf ein mögliches Gletschergebiet hin, sodass die Nähe von Schnee und Eis aktualisiert und eine Semantik der Kälte aufgerufen wird. Mit dem titelgebenden »Kein Halbholz« bezieht sich Celan – ausweislich des Kommentars von Barbara Wiedemann in der KGA – auf Jean-Henri Fabres populärwissenschaftliche Arbeit *Das offenbare Geheimnis*, »wo die Vegetation der unteren Regionen mit einer großen Zahl halbholziger Pflanzen, wie dem ausdrücklich duftend genannten Thymian, der des halbjährig schneebedeckten Gipfels mit Pflanzen gegenübergestellt wird, die sonst vor allem in Grönland und am Nordkap wachsen.« (KGA 818) Der Aufenthaltsort des Wahrnehmungssubjekts, das seinen Standpunkt mit dem deiktischen »hier« markiert, ohne als lyrisches Ich in Erscheinung zu treten, wird zu Beginn ausdrücklich als eine Höhenlage definiert, die durch einen vertikalen Gegensatz zu Regionen des Lebens gekennzeichnet wird: »Kein Halbholz mehr«. Dieses Ausgesetztsein verstärkt sich im zweiten Vers, wo sich das Subjekt »in den Gipfelhängen« befindet, was die unsichere Position über einem Abgrund betont und mit ›hängen‹ indirekt auch das ›Erhängen‹ konnotiert, das bei Celan

---

63 Wie sich im Vergleich der Ausgaben TCA und KGA erkennen lässt, setzt Celan in den Gedichtbänden nach *Die Niemandsrose* die Gedichttitel nicht mehr vom Haupttext ab; an die Stelle der Versalien, wie sie etwa in *Heimkehr* zu finden sind, treten Kapitälchen. Diese typographische Gestalt der Gedichttitel wird hier beibehalten.

wiederholt für ein gewaltsames Sterben steht. In diesem Bereich des Todes ist dem Subjekt jede menschliche Gemeinschaft versagt (»kein mit-«). Mit dem Thymian als Chiffre des Lebens bricht in dieser Schnee- und Gletscherregion auch die Sprache ab. Insbesondere der dichterische Ausdruck, der im poetologischen Gedicht *Schliere* (1955/56) der Gewalterfahrung einen »stumm / vibrierende[n] Mitlaut« (KGA 96) abgewinnt, bleibt abwesend.

Diese scheinbar eindeutige Unterscheidung zwischen einer vitalen Region der Pflanzen und einer anorganischen Todeszone auf der Bergspitze ändert sich in der *zweiten Strophe*. Hier ist der verschneite Raum von einem »Grenzschnee« belegt, der offenbar eine Übergangs- und Schwellenzone zwischen Tal und Berg markiert, wo die beiden Bereiche sich zu unterscheiden beginnen, aber noch in Bezug zu einander stehen. Zugleich kennzeichnet die Nähe zu einer Grenze dieses Gebiet als exterritoriales Niemandsland, das in *Kein Halbholz* ambivalent wirkt. Denn einerseits bildet es eine menschenleere, unmarkierte Zone ohne erkennbare Orientierungsstrukturen; andererseits entfaltet in ihm der sonst geruchlose Schnee einen »Duft«, mit welchem der letzte Vers der zweiten Strophe auf den »Thymian« im letzten Vers der ersten Strophe zurückverweist. Von der anorganischen Materie geht somit doch ein Lebenszeichen aus. Dieses Motiv wird ausdrücklich poetologisch aufgewertet, indem es »sagend« erscheint, also einen Ausdruck im verbalen Medium ermöglicht. Doch diese Sprache ist ihrerseits ambivalent aufgeladen, da sie »tot- / sagend« wirkt, also durch die aktive Formulierung eine sprachliche Gewalt entfaltet und auch performativ eine Zäsur zwischen vorletztem und letztem Vers setzt.

Aus dieser Perspektive betrachtet, reflektiert *Kein Halbholz* über eine poetische Sprache, die selbst eine Mimesis an Gewalt betreiben muss und dabei eine prekäre Position im Übergang von Leben zu Tod besetzt. Die »aushorchende« Aktivität dieser Sprache wäre dann so zu verstehen, dass sie im Grenzgebiet die noch sichtbaren Zeichen – »Pfähle und deren / Wegweiser-Schatten« – in einer Spuren-Lektüre wie in *Heimkehr* entziffert und so Orientierung stiftet. Allerdings wäre auch eine deutlich negativere Lektüre denkbar, bei der ›Totsagen‹ und ›Aushorchen‹ auf ein inadäquates Sprechen wie etwa das »Mein-/ gedicht« (KGA 181) in *Weggebeizt* hinweisen würden. Vielleicht wäre es aber auch möglich, diese konträren Lektüren als Potenziale eines poetologischen Textes zu lesen, der selbst an die Schwelle zur Unlesbarkeit und Nichtentzifferbarkeit vordringt. Der vorzügliche Ort für solche Lektüren ist schließlich, wie in diesem Aufsatz deutlich werden sollte: der Schnee.

Fazit

Im Durchgang vom frühen Gedicht *Es fällt nun, Mutter, Schnee in der Ukraine* bis zum späten Gedicht *Warum dieses jähe Zuhause* hat sich gezeigt, dass Celan anhand der weißen Materie das Trauma der Shoah lyrisch präsent hält, der historischen sowie persönlichen Verluste eingedenk bleibt und über die Bedingungen seines eigenen Schreibens reflektiert. Grundlegende Aspekte dieser Meteopotologie ziehen sich, fast unverändert, durch sein ganzes Werk. Mit dem *Motiv* des Schnees kommt eine Semantik des Todes, der Kälte und des Ausgesetztseins zum Tragen. Mit dem *Wahrnehmungsraum* verschneiter Landschaften materialisieren sich prekäre Topographien des Ausgesetzseins, aber auch der latenten Geborgenheit. Und im *Zeichen-Ensemble* weißer Flocken ›ver-dichten‹ sich semantische Gegensätze sowie Schrift- und Sprachmetaphern. Allerdings werden die Schnee-Texturen vom Frühwerk zum Spätwerk zunehmend komplexer. Die Tendenz zur Dekomposition der Sprache radikalisiert sich, und die Entzifferung historischer Spuren bewegt sich je später, je stärker an der Grenze zum Bedeutungsentzug sowie zur Unlesbarkeit. Somit lässt sich die generelle Tendenz zur Verdichtung des lyrischen Ausdrucks, welche die Entwicklung von Celans Werk prägt, auch am besonderen Gegenstand der Schnee- und Eisgedichte wiederfinden.

Anna-Katharina Gisbertz

»And so I long for snow«. W. G. Sebalds Poetik des Schnees

Literarische Verfahren der Wetterdarstellung sind in W.G. Sebalds Werk vielfach vertreten. Sie rufen auf den ersten Blick die biographischen Lebensumstände des Autors in Erinnerung und bilden als wiederholt eingesetzte Metaphern und Symbole ästhetische Strukturen aus. Seit 1966 lebte Sebald in Großbritannien – nach mehr als »nahezu fünfundzwanzig Jahren in einer meist grau überwölkten Grafschaft« (Norwich) sei ihm der Regen ein Dauerzustand geworden.[1] Nicht enden wollende Graupel, eine »elende Jahreszeit« oder das »grauenvollste Wetter« bilden auch eine Konstante in Sebalds Werk und trugen ihm den Ruf eines notorischen Schlechtwetter-Autors ein.[2] Jonas Lüscher greift die hohe Dichte der Wetteransagen in Sebalds Literatur in seinem Roman *Frühling der Barbaren* auf, indem er ein melancholisch veranlagtes Mädchen dadurch beschreibt, dass sie gleichermaßen »schlechtes Wetter« und »Bücher von Sebald« mag.[3] Damit weist Lüscher bereits auf die zweite wichtige Funktion im Umgang mit Wetterdarstellungen hin, wonach die Phänomenalität des Regens zurücktritt vor dem Versuch, eine innere Gemütslage anhand von Wettermetaphern näher zu erfassen. Sie zeigt sich auch umgangssprachlich – durch ein Aussehen etwa wie drei Tage Regenwetter oder einen verhagelten Plan. Der Regen und die Melancholie ergänzen sich entsprechend in Sebalds Schaffen. Dessen grundtraurige Gemütslage, die sich an Wetterdarstellungen orientiert, bestimmte die Auseinandersetzung mit dieser »Prosa von dichter und einzigartiger Stimmung, changierend zwischen der Präzision eines Protokolls und dem Sfumato eines traurigen Traums«.[4] In ihrem literaturgeschichtlichen Überblick über die Darstellungsverfahren des Wetters unterscheiden Michael Gamper und Urs Büttner verschiedene Weisen, die sich im Zuge der Verwissenschaftlichung der Wetterkunde seit dem 18. Jahrhundert herausgebildet haben. Dass sich eine wetterbezogene Literatur dabei auch in der Gegenwart als Schreibmodell behaupten kann, zeigt eine meteopoetologische Analyse von Sebalds Texten. Seine radikale Lesart der Natur bringt einen von Katastrophen dominierten, anhaltenden Selbstzerstörungsprozess zur Sprache. Sebalds Werk bildet einen skeptischen Bei-

---

1 W. G. Sebald: Schwindel. Gefühle, Frankfurt a. M. 2001, 39.
2 Ebd., 187.
3 Jonas Lüscher: Frühling der Barbaren, München 2013, 37.
4 Andreas Isenschmid: Melencolia. Abgedruckt in: Sebald, Schwindel. Gefühle (Anm. 1), 291–297, hier: 292.

https://doi.org/10.1515/9783110624489-012

trag zur Geschichte der Natur, der Menschheit und des Klimawandels.[5] Am Beispiel von *Austerlitz*, das primär bislang nicht zu seinen naturgeschichtlichen Werken gezählt wurde, wird im Zuge der Nachahmung und Übertragung der wissenschaftlichen Erkenntnisse auf die sinnliche Erfahrung auch seine Kritik an den Erkenntnisansprüchen des Wetterwissens deutlich.[6] Denn die Innenwelt von Sebalds Protagonisten erscheint als unberechenbar, was sich in Bildern der Verwüstung, Öde und zerstörter Landschaften symbolisch verdichtet. Die zerrüttete Seele gleicht als eine unverfügbare Größe der blindwütigen Natur. Weder die Zivilisation noch die Natur können offenbar ihrer Selbstzerstörung entgehen. Der Autor richtet den Blick daher zurück auf die historischen Katastrophen des 20. Jahrhunderts, aber auch nach vorn in eine Zukunft, in der Wahrnehmungsgrenzen aufgehoben sind und eine neue Wirklichkeit angestrebt wird. Er fragt, was nach der Katastrophe kommen kann, als deren Nachgeborener er sich empfindet.[7] Das Schreiben erscheint, als sei es nach der Katastrophe verfasst. Zur Beschreibung dieses Vorgangs drängen sich Bilder des Schnees in seiner Prosa immer wieder auf. Der vorliegende Aufsatz geht diesen Bildern nach und erörtert Sebalds Auffassung von der Naturgeschichte durch die Inszenierung und Bedeutung der Schneebilder. Im ersten Schritt wird seine Naturgeschichte der Zerstörung und ihre Rezeption in Erinnerung gerufen. Anschließend rückt das Bildfeld des Schnees in den Fokus, das in *Austerlitz* als Ausweg aus der Geschichte der Zerstörung teils anvisiert, teils befürchtet wird. Mit dem wiederholten Blick des erzählenden Ich auf das Weiß des Schnees werden auch die Bedingungen der menschlichen Wahrnehmung und ihre mediale Vermittlung hinterfragt. Vor einer Schneelandschaft, in der klare Grenzen durch das einigende Weiß aufgehoben werden, verändern sich die Maßstäbe von Zeit und Raum, so dass das Schreiben selbst als eine Expedition ins Weiß des Papiers lesbar wird. Damit kommt den Schneebildern drittens eine poetologische Bedeutung zu. Denn Sebald erkundet durch die Metaphern des Wetters auch die Bewegung der Schrift, womit seine Literatur einen Beitrag zu einer Meteopoetologie leistet.

---

5 Vgl. zur ersten Orientierung Patrick Baumgärtel: Art. »Naturgeschichte«, in: Claudia Öhlschläger, Michael Niehaus (Hrsg.): W. G. Sebald Handbuch. Leben – Werk – Wirkung, Stuttgart 2017, 213–219; Andrea Köhler: Katastrophe mit Zuschauer. Ein Gespräch mit dem Schriftsteller W. G. Sebald, in: Neue Zürcher Zeitung, 22. 23.11.1997, und Tanja van Hoorn: Naturgeschichte in der ästhetischen Moderne. Max Ernst, Ernst Jünger, Ror Wolf, W. G. Sebald, Göttingen 2016.
6 Vgl. die Einführung von Michael Gamper und Urs Büttner in diesem Band.
7 Von einer post-katastrophischen Poetik bei Sebald geht auch Luisa Banki in ihrer Dissertation aus. Vgl. dies.: Post-Katastrophische Poetik. Zu W. G. Sebald und Walter Benjamin, Paderborn 2016.

Naturgeschichte des Schnees

Die menschliche Geschichte, insbesondere die Nachwirkungen des Nationalsozialismus und der Shoah, bilden Anlass für die Rekonstruktionsarbeit, Kritik, Revision und Verzweiflung in Sebalds Literatur. Seine zentralen poetologischen Anstrengungen kehren immer wieder zum Gedächtnis an die unvorstellbare Vernichtung in der Shoah zurück, wobei der Autor einer »naturgeschichtlichen Perspektive« in seiner Literatur anhand von Resten des Überlieferten folgt, um Zeugnis von Zerstörung und Vernichtung ablegen zu können.[8] Seine literarische Arbeit verstand Sebald entsprechend als ein Zusammensetzen von Dokumenten, Presseberichten, Bildern und auch eigenen Vorstellungen.[9] Den Luftkrieg und die Ruinenlandschaften in den deutschen und englischen Großstädten und Landstrichen waren ihm unfassbare Geschehnisse des 20. Jahrhunderts, die er in eine lange Reihe von menschlichen Katastrophen einordnete: Seitdem der Mensch zu siedeln begann, habe er durch die Zurückdrängung der Wälder, durch Feuerbrände und sich ausdehnende Aschefelder Spuren hinterlassen. Durch die Ausbeutung der Natur sei mehr als eine »traurige Gegend« entstanden, nämlich die radikale Veränderung menschlicher Lebensformen in Bezug auf ökonomische, politische und naturhistorische Gegebenheiten.[10] In *Die Ringe des Saturn* sieht der Erzähler das Grundprinzip des menschlichen Eingreifens in die Natur als verfehlt an.[11] In der unaufhörlichen Zerstörung ruhe der Antrieb zur Verbreitung des Menschen, womit die Epoche der Sesshaftwerdung im Grunde eine »rückläufige Entwicklung« beschreibe.[12] Der Materialismus bringe diesen Prozess am deutlichsten zum Vorschein, da er auf die Verbrennung als »das innerste Prinzip eines jeden von uns hergestellten Gegenstandes« angewiesen sei.[13] Notorisch interessiert sich der Autor somit, indem er

---

[8] W. G. Sebald: Zwischen Geschichte und Naturgeschichte. Über die literarische Beschreibung totaler Zerstörung, in: Orbis litterarum 37/4 (1982), 345–366. Auf Sebalds »Naturgeschichte der Zerstörung« (ebd.) wird noch zurückzukommen sein.
[9] Ebd.
[10] W. G. Sebald: Die Ringe des Saturn. Eine englische Wallfahrt, Frankfurt a. M. 1995, 211.
[11] »Die ganze Menschheitszivilisation war von Anfang an nichts als ein von Stunde zu Stunde intensiver werdendes Glosen, von dem niemand weiß, bis auf welchen Grad es zunehmen und wann es allmählich ersterben wird. Vorderhand leuchten noch unsere Städte, greifen noch die Feuer um sich.« Ebd., 213.
[12] Ebd., 211.
[13] Ebd., 212. Vgl. dazu John Zilcosky: Sebald's Uncanny Travels. The Impossibility of Getting Lost, in: J. J. Long, Anne Whitehead (Hrsg.): W. G. Sebald. A Critical Companion, Edinburgh 2004, 102–120; Claudia Albes: Die Erkundung der Leere. Anmerkungen zu W. G. Sebalds »englischer Wallfahrt« *Die Ringe des Saturn*, in: Jahrbuch der deutschen Schillergesellschaft 46 (2002), 279–305;

den Spuren der Vernichtung beharrlich folgt, »für die Rückseite der Macht, für Abseitiges, Fragmentarisches, Kosmopolitisches und Achronologisches«.[14]

Doch wird der menschliche Gang durch die Geschichte nicht allein für die kontinuierlichen Zerstörungen verantwortlich gemacht, sondern die Natur selbst erscheint als ein blindes, sinnloses Geschehen, sodass weder die Rückkehr zur Natur noch das Sich-Anvertrauen an natürliche Geschehensvorgänge als Auswege aus der Zerstörung dienen können. Wie Anne Fuchs zeigte, ist die Natur »depicted as an autonomous and threatening power which is completely indifferent to human nature.«[15] Die Landschaft sei ein »disrupted space which carries the traces of its ongoing destruction.«[16] Der geschichtlichen Bewegung gegenüber erscheine die Natur somit erhaben. Sie wird allerdings nicht als Summe von physikalischen Gegebenheiten aufgefasst, sondern stets als »symbolic space«.[17] Sebald sieht ihre Vorherrschaft als eine Bedrohung des Menschen an:

> Und wird nicht bis auf den heutigen Tag das Leben der Menschen in manchen Teilen der Erde weniger von der Zeit regiert als von den Witterungsverhältnissen und somit von einer unquantifizierbaren Größe, die das lineare Gleichmaß nicht kennt, nicht stetig fortschreitet, sondern sich in Wirbeln bewegt, von Stauungen und Einbrüchen bestimmt ist, in andauernd sich verändernder Form wiederkehrt und, niemand weiß wohin, sich entwickelt?[18]

Während die Menschen in manchen Erdteilen bis heute der Willkür der Natur unterworfen seien, kommt mit dem Bezug auf den Schnee jedoch auch eine andere Seite der Natur zur Sprache, bei der die Natur eine Pause von jeder weiteren Bewegung, jedes Fortgangs oder Rückschritts, erreicht. Die Spuren menschlicher Einschreibung werden in den Schneelandschaften zunehmend unlesbar, und das Archiv der menschlichen Geschichte wird langsam zugedeckt. Mit diesem Unsichtbarmachen ist offenbar der Versuch verbunden, das Drama der menschlichen Unzulänglichkeiten zumindest zeitweise auszusetzen. Sebalds Schneeassoziationen richten sich auf eine Wahrnehmung, die das leichte Treiben der Schneeflocken und den Blick auf schneebedeckte Landschaften als ein vorzeitiges Erlöschen des Menschen erscheinen lässt. Damit verbunden ist die Zurücknahme des Menschen

---

Peter Morgan: *The Signs of Saturn*. Melancholy, Homelessness, and Apocalypse in W. G. Sebald's Prose Narratives, in: German Life & Letters 58 (2005), 75–92.
14 Baumgärtel (Anm. 5), 215.
15 Anne Fuchs: »Ein Hauptkapitel der Geschichte der Unterwerfung«. Representations of Nature in W. G. Sebald's *Die Ringe des Saturn*, in: dies., J. J. Long (Hrsg.): W. G. Sebald and the Writing of History, Würzburg 2007, 120–138, hier: 134.
16 Ebd., 138.
17 Ebd.
18 W. G. Sebald: Austerlitz, 6. Aufl., Frankfurt a. M. 2013, 151. Im Folgenden werden Zitate aus dieser Ausgabe unter Angabe der Sigle »A« und der Seitenzahl direkt im Text nachgewiesen.

aus der Geschichte der Zerstörung und eine Teilhabe an einem größeren Naturzusammenhang. Was dieser größere Zusammenhang jedoch wäre, ob es sich um den Wunsch nach einem Verschwinden des Gewesenen handelt oder umgekehrt, um die Konservierung dessen, was gewesen ist, bleibt insgesamt ambivalent.

Schneebilder und ihre Bedeutung

In der Literatur richtet sich der Einsatz des Schnees im Allgemeinen auf die Veranschaulichung von geistigen wie sinnlichen Grenzerfahrungen. Schneefälle, Stürme und Gefahren markieren als bedrohliche Wettereinbrüche und fühlbare Umschwünge geistige Turbulenzen, während auch eine große Ruhe durch die eingeschneite Landschaft, das grenzenlose Weiß oder den ersten Schnee entstehen kann. Das Bildfeld des Schnees ist äußerst vielfältig, wobei als Gemeinsamkeit festzuhalten ist, dass ein wie auch immer gearteter Eingriff in vorhandene Ordnungen vorgenommen wird. Das Lexikon literarischer Symbole weist auf diese breite Variation hin, wonach Schnee aufgrund der Kälte mit dem Gefühl der Isolation verbunden wird und, indem er alles bedeckt, auch den Tod und das Grab symbolisiert.[19] In ihm zeigt sich die Natur als eine ewige, starre Ordnung.[20] Andererseits symbolisiert der Schnee auch Unschuld, Reinheit und Schönheit, die sich etwa in der Stille einer verschneiten Landschaft zeigt. Er führt als Spurensicherung zu einer neuen Sphäre der Erkenntnis oder aber zur Auslöschung vorhandener Spuren.

Als Grundbedingung meteorologischen Schreibens wird Schnee folglich kontrovers inszeniert, da er entweder als große Gefahr erscheinen kann, die zu bewältigen ist, oder für die Entfesselung chaotischer Kräfte selbst in Form des Schneetreibens sorgt.[21] Seine Kräfte können »solche Intensität gewinnen, dass sie Körper und Geist dabei an ihre Grenzen treiben.«[22] Seit der Moderne die-

---

19 Christoph Grube, Markus May: Art. »Schnee«, in: Günter Butzer, Joachim Jacob (Hrsg.): Metzler Lexikon literarischer Symbole, 2. Aufl., Stuttgart/Weimar 2012, 380–381.
20 Sehr tröstlich erscheint die Ordnung der Natur etwa in den letzten Versen aus Eichendorffs Gedicht *Herbstweh*: »Bald kommt der Winter und fällt der Schnee, / Bedeckt den Garten und mich und alles, alles Weh.« Joseph Freiherr von Eichendorff: Herbstweh, in: ders.: Werke, Ausgabe letzter Hand, Bd. 1, München 1970 ff., 287–288. Den Hinweis verdanke ich Karin Lindemann.
21 Urs Büttner: Meteorologie, in: Roland Borgards u. a. (Hrsg.): Literatur und Wissen. Ein interdisziplinäres Handbuch, Stuttgart 2013, 96–100.
22 Urs Büttner: Erkenntnisse des Schnees. Grünbeins cartesische Anthropologie und Ästhetik, in: Christoph auf der Horst, Miriam Seidler (Hrsg.): Bildlichkeit im Werk Durs Grünbeins, Boston/Berlin 2015, 163–184, hier: 164.

nen Schneebilder und -metaphern zunehmend zur sprachlichen Präzisierung innerer Zustände.

Sebalds Prosa fügt sich in die Variationen von Schneebildern in einer bestimmten Weise ein, indem er die Ambivalenz des Zudeckens als Vergessen und Bewahren inszeniert. Gegenüber dem fortwährenden Zerstörungsprozess von Mensch und Natur fügt sich der Schnee als Motiv eher leise ein. Er bedeckt die Menschen und die Landschaft mit einer Gleichförmigkeit, die an Tod, Stille und Erstarrung erinnert, sodass etwas zum Abschluss kommt, andererseits aber auch den Gedanken an das Überdauern enthält. Es entsteht ein Gleichmut, der befreiend und bedrückend zugleich anmutet. Das Bild des eingeschneiten Menschen kehrt immer wieder, wobei sich der fokussierte Blick verliert, vorgeprägte Wahrnehmungen eingetrübt werden und Grenzen im Text verwischen. Die durch den Schnee einsetzende »Aufhebung der sonstigen vorgegebenen Strukturen von Landschaft und Welt ermöglicht eine alternative Erfahrung, losgelöst von sonst gültigen Normen und Systemen.«[23]

Signifikant für diese Form der Loslösung sind inszenierte Wahrnehmungsstörungen des Erzählers. Sehprobleme und Sinnestäuschungen erzeugen Gefühle des Schwindels oder auch des Verschwindens. Denn das Auge nimmt in dieser Situation keine Grenzen mehr wahr, so dass der Blick in das Bild eingeht und sich in einem konturlosen Weiß verliert. Darin steckt offenbar sowohl die Angst vor einem vorzeitigen Erlöschen als auch die Vision der Befreiung von dem, was sichtbar – und als Geschichte der Zerstörung – auch lesbar ist.

Sebalds erster Roman *Schwindel. Gefühle* (1990) regt bereits im Titel »zu einem Überdenken [der] bisherigen Ordnungsmuster, zu einem Neuentwurf [der] Wirklichkeitsvorstellungen [...] [an] und [evoziert] eine Begegnung mit dem Anderen.«[24] Die Grenzen der epistemologischen Bedingungen werden darin systematisch durch den Topos des beschädigten Blicks und die Eintrübung der Denk- und Sehkraft angesteuert.[25] Kennzeichnend für diese Grenzsuche dominiert das Regenwetter zur Durchbrechung einer als allzu fest beschriebenen Welt. Zwischen dem Sichtbaren und Unsichtbaren entsteht eine Grauzone, in der innere Empfindungen und ihre Ambivalenzen zur Sprache kommen.

In *Austerlitz* (2001) erweist sich der Schnee als eine Zentralmetapher, die alle Metaphern und Vergleiche innerhalb eines Sinnbezirks an sich bindet. Harald Weinrich fasste die Summe aller Äußerungen, die um eine Zentralmetapher ent-

---

23 Grube/May: Art. Schnee (Anm. 19), 381.
24 Vgl. Doren Wohlleben: Schwindel der Wahrheit. Ethik und Ästhetik der Lüge in Poetik-Vorlesungen und Romanen der Gegenwart, Berlin 2005, 277.
25 Ebd.

stehen, als Bildfeld zusammen.[26] In Bildfeldern werden zwei oder mehr Sinnbezirke miteinander gekoppelt, wie es etwa in *Schneefall* vorkommt. Der *Schnee* umfasst darin den Sinnbezirk der Kälte und des Winters, während der Fall sich auf eine Bewegung bezieht, die auch anders, etwa als Hinfallen oder Stolpern, konnotiert werden kann. Während die Struktur des Bildfeldes im Anschluss an die linguistische Theorie zunächst auf die Annahme von durchstrukturierten linguistischen Feldern zurückging, konnte aufgrund der hohen Assoziationsdichte in poetischen Texten gezeigt werden, dass die Zusammenhänge weitaus chaotischer und assoziativer miteinander verbunden sind: Das Bildfeld wird als »ein prinzipiell offenes systemähnliches Gebilde« aufgefasst, in dem die (Bild-)Elemente in »verschiedene Relationen« miteinander geraten.[27] Bedeutsam für diesen methodischen Ansatz ist, dass er den Schnee nicht systematisch erschließt, sondern allenfalls in Relationen. So kann der Binnenzusammenhang eines Textes aufgrund der Assoziationen und Relationen von Elementen syntagmatisch untersucht werden, während sich die historische Tiefe des Textes durch die intertextuellen Bezüge im Paradigma erschließt.

Assoziationen des Schnees in *Austerlitz*

Das Schneien und die schneebedeckte Landschaft richten sich in *Austerlitz* auf das Zudecken als einen Vorgang, bei dem der Erzähler zunächst meint, lebendig begraben zu werden. Angedeutet wird er bereits in der Festung Breendonk als jenes bedrückende Gefühl des Erzählers, »daß mit jedem Schritt, den ich mache, die Atemluft weniger und das Gewicht über mir größer wird.« (A, 39 f.) Besonders die Kälte verursacht ein Gefühl des Abgestorbenseins, das sich an drei unterschiedlichen Textpassagen wiederholt.

Dazu gehört erstens die Erinnerung von Austerlitz an das Sterben der Pflegemutter, dem er als Kind beigewohnt hat. Die Frau habe eine notorische Lethargie an den Tag gelegt und sei schon vor ihrem Ableben innerlich erstarrt, so dass die Kranke den Eindruck erweckte, als würde sie »von der Kälte in ihre[m] Herzen langsam ums Leben gebracht« (A 94). Der inneren Kälte entspricht die Verwandlung ihres Zimmers in eine künstliche Schneelandschaft, die die Kranke durch die Verbreitung von übermäßig viel Puder im Raum erzeugt. Die Menge an Puder erinnert den Jungen rückblickend an Schnee, den er mit der Kälte ihres Herzens

---

[26] Harald Weinrich: Allgemeine Semantik der Metapher, in: ders.: Sprache in Texten, Stuttgart 1976, 317–327.
[27] Dietmar Peil: Zum Problem des Bildfeldbegriffs, in: Peter Rolf Lutzeier (Hrsg.): Studien zur Wortfeldtheorie, Tübingen 1993, 185–202; hier: 190.

und der unguten Atmosphäre im Predigerhaus verbindet: »Nein, es war kein frischgefallener Schnee, der in das Predigerhaus hineinwehte; was es erfüllte, war etwas Ungutes, von dem ich nicht wußte, woher es kam« (A, 95). Das abgestorbene Leben im Innern führt also zu dieser Schneeassoziation. Als Gwendolyn schließlich stirbt, zerbricht auch die Hausgemeinschaft.

Der zweite Ausschnitt betrifft die Geschichte von einer Großmutter aus der russischen Literatur, von der Austerlitz erzählt, sie habe tagtäglich auf dem Kanapee gelegen und »immer bei sperrangelweit offenem Fenster« geschlafen. (A, 95) Dabei sei es geschehen, »daß sie eines Morgens, nachdem es draußen die ganze Nacht gestürmt hatte, unter einer Schneedecke erwachte, ohne dadurch auch nur den geringsten Schaden zu nehmen.« (Ebd.) Dass sie keinen Schaden nimmt, verweist auf eine Umdeutung der bedrückenden Situation durch die Literatur, da der Mensch sich in »einer eisernen Konstitution« erhält (ebd.). Die Großmutter hatte zudem eine ähnliche Pudermanie wie die Pflegemutter. Indem sie sich gründlich für die Kälte wappnet, kann sie sich über die kalte Zeit retten. In der Stilllegung liegt so auch eine Chance, sich zu konservieren.

Und noch eine dritte Szene wird assoziativ mit dem Schnee und dem Gefühl der Kälte verknüpft. Denn in seiner Erinnerung verbindet Austerlitz den Überlebenswillen jener Großmutter mit den Rugby-Spielen aus seiner Kindheit, die »immer unter einem kalten Winterhimmel oder im strömenden Regen sich abspielenden Schlachten« abliefen (A, 92). Als Junge habe er eine besondere »Furchtlosigkeit« an den Tag gelegt (ebd.). Die Kälte erzeugte offenbar auch bei ihm eine eiserne Konstitution. Dazu kommt aber noch mehr, nämlich die Bekämpfung eines »noch gar nicht bewußten Schmerz[es]« (A, 92). Die Kälte dient somit als wohltuende Betäubung eines noch größeren Schmerzes.

Obgleich in *Austerlitz* verschneite Oberflächen wiederkehren, die entweder vom Überlebenswillen zeugen oder auf die Betäubung eines noch größeren Schmerzes hinauslaufen, bleibt die Schneeerfahrung zwischen der Last eines vorzeitigen Absterbens und der Lust an der Befreiung von zu viel Last unentschieden. Das Eintauchen in den Schnee weist verschreckende und verlockende Aspekte zugleich auf. Der Erzähler variiert diese Erfahrung ein weiteres Mal durch die Erinnerung an einen Kindheitstraum:

> Ich dachte an den Winteranfang in den Bergen, an die vollkommene Lautlosigkeit und an den Wunsch, den ich als Kind immer gehabt hatte, daß alles zuschneien möge, das ganze Dorf und das Tal bis zu den obersten Höhen hinauf, und daran, daß ich mir vorstellte damals, wie es wäre, wenn wir im Frühjahr wieder auftauten und hervorkämen aus dem Eis.
> (A, 58)

Hier verliert das Zuschneien seine tödliche Bedrohung und verwandelt sich in eine Stilllegung und Betäubung durch die Kälte, die zeitlich begrenzt ist. Die

Pause dient als Chance, die zu einem neuen Anfang führen kann. Das Auftauen wirkt dadurch fast wie ein Bild der Auferstehung. Die Assoziation des langsamen Einschneiens kehrt in der Farbe Weiß noch mehrmals wieder und führt zu einer veränderten Perspektive, die äußerlich einen Übergang vom Sichtbaren ins Nicht-Sichtbare markiert. Kennzeichnend dafür ist ein physiognomisches Augenleiden des Erzählers, das ihm eine individuelle Fokussierung nicht mehr ermöglicht.[28] Seine Makula ist beschädigt und führt ihn zum Augenarzt. Er könne nur einen grauen, »an seinem Rand ins Ungefähre übergehenden Kreis« sehen (A, 59), der sich weiter ausdehne. Diesen Kreis vergleicht er mit dem Gedanken an fallenden Schnee über den ungezählten Straßen einer Stadt, »langsam und gleichmäßig, bis alles begraben und zugedeckt wäre« (ebd.). Im Ungefähren deutet sich somit eine Beruhigung an. Die veränderte Sicht führt den Erzähler dazu, ein Gedicht vom einfallenden Schnee zu zitieren, worin eine ganze Stadt zur Ruhe kommt: »... And so I long for snow to sweep across the low heights of London ... [...] London a lichen mapped on mild clays and its rough circle without purpose ...«. (A, 58 f.) Die Stille, die alles unter sich begräbt, eröffnet die Möglichkeit, das Verhältnis von Mensch und Natur anders zu erfahren als in Form der Zerstörung. Das Gedicht von Stephen Watts wird in *Austerlitz* nur ausschnittweise wiedergegeben. Es handelt von der durch den sanften Schneefall ermöglichten Vereinheitlichung aller Dinge, die im Bild einer alles verbindenden Flechte zum Ausdruck kommt. Leidenschaft, Vernunft und Verstand verschmelzen, wie der wiegende Rhythmus der letzten Zeilen kundgibt:

> that may be conjured in
> us that dream birth of compassion with
> reason & energy merged in slow dance.[29]

Der Schnee zeigt sich hier als Vehikel der Verschmelzung von allem, sodass der Mensch auch seine zerstörerische Kraft zeitweise zudecken kann. Die Kälte und Starrheit bilden eine Chance auf ein Zusammenspiel mit der Natur als »slow dance« (ebd.). Während das Eismotiv in der Literatur häufig nach dem Motto »Schlechtwetterlage, Schlechtweltenlage«[30] organisiert wird, weist die Verei-

---

28 Auf die Bedeutung von Schneefällen als simulierte Wahrnehmungsstörungen weist Sabine Frost in ihrer literaturgeschichtlichen Arbeit zum Schnee bereits hin. Schneefälle bildeten ein Leitmotiv für die Störung des Orientierungsvermögens, vgl. Sabine Frost: Whiteout. Schneefälle und Weißeinbrüche in der Literatur ab 1800, Bielefeld 2011, 27–31.
29 Stephen Watts: Fragments, in: ders.: The Lava's Curl, Walsden 1990, 17.
30 Klaus Zeyringer: Endzeit oder langsame Umkehr? Das Eis-Schnee-Motiv, insbesondere in der Prosa der späten siebziger Jahre, in: ders.: Österreichische Literatur 1945–1998. Überblicke, Einschnitte, Wegmarken. Innsbruck 1999, 246–267, hier: 246.

sung hier auf ein Einswerden mit der Natur hin. Sebald fügt das Gedicht allerdings nur gebrochen in seinen Text ein, so dass auch in der Verschmelzung zwei Seiten sichtbar werden. Es geht also um ein Einssein, bei dem die nötige Selbstaufgabe mitbedacht wird, die diesem Einswerden vorausgeht, sei es durch den Tod (z. B. Gwendolyn), durch Schlaf, Betäubung oder die unscharfe Sicht des beschädigten Blicks.

Intertextuelle Referenz zu Robert Walser

Die assoziative Technik, die Relationen zwischen den wiederkehrenden Schneebildern schafft und das Zusammenspiel von Mensch und Natur als Befreiung oder Bedrückung wechselweise darstellt, also mit Weisen des Zudeckens spielt, wird dem Zitat des Gedichts entsprechend um eine intertextuelle Öffnung ergänzt, die über die Lyrik von Watts hinaus noch weiter in den Raum der Literatur hineinreicht. Denn die Vorstellung von einer Stilllegung des Menschen und seiner Einbettung in die Natur findet Sebald auch bei einem Autor, dem er sich besonders verbunden fühlt: In Robert Walsers Roman *Geschwister Tanner* verschlägt es den ziellos wandernden Simon eines Nachts an einen abgelegenen Ort, wo der Schnee »keine Fußspuren« mehr zeigte und er einen erfrorenen Leichnam findet, in dem er den hochmütigen und unverstandenen Schriftsteller Sebastian erkennt.[31] Ihm kommt es zunächst unheimlich vor, den Toten so liegen zu sehen, bis er sich eines Besseren besinnt:

> Wie nobel er sich sein Grab ausgesucht hat. Mitten unter herrlichen, grünen, mit Schnee bedeckten Tannen liegt er. [...] Eine prachtvolle Ruhe, dieses Liegen und Erstarren unter den Tannenästen, im Schnee. Das ist das beste, was du tun konntest. [...] Du bist anderswo. Du bist sicher an einem herrlichen Ort, du bist jetzt ein reicher Kerl, und es verlohnt sich, die Gedichte eines reichen, vornehmen Kerls herauszugeben. Lebe wohl.[32]

Der erste Schrecken weicht dem Gedanken an eine »prachtvolle Ruhe« und den Beginn eines neuen Lebens, das allerdings anderswo stattfinden muss. Als Simon obendrein Verse des Autors findet und sie verlegen lassen will, stellt er in Aussicht, dessen Nachleben zu sichern. Dieses Ereignis aus Walsers Roman wird später erstaunliche Parallelen zu Walsers eigenem Tod aufweisen, starb dieser doch 1956 am Weihnachtstag auf einem einsamen Spaziergang im Schnee. Fotografien,

---

31 Robert Walser: Kritische Ausgabe sämtlicher Drucke und Manuskripte, hrsg. von Wolfram Groddeck und Barbara von Reibnitz, Bd. I.2: Geschwister Tanner (Erstdruck), hrsg. von dies. und Matthias Sprünglin, Frankfurt a. M./Basel 2008, 122.
32 Ebd., 123.

die Sebald kannte, zeigen den toten Walser von einer leichten Schneeschicht bedeckt.[33] Das Ineins der Gegensätze, die Vereisung und Tötung, aber auch der Schutz und die Geborgenheit unter der Decke des Schnees wird in diesem Sterben präsent.

Sebald kommt in *Logis in einem Landhaus* (1998) auf Walser zu sprechen, worin er einigen seiner liebsten Autoren Tribut zollt.[34] In seinem Walser-Essay zieht Sebald über seinen Großvater eine direkte Linie von seinen eigenen kreativen Ambitionen hin zu Walser. Auch die Lebensdaten werden verglichen, wobei der Großvater genau in jener Nacht gestorben sei, »in der es noch einmal geschneit hat mitten in den schon angebrochenen Frühling hinein«.[35] Mit der Parallelisierung geht auch eine geistige Übereinstimmung einher, meint Sebald doch offenkundig von Walser, er »sehe mit seinen Augen«.[36] Der Autor hat das Gefühl, in einer vielfältigen Verbindung mit Walser zu stehen:

> Langsam habe ich seither begreifen gelernt, wie über den Raum und die Zeiten hinweg alles miteinander verbunden ist, [...] die Spaziergänge Walsers mit meinen eigenen Ausflügen, die Geburtsdaten mit denen des Todes, das Glück mit dem Unglück, die Geschichte der Natur mit der unserer Industrie [...].[37]

Aus der empfundenen Nähe zu Walser entsteht der Eindruck eines Raum und Zeit übergreifenden Zusammenhangs. Als eines von Sebalds kunstvollen Vexierspielen zeigt sich folglich die Überlagerung unterschiedlicher Figuren, die in einem bestimmten Moment in die Landschaft eingehen und diesen Vorgang identisch erleben. Über die konzentrierte Bildlichkeit des Einschneiens, die anhand der Autoren und Figuren ihrer Werke im Vergleich wiederholt wird, bespielt Sebald das langsame Begreifen eines insgesamt paradoxen Zusammenhangs. Es geht um den Vorstoß in eine Unbestimmtheit, dargestellt als ein randloses Weiß, worin sich sowohl die Entlastung von zu viel Schwere und Leid zeigt als auch das Konservieren des Leids über die Zeit hinweg.

Durch den Bezug auf den Schnee sieht man an anderer Stelle eine sanfte Form der »translation of heterogeneity into homogeneity« durch Sebald gegeben.[38] Die Homogenität erstreckt sich dabei auch auf die Gestaltung der Zeit,

---

33 Über die Fotos schreibt Sebald in seinem Walser-Essay: Le promeneur solitaire. Zur Erinnerung an Robert Walser, in: ders.: Logis in einem Landhaus. Über Gottfried Keller, Johann Peter Hebel, Robert Walser und andere, München/Wien 1998, 127–168, hier: 137.
34 Ebd., 162f.
35 Ebd., 137.
36 Ebd., 162f.
37 Ebd., 163.
38 Andrea Dortmann: Winter Facets. Traces and Tropes of the Cold, Bern 2007, 117.

indem sich im Vorgang des Zuschneiens mehrere Zeitschichten überlagern, eine Situation folglich viele vergleichbare vorherige in sich fasst. Peter Schmucker versteht den intertextuellen Zugriff Sebalds als ein Kontinutiätsbestreben, das sich über einen weiten Zeitraum erstrecke. Der Künstler erscheine als »Bewahrer[ ] des kollektiven Gedächtnisses«, wobei vor allem die Erhaltung der Opfergeschichten zum Zwecke einer zeitweisen »Restitution« angestrebt werde.[39] Mit der Restitution ist jedoch nur eine Seite eines insgesamt komplexeren Sachverhalts benannt, der nicht nur die Konservierung, sondern auch das Zudecken und Begraben dessen, was der Fall ist, betreibt und daher auf eine Aufhebung des Gewesenen durch das Einschneien gerichtet ist.

Anhand der Relationen der Schneebilder zueinander lässt sich somit festhalten, dass Sebalds literarische Meteorologie des Schnees eine Gegensätzlichkeit zu erfassen sucht. Denn das Zudecken und Vereinheitlichen durch die Farbe Weiß bringt eine Ruhe hervor, die den Schrecken der von Gewalt gezeichneten Landschaft, die den Hauptgrund seines melancholischen Schreibens bildet, unter sich begräbt. Die Auflösung der Konturen gibt damit auch dem Gedanken der Furchtlosigkeit vor dem eigenen Verschwinden mehr Gewicht. Der Schnee wirkt durch seine Laut- und Spurlosigkeit wie ein Verlockungsmittel des Melancholikers. Dennoch verschwindet das Begrabene nicht, sondern wird unter der Decke auch bewahrt – und zeigt das Verschwinden letztlich als ein unbefriedigendes Manöver.

Im Bemühen um einen Ausweg aus der Gegenwart und ihrer Geschichte teilen Sebalds und Walsers Werke ähnliche Bildwelten. Wenn Sebald über Walser jedoch meint, er schreibe »aus dem Jenseits«,[40] sein Weg führe ihn in die Einsamkeit und gleiche somit einer Reise »in einen Abgrund aus Sternen und Eis«,[41] erfasst Sebalds Prosa diesen Abgrund, ohne jedoch von ihm selbst erfasst zu werden.

Schnee – Schreiben

Das Weiß des Schnees und seine fehlenden Linien und Grenzen beschreiben in Sebalds Prosa zuletzt auch eine Expedition ins Weiß des Papiers, sodass das Verhältnis zwischen sichtbaren und nicht-sichtbaren Wirklichkeiten als Problem des Schreibens selbst erscheint. Dieses Problem beobachtet Sebald zunächst anhand

---

39 Peter Schmucker: Grenzübertretungen. Intertextualität im Werk von W. G. Sebald, Berlin, Boston 2012, 554.
40 Sebald, Logis in einem Landhaus (Anm. 33), 158.
41 Ebd., 168.

von Walsers Literatur, die den Blick auf die Peripherie richte und dadurch das Zentrum verliere. Das Ergebnis seien »Wortstrudel und Turbulenzen«, verwirrende Satzfolgen und sprachliches »Schneegestöber«.[42] Zudem verschwinde das Ich bei Walser einschließlich aller Emotionen und Irritationen. Von diesem Verschwinden sieht Sebald jedoch im Schreiben ab. Seine Literatur ist kein Versuch der Selbstverkleinerung und -vernichtung. Sie bringt das Ich nicht zum Verschwinden, sondern setzt Ich-Suchen in Gang. Jede Gefühlsregung, auch die fehlende, wird darin thematisiert, so dass eine Ambivalenz zwischen dem Verschwinden und dem Versuch, Verschwundenes aufzudecken, besteht.

Bereits in seinem ersten Band *Nach der Natur* (1988) bringt Sebald diese Ambivalenz durch das Weiß des Schnees zur Sprache. Es entsteht eine semantische Unbestimmtheit, die als »farblose[s] Bild der Erde« erscheint.[43] Die Erkenntnissuche des lyrischen Ich verbindet sich zugleich mit Sehstörungen und körperlichem Schmerz:

> So wird, wenn der Sehnerv
> zerreißt, im stillen Luftraum
> es weiß wie Schnee
> auf den Alpen.[44]

Das beschädigte Auge weist in eine Richtung, in der sich die Konturen verlieren. Wenn die Konturen der Dinge zerfließen und die Unbestimmtheit einzieht, die sich über die unzähligen Geschehnisse legt, ist sowohl Ruhe und Entlastung durch ein Zudecken und Vergessenmachen in Sicht. Andererseits aber besteht auch die Aufgabe, als Nachgeborener die unübersichtliche Zahl der Geschichten und Erlebnisse, der Schmerzensspuren und des Vergessenen zu sammeln, also das Konservieren des Gewesenen. Das randlose Weiß rückt so zwei Funktionen der Sprache in Erinnerung, die verbergend und vergessend sein kann, aber auch bewahrend und verbindend. Sprache ist damit zugleich entlastend und belastend. Sebald sah sein poetisches Schreiben in einer frühen Schrift als eine »Form des Widerstands« an, der »in sich die Möglichkeit zu seiner Überwindung ein[schließt].«[45] Seine Werke entstanden durch assoziativ und inter-

---

42 Ebd., 142, 148. Siehe zu Sebalds Walser-Essay Lynn L. Wolff: W. G. Sebald's Hybrid Poetics. Literature as Historiography, Berlin/Boston 2014, 72–81. Die Assoziationstechnik stellt J. M. Coetzee als Hauptmerkmal von Walsers Schreiben dar: The Genius of Robert Walser, in: The New York Review of Books 47/1 (2. Nov. 2000), o.S.
43 W. G. Sebald: Nach der Natur. Ein Elementargedicht, Frankfurt a. M. 1988, 33.
44 Ebd.
45 W. G. Sebald: Die Beschreibung des Unglücks. Zur österreichischen Literatur von Stifter bis Handke, 4. Aufl., Frankfurt a. M. 2003, 12.

textuell zueinander geführte Bildelemente, die mehrschichtig und mehrdeutig angelegt sind. Verbildlicht werden sie durch die Lichtverhältnisse in dem von Matthias Grünewald gemalten Isenheimer Altar, macht sich doch Sebald zufolge ein starker Kontrast zwischen den weißen Bergen der Verkündigung auf dem geöffneten Altar und der dunklen Umgebung bemerkbar: Die Berge erscheinen wie »in einer anderen Beschaffenheit der Luft«, zumal sie auf die Rückseite des finsteren Lichts gemalt sind, das die Kreuzigungsszene »nach der Natur« zeige.[46] Grünewald konstruiere mit dieser Eiszeit eine »Metaphysik, und ein Schneewunder«:[47]

> In Anbetracht dessen dünkt mich
> die Eiszeit, das hellweiße
> Turmgebäude der Gipfel im oberen
> Bereich der Versuchung,
> die Konstruktion einer Metaphysik,
> und ein Schneewunder wie jenes
> im Jahr 352 es war, als es,
> in der Höhe des Sommers,
> geschneit hat
> auf den Esquilin-
> Hügel in Rom.[48]

Als Kontrast zur Kreuzigungsszene entsteht somit die Helligkeit der schneebedeckten Berge auf dem Gemälde, so dass beide Seiten miteinander verbunden werden. Eine ähnliche Konstruktion erkennt Sebald in der Legende von der Schnee-Maria, die das Leiden an der Unfruchtbarkeit durch ein Versprechen auf Nachwuchs bannt. Diese Legende verbreitete sich um 1500 und wurde von Grünewald durch den Aschaffenburger Maria-Schnee-Altar gestaltet.[49] Immer wieder kehrt der Zusammenhang zwischen dem Verbergen und Vergessen von Leid und der Verbindung oder Bewahrung durch Leid zurück. Das Schreiben

---

[46] Sebald: Nach der Natur (Anm. 43), 26. Das lyrische Ich erkannte man auch als Alter Ego des Autors. Siehe dazu Andrea Fieler: W. G. Sebalds ›Nach der Natur‹. Eine Analyse, Bern 2015, 99–101.
[47] Ebd., 28.
[48] Ebd.
[49] Vgl. Hanns Hubach: Matthias Grünewald: Der Aschaffenburger Maria Schnee Altar. Geschichte – Rekonstruktion – Ikonographie. Mit einem Exkurs zur Geschichte der Maria Schnee Legende, ihrer Verbreitung und Illustration, Mainz 1996. Maria erscheint in dieser Legende zwei Gläubigen im Traum und kündigt ihnen an, dass sie dort eine Kirche für sie bauen sollen, wo sie es schneien lassen werde. Wenn dies geschehe, werde sie für Nachwuchs sorgen. Dies ist die Gründungslegende der Kirche Santa Maria Maggiore in Rom.

zeigt sich als Widerstand gegen eine unerträgliche Wirklichkeit und als Möglichkeit ihrer Überwindung – Last und Entlastung.

Wie sehr sich der Autor in dieser Funktion dem Leiden der Märtyrer nahefühlt, verdeutlichen die Bezüge zur Legendenform, die Sebald zunächst in seinem Walser-Essay einsetzt, indem er ein bewusst konstruiertes Bild von Walser erschafft. Walsers Biographie sei kaum rekonstruierbar, sodass sie an eine Legende erinnere. Es ist mit Walser nicht notwendig kongruent.[50] Der Erfrierungstod des Autors wird mit dem typischen Sterben einer legendenumwobenen Gestalt auch insofern verglichen, als die Geburt oder der Tod oft mit außergewöhnlichen Wetterlagen zusammengebracht werden.

Als Teil der Legendentradition und Märtyrer erscheint aber auch Sebald als Autor, wenn dieser in Bezug auf Walser manchmal denkt, er »sehe mit seinen Augen«.[51] Sebald bringt seine Geburt zudem mit einem außergewöhnlichen Wetterereignis in Verbindung. Während seiner Geburt sei eine Prozession im blühenden Mai des Jahres 1944 abrupt in ein Unwetter geraten, das sogar einen »Baldachinträger« erschlug.[52] Mit diesem drastischen Bild des einstürzenden Himmels sieht Sebald seine Auserwähltheit als Schreibender nicht mehr in einem biblischen Zusammenhang. Die Auferstehung ist nicht die Botschaft seiner Prosa, sondern die Kehrseite dieser Wahrnehmung – der Vorstoß in die noch nicht erzählten Katastrophen. Durch die intertextuell angelegten Schneeassoziationen drückt sich diese Ambivalenz aus. Wenn man bezüglich der Assoziationen und intertextuellen Bezüge also von einem Schneegestöber in Sebalds Text ausgehen mag, führt es nicht vom Zentrum weg, sondern mitten in die Düsternis hinein.

Fazit

Sebalds Wetterdarstellungen halten insgesamt an einer Kritik der wissenschaftlichen Wetterkunde fest, genauso wie ihm eine wissenschaftliche Erfassung der Gefühle vom Verstand nicht hinreichend möglich erscheint. Ein Zitat aus *Die Ringe des Saturn* schildert diesen Konflikt treffend:

> Ein kleines Wasser wird zu einem See, ein Windhauch zu einem Sturm, eine Handvoll Staub zu einer Wüste, ein Körnchen Schwefel im Blut zu einem vulkanischen Feuer. Was ist das für ein Theater, in dem wir Dichter, Schauspieler, Maschinist, Bühnenmaler und

---

50 Vgl. Uwe Schütte: Interventionen. Literaturkritik als Widerspruch bei W. G. Sebald, München 2014, 591–600.
51 Sebald: Logis in einem Landhaus (Anm. 33), 163.
52 Sebald: Nach der Natur (Anm. 43), 76.

Publikum in einem sind? Gehört zum Durchqueren der Traumfluchten mehr oder weniger Verstand, als man mit hineinbringt ins Bett?[53]

Ob mehr oder weniger Verstand nötig ist, um jene Traumfluchten zu erfassen, die sich allesamt in Bildern der aufbrausenden Natur zeigen, ist eine offene Frage, die den Blick von den Dingen weg und hin zur Wahrnehmung der Natur lenkt, aber auch zur Struktur der Wahrnehmung selbst. Diese Bewegungen und Übergänge der Perspektive werden an der Grenze des Sichtbaren und Nicht-Sichtbaren inszeniert. Die Künstlichkeit in Sebalds metaphorischem Schreiben und der Charakter der Inszenierung legen offen, wieviel der Autor von den komplizierten Mustern des Schnees und seinen vielfältigen, kontrastreichen Erscheinungsformen für seine eigenen Gedankengänge aufgenommen hat. Während seine archäologischen Suchbewegungen, die kaleidoskopischen Formen und die Intertextualität als maßgebliche Schreibverfahren Sebalds angesehen wurden, macht die Analyse der Schneemetaphorik eine Ambivalenz erkennbar, die sich nicht auflösen lässt.[54] Es ist der weiteren Deutung überlassen zu fragen, inwiefern die Verschmelzung der externen und internen Fokalisierung als Beitrag zum *Ecocriticism* lesbar wird.[55] Denn mit der Überlagerung der Perspektiven könnte die Einsicht verbunden sein, dass angesichts der massiven Eingriffe des Menschen in das Gesamtsystem der Erde keine Natur außerhalb des menschlichen Zugriffs mehr existiert. Es gäbe dann keinen unberührten Raum mehr, weil alle Systeme interagieren. Die Unterscheidung zwischen Mensch und Natur wird vor diesem Hintergrund ebenfalls hinfällig. Sebalds Schneebilder zeigen in diesem Zusammenhang die Vision eines Eingehens des Menschen in die Natur. Die programmatische Selbstauflösung aus Walsers Texten erhält eine Vorbildfunktion. Der Gestus des Verschwindens, das Hauptmotiv des späten Robert Walser, wird durch die Schneemotivik inszenierbar. Dennoch bleibt die traurige Lust am Verkleinern und Verschwinden in Sebalds Werk ambivalent, nicht, weil der Dichter nicht von sich absehen könnte

---

53 Sebald: Die Ringe des Saturn (Anm. 10), 103.
54 Vgl. die entsprechenden Einträge zu Sebalds Schreibverfahren in Öhlschläger/Niehaus (Hrsg.) (Anm. 5).
55 Ein genauerer Blick auf Sebalds Literatur unter Bezugnahme auf die noch relativ junge Forschungsrichtung verspricht ganz neue Einsichten. Vgl. Gabriele Dürbeck, Urte Stobbe (Hrsg.): Ecocriticism. Eine Einführung, Köln/Weimar/Wien 2015; Benjamin Bühler: Ecocriticism. Eine Einführung, Stuttgart 2016; Claudia Schmitt, Christiane Sollte-Gresser (Hrsg.): Literatur und Ökologie. Neue literatur- und kulturwissenschaftliche Perspektiven, Bielefeld 2017; Eva Horn: Jenseits der Kindeskinder. Nachhaltigkeit im Anthropozän, in: Merkur 71/814 (2017), 5–17; Christopher P. Heuer: Into the White. The Renaissance Arctic and the End of Image, Brooklyn, NY 2019.

wie Walser, sondern weil er es offenbar auch nicht darf.[56] In »der Gefahr des vorzeitigen Erlöschens« (A, 56) bleibt zusammengefasst eine zentrale Ambivalenz erhalten, die Sebald mit dem Erzähler aus *Austerlitz* teilt. Sie besteht darin, »daß ich [...] mich ängstigte um die Fortführung meiner Arbeit, zugleich aber erfüllt war [...] von einer Vision der Erlösung, in der ich mich, befreit von dem ewigen Schreiben- und Lesenmüssen, in einem Korbsessel in einem Garten sitzen sah, umgeben von einer konturlosen [...] Welt« (ebd.). Zur Sehnsucht nach Entlastung von zu viel Gelesenem kommt folglich die Angst, nicht mehr alles aufschreiben zu können. Der Bezug auf den Schnee ist Ausdruck dieser Angst und Erlösungsvision zugleich.

---

[56] Dichter zu sein, heißt es in *Geschwister Tanner*, bedeutet von sich abzusehen: »Man lebt nicht für sich allein, sondern für alle.« Walser (Anm. 31), 254. In der Forschung wurde Sebalds Orientierung »am Ideal des Diminutiven« als paradox eingeschätzt. Seinen Vorstoß in die Nicht-Existenz sieht Uwe Schütte als unnötigen Machtverlust an. Schütte (Anm. 50), 593.

Timothy Attanucci
Die Stadt und ihr Wetter. Eckpunkte zu einer Geschichte der urbanen Meteopoetologie

Air de Paris und *London Fog*

Dass die Stadt ihr eigenes Wetter hat, ist keine Selbstverständlichkeit. Wollte man weiterhin die Welt der Menschen in zwei Bereiche aufspalten, in Natur und Kultur, so stünden Wetter und Stadt auf entgegengesetzten Polen. Sinnbild der relativen Indifferenz des urbanen Standpunkts zum Wetter ist immer noch die alltägliche Wetterkarte, auf der riesige Fronten über Länder und Kontinente hinwegziehen, und mächtige Metropolen zu Punkten schrumpfen, die ohne ihre Beschriftung kaum wahrnehmbar wären. Die moderne Großstadt wiederum leistet tapferen Widerstand gegen jede Art von Unwetter: Hochhäuser werden so gebaut, dass sie jedem Wind und sogar einem Erdbeben trotzen können; U-Bahn-Linien fahren bei nahezu jeder Wetterlage; selbst gegen die Überflutung, die aktuell größte Gefahr für die häufig an Küsten erbauten Städte, werden Milliarden in einen hochtechnisierten Deichbau investiert. Es scheint, als wäre die seit der Antike in Mauern eingekapselte Stadt die perfekte Einrichtung, um ihre Bewohner nicht nur gegen den Naturstand des Menschen, den Krieg aller gegen alle, sondern auch vor jeder Volte der Natur zu schützen.

Dennoch liegen, wenigstens seitdem es eine Stadt- bzw. Großstadtliteratur gibt, auch Berichte über das städtische Wetter vor. So kommentiert etwa Louis-Sébastien Mercier in seinem *Tableau de Paris* die häufigen Nebelerscheinungen (»brouillards«) in der französischen Hauptstadt, für die er ihre Lage an der Seine verantwortlich macht.[1] Mercier interessiert sich vor allem für die kleinen Szenen der Verwirrung, die ein dicker, undurchsichtiger Nebel verursacht. Unter anderem erzählt er eine Anekdote, nach der man Blinde aus dem Hospiz der Quinze-Vingts stundenweise hätte mieten können, um Sehende bei helllichtem, aber nebligem Tag durch die Stadt zu führen.[2] Allerdings mündet die Meteopoetik der Großstadt nicht selten in eine Verfestigung der Wetterbeschreibung zum Topos. Das neblige Paris gilt etwa als graue Stadt, wobei die Zuschreibung nicht nur dem Nebel, sondern auch den grauen Hausdächern geschuldet sein mag. Chicago, die

---
1 Louis-Sébastien Mercier: Tableau de Paris. Bilder aus dem vorrevolutionären Paris, übers. von Wolfgang Tschöke, Zürich 1990, 80; ders.: Tableau de Paris. Nouvelle édition [1783], Bd. 5, Reprint, Genf 1979, 18.
2 Ebd., 80 resp. 18–19.

https://doi.org/10.1515/9783110624489-013

Großmetropole des amerikanischen mittleren Westens, heißt *the Windy City* wegen der kalten Winde, die vom Michigan See her auf die Stadt und durch Hochhäuserschluchten wehen, aber auch, so meinen einige, wegen der schwafelnden Bevölkerung, der vielen *windbags* in Politik und Kommerz. Joan Didions Bild von der größten Stadt im Süden Kaliforniens verdichtet die ortstypischen Santa Ana-Winde und die von ihnen ausgehende Brandgefahr zu einer postmodernen Endzeitstimmung: »The city burning is Los Angeles's deepest image of itself [...]. Los Angeles weather is the weather of catastrophe, of apocalypse«.[3]

Hat eine Großstadt ihr eigenes Wetter, so hat sie es nicht selten darum, weil sie es selbst produziert hat. Bevor Mercier den Pariser Nebel erwähnt, widmet er einen längeren Abschnitt im ersten Band seines *Tableau de Paris* der »verpesteten Luft« (»air vicié«) dieser Stadt.[4] Die Etymologie des französischen Wortes »vicié« (*le vice*: das Laster) verdeutlicht, dass der lange bemerkbare Unterschied zwischen ›Stadtluft‹ und ›Landluft‹ auch ein moralisches Urteil impliziert hat. Mercier interessiert sich jedoch vor allem für die physischen Ursachen der Luftverschmutzung – etwa für die zu engen Gassen, die überfüllten Friedhöfe, die übervollen Kloaken – und ihre gesundheitlichen Folgen. Dass er sich besonders von den »Wundern der Chemie« (»les miracles de la chymie«)[5] Abhilfe verspricht, macht sein *Tableau de Paris* zu einem frühen Beispiel für eine *literarische Meteorologie* der Großstadt. Denn alsbald wird ein Londoner Chemiker namens Luke Howard nicht nur die Meteorologie revolutionieren, indem er den Wolken Namen gibt, sondern sich auch der Beobachtung des *London Climate* und speziell des berühmten *London Fog* verschreiben.[6]

Trotz seines wohlklingenden Namens, der zum Markenzeichen eines erfolgreichen amerikanischen Regenmantelunternehmens wurde, ist der *London Fog* eigentlich kein Nebel, sondern eine Form des Smogs. Aufgrund der seit dem Mittelalter weit verbreiteten Verwendung der so genannten Seekohle (*sea coal*) wurden die Londoner Emissionen schon früh zur auffälligen Erscheinung. Be-

---

3 Joan Didion: Slouching Towards Bethlehem, New York, N.Y. 2008, 220–221.
4 Mercier (Anm. 1), 28 resp. Bd. 1, 126.
5 Diese »Wunder« sind freilich das Ergebnis von Experimenten: »les belles & neuves expériences; faites sur la décomposition & la recomposition de l'air, nous offrent des secours utiles«, ebd., Bd. 1, S. 131, resp. »die glänzenden neuen Versuche zur Zersetzung und Wiederzusammensetzung der Luft geben uns eine nützliche Hilfe an die Hand«, 31. Zu denken ist dabei an die Experimente Joseph Blacks und Joseph Priestleys in den 1770er Jahren, die zur Entdeckung des Kohlendioxids und des Sauerstoffs führten, sowie an Antoine Lavoisiers *Opuscules physiques et chimiques* (Paris 1774). Die so genannte »chemical revolution« erreichte 1789 in Lavoisiers *Traité élémentaire de chimie* einen vorläufigen Höhepunkt.
6 Luke Howard: The Climate of London. Deduced from Meteorological Observations, Made at Different Places in the Neighbourhood of the Metropolis, London 1818.

reits 1661 veröffentlichte John Evelyn seinen Traktat *Fumifugium; or The Inconvenience of the Aer and Smoke of London Dissipated*, der 1772 von Samuel Pegge mit einem editorischen Vorwort (»conditions had worsened«) wiederaufgelegt wurde und noch 1822 im *Quarterly Journal of Science, Literature, and the Arts* Erwähnung findet.[7] Die ›Biographin‹ des *London Fog*, Christine L. Corton, behauptet jedoch, dass der Fog erst in den 1840er Jahren seine klassische Form annahm, zu der die vom hohen Sulfurgehalt der Ausstöße verursachte Farbe Gelb und eine spezielle Dichte gehöre, die die Londoner zum scherzhaften Prädikat *pea soup* inspiriert habe.[8] In seinem Roman *The History of Pendennis* (1850) versteht William Thackeray den gelben Londoner Fog bereits als Prototyp der Begriffsverwendung: »Fogs are yellow and black; in a fog, the carriages and foot passengers run against one another. It hurts your eyes, and takes away your breath; it keeps one in doors. But this is not what a Londoner would call a fog.«[9] Erst Anfang des 20. Jahrhunderts wird sich das aus *fog* und *smoke* zusammengesetzte Portmanteauwort *smog* durchsetzen.[10]

Den *London Fog*, der rasch zum Paradebeispiel für das großstädtische Mikroklima aufgestiegen ist,[11] sah schon 1843 der österreichische Schriftsteller Adalbert Stifter als Hauptkonkurrenten im internationalen »Wetterstreit« der europäischen Hauptstädte:

> Wenn nun Atmosphäre und Luftbestandtheile einen Theil des Wetters ausmachen, so sehe ich nicht ein, wer mit uns in dieser Hinsicht in Wetterstreit treten, und üblere Beschaffenheit und schlichteres Wetter nachweisen könnte, wenn nicht Paris und London? eine andere österreichische Stadt gewiß nicht; die Dörfer in unseren Weinbergen herum am allerwenigsten.[12]

Die Quelle für dieses Zitat, die Anthologie *Wien und die Wiener in Bildern aus ihrem Leben*, gehört ihrerseits zu dem um 1840 international heiß umkämpften

---

7 Zu Evelyn, siehe Christine L. Corton: London Fog. The Biography, Cambridge, Mass. 2015, 3–5.
8 Ebd., 1.
9 William Makepeace Thackeray: The History of Pendennis, London 1986, 310. Zitiert nach Corton (Anm. 7), 16.
10 Wikipedia meint das *Oxford English Dictionary* dahingehend korrigieren zu müssen, dass nicht erst 1905 Dr. H. A. des Vœux den Neologismus ersann, sondern dass dieser bereits 1880 im *Santa Cruz Weekly Sentinel* (3 July 1880, 3) verwendet wurde.
11 Man spricht heute gelegentlich sogar vom großstädtischen ›Mesoklima‹, um dem Ausmaß des Phänomens Rechnung zu tragen.
12 Adalbert Stifter: Werke und Briefe. Historisch-Kritische Gesamtausgabe, im Auftrag der Kommission für Neuere deutsche Literatur der Bayerischen Akademie der Wissenschaften, hrsg. von Alfred Doppler, Wolfgang Frühwald, seit 2000 hrsg. von Alfred Doppler, Hartmut Laufhütte, Stuttgart 1978 ff., Bd. 9,1, 340. Im Folgenden werden Zitate aus dieser Edition unter Angabe der Bandnummer und der Seitenangabe direkt im Text nachgewiesen.

Feld der Großstadtliteratur. Die »panoramatische Literatur«[13] der Großstadt, wie Walter Benjamin die in Frankreich vor allem als *physiologie* bekannte und auf Merciers *Tableau de Paris* zurückgehende Gattung nannte, erreichte nämlich in eben jenen Jahren eine Konjunktur, in denen die europäischen Metropolen dank zunehmender Industrialisierung zu unerhörten und unübersichtlichen Megastädten anschwollen. Aus der Perspektive einer literarischen Meteorologie verdient Stifters *Wien und die Wiener* besonderes Interesse, weil er in seinem Beitrag *Wiener-Wetter* nicht nur systematisch die Großstadt mit ihren klimatischen Bedingungen koppelt, sondern sie auch als erster und auf höchst originelle Weise über den Umweg der Wetterbeschreibung zur Darstellung bringt. Dafür nutzt er die strukturelle Analogie von zwei ›Massenphänomenen‹, dem Wetter und der Bevölkerung.

Stifters *Wiener-Wetter* dient hier als Beispiel für die Konjunktur der Assoziation von ›Großstadt‹ und ›Mikroklima‹ in der ersten Hälfte des 19. Jahrhunderts.[14] Das »epistemische Ding«[15] Großstadt entsteht ja erst mit der Urbanisierung des 18. Jahrhunderts, die durch die zunehmende Industrialisierung und ein beschleunigtes Bevölkerungswachstum ab 1800 massiv befördert wird. Diese Faktoren treiben die Verbrennung fossiler Brennstoffe voran, die dann die besondere Luft der Großstadt, den Smog, erst hervorbringt. In Stifters Essay lassen sich auch erste Anzeichen einer architektonischen Abkapselung oder Abschirmung der Stadt gegenüber dem äußeren Wetter beobachten. Diese Entwicklung gehört zum Prozess der Verstädterung und wird durch den Smog verstärkt. Das lässt sich durch Thackeray belegen, der im oben angeführten Zitat schreibt, Smog »keeps you indoors.«

Im zweiten Teil dieses Beitrags soll es daher um die neue Künstlichkeit des Stadtklimas gehen. Dazu wird ein Stadtentwurf herangezogen, der seinen Ursprung im 19. Jahrhundert hat, uns aber immer noch begleitet und vielleicht noch unsre Zukunft bestimmen wird: die vollends klimatisierte, von einer Glaskuppel geschützte und gegenüber der übrigen Welt abgeschottete Stadt. Eine solche Stadt wurde 1851 in der Glasarchitektur des Crystal Palace als Prototyp technisch plausibilisiert und in den bald entstehenden Einkaufspassagen verwirklicht. Die Treibhausstadt hat sich dann in der Imagination der Science-Fiction des 20. Jahrhunderts festgesetzt. Sie soll widrigen klimatischen Bedingungen

---

13 Walter Benjamin: Gesammelte Schriften, hrsg. von Rolf Tiedemann, Bd. 1, Frankfurt a. M. 1974, 537.
14 Es handelt sich hierbei um eine verkürzte und pointierte Argumentation zu Stifters *Wiener-Wetter*, die ich an anderer Stelle ausführlicher dargestellt habe, siehe Timothy Attanucci: »The Gentle Law« of Large Numbers. Stifter's Urban Meteorology, in: Monatshefte 112 (2020), 1–19.
15 Zum epistemischen Ding gehört neben dem Phänomen selbst auch ein Wissen davon, das den Gegenstand maßgeblich mitkonstruiert, vgl. Hans-Jörg Rheinberger: Toward a history of epistemic things. Synthesizing proteins in the test tube, Stanford, Cal. 1997.

widerstehen, wie sie auf anderen Planeten, unter der Wasseroberfläche, unter der Erdoberfläche und zunehmend auf der durch Umweltverschmutzung unwirtlich gewordenen Erde vorkommen. Gleichzeitig ermöglichte die glasgeschützte Stadt die Erfüllung des Menschheitstraums, das Wetter und seine Kontingenz endlich zu kontrollieren. Deshalb werde ich mich dem Thema von seinem möglichen Ende her annähern, nämlich über die Dekonstruktion des völlig kontrollierten Lebens im 1998 erschienenen Film *The Truman Show* von Peter Weir. Die Stadt ohne jede Wettergefahr, in der Truman, der Held des Films, wohnt, stellt zwar das perfekte »Gehäuse« dar, wie Benjamin es in der Einkaufspassage vorfiguriert sah,[16] beraubt die Bewohner jedoch eines Horizonts, der einerseits ganz im Sinne Hans Blumenbergs als Gewitter auf hohem Meer vorstellbar ist, andererseits als eben die Großstadt, die der im kleinstädtischen *New-Urbanism*-Projekt Seaside, Florida, geborene Truman noch nie erlebt hat.

Wiener-Wetter: Meteosoziologie der Großstadt

Am Beginn seines Aufsatzes *Wiener-Wetter,* den Adalbert Stifter 1843 für die von ihm herausgegebene Anthologie *Wien und die Wiener in Bildern aus dem Leben* verfasste, bringt der aus Böhmen stammende Wahlwiener das prekäre Verhältnis zwischen Stadt und Wetter in einer rhetorischen Frage auf den Punkt: »Wer den Titel dieses Aufsatzes liest, der wird fragen, ob denn die Wiener ein eigenes, gleichsam privilegiertes Wetter haben, oder ob es dort nicht vielmehr auch so sei, wie in aller Welt?« (9,1, 335). Der humoristische Ton kennzeichnet nicht nur diesen, sondern auch alle anderen Aufsätze Stifters für seine Anthologie, aber mit dem Wetter meint Stifter es auch ernst.[17] Die Unterscheidung zwischen »Humoris-

---

16 Benjamin versteht Gehäuse sowohl als »matrix«, vgl. Benjamin (Anm. 13), Bd. 3, 196, wie auch als Abdruck des Bewohners, vgl. Bd. 5.1, 53. Als Abdruck hat das Gehäuse einen historischen Index. Vgl. Isabel Kranz: Raumgewordene Vergangenheit. Walter Benjamins Poetologie der Geschichte, München 2011, 165–194.
17 Das hat die neuere Stifter-Forschung dargelegt; siehe insbesondere Michael Gamper: Literarische Meteorologie. Am Beispiel von Stifters *Das Haidedorf,* in: Georg Braungart, Urs Büttner (Hrsg.): Wind und Wetter. Kultur – Wissen – Ästhetik, München 2017, 265–281; Michael Gamper: Wetterrätsel. Zu Adalbert Stifters *Kazensilber,* in: ders. Michael Bies (Hrsg.): Literatur und Nicht-Wissen. Historische Konstellationen 1730–1930, Zürich 2012, 325–337; Michael Gamper: Art. »Meteorologie/Wetter«, in: Christian Begemann, Davide Giuriato (Hrsg.): Stifter-Handbuch. Leben – Werk – Wirkung, Stuttgart 2017, 253–257; Oliver Grill: Die Wetterseiten der Literatur. Poetologische Konstellationen und meteorologische Kontexte im 19. Jahrhundert, Paderborn 2019; Jana Schuster: Der Stoff des Lebens. Atmosphäre und Kreatur in Stifters *Abdias,* in: Zeitschrift für Germanistik 24 (2014), 296–311.

tische[m]« und »Ernste[m]« (9,1, III) und die programmatische Entscheidung für eine Mischung aus beidem sind für den gesamten Band von Belang, aber das damit angesprochene ästhetische Problem gewinnt im Fall der Wetterbeschreibung auch epistemologische Konturen. Wenn man davon ausgehen kann, dass es bei jeder literarischen Meteorologie sowohl Subjektivierungs- wie auch Objektivierungstendenzen gibt,[18] so nennt Stifter seine Beschreibungen explizit entweder »objektiv« oder »subjektiv«. »*[O]bjektives* Wetter« (9,1, 340) meint für Stifter zunächst die rein physikalische, technisch messbare Seite des Wetters: Temperatur, Luftdruck, Luftfeuchtigkeit, Windstärke, usw. Unter »jenem Theile unseres Wetters [...], der Allen viel näher liegt, nämlich [...] dem *subjektiven*« versteht er »jenen Charakter und Zustand unserer Stadt und Bevölkerung, der durch die verschiedenen Wetter angeregt und bedingt ist.« (9,1, 342). Auf der subjektiven Seite nähert sich die Beobachtung des städtischen Wetters der Soziologie an und erfüllt damit den poetischen Zweck der feuilletonistischen Großstadtliteratur, während das objektive Wetter der wissenschaftlichen Meteorologie vorbehalten ist.

Von Anfang an scheint es jedoch Mischformen zwischen den Begriffsgegensätzen ernst/humoristisch und objektiv/subjektiv zu geben. Stifter umschreibt z. B. die Gesamtheit der Reaktionen der Bevölkerung mit der Personifikation der Stadt selbst, die jeweils »eine andere Miene« (9,1, 335) zieht oder bestimmte »Gesichter« macht, wenn »dieses oder jenes Wetter ist« (9,1, 342). Die Personifikation deutet auf eine Einheit der Differenz zwischen »objektiv« und »subjektiv«, die man üblicherweise mit dem Begriff der »Stimmung« bezeichnet.[19] Anders gesagt: die Soziologie der Großstadt hat immer auch ihre »objektive«, wissenschaftliche Seite. Stifter scheint außerdem zu fürchten, dass gerade die »objektive« Untersuchung des Wiener-Wetters den Einwand provozieren könnte »die Sache sei lächerlich« (9,1, 336). Denn gerade die innovativste Einsicht zum Großstadtwetter, dass nämlich die Stadt darum »ein ganz eigenthümliches objektives Wetter« (9,1, 340) hat, weil sie dieses Wetter selbst produziert, dürfte dem Lesepublikum als neu und kontraintuitiv vorgekommen sein.

Zu den Eigentümlichkeiten eines stadtspezifischen Wetters gehört zum Beispiel, dass die Architektur ganz feine Unterschiede hervorbringt, »ja, daß es sogar bei uns wieder Unter-Unterschiede gibt, daß eigenthümliche Vorstadtwetter existieren oder gar originelle Platz- und Gassenclimate. So z. B. ist die Annagasse ein wahrer Eiskeller, und der Stephansplatz ein Windbalg« (9,1, 335). Es ist zum einen also Stifters Anliegen, die Mikroklimaskeptiker von der Gültigkeit

---

18 Vgl. Urs Büttner, Ines Theilen: Zur Einleitung, in: dies. (Hrsg.): Phänomene der Atmosphäre. Ein Kompendium Literarischer Meteorologie, Stuttgart 2017, 1–25, hier: 3.
19 Vgl. Timothy Attanucci: Atmosphärische Stimmungen. Landschaft und Meteorologie bei Carus, Goethe und Stifter, in: Zeitschrift für Germanistik 24 (2014), 282–295.

eines Konzepts zu überzeugen, das erst im 20. Jahrhundert unter dem Begriff ›Mikroklima‹ hervortreten wird. Der ernst gemeinte Gedanke hat zum andern aber eine satirisch vorgetragene kulturkritische Pointe.[20] Sie wird deutlich, wenn z. B. der Großstadt »ein ungleich heißeres Klima« (9,1, 339) als dem Umland attestiert wird, das Wolken sofort wieder verdunsten lässt – »im kleinen das nämliche, was in der Sahara im Großen geschieht« (ebd.) – und letztlich zu einer vollkommenen Verwüstung führen könnte: »[I]ch glaube, wir dürfen die Stadt nur so groß bauen, als die Sahara ist, und wir hätten dasselbe prächtige Wetter, wie sie – jahraus, jahrein« (ebd.).

Der Essay steht also zunächst unter dem Zeichen einer »Stadtmeteorologie« (9,1, 336) ohne Bindestrich, die Wetterlagen und Stimmungen gleichermaßen beschreibt. Stifter macht uns aber auch mit der »Stadt-Meteorologie« (ebd.)[21] vertraut, also mit einem meteorologischen Institut, wie sie damals europaweit entstanden sind.[22] In der Schilderung dieses Instituts wird die bürokratische Ordnung wissenschaftlicher Institutionen nur schwach parodiert. So beschreibt Stifter die zahlreichen Sektionen und Untersektionen von Beobachtern, Statistikern und Theoretikern, die mit echten Instrumenten wie Thermometer, Barometer und Obrometer (Regenmesser) hantieren und mit neuesten Methoden wie der Statistik von Gauß arbeiten. Es gibt aber auch Mitglieder, die »Sternschnuppen« zählen, sowie neben der »Electricitäts- und Magnetismus-Sektion« auch ein »Bureau der Regenbögen« und einen »Finsternißsenat« (9,1, 337).

Diese Abteilungen des Instituts lassen auch die Möglichkeit einer Art literarischer Sektion zu, und Stifter schlägt dies auch vor: »[M]an solle auch solche Beobachter creiren, welche die Scherz- und Schimpfscenen sammeln, die bei schnellem Wetterwechsel und argem Wüthen desselben in einer so volkreichen Stadt nothwendig vorfallen müßten.« (9,1, 337) Poetologisch besteht eine wichtige Gemeinsamkeit zwischen den meteorologischen und den literarischen Beobachtern: beide sind Sammler. Ebenso wie Stifter auf dem *Tandelmarkt*[23] oder Flohmarkt »allerlei alte Fantasiestücke für [seine] Raritätensammlungen« (9,1, 337)

---

20 Vgl. Johann Lachinger: *Wien und die Wiener*. Stifters zivilisationskritische Perspektiven auf die Großstadt von oben und von unten, in: Michael Minden, Martin Swales, Godela Weiss-Sussex (Hrsg.): History, Text, Value. Essays on Adalbert Stifter. Londoner Symposium 2003, Linz 2006, 47–55.
21 Zunächst wird allgemein von den »Erkenntnisquellen der Stadtmeteorologie« gesprochen, dann aber von einem »Mitglied der Stadt-Meteorologie«, 9,1, 336.
22 1851 wurde die österreichische Zentralanstalt für Meteorologie und Geodynamik zunächst als Centralanstalt für meteorologische und magnetische Beobachtungen gegründet, vgl. »Über uns / Geschichte«, https://www.zamg.ac.at/cms/de/topmenu/ueber-uns-geschichte [konsultiert am 09.04.2020].
23 So der Titel eines weiteren Aufsatzes von Stifter in *Wien und die Wiener*.

findet – und diese dann in eine »Dichtung des Plunders« (1,5, 16)[24] umwandelt – so muss er auch »an Meteorsammlungen und Wetterkatalogen Geschmack haben« und darin auch »Wetterraritäten« (9,1, 337) finden. Die Literarische Meteorologie hat also denselben Stellenwert wie die diversen Sammlertätigkeiten, die Stifter ebenso liebevoll wie ausführlich im *Nachsommer* beschreibt, einschließlich der formellen katalogisierenden Aufspaltung, die im Roman das Aufschreibeverfahren Heinrich Drendorfs kennzeichnet. In Drendorfs Worten: »Ich behielt die herkömmlichen Eintheilungen bei, und hatte aber auch meine Beschreibungen daneben« (4,1, 33).[25] In ähnlicher Weise verfährt auch Stifters Wien-Essay: Im ersten Teil werden das »objektive« Wetter Wiens sowie das wissenschaftliche Institut beschrieben, im zweiten Teil nutzt Stifter die Gelegenheit, seine literarische Sammlung von »Scherz- und Schimpfszenen« dem Lesepublikum vorzustellen.

Zum »objektiven« Wetter gehören sämtliche Aspekte des damaligen Wissens um das Mikroklima »Stadt«. So erhitzt sich Wien – wie oben erwähnt – im Sommer bis zu einem kaum erträglichen Grad, durch die Porosität des Gesteins, das wie ein »Sandkuchen« (9,1, 338) Wärme aufnimmt und speichert. Die Luft der Stadt wird zudem durch die Gase und den Rauch der zahlreichen Öfen – sowohl in Küchen als auch in Fabriken – vernebelt und verschmutzt. Darin unterscheidet sich Wien kaum von Paris oder London, wie Stifter auch betont (9,1, 340). Das Besondere am üblen Wiener-Wetter liegt vielmehr in der subjektiven Stimmung, die es herruft – letztlich muss man beim Sammelbegriff »Scherz- und Schimpfszenen« an den charakteristischen Wiener-Schmäh denken. Insofern die Poetik des Mikroklimas immer weiter ins Kleine und bis in die »Gassenclimate« hineinführt, weist sie auf eine Problematik hin, die auch die Großstadtliteratur seit Mercier beschäftigt hat. Wie seinerseits Mercier, der das eine, große *Tableau de Paris* malen wollte, sich aber letztlich in endlosen kleinen Detailszenen verzettelte,[26] so wird aus dem Versprechen, »das Wiener-Wetter« zu charakterisieren, eine mikrologische Beschreibung der Wetter-Zustände in jeder kleinsten Ecke der Hauptstadt. Stifter nennt dies »*gemischtes* Wetter« (9,1, 340), weil Wien mehrere unterschiedli-

---

24 Vgl. Sabine Schneider: Vergessene Dinge. Plunder und Trödel in der Erzählliteratur des Realismus, in: dies. Barbara Hunfeld (Hrsg.): Die Dinge und die Zeichen. Dimensionen des Realistischen in der Erzählliteratur des 19. Jahrhunderts, Würzburg 2008, 157–174.
25 Sabine Schneider liest »meine Beschreibungen« als eine poetologische Selbstreflexion Stifters, der – daran sollte gerade mit Blick auf das Frühwerk *Wien und die Wiener* erinnert werden – eigene wissenschaftliche Ansprüche hat; vgl. Sabine Schneider: Kulturerosionen. Stifters prekäre geologische Übertragungen, in: Michael Gamper, Karl Wagner (Hrsg.): Figuren der Übertragung. Adalbert Stifter und das Wissen seiner Zeit, Zürich 2009, 249–269, hier: 249.
26 Vgl. Ethel Matala de Mazza: Mikropolitik in Bildern. Merciers *Tableau de Paris*, in: Friedrich Balke, Harun Maye, Leander Scholz (Hrsg.): Ästhetische Regime um 1800, München 2009, 65–78.

che Wetterlagen gleichzeitig aufweisen kann. Das objektive wie das subjektive Wetter besteht, auf der mikrologischen Ebene, gleichermaßen aus einer Sammlung von »Szenen«.

Auf der anderen Seite könnte die wissenschaftliche Meteorologie gerade an dieser Stelle hilfreich einspringen. Denn die zentrale poetologische Problematik von *Wien und die Wiener* sowie anderen ›Physiologien‹ der Großstadt liegt, wie es in Stifters Vorrede treffend heißt, in der scheinbaren Alternative zwischen ›Statistik‹ und ›Zahl‹ einerseits oder ›Bild‹ andererseits: »Es ist Zweck und Ziel dieser Blätter, nicht etwa eine Statistik Wiens zu bringen, sondern in ernsten und heiteren Bildern, wie in einem Kaleidoskop Scenen dieser Hauptstadt vorüberzuführen« (9,1, III).[27] Die Literatur muss die Seite des Bildes präferieren, doch es scheint dem Autor von *Wiener-Wetter* auch klar zu sein, dass das statistische Verfahren deutliche Vorteile bietet. Die statistische Erfassung des städtischen Lebens wird bei Stifter nicht von ungefähr dem Institut der Stadt-Meteorologie anvertraut, wobei »auch solche Mitglieder sind, die Nebenfächer betreiben, z. B. stete, das Wetter begleitende Wirkungen zu beobachten, wie Gesundheitsstand, Holz- und Getreidepreise, moralischen Einfluß, Fallimente, Selbstmorde u. . . . .« (9,1, 337). Stadtmeteorologie betrifft also die ganze Bandbreite des Normalismus,[28] den der belgische Mathematiker, Astronom, und Meteorologe Adolphe Quetelet auch ›soziale Physik‹ (*physique sociale*) genannt hat.[29] Hier wird auch Stifters literarische Meteorologie zu einer Meteopoetologie der Großstadt. Das Schlüsselwort des Stifter-Zitats ist dabei ›begleitend‹. Mit ihm werden problematische Ursachenzuschreibungen vermieden.[30] So plausibel ein direktes Ursachenverhältnis zwischen Wetter und Getreidepreisen sein mag, so rätselhaft muss die Verbindung zwischen dem Wetter und sozial brisanten Ereignissen wie Fallimenten oder Selbstmorden – nicht von ungefähr das Thema von Durkheims soziologischem Klassiker – bleiben. Bezeichnend für die Brisanz dieser Ereignisse ist die Tatsache, dass Stifter im einführenden Aufsatz *Aussicht und Be-*

---

27 Zur Metapher des Kaleidoskops vgl. Vance Byrd: Beautiful Form? Vienna and the Viennese and Stifter's Urban Sketches, in: Interférences littéraires/Literaire interferenties 8 (2012), 155–169.
28 Vgl. Jürgen Link: Versuch über den Normalismus. Wie Normalität produziert wird, 2. Aufl., Opladen 1999.
29 Adolphe Quetelet: Sur l'homme et le développement de ses facultés, ou Essai de physique sociale, Paris 1835.
30 Zum Ursachenproblem in der Meteorologie, z. B. bei Ludwig Kämtz, siehe Michael Gamper: Meteorologie als vergleichende Wissenschaft zwischen Empirie und Fiktion, ca. 1750–1850, in: Michael Eggers (Hrsg.): Von Ähnlichkeiten und Unterschieden. Vergleich, Analogie und Klassifikation in Wissenschaft und Literatur (18./19. Jahrhundert), Heidelberg 2011, 223–250, hier: 242f.

trachtungen von der Spitze des St. Stephansthurmes (geschrieben 1841) das hohe Pathos eines durch finanzielle Not veranlassten Selbstmordes beschwört: »Ein blasser Mann lud eine Pistole, im Zimmer neben ihm schläft sein Weib und Kind, morgen ist Kassenuntersuchung, und dann Festung, wenn er nicht früher – – –« (9,1, XVIII). Genau solche einzelnen Bilder des Unglücks gibt es aber in der Großstadt zu Hauf: »[D]er einzelne Unglückliche wird nicht gesehen in dieser Menge« (9,1, XIX). Anders gesagt: Der Einzelne wird nicht als solcher gesehen, sondern nur als (Teil der) Menge. Die Statistik des Wetter-Bureaus zeigt modellhaft, wie eine solche Mengensoziologie der Großstadt aussehen könnte. Die großen Zahlen der Fallimente und Selbstmorde bleiben weiterhin unverständlich, sind aber doch berechenbar geworden.

Stifters Essay bringt die Übertragung meteorologischer Beobachtungen auf soziale Phänomene aber auch durch Metaphern zum Ausdruck. So heißt es z. B.: »Die Concerte überschwemmen uns« oder »Laternenlichter wie trübrothe Meteore« oder »[der Schlitten] Lichter, die wie trunkene Kometen durch die Nebel streichen, während über der Stadt ein heller Schein steht, der die Stätte des Jubels und des Schwärmens anzeigt« (9,1, 344). Solche Bilder mögen im Vergleich zu den jährlich gleichbleibenden Zahlen von Selbstmorden und Fallimenten harmlos erscheinen. Sie tragen in der Tat zur Verdrängung der im Aufsatz ebenfalls beschriebenen, der Kontrolle der Stadtbewohner sich entziehenden Luftverschmutzung bei. Aber in Stifters Metaphorik wird auch eine strukturelle Analogie sichtbar: So unkontrollierbar nämlich das Wetter seit jeher gewesen ist, so sehr es stets als Sinnbild der göttlichen Willkür und Übermacht gegolten hat, so entschieden sind es jetzt die Gesetzmäßigkeiten einer modernen Großstadtgesellschaft, die sich unserer Übersicht und unserer Kontrolle entzieht, und nur meteopoetologisch, in Anlehnung an die statistischen Lehren der Meteorologie, zu modellieren sind. Dies wird in dem Maße immer deutlicher, in dem sich die Großstadtgesellschaft von den natürlichen Wetterzyklen abwendet und sich ihnen gegenüber abschirmt.[31] Die Wettermetaphorik wird nämlich umso intensiver bemüht, je genauer Stifter »die schönste Jahreszeit Wiens«, den Winter, beschreibt, der durch einen »sonderbare[n] Contrast« (9,1, 343) zwischen trübem Wetter draußen und hellem Licht drinnen gekennzeichnet ist. Das Großstadtwetter kommt also in dem Moment zu sich selbst, in dem es dem Umlandwetter am meisten widerstrebt. An diesem Punkt schließt auch Stifters Aufsatz über das *Wiener-Wetter*: der aus meteorologischer Perspektive höchst interessante »November-

---

[31] Die Abschirmung wird bei Stifter – und Edgar Allen Poe (*The Man of the Crowd*, 1840) – durch den massenhaften Einsatz von Regenschirmen versinnbildlicht, siehe Attanucci, Stifter's Urban Meteorology (Anm. 14), 14–15.

nebel« veranlasst die Stadtbewohner, sich ins Innere zu flüchten. Das gehört, wie Stifter anmerkt, zu einem anderen Kapitel der Großstadtbeschreibung, die den Titel *Salonleben* (9,1, 350) trägt.[32]

»Under the Dome« in Seaside, Florida

Der Salon ist ein Innenraum, der im Laufe des 19. Jahrhunderts immer breitere Schichten in seine Quasi-Öffentlichkeit aufnimmt. Wie oben angedeutet entsteht in dieser Zeit auch die Einkaufspassage als eine neue Form der Architektur, die die Stadtbewohner großzügig umhüllt und mit welcher der potenzielle Konflikt zwischen Unwetter und Großstadtleben, das Stifter in humoristischen Szenen aufruft, endgültig gelöst werden soll. Im Interieur der Büros, der Salons, der Kaffee- und Warenhäuser produziert die Stadt ganz bewusst und kontrolliert ihre eigenen klimatischen oder atmosphärischen Zustände. Unter dem Dach der Passagen expandiert dann das städtische Interieur. Im Prinzip scheint diese Expansion nur von der Stadtgrenze selbst beschränkt zu werden, sodass die Vision einer komplett überdachten Stadt plausibel wird. Diese Geschichte kann hier nur angedeutet werden. Denn einerseits reicht die Imagination der technisch unterstützen Klimakontrolle in die Utopie-Tradition der frühen Neuzeit zurück, andererseits bleiben die vielen Verzweigungen dieser Geschichte, die nicht zuletzt grundsätzlichen Fragen des Menschen, seiner Behausung und seiner Umwelt berührt, weitgehend unterbelichtet.[33] Ansatzweise hat man die Fortentwicklung der Überdachung der Stadt als Schutz gegen die Kontingenz des Wetters in der Erfindung des *Air Conditioning* ge-

---

[32] Der endgültige Titel des erst im folgenden Monat geschriebenen Kapitels hieß dann »Wiener Salonszenen.«.

[33] So träumte schon Francis Bacon in seiner Utopie *Nova Atlantis* (1624) von Türmen, aus denen sich Wettererscheinungen nicht nur gut beobachten, sondern auch produzieren lassen würden. Vgl. Urs Büttner, Dorit Müller: Climate Engineering. Politische, epistemische und ästhetische Implikationen seiner Imaginationsgeschichte, in: dies. (Hrsg.): Climate Engineering. Imaginationsgeschichten künstlichen Klimas, Berlin 2020 (im Erscheinen). Büttner und Müller verweisen sowohl auf das Forschungsdesiderat als auch den semantischen Wandel des Worts *Klima*, der in dieser Geschichte eine zentrale Rolle spielen müsste. Zu den neueren Glaskuppelstädten der Literaturgeschichte gehört die Kleinstadt des in der Überschrift zitierten Romans von Stephen King: Under the Dome, New York, N.Y. 2009. Ähnlich wie im Fall von Marlene Haushofer: Die Wand [1968], 9. Aufl., Berlin 2016, die sich für das einzelne Individuum interessiert, beschäftigt sich auch King weniger mit den atmosphärischen Zuständen der Stadt als mit der Isolation der sozialen Verhältnisse.

sehen.[34] Alsdann werden Städte zu den großangelegten »atmosphärischen Inseln«, die Peter Sloterdijk als paradigmatische Architekturform des 20. Jahrhunderts versteht.[35] Sloterdijks Analysen legen nahe, dass die Entwicklung der städtischen Klimakontrolle weitgehend eine Frage der Skalierung ist. Bei Stifter lässt sich beobachten, wie die rasant sich vergrößernde Stadt so bedrohlich auf ihre Bewohner wirkt, dass sie nur mittels Wetter-Metaphorik wieder imaginativ domestizieren lässt. Auf der anderen Seite werden die (klima-)kontrollierten Innenräume so groß, dass das Wetter als Sinnbild des kontingenten Lebens seinerseits zu verschwinden droht.

Das ist jedenfalls der Sinn eines Topos der Science Fiction, die von der übrigen Umwelt völlig abgeschottete Stadt, die historisch etwa zeitgleich mit der Erfindung der elektrischen Kühltechnik einsetzt. E.M. Forsters Novelle *The Machine Stops* (1909) dürfte als erstes Beispiel für eine abgeschottete, selbstautonome Stadtmaschine gelten,[36] auch wenn die Vision Jules Vernes' von der automobilen, submarinen Nautilus einen wichtigen Vorläufer darstellt.[37] Führt man beide Vorstellungen zusammen, dann begegnen sich in der Vorstellung der Glaskuppelstadt die Schiffsmetaphorik mit der Höhlenmetapher: Man müsste eigentlich nicht mehr aus der Höhle aussteigen, weil diese eine autonome Welt für sich bildet. Das Motiv der Luft verdeutlicht diesen Zusammenhang. Vashti, eine Musikhistorikerin, reflektiert über die alten Zeiten vor der Klimakontrolle: »Those funny old days, when men went for change of air instead of changing the air in their rooms!«[38] Forster erfindet auch eine typische Handlung für eine Glaskuppel- bzw. Höhlenstadterzählung: Die Stadt und mit ihr das Konzept einer totalen Umweltkontrolle wird bedroht, sobald es eine Panne im Maschinenraum gibt.[39] Die Notwendigkeit der Abschottung der Stadt wird bei Forster zudem durch die Verschmutzung der Luft begründet, die sich in späteren Varianten zu einer planetarischen Umweltkrise erweitert, die dem Geschehen der Erzählung vorgeschaltet wird. Eine klassische Beschreibung einer

---

34 Siehe Eva Horn: Air Conditioning. Die Zähmung des Klimas als Projekt der Moderne, in: Sinn und Form 67 (2015), 455–462.
35 Peter Sloterdijk: Sphären III. Schäume, Frankfurt a. M. 2004, 338–356.
36 In diesem Sinne modifizierte Forster in entscheidender Weise die Klassenaufteilung zwischen den arbeitenden Höhlenbewohnern und den unbekümmerten Lebewesen der Erdoberfläche in H.G. Wells bahnbrechender Zukunftsfiktion *The Time Machine* (1895), die Forster als Inspiration für *The Machine Stops* diente, vgl. E.M. Forster: The Collected Short Stories, 2. Aufl., London 1948, vii.
37 Zum U-Boot als »absolute Insel«, siehe Sloterdijk (Anm. 36), 318.
38 Forster (Anm. 37), 122.
39 Das Motiv der Panne wird von der Flucht der Hauptfigur Kuno begleitet. Beide Motive versammelt Kelly Sultzbach unter den Begriff der »green retreat«; siehe K. Sultzbach: Ecocriticism in the Modernist Imagination. Forster, Woolf, and Auden, New York, N.Y. 2016, 39.

solchen Treibhausstadt liefert Arthur C. Clarke in seinem Roman *The City and the Stars*. Clarke beschreibt eine Stadt ohne Wetter: »Once it had known change and alteration, but now Time passed it by. [...] [I]n the streets of Diaspar it was always afternoon, and darkness never came. [...] [T]he city knew neither heat nor cold. It had no contact with the outer world; it was a universe in itself.«[40] Die Konstruktion der Stadt Diaspar wurde notwendig, weil die Erdoberfläche gänzlich verwüstet worden war. Dennoch mutet das in der Stadt sich vollziehende Ende des Wetters, ja der Zeit selbst (*tempus*), seinerseits wie eine Verwüstung an.

Nähert man sich nun der Gegenwart, so hat sich die Trennung von Stadt und Wetter für viele bereits vollzogen. Halten die einen künstliche Bio-Sphären und Mars-Besiedelungen für eine realistische Nahzukunft, so leben die anderen einfach gern in den klimatisierten Großstädten der Gegenwart und verzichten aufs Wetter. Deshalb mag es überraschen, dass es in der utopisch artifiziellen Filmwelt von Peter Weirs *The Truman Show* (1998) auch hin und wieder einmal regnet. In jedem Fall spielt das Wetter – so wird im Folgenden argumentiert – eine entscheidende Rolle in diesem Film. Er erzählt von einem Helden, der glaubt, in einer idyllischen Kleinstadt ein normales Leben zu führen, tatsächlich aber der unbewusste Star einer überdimensionierten Reality-TV-Produktion ist, die unter einer riesigen, sogar vom Weltall aus sichtbaren Kuppel gedreht wird. Auch die Handlung des Films nimmt einen Gemeinplatz der *domed city*-Literatur auf: Wie die Helden von Forsters *The Machine Stops* und Clarkes *The City and the Stars* wird auch Truman versuchen, seine Höhle zu verlassen. Weirs Film setzt sich aber weniger mit der Technik im Allgemeinen, sondern mit dem medialen Übergang vom Studio- zum Reality-TV und von der produzierten Kunstwelt des Films zum selbstproduktiven Überwachungsdispositiv des Videos auseinander. Dabei kommen ihm sämtliche herkömmlichen Realitätseffekte des Kinos zur Hilfe. Um die daraus resultierende Komplexität zu vermitteln, setzt Weir poetologisch auf eine transmediale narrative Verschachtelung, ein »cross-medial narrative embedding«,[41] wodurch die Diegese nicht nur klassisch achronisch durch Flashbacks und atopisch durch Raummontage und Perspektivenwechsel dargestellt wird, sondern epistemologisch aufgefächert durch Überwachungskameras, fiktive Fernsehkameras und heterodiegetische Kameraeinstellungen, die sowohl die ›fiktive‹ Binnenerzählung – das Leben der Hauptfigur Truman – wie auch die ›echte‹ Rahmenerzählung – die TV-Produktion – vermitteln. Solche Verschachtelungen ermöglichen einen selbstreflexiven und kritischen Blick auf die mediale

---

40 Arthur Charles Clarke: The City and the Stars [1956], New York, N.Y. 1991, 1.
41 Marie-Laure Ryan: Avatars of Story, Minneapolis, Minnesota 2006, 60.

Konstruktion des Simulakrums Reality-TV,[42] aber auch auf die panoptische Überwachungskultur[43] und die »Gesellschaft des Spektakels«,[44] die sich in ihrem unstillbaren Heißhunger nach neuen Bildern zunehmend mit der Überwachungskultur verkoppelt.

Truman Burbank ist eine Art Robinson Crusoe für die heutige Medienwelt. Angesichts der Selbstreflexivität im Umgang mit Medien liegt es nahe, dass Peter Weir auch den Produktionsbedingungen seines eigenen Films große Bedeutung beimisst.[45] Die Narratologin Marie-Laure Ryan attestiert dem Film daher einen einzigartigen »hybrid status between fiction and non-fiction«.[46] In *The Truman Show* ist nichts nicht fiktiv, und zugleich alles real. Dazu gehört, dass der wie ein Fernsehset aus den 1950er Jahren anmutende Drehort tatsächlich eine reale Stadt an der Küste Floridas ist.[47] Diese Stadt, Seaside, Florida (im Film Seahaven genannt), ist als Modellstadt für den so genannten *New Urbanism* bekannt. Das amerikanische Architektenduo Elizabeth Plater-Zyberk und Andres Duane, das zu den Gründern des *New Urbanism* gehört, begannen in den 1980ern in Seaside eine Art neue Altstadt oder rekonstruierte *Main Street* zu bauen. Wie sie später in Schriften wie *The Second Coming of American Small Town* (1992) und *Suburban Nation. The Rise of Sprawl and the Decline of the American Dream* (2004: zusammen mit Jeff Speck) erklärten, bestand das Ziel des *New Urbanism* darin, die amerikanische *small town*, die durch die Einführung des Automobils zersplittert und

---

42 Auf Baudrillard geht Ryan ebd. ein.
43 Vgl. Dusty Lavoie: Escaping the Panopticon. Utopia, Hegemony, and Performance in Peter Weir's *The Truman Show*, in: Utopian Studies 22 (2011), 52–73.
44 Vgl. Peter McGregor: *The Truman Show* as a Study of ›the Society of the Spectacle‹, in: Australian Screen Education 33 (2004), 112–115.
45 David R. Coon versteht den Film daher als Kritik an der allzu kleinstädtischen bzw. »suburbanen« Vision des *New Urbanism*; David R. Coon: Look Closer. Suburban Narratives and American Values in Film and Television, New Brunswick, N.J. 2014, 35 und 46–50. Ryan Poll, der im imaginären Ort *small town* eine ideologische Verdeckung des globalen amerikanischen Imperiums erkennen möchte, fokussiert seinen kritischen Blick auf die kommerziellen Seiten der TV-Produktion: »to put it bluntly: The Truman Show is one long advertisement«, siehe Ryan Poll: Main Street and Empire. The Fictional Small Town in the Age of Globalization, New Brunswick, N.J. 2012, 139.
46 Ryan (Anm. 42), 64.
47 Die Wahl dieses Orts hatte – so berichtet der Director of Photography, Peter Biziou, – eher produktionstechnische Probleme verursacht als den Dreh vereinfacht. Der sonnige Küstenort weise »extremes of contrasts and shadows« auf die zum Ausgleich eine künstliche Belichtung erfordert hätten: »It was only by putting in a tremendous amount of fill light that we achieved the quality that really suited our needs«, Eric Rudolph: This is Your Life. *The Truman Show*, in: Peter Weir. Interviews, hrsg. von John C. Tibbets und David Thomson, Jackson, Miss. 2014, 191–199, hier: 194.

zerstreut worden war, zu neuem Leben zu erwecken. Der Feind dieses Anliegens ist das so genannte *sprawl*, das nicht von ungefähr an das monströse Wachstum der Großstädte im Laufe des 19. Jahrhunderts erinnert. Im Gegensatz zur dörflichen *small town* ist die krebsartig sich ausbreitende *suburbia* die Fortsetzung der Großstadt. Wie die Großstadt verschlingt das *sprawl* der Vorstädte Ressourcen, verschmutzt die Umwelt und zerstört Gemeinschaften. In seinem Kampf gegen *sprawl* partizipiert der *New Urbanism* einerseits an einer Kulturkritik der Globalisierungsmoderne;[48] andererseits führt er urbanistische Reformbewegungen fort, die schon im 19. Jahrhundert zwecks Hygiene die Begrünung der Stadt bis hin zu der Vorstellung der »Gartenstadt« forderten.

Dass Peter Weir solche Reformbemühungen mit der Tradition des *domed city* verknüpft, ist wiederum eine Form der Kulturkritik. Denn der *New Urbanism* orientierte sich an Modellen aus der Vergangenheit, vor allem aus der ersten Hälfte des 20. Jahrhunderts. Er möchte die Stadt durch eine höhere Baudichte umweltfreundlicher, aber auch begehbarer (*walkable*) machen und dadurch das Gemeinschaftsgefühl der Stadtbewohner fördern. In diesem Bemühen scheut die Bewegung vor Künstlichkeit, ja sogar vor Kitsch, nicht zurück. So wollen Duany und Plater-Zybeck im bevorzugten Aufenthaltsort der Besucher Disneylands eine tiefe Sehnsucht der Amerikaner erkennen, die ihr messianisch als »second coming« überhöhtes Unternehmen legitimiert: diese Besucher »do not spend as much time on rides as they do wandering along Main Street, USA«.[49] Konsequenterweise hat das Disney-Unternehmen, dessen Kunstkulisse Main Street, USA, die Architekturbewegung offensichtlich inspirierte, selbst eine im Stil des *New Urbanism* gebaute, und häufig als Corporate-Kitsch kritisierte Retortenstadt Celebration, Florida, errichtet. Auch wenn Seaside, Florida seitens der Architekturkritik eher Lob erhielt, orientiert sich auch diese Planstadt nicht nur am Modell einer funktionierenden Kleinstadt-Gemeinde (welche ja auch die Urbanismus-Entwürfe der klassischen Moderne, vom Bauhaus bis zu Le Corbusier inspiriert hat), sondern auch am Stil der idealisierten *small town*, wo die *picket fences* und *front porches* nicht fehlen dürfen. Der *New Urbanism* versteht sich als Rückkehr zum ›Echten‹ und erliegt damit – wenigstens für seine Kritiker[50] – einer gefährlichen Nostalgie. Im Film *The Truman Show* wird dieser nostalgische Impuls dadurch verstärkt, dass zu den moderat historisierten Häusern von Seaside die

---

48 In diesem Sinne nimmt der Diskurs des *New Urbanism* die klassische Unterscheidung zwischen ›Gesellschaft‹ und ›Gemeinschaft‹ wieder auf, allerdings mit anderer Akzentuierung als in Ferdinand Tönnies: Gemeinschaft und Gesellschaft. Abhandlung des Communismus und des Socialismus als empirischer Culturformen, Leipzig 1887.
49 Zitiert nach Poll (Anm. 46), 141.
50 Siehe Coon (Anm. 46), 39.

passende *mid-century* Kleidung getragen wird. Seinem Namen entsprechend lebt der fiktive Truman, der von Jim Carrey grandios verkörpert wird, in einer Welt, die den USA zu Zeiten von Präsident Harry S. Truman ähnelt. Sein Nachname Burbank, eine Vorstadt von Los Angeles und Hauptsitz der Walt-Disney Corporation, verrät Weirs kritische Absicht: Hinter den Kulissen der TV-Produktion und im Planungszentrum der Stadt steht derselbe Medienkonzern.

Der fiktive Truman lebt also in einem artifiziellen Paradies und soll damit glücklich sein – sein persönliches Markenzeichen ist auch eine übertriebene, ja forcierte Freundlichkeit, die aber nur die gespielte Freundlichkeit seiner Mitmenschen imitiert. Täglich wiederholt er denselben Guten-Morgen-Gruß gegenüber den Nachbarn: »Good morning, and if I don't see you, good afternoon, good evening and good night!« Damit wird klar, dass nicht nur alles in dieser Welt immer »gut« ist, sondern auch, dass er die Nachbarn täglich wenigstens einmal, am Vormittag, sieht. Mit dieser Alltäglichkeit, die die Ästhetik der Fernsehshow wie auch (jedenfalls zum Teil) die des Films prägt,[51] verbindet sich ein Problem des Ereignisses: Wie soll sich die Banalität des Alltags zum dramatischen Ereignis verdichten, das die Sendung bzw. den Film erst interessant machen würde? Allem Anschein nach löst die fiktive Show das Problem vor allem durch eine starke Orientierung an ritualisierten Ereignissen der juvenilen Entwicklung. Mit dem Übertritt ins Erwachsenenalter verfällt aber Truman, und mit ihm wohl auch der Film von Peter Weir, in eine Krise der Langeweile. Hinter dem täglich wiederholten »if I don't see you« steckt auch der sehnliche Wunsch, dass der unerwartete und dadurch aufregende Fall eines Nicht- oder gar Nie-Mehr-Wiedersehens sich doch mal ereignen möge. Truman sucht diese Langeweile durch eine Reise zu vertreiben, während der Film seine Ereignishaftigkeit vor allem im Einsatz von Wettermetaphorik sucht.

Die Meteopoetologie von *The Truman Show* verdeutlicht die Notwendigkeit der Kontingenz als Horizont eines geglückten, weil möglichen Lebens. Die Versuchsanordnung der *Truman Show* suggeriert dabei als Rezeptionsweise nicht nur die Beobachtung erster Ordnung – also die Identifikation mit dem Helden im Erleben des wechselhaften Wetters –, sondern auch eine Beobachtung zweiter Ordnung – als Reflexion über die Produktionsbedingungen des Spektakels, inklusive die Herstellung des künstlichen Wetters. Hier schließt der Film an der Meteopoetologie der Klimakontrolle an, wie sie im Topos der Glaskuppelstadt deutlich wird. Zwar beherrscht der *TV-control room* futuristisch und quasi magisch alle Aspekte des Wetters in der Studio-Welt, doch reicht der mächtigste Sturm nicht aus, dem Unkontrollierbaren im System, nämlich den lebenden Menschen, zu trotzen.

---

51 Vgl. Sean Homer: From Postmodernity to Modernity and Back Again. On the Production of Everyday Life, in: Moderna Språk 95 (2001), 126–145.

Von Beginn an zeichnet sich dabei eine Poetik der Pannen und der Störungen ab. Das erste nicht alltägliche Ereignis des Films, das meteorähnliche Herabfallen einer Studioleuchte, verdeutlicht die Bedeutung der Panne für das prekäre Experiment *Truman Show*. Zwar sieht der von künstlichen Leuchten erhellte Himmel täuschend echt aus, doch könnte das Herabfallen des technischen Geräts Truman auf die Künstlichkeit seiner Lebenswelt aufmerksam machen oder ihn schlimmstenfalls sogar töten. Die Störung der technischen Wetterproduktion ist aber auch ein Signal, welches auf der Beobachtungsebene zweiter Ordnung ans Kinopublikum gesendet wird. Das wird wiederum deutlich, als es in Trumans Welt zu regnen anfängt. Anlass dazu ist eine stimmungsvolle Mondnacht am Strand. ›Stimmung‹ gehört nämlich zur Produktionsästhetik der Show, die, ganz wie der realistische Roman des 19. Jahrhunderts, die Gefühlswelt des Helden bevorzugt über unterschiedliche Wetterlagen vermittelt.[52] Es kommt hinzu, dass in dieser Szene die Produzenten Truman bewegen wollen, mit seiner Grübelei aufzuhören und endlich zu Bett zu gehen. Bei der Simulation des Regengusses tritt jedoch eine Panne auf. Denn der Regen fällt ausschließlich auf den Kopf Trumans, während es um ihn herum trocken bleibt – ein Sinnbild dafür, dass das Wetter, und mit ihm die Welt, die er kennt, einzig und allein auf ihn abgestimmt ist. Als Truman aufsteht, um nach Hause zu gehen, wird ihm seine Lage bewusst: In Slapstick-Manier wird er regelrecht von dem allein ihm geltenden Regenguss verfolgt, bis die Panne beseitigt ist.

Als die Studioleuchte vom Himmelsdach fällt wird zudem deutlich, dass Truman zwar in einer künstlichen, kontrollierten Welt lebt, aber auch ganz anderen Gefahren ausgesetzt ist als denjenigen, die in der übrigen Welt herrschen. Allen voran ist dies die Gefahr, manipuliert zu werden. Auch hier spielt das Wetter eine entscheidende Rolle. Der Insulaner Truman, wie damals schon der in England aufgewachsene Robinson, muss nämlich lernen, Angst vor der Seefahrt zu haben, da ihm sonst bald seine Welt zu klein werden könnte. Der anthropologische Drang nach Horizonterweiterung muss bei ihm also abgeschwächt werden. Freilich kann man ihm die Seefahrt nicht einfach verbieten – das hatte schon Robinsons Vater in Defoes Roman vergeblich versucht. Stattdessen bringt Trumans Vater seinem Sohn schon als Kind das Segeln bei. Dabei kommt ein gewaltiger Sturm auf, und das Meer verschlingt den Schauspieler des Vaters. Dieses Kindheitstrauma wird erneut wirksam und dem Erwachsenen als Rückblende – sozusagen aus dem Gedächtnis des Videospeichers – auch mitgeteilt, als der Schauspieler, der Trumans Vater damals gespielt hatte, in Trumans Welt ›wieder auftaucht‹.

---

52 Vgl. Friedrich Christian Delius: Der Held und sein Wetter. Ein Kunstmittel und sein ideologischer Gebrauch im Roman des bürgerlichen Realismus [1971], Göttingen 2011.

Man kann im Falle des Sturms, bei dem Trumans Vater ertrunken sein soll, von einer emphatischen Beobachtung zweiter Ordnung sprechen. Wir sehen zu, *wie* Truman traumatisiert wird, *wie* und *warum* dies die Produzenten geplant und durchgeführt haben, und *wie* das auf das Fernsehpublikum gewirkt haben muss. Es gibt jedoch auch einen zweiten Sturm im Film. Auf dem Höhepunkt des Verdachts angelangt, dass etwas in seiner Welt nicht stimmen kann, beschließt Truman, seine Angst vor offenem Wasser zu überwinden und eine Erkundungsreise zu unternehmen. Trumans Reiselust missfällt dem *TV-Showmaker*, gespielt von Ed Harris. Vom Kontrollraum lässt er erneut einen Sturm toben, um seinen Reality-Star von seinem Vorhaben abzuschrecken. Diesmal kämpft Truman aber tapfer, überwindet seine Angst und überlebt den Sturm. Die Szene ist der dramatische Höhepunkt von *The Truman Show*. Daraus lässt sich folgern: Um als Drama zu wirken, müsste die emphatische Beobachtung zweiter Ordnung wieder aufgeteilt werden. Emotional werden wir auf Trumans Beobachtungsebene zurückgeworfen, um mit ihm zu spüren, dass die Welt doch nicht so vorhersehbar und ungefährlich ist, wie wir es vermutet hatten.

In Verbindung mit dem Motiv der Seefahrt verdichtet sich die Meteopoetologie der *Truman Show* schließlich zu einem *Schiffbruch mit Zuschauer* als ›Daseinsmetapher‹ im Sinne Hans Blumenbergs. In diesem größeren Rahmen erschließt sich eine weitere, anthropologische Lesart des Namens Truman: der *true man* ist der wahre Mensch und damit auch der Mensch schlechthin. Als Seefahrender wird Truman zu einem kulturspezifisch neuzeitlichen Menschen, und seine Welterschließung korrespondiert mit den historischen Entdeckungsreisen, die die Welt der Europäer zu einem Globus erweitert haben. In der Figur des Showmakers stellt sich ihm sogar ein Gott entgegen, der wie im Mittelalter seine Neugierde als Sünde betrachtet, die er konsequent durch Gewitter bestraft. Weirs Film schließt sich nicht nur an diesen Traditionsbeständen an, sondern hat einen deutlichen Bezug zu Blumenbergs Gegenwartsanalyse. Denn der Film gibt dem Zuschauer des Schiffbruchs seine im Laufe des Historismus abhanden gekommene Position zurück, aber nur wenn er gleichzeitig erkennt, dass es sich bei ihr um eine Konstruktion handelt, die nur unter gewissen medialen Bedingungen möglich ist.[53] Nicht Truman kann seine Position erkennen, sondern nur der Fernsehzuschauer – und das alles sieht nur der Filmzuschauer. Dank Meteopoetologie wird *The Truman Show* zu selbstreflexiver, gefilmter Theorie.

---

53 Vgl. Hans Blumenberg: Schiffbruch mit Zuschauer. Paradigma einer Daseinsmetapher, Frankfurt a. M. 1979, 83. Für Blumenberg ist die Konstruktion freilich sprachlicher Natur. Weirs Film verdeutlicht die Einsicht, dass Geschichte nach dem Historismus als Mediengeschichte wieder erfahrbar wird: Wir wissen zwar nicht, welche neue Medien kommen werden, können aber sicher sein, in den aktuellen Medien die Signatur unserer Epoche zu erkennen.

In Blumenbergs Fazit heißt es, dass der moderne Mensch seine Welt aus dem Treibgut des eigenen Schiffbruchs konstruiert. Dabei kann Schiffbruch – auch begrifflich fixiert als Scheitern – zu einer Metapher für verschiedene Formen von Schockerlebnis werden. Adalbert Stifter bevorzugt eine meteorologische Metaphorik, aber der »Wanderer«, der sich ins Zentrum der Großstadt Wien begibt, erleidet auch eine Art Schiffbruch: »wenn er weiter geht, reitet oder fährt, münden sich allerwärts Straßen, wie Adern, zusammen, der Gefährten werden immer mehr, die schneller oder langsamer theilnahmslos an ihm vorüberzogen, wie Treibholz, demselben Strudel zu, [...] bis er endlich bei einer unscheinbaren Barriere hineintritt, und nun schlagen die Wogen über ihm zusammen« (9,1 VI). Die Großstadt stellt bei Stifter eine Überforderung dar, die sich nur durch die Metapher des Naturgroßen auffangen lässt. Steht im 19. Jahrhundert das Gewitter meteopoetologisch für die Kontingenz und Unkontrollierbarkeit der Großstadt, so kehrt die urbanistische Botschaft von *The Truman Show* am Ende des 20. Jahrhunderts dieses Verhältnis um: Es ist keine Stadt ohne Wetter und kein Held – und wohl auch kein Menschenleben im emphatischen Sinne – ohne die Kontingenz des Wetters denkbar. Ein Schiffbruch muss inszeniert werden, um uns bewusst zu machen, was wir durch die Utopie des *New Urbanism* verlieren könnten: die Neugierde, den Tritt ins Ungewisse, den Mut zum Risiko, der am Anfang der Moderne steht. In Seaside, Florida jedenfalls wird offensichtlich die Kleinstadt zur Musterstadt erhoben. Das blendet die ganze moderne Welt, aber auch die bedrohlichen Wetter- und Stimmungslagen der Großstadt aus.

Damit werden die schon von Stifter diagnostizierten und vom *New Urbanism* anvisierten Probleme der sich rasant ausbreitenden und die Umwelt verschmutzenden großstädtischen Ballungsräume natürlich nicht gelöst. Mit dem Überstehen und Überleben des Sturms ist der Film auch noch nicht ganz zu Ende. Bevor Truman seine künstliche Welt verlässt, tut er etwas, was nur im Rahmen dieser Künstlichkeit überhaupt möglich ist: Er schreitet den Horizont ab. Er läuft nämlich auf einen Steg, der entlang der Außenwand des Studios verläuft und bis hierher vom *trompe l'oeil* des gemalten Himmels verdeckt worden ist. Die Horizontabschreitung ist der vorletzte Schritt von Trumans Höhlenausgang. Sie informiert ihn nicht über die letztendliche Beschaffenheit von Welt, sondern darüber, dass seine bisherige Welt eben nicht *die* Welt war, oder, Blumenberg zufolge, nicht der »Horizont aller Horizonte«,[54] der sich grundsätzlich nicht abschreiten lässt. Der letzte Weg Trumans führt ihn durch eine Tür, die in die Außenwelt führt, wo wir ihn aus dem Blick verlieren. Statt sein weiteres, vermutlich durchschnittliches Leben zu verfolgen erleben wir das Jubeln des globalen Fernsehpublikums. Man

---

54 Hans Blumenberg: Matthäuspassion, Frankfurt a. M. 1988, 7.

kann darin eine Konvention eines Hollywood-Melodramas erkennen, aber mit dem Publikum wird auch, vielleicht unter der Hand, die Beobachtungsebene zweiter Ordnung wieder eingeführt. Die Filmzuschauer werden dadurch eingeladen, sich Gedanken über die Beschaffenheit dieser Publikumswelt zu machen, die ja auch die unsere ist. Mit Blick auf die Thematik der Überwachung und des Spektakels könnte das bedeuten, über den Verlust der Privatsphäre und das Aufkommen einer Kultur der Selfies nachzudenken. Auf das Thema des Wetters und des Klimas bezogen impliziert die Beobachtung zweiter Ordnung die Erkenntnis, dass auch unser Erdklima der anthropogenen Erwärmung oder im so genannten Anthropozän technisch erzeugt, wenn auch nicht kontrollierbar ist. Mit diesem Gedanken wird der Planet zur Großstadt – denn es gibt kein ›Land‹ bzw. keine ›Natur‹ mehr – und die atmosphärische Hülle der Erde schließt sich zur Kuppel über uns, aus der wir nur schwer werden austreten können.

Louisa Kropp
Künstliche Blitze und Metaschnee. Wetterphänomene zwischen Natur, Kunst und Technik in der Lyrik Ben Lerners

Im Jahr 1964 veröffentlichte der US-amerikanische Dichter und Kunstkritiker John Ashbery das 739 Verse umfassende Langgedicht *The Skaters*, ein Gedicht ›in Form herabfallenden Schnees‹.[1] Es entspreche weder der Bedeutung der einzelnen Schneeflocke, noch der des gesamten Schneesturms, sondern bestimme sich durch »the rhythm of the series of repeated jumps, from abstract into positive and back to a slightly less diluted abstract.«[2] Ashbery, dessen Werke für ihre postmoderne Komplexität bekannt sind, sei laut eigener Aussage stärker von zeitgenössischer Musik und Malerei als von der Lyrik beeinflusst worden.[3] Insbesondere in seiner frühen Schaffensphase experimentierte er, beeinflusst u. a. durch die Strömungen des Surrealismus und Abstrakten Expressionismus in der bildenden Kunst, mit einer nicht-signifikativen, abstrakten Verwendung von Sprache.[4] In der Einleitung zu diesem Band wird der Reiz des Meteorologischen für ein solches Vorhaben erwähnt, und diesen erkannte auch Ashbery: An die Stelle einer Beschreibung von ›Schneefall‹ als natürliches Phänomen, tritt in dem hochgradig dissoziativen Text vielmehr der Versuch, die mit ›Schneefall‹ assoziierten Bewegungs- und Wahrnehmungsmuster durch die poetische Sprache zu repräsentieren.[5] Ein solches Verfahren kann als meteopoetologisch bezeichnet

---

1 »This, thus is a portion of the subject of this poem / Which is in the form of falling snow:« John Ashbery: The Skaters, from *Rivers and Mountains* [1966]. A critical and genetic digital edition, in: Robin Seguy (Hrsg.): TEXT/works (2013), V. 143; http://www.text-works.org/Texts/Ashbery/JA-Sk_data/JA-Sk_text.html#w6822 [konsultiert am 06.04.2020].
2 Ebd., V. 146–148.
3 Vgl. R. P. Draper: An Introduction to Twentieth-Century Poetry in English, New York 1999, 225. Vgl. Dennis Brown: The Poetry of Postmodernity, New York 1994, 5.
4 Der Begriff der ›Abstraktion‹ oder ›abstrakter Dichtung‹ ist laut Sabine Flach ein uneinheitlicher Begriff für eine Literatur, »die sich sowohl vom logischen als auch vom gegenständlich-darstellenden Sprachaspekt abhebt. Sprache wird – ähnlich bestimmten abstrakten Tendenzen in der bildenden Kunst – wesentlich in ihrer Funktionalität und Materialität betrachtet. Es geht also immer um das Zeichensystem selbst, das freigesetzt und in seinen Bedeutungspotentialen erkannt werden soll.« Sabine Flach: Art. »Abstrakt/Abstraktion«, in: Ästhetische Grundbegriffe. Historisches Wörterbuch in sieben Bänden, hrsg. von Karlheinz Barck u. a., Stuttgart 2010, Bd. 7, 1–40, hier: 4.
5 Clara Van Zanten erkennt bei Ashbery einen Wendepunkt in der Bedeutung von ›Wetter‹ in der US-amerikanischen Gegenwartslyrik: »Ashbery's poems are not about weather, but they

werden, denn der Dichter konzeptualisiert sein Schreiben durch das Bild fallenden Schnees und bemüht sich um eine Erweiterung der Möglichkeiten sprachlicher Abstraktion.[6]

Auf die US-amerikanische Gegenwartslyrik nach der Jahrtausendwende übte Ashbery großen Einfluss aus. Insbesondere der Lyriker und Prosaautor Ben Lerner, um den es auf den folgenden Seiten gehen wird, betont seine Verbundenheit mit Ashberys Werk. Auch Lerner schreibt Gedichte, die sich an der Grenze zur Prosa verorten lassen und als experimentell, hermetisch und »productively frustrat[ing]« gelten.[7] In eklektischer Manier stehen in seinen Texten Referenzen auf Gesellschafts-, Sprach- und Kunstphilosophie neben Phrasen, die aus Reality-Shows oder Rap-Songs stammen könnten. Ihre Wirkung lässt sich in etwa mit den Worten David Shapiros beschreiben, der mithilfe einer meteorologischen Metapher über Ashbery bemerkt: »There is an icy autocratic humiliation of the reader, who expects again and again a center, only to be decentered.«[8] Insbesondere die lyrischen Texte in Lerners Debütband *The Lichtenberg Figures* (2004) weisen einen ähnlich abstrakt-meteopoetologischen Zugang zu dem Zeichenfeld Wetter auf wie das eben zitierte Beispiel Ashberys. Visuelle oder klangliche Musterbildungen und Dynamiken spielen in Lerners Werken eine zentrale Rolle.[9] In den Lyrikbänden wird dies u. a. sichtbar, da die einzelnen Gedichte meist in einem Zusammenhang zueinander stehen und eine Gesamtheit andeuten. Motive, Formulierungen und ganze Zeilen wiederholen sich in Variationen und sind oft spezifischen Zeichen- und Bildfeldern wie z. B. der bildenden Kunst, der Elektro-Physik oder eben der Meteorologie zuzuordnen, die dem Band zugrunde liegen.

Der Bereich des Wetters sticht hier deshalb heraus, weil Lerners lyrische Texte als urban, politisch engagiert und kulturkritisch eingeordnet werden können. Sie skizzieren auf meist sarkastische Weise eine entfremdete Gesellschaft, die geprägt ist von Waffengewalt, Medienökonomien, Klickraten, Technisierung und Militarisierung. Das Wetter in Lerners Texten ist somit nie ganz eindeutig nur ›Wetter‹. Wie die poetische Sprache selbst und wie alle Repräsentationen von

---

›articulate‹ weather«. Clara Van Zanten: Word Clouds. Ashbery, Weather Poems, Ecology, University of California 2010, 8.

6 Vgl. für eine Definition der Meteopoetologie: Urs Büttner, Ines Theilen (Hrsg.): Phänomene der Atmosphäre. Ein Kompendium Literarischer Meteorologie, Stuttgart 2017, 20.

7 Gayle Rogers, Ben Lerner: An Interview with Ben Lerner, in: Contemporary Literature 54/2 (2013), 210–238, hier: 224.

8 David Shapiro: John Ashbery. An Introduction to the Poetry, New York 1979, 1.

9 In den Prosatexten, insbesondere in Lerners jüngstem Roman *The Topeka School* (2019), weitet sich dies auch auf Verhaltensmuster aus. Vgl. Naomie Skwarna, Ben Lerner: »Works of Art Are Made Out of Patterns«: An Interview with Ben Lerner, in: Hazlitt (27. Nov. 2019); https://hazlitt.net/feature/works-art-are-made-out-patterns-interview-ben-lerner [konsultiert am 07.06.2020].

›Natur‹ verorten sich die meteorologischen Phänomene in einer Zone zwischen den imaginären Polen Natur und Kultur, Original und Reproduktion, Signifikat und Signifikant. Sie beziehen sich nie ganz eindeutig auf ein natürliches Ereignis und werden stets in den Bereich des Artifiziellen verschoben – etwa in Form einer künstlerischen oder technologischen Hervorbringung, Verarbeitung oder Imitation. Dies wird insbesondere in den späteren Publikationen *Angle of Yaw* (2006) und *Mean Free Path* (2010) deutlich, ist aber auch in *The Lichtenberg Figures* schon präsent. Inwieweit handelt es sich bei einem solch uneindeutigen Wetter also überhaupt um Meteopoetologie?

Gedichte unter Spannung

Ben Lerners Debutband *The Lichtenberg Figures* ist nach Formationen benannt, die sich bilden, wenn elektrische Ladungen mit starkem Potentialgefälle durch ein isolierendes Material strömen. Diese sogenannten ›Lichtenbergischen Figuren‹, benannt nach ihrem Entdecker, dem Göttinger Experimentalphysiker Georg Christoph Lichtenberg (1742–1799), erscheinen u. a. auf der Haut von Menschen, die von einem Blitz getroffen wurden. Geplatzte Äderchen auf der Hautoberfläche formieren sich dann zu einer großflächigen, sich langsam verflüchtigenden Blitznarbe. Diese durch eine positive elektrische Ladung entstandenen Muster verzweigen und verästeln sich ganz so, wie der Blitz selbst und gehören zu den seltenen Erscheinungsformen fraktaler Strukturen in der Natur wie auch Blutgefäße und Flusssysteme, an die sie erinnern. In einer experimentellen Anordnung können die Figuren gleichermaßen artifiziell hervorgebracht werden, wobei das naturwissenschaftliche Interesse in ihrer Wissensgeschichte oft durch ein ästhetisches ergänzt wurde.[10] Lerners Lyrikband spielt mit den verschiedenen Erscheinungsweisen und Aspekten der farnförmig ausfransenden Gebilde und kündigt damit eine Gedichtsequenz an, welche die Grenzen zwischen Natur, Technik und Kunst in Frage stellt. Auf der Frontseite der Publikation sind künstlich erzeugte, bläulich leuchtende Blitzformen abgebildet (siehe Abb. 1).

Für sich allein genommen lassen das Coverbild, das Format des Sonettzyklus und der Titel zunächst eine Hommage an den Aufklärer und Aphoristiker Lichtenberg bzw. an die Gedanken der Aufklärung erwarten, womit jedoch bei der Lek-

---

[10] Laut Haru Hamanaka spielten u. a. Aspekte der Bildlichkeit wie »Visualität, Schönheit, Ähnlichkeit und Zeichenhaftigkeit« bei den Forschungstätigkeiten im 18. Jahrhundert eine bedeutende Rolle. Haru Hamanaka: Erkenntnis und Bild. Wissenschaftsgeschichte der Lichtenbergischen Figuren um 1800, Göttingen 2015, 178.

Abb. 1: Titelfoto *The Lichtenberg Figures*.
Foto: Bert Hickman, Stoneridge Engineering.

türe schnell gebrochen wird. Denn zwar sind die Texte angefüllt mit kunsttheoretischen Erwägungen und akademischen Referenzen auf Künstler*innen und Philosoph*innen, die allerdings auch dem 20. Jahrhundert zuzuordnen sind. Darüber hinaus berichtet, in einer umgangssprachlichen Ausdrucksweise und in oft inkohärenten Zusammenhängen, ein sonderbar gleichgültiges Stimmenkollektiv von Identitätsverlust, gescheiterter Kommunikation und Desorientierung in einem absurden, durch mediale Echos geprägten Alltag, in dem physische und psychische Gewalt an der Tagesordnung zu sein scheint und wie nebenbei, ohne Gefühlsregung erwähnt wird. Die in einem mal ironischen, mal sachlich-distanzierten Tonfall verfassten Gedichte erinnern damit an multiperspektivische, polyphone Momentaufnahmen einer pathologischen Gesellschaft: »Sentiment is not avoided it is impossible«, schreibt ein Rezensent.¹¹ Für den Titel habe Lerner sich durch ein Foto inspirieren lassen, welches die Narben auf dem Rücken eines Blitzopfers zeige. In einem Interview mit dem Online-Lyrikmagazin *Jacket* erklärte er im Jahr der Veröffentlichung:

> When I saw a photograph of a Lichtenberg Figure that had appeared on the back of a lightning strike victim, I felt I had found a fine guiding trope for how form happens, for the violence and beauty and absurdity of it.¹²

Ausgehend von der Denkfigur der Blitznarbe bringt das Thema der Formwerdung, welches in den Gedichten verhandelt wird, für Lerner somit gleichzeitig brutale und gewaltvolle wie ästhetische Anteile mit sich. Die Gewalt des Blitzschlags liegt jedoch, wie auf dem Cover zu erkennen ist, im Bereich des Künstlichen und ist eingebettet in die Geschichte der Elektrizitätslehre, des Experiments und der Aufklärung, woran die Bezeichnung der Lichtenbergischen Figuren erinnert. Erst im 18. Jahrhundert konnte die elektrische und profane Natur des Blitzes bewiesen werden, der zuvor in einer straftheologischen Weltanschauung als Medium göttlicher Strafe und Gewalt interpretiert wurde.¹³ Bei Lerner deutet der artifizielle und scheinbar unter kontrollierten Bedingungen produzierte ›Blitz‹ nun die Lichtmetaphorik der Aufklärung zwar an, visualisiert aber gleichermaßen ein archaisches, in der metaphysischen Leere der Gedichte zum Ausdruck gebrachtes Aggressionspotential. Dieses erscheint permanent, normalisiert und geht mit einer Taubheit und Abgestumpftheit der Gefühle einher.

Die Gewalt wird jedoch nicht nur auf der inhaltlichen Ebene thematisiert, sondern ebenso durch die formale Gestaltung der 52 in *The Lichtenberg Figures* abgedruckten Texte, insbesondere in Hinsicht auf ihr Zusammenspiel. Es handelt sich um eine Sequenz jeweils vierzehnzeiliger Sonett-Variationen, die sich chaotisch aneinanderreihen und auf den ersten Blick nur durch die unterschiedliche Anordnung der Verszeilen in Strophen gliedern. Eine namentliche Bezugnahme auf einzelne Texte wird erschwert, da sie keinen eigenen Titel tragen und jeweils nur mit einem Zeichen überschrieben sind, welches an ein Paragrafenzeichen erinnert. Das in der Denkfigur der Lichtenbergischen Figuren inhärente Verhältnis von Brutalität, Ästhetik und Form manifestiert sich vor allem durch die Interaktion der Inhalt-Form-Dichotomie, d. h. durch die Beziehung der semantischen und syn-

---

11 Gilbert Wesley Purdy: After the Lightning Strike, in: Eclectica Magazine 10/2 (2006); http://www.eclectica.org/v10n2/purdy_lerner.html [konsultiert am 08.03.2020].
12 Kent Johnson, Ben Lerner: Ben Lerner in conversation with Kent Johnson, in: Jacket 26 (Okt. 2004); http://jacketmagazine.com/26/john-lern.html [konsultiert am 07.03.2020].
13 Vgl. zum Beispiel Michael Gamper: Elektropoetologie. Fiktionen der Elektrizität 1740–1870, Göttingen 2009, 212.

taktischen Ordnung sowie der Strophenordnung. Deutlich wird dies etwa anhand des ersten Gedichts des Bands:

> The dark collects our empties, empties our ashtrays.
> Did you mean »this could go on forever« in a good way?
> Up in the fragrant rafters, moths seek out a finer dust.
> Please feel free to cue or cut
>
> the lights. Along the order of magnitudes, a glyph,
> portable, narrow – Damn. I've lost it. But its shadow. Cast
> in the long run. As the dark touches us up.
> Earlier you asked if I would enter the data like a room, well,
>
> either the sun has begun to burn
> its manuscripts or I'm an idiot, an idiot
> with my eleven semiprecious rings. Real snow
> on the stage. Fake blood on the snow. Could this go
>
> on forever in a good way? A brain left lace from age or lightning.
> The chicken is a little dry and/or you've ruined my life.[14]

Hinsichtlich der Zeilenzahl und des Strophenbaus entspricht der Text einem klassischen Shakespeare-Sonett, ohne jedoch ein gleichbleibendes Metrum oder Reimschema aufzuweisen.[15] Auf einen Blick als englisches Sonett erkennbar, verdeutlicht es die »Gestalthaftigkeit der Schrift in ihrem gattungsspezifischen Arrangement auf der Seite«, welche laut Andrea Polaschegg die Wirkungsästhetik eines Texts in großem Maße mitbestimmt.[16] Die Sonettform wird in den nachfolgenden Gedichten bezüglich der Strophenordnung immer wieder aufs Neue deformiert bzw. variiert. Als virtueller Ausgangspunkt eines Verformungsprozesses bleibt sie jedoch präsent und erkennbar. Der US-amerikanische Dichter Brian Kim Stefans spricht in diesem Zusammenhang von einer unsichtbaren Grundform, die im ersten Gedicht fixiert werde.[17] In allen nachfolgenden Texten er-

---

14 Ben Lerner: The Lichtenberg Figures, Port Townsend, Wash. 2003, 1.
15 Traditionelle Gedichtformen wie das Sonett sind in der politisch engagierten US-amerikanischen Lyrik nicht unüblich. Ann Keniston und Jeffrey Gray vermuten, die Wahl einer wohlbekannten Form diene einerseits der Stabilität im Angesicht der Thematisierung leidvoller, vielleicht unaussprechbarer Erfahrungen oder Zustände, und betone andererseits das Althergebrachte, sich andauernd Wiederholende dieser Umstände, vgl. Ann Keniston, Jeffrey Gray (Hrsg.): The New American Poetry of Engagement. A 21st Century Anthology, Jefferson, N. Carol. 2012, 13.
16 Andrea Polaschegg: Literatur auf einen Blick. Zur Schriftbildlichkeit der Lyrik, in: Eva Christiane Cancik-Kirschbaum u. a. (Hrsg.): Schriftbildlichkeit. Wahrnehmbarkeit, Materialität und Operativität von Notationen, Berlin 2012, Bd. 1, 245–264, hier: 248.
17 Vgl. Brian Kim Stefans: Word Toys. Poetry and Technics, Tuscaloosa 2017, 76.

kennt er demnach Variationen der hier festgelegten formalen und inhaltlichen Strukturen: »as something of a function – the ghostly, invisible ideal – in which various values can be inserted for different effects.«[18]

Auf der semantischen Ebene steht der Form des Sonetts in dem oben zitierten Gedicht jedoch scheinbar eine anarchische Struktur gegenüber. Dabei fungiert die grammatische Syntax – nicht das Metrum – als das organisierende Moment, was eine Nähe zum Prosaischen und Diskursiven schafft. Durchweg deutet sich eine mögliche, nicht-aktualisierte kohärente Weiterführung an, die dann aber Fragment bleibt. Der Eindruck von Willkürlichkeit dominiert, ausgelöst durch assoziative und improvisierte Umschwünge, zwischen denen der Sinnzusammenhang aufgerissen scheint: Bilder von Dunkelheit, Leergut und Aschenbechern stehen neben Fragen, Beobachtungen, Aussagen oder Phrasen. Erst im abschließenden Verspaar, im sogenannten *couplet,* werden zwei mögliche Ursachen für die assoziative semantische Ordnung genannt, das Alter oder ein Blitz.[19]

Die inhaltliche Diskontinuität steht somit im Kontrast zu der traditionell strengen Sonettform, und es scheint ganz so, als verweigere sich diese Ebene des Gedichts einer fixierten Bedeutungskonstitution. Die semantische Widerständigkeit wird auch durch die harten Enjambements deutlich. Indem Brüche im Sinnzusammenhang innerhalb der Ordnungskategorie der Strophe erfolgen, stellen sie diese in Frage. Die Wörter arrangieren sich infolgedessen nach gänzlich anderen Kriterien, wie etwa nach den Lichtverhältnissen: Ein auffälliger Hell-Dunkel-Kontrast bestimmt den Text, der das Coverbild fortzuführen scheint. So beginnt er mit einer personifizierten Dunkelheit, welche Aschenbecher und leere Flaschen verschluckt, die Überreste einer Partynacht. In Vers sechs wird ein Schatten erwähnt. Zuletzt tauchen die Sonne und der Blitz als Lichtquelle auf. Beide Pole, Dunkelheit und Licht sind zerstörerisch: Das Dunkel »touches us up«,[20] was umgangssprachlich Belästigung andeutet. Die Sonne verbrennt Manuskripte, Schrift, Sinn. In den nachfolgenden Gedichten herrschen demnach dämmerige Lichtverhältnisse zwischen Licht und Dunkelheit vor, und Farben werden nicht erwähnt.

Daneben imitieren die Texte auch die sich gabelnde Form der Lichtenbergischen Figuren: Durch die häufige Nutzung der Konjunktion ›or‹ werden im obigen Beispiel jeweils zwei Möglichkeiten, zwei Verästelungen von Bedeutung impliziert,

---

18 Ebd.
19 Das Coverbild kann auch mit neurologischen Prozessen assoziiert werden. Denn in *The Lichtenberg Figures* spielt der Prozess des Erinnerns und Vergessens eine bedeutende Rolle. Der Blitz kann demnach auch als der Blitz eines Fotoapparats interpretiert werden und damit als der Versuch, etwas Flüchtiges zu fixieren.
20 Lerner, The Lichtenberg Figures (Anm. 14.), 1.

die an die Verzweigungen der Formationen erinnern. In der letzten Zeile erweitern sich die Optionen zusätzlich durch einen Schrägstrich zwischen ›and‹ und ›or‹. Damit stehen sich verschiedene Möglichkeiten der Formwerdung gegenüber: die Grundform des Sonetts, welche von den nachfolgenden Gedichten gesprengt wird, und interne Organisationsprinzipien, die in einem Zusammenhang mit der Leitmetapher der Lichtenbergischen Figuren stehen. Eine solche Gegenüberstellung von Gegensätzen ist in der Tradition des Sonetts verankert, bei Lerner scheinen jedoch Form- und Inhaltsebene selbst den Konflikt auszutragen. Das dadurch entstehende (elektrische) Spannungsverhältnis trägt wiederum zur Bedeutung des Gedichts bei. Die Änderungen in der Strophenordnung, welche in den nachfolgenden Texten stattfinden, wirken wie das Resultat einer Gespanntheit, die, je nach Ausprägung, die Form und Anordnung der Gedichte bestimmt, sie immer wieder aufs Neue von innen heraus zu deformieren scheint. So vergleicht ein Vers das Schreiben mit dem Messen einer elektrischen Spannung: »Resembling a mobile but having no mobile parts, / my instrument for measuring potential differences (in volts) / is like a songbird in a Persian Poem.«[21] Das Bild des künstlichen Blitzes und die durch ihn ausgelösten materiellen Bewegungen sind somit nicht nur in Form einer säkularisierten Allegorie omnipräsenter Gewalt in der Gedichtsequenz wiederzuerkennen. Es wird deutlich, dass Synergien der Inhalt-Form-Dichotomie stets mit einem schmerzhaften Ringen um Bedeutung und Ästhetik verbunden sind. Damit sind die Gedichte als eine Performanz der Mechanismen zu verstehen, von welchen sie berichten.[22] Sie sind selbst einer Gewalt unterworfen, stehen selbst unter Druck.

Fluide Subjektivitäten, schwankende Bedeutungen

Parallel zum Prozess der Formwerdung verhandeln die Texte aus *The Lichtenberg Figures* auch den Prozess der Subjektwerdung und auch hier sind meteopoetologische Verfahren involviert. Anstelle eines einheitlichen lyrischen Ichs spricht in ihnen wie bereits erwähnt ein Kollektiv oder aber ein stark durch die Aussagen eines Kollektivs geprägtes Subjekt. Damit erweitert sich die bereits erwähnte Instabilität der semantischen Ebene auf die Frage nach der Position und

---

[21] Ebd., 20. Das Messinstrument erinnert an den sogenannten Klydonographen, einen Spannungsmesser, welcher auf Basis desselben elektro-physikalischen Phänomens funktioniert, welches die Figuren hervorbringt.
[22] Vgl. Cyrus Console: Sustained Elegy. Cyrus Console Reviews *The Lichtenberg Figures* by Ben Lerner, in: Jacket 28 (2005); http://jacketmagazine.com/28/cons-lerner.html [konsultiert am 14.03.2020].

Identität des oder der lyrischen Sprecher*in. Denn meist bleibt es ungewiss, ob nun eine oder mehrere Stimmen in einem Text präsent sind. Was Lerner einmal über John Ashberys Pronomen bemerkte, trifft auch auf seine eigenen Texte zu: »Among the many marvels of John Ashbery's poetry as a whole is the way that his pronouns [...] fill and empty and fill again as you read – like some sea creature or the chambers of the human heart.«[23] In einem Sonett etwa, in dem sich die Strophenordnung komplett aufgelöst zu haben scheint, wirkt es, als beziehe sich das Pronomen ›I‹ in jedem Satz auf eine andere Stimme:

> I'm going to kill the president.
> I promise. I surrender. I'm sorry.
> I'm gay. I'm pregnant. I'm dying.
> I'm not your father. You're fired.
> Fire. I forgot your birthday.
> [...]
> I'm a doctor. I'm leaving you.
> I love you. Fuck you. I'll change.[24]

Einige dieser Stimmen scheinen aus Film und Fernsehen zu stammen, teilweise sind konkrete Referenzen zu erkennen, zum Beispiel auf die von Donald Trump moderierte Show *The Apprentice* (›You're fired‹). Man könnte hier von einem *Stimmengewirr* sprechen, welches stark von den Sprechweisen der Unterhaltungsmedien geprägt ist und sich mit Deleuze und Guattari als »molekulares Äußerungsgefüge« bezeichnen lässt: ein »Komplex von harmonischen und disharmonischen Stimmen, aus dem ich meine Stimme beziehe«.[25] Diese Stimmenvielfalt im Bereich des Unbewussten begreifen Deleuze und Guattari als Voraussetzung für das Schreiben und für die Herausbildung einer eigenen Stimme.[26] Die meisten Gedichte aus *The Lichtenberg Figures* präsentieren eine solche Vielfalt. Sie führen damit Polyphonie vor und gleichzeitig einen sich stetig wandelnden Individuationsprozess innerhalb der poetischen Sprache. Die Unbeständigkeit von Bedeutung

---

23 Ben Lerner: The I and the You, in: The Paris Review (2015); https://www.theparisreview.org/blog/2015/12/09/the-i-and-the-you/ [konsultiert am 08.03.2020]. Vgl. zu Ashbery auch Janet Bloom, Robert Losada: Craft Interview with John Ashbery, in: William Packard (Hrsg.): The Craft of Poetry. Interviews from *The New York Quarterly*, Garden City, N. Y. 1974, 111–132.
24 Lerner, The Lichtenberg Figures (Anm. 14), 9.
25 Gilles Deleuze, Felix Guattari: Tausend Plateaus, hrsg. von Günther Rösch, übers. von Gabriele Ricke und Ronald Vouillé, Berlin 1992, 118. Vgl. auch Sabine Till: Die Stimme zwischen Immanenz und Transzendenz. Zu einer Denkfigur bei Emmanuel Lévinas, Jacques Lacan, Jacques Derrida und Gilles Deleuze, Berlin/Bielefeld 2014, 145–170.
26 Vgl. ebd.

und das Fehlen einer eindeutig abzugrenzenden Stimme sind in *The Lichtenberg Figures* jedoch tendenziell negativ konnotiert. So heißt es in einem von drei Gedichten mit der Widmung ›for Benjamin‹: »Sense grows sentimental / at the prospect of deferral. [...]; A pronoun disembowels his antecedent. / [...] / Your body is broken by exegesis. / The thinkable goes sobbing door-to-door.«[27] Pronomen, die ihre jeweiligen Vorgänger ›ausweiden‹, ein obdachlos von Tür zu Tür wandernder Sinn: Die Sprache erscheint korrumpiert und kalt, sie kann weder Identitäten noch Bedeutungen ein Zuhause geben. Die lyrischen Stimmen zeigen sich dementsprechend verunsichert über den Sinngehalt sprachlicher Äußerungen: »I have absolutely no / idea what I'm saying«.[28] Unterscheidungen und Konturen verschwimmen: »I can no longer distinguish between combat and resuscitation«; »I can no longer distinguish / between verb moods that indicate confidence and those that express uncertainty.«[29]

Aufgenommen und gespiegelt wird der unsichere Status, die Kälte und die unbeständige Identität der lyrischen Subjektivität(en) u. a. durch das Wetterphänomen Schnee. Den Zustand kontinuierlicher Individuation setzt auch Roland Barthes in seinen Notizen für seine Vorlesungen am *Collège de France* (1978–1979 und 1979–1980) mit dem Wetter gleich: »*Individuation* besteht darin, die Irreduzibilität, die fundamentale Nuance, das *So-Seiende, Spezielle* vom Individuum [...] auf ein bestimmtes Moment dieses Individuums zu übertragen.«[30] Dieser Moment sei »das Wetter, die Farbe, das Phänomen [...]. Sie [die Menschen] werden zur Jahreszeit, zum Tag, zur Minute; Ihr Subjekt: von ihr erfüllt und erschöpft → Sie werden Barometer.«[31] Ähnlich schreiben Deleuze und Guattari: »Ihr habt die Individuation [...] eines Klimas, eines Windes, eines Nebelschwadens«.[32] Insbesondere das letzte Sonett des Gedichtbands greift diese Thematik der Wandelbarkeit und Unstetigkeit durch eine Verknüpfung mit Schnee auf. Es ähnelt in seinem parataktischen Aufbau den vielstimmigen Collage-Texten in *The Lichtenberg Figures*. Anstelle der Pronomina stellt das Wort ›snow‹ hier eine mit Sinn zu füllende Instanz dar:

> The sky narrates snow. I narrate my name in the snow.
> Snow piled in paragraphs. Darkling snow. Geno-snow
> and pheno-snow. I staple snow to the ground.

---

27 Lerner, The Lichtenberg Figures (Anm. 14), 25.
28 Ebd., 20.
29 Ebd., 6.
30 Roland Barthes: Die Vorbereitung des Romans. Vorlesung am Collège de France 1978–1979 und 1979–1980, hrsg. von Éric Marty u. a., Frankfurt a. M. 2008, 91.
31 Ebd.
32 Deleuze/Guattari (Anm. 25), 357.

In medieval angelology, there are nine orders of snow.
A vindication of snow in the form of snow.
A jealous snow. An omni-snow. Snow immolation.

Do you remember that winter it snowed?
There were bodies everywhere. Obese, carrot-nosed.
A snow of translucent hexagonal signifiers. Meta-snow.

Sand replaced with snow. Snowpaper. A window of snow
opened onto the snow. Snow replaced with sand.
A sandman. Obese, carrot-nosed. Tiny swastikas

of snow. Vallejo's unpublished snow.
Real snow on the stage. Fake blood on the snow.[33]

Das Wort ›snow‹ zeichnet sich durch ebensolche Ambiguität und Wechselhaftigkeit aus wie das Pronomen ›I‹ in dem zuvor zitierten Gedicht. Es verweist in dem gesamten Text durch die mehrfache Wiederholung primär auf sich selbst als sprachliches Artefakt, schwankt aber auch zwischen Selbst- und Fremdreferenz: Während im ersten Vers noch das reale Wetterphänomen gemeint sein könnte, weist »[s]now piled in paragraphs« auf eine Metapher für Schrift oder für das weiße Papier hin, auf dem das Gedicht geschrieben steht. Ob »[d]arkling snow« nun auf eine Verdunklung der Seite schließen lässt, die sich mit Schrift füllt, oder auf durch Abgase gefärbten Großstadtschnee, bleibt offen. Weiter verkompliziert wird die Bedeutung von ›snow‹ durch die Neologismen »[g]enosnow / and pheno-snow«, die an die Begriffe Genotyp und Phänotyp erinnern. Dieser pseudo-naturwissenschaftlichen Bestimmung steht eine bürokratisch-transzendente Ordnung gegenüber: »In medieval angelology, there are nine orders of snow.« Die Feierlichkeit wird jedoch bald wieder ironisch gebrochen: »There were bodies everywhere. Obese, carrot-nosed.«

In dem Wort ›snow‹ verbinden sich damit nicht nur mehrere Bedeutungen, sondern auch verschiedene Tonlagen. Es verweist stets auf ein Neues und bleibt doch gleich. Durch seine Wiederholung ist es gleichermaßen allgegenwärtig und ephemer. Es bestimmt die visuelle und klangliche Struktur des Gedichts in dem Maße, wie es die semantische verundeutlicht. Die fluktuierenden Bedeutungsbewegungen innerhalb des Worts ›snow‹ bilden die mit diesem Phänomen verbundene Veränderlichkeit ab sowie die Formbarkeit und Flüchtigkeit seines Materials. Auch alle weiteren Erwähnungen des Worts in dem Band sind mit diesen Eigenschaften verbunden. Etwa in einem Text, der in ironischem Ton

---

33 Lerner, The Lichtenberg Figures (Anm. 14), 52.

über den Zustand der Gesellschaft klagt: »Given men as they are, women pack snow into jars for the summer ahead.«[34]

Das oben zitierte Gedicht erwähnt zudem »[a] snow of translucent hexagonal signifiers. Meta-snow« und »[a] window of snow / opened onto the snow.« Metaphern aus dem Bereich des Meteorologischen dienen hier somit auch dazu, wie bei den anfangs erwähnten Zeilen Ashberys, die Eigenschaften und Funktionsweisen der selbstreferenziellen Sprache zu visualisieren bzw. erst in der Leseerfahrung hervorzubringen. Arden Reed vergleicht in seiner Studie *Romantic Weather* das Wetter mit einem »system of signs«, welches in seiner Vieldeutigkeit dem literarischen Zeichen ähnele.[35] Diese Ähnlichkeit macht sich Lerner hier zunutze und setzt die vergänglichen, auch in ihrer Wiederholung nicht gleichen meteorologischen Phänomene und die Sprache nebeneinander: Schnee erweist sich damit auch als Chiffre für eine wandelbare Sprache und für den mit dem Schreiben verbundenen Prozess der Subjektwerdung.

Meteopoetologie und Sprachmaterial

Lerners Texte situieren sich in Beziehung zu einer Reihe von Schriftsteller*innen des 20. und 21. Jahrhunderts, die sich in ihren Arbeiten unter anderem mit dem Materialcharakter von Sprache und mit Verfahren der Zitation auseinandersetzten.[36] Einen Ansatz zu einer dezidiert materialistischen Poetik stellt z.B. Charles Olsons Aufsatz *Projective Verse* (1950) dar.[37] Auch die Gruppe der *Language Poets* ist in diesem Zusammenhang zu nennen, die sich ab den 1970er Jahren in einem kapitalismuskritischen Rahmen mit der Materialität von Sprache befasste.[38] Ben Lerner schreibt seine Gedichte vor dieser Folie, aber wie

---

34 Ebd., 8.
35 Arden Reed: Romantic Weather. The Climate of Coleridge and Baudelaire, Hanover, N.H. u. a. 1983, 7.
36 Einen Überblick über die Entwicklung der Verfahren der Zitation vom frühen 20. bis zum 21. Jahrhundert gibt Marjorie Perloff in der Einleitung zu *Unoriginal Genius*, siehe Marjorie Perloff: Unoriginal Genius: Poetry by Other Means in the New Century, Chicago 2010, 1–23.
37 Olson schreibt: » … every element in an open poem (the syllable, the line, as well as the image, the sound, the sense) must be taken up as participants in the kinetic of the poem just as solidly as we are accustomed to take what we call the objects of reality; and that these elements are to be seen as creating the tensions of a poem just as totally as do those other objects create what we know as the world.« Charles Olson: Projective Verse, in: Poetry Foundation; https://www.poetryfoundation.org/articles/69406/projective-verse [konsultiert am 07.06.2020].
38 Vgl. Simon Perril: Language Poetry, in: Neil Roberts (Hrsg.): A Companion to Twentieth-Century Poetry, Malden, Mass. 2003, 222 f.

schon anfangs erwähnt auch unter dem Einfluss John Ashberys und der mit ihm assoziierten *New York School Poets*.[39] Sein Interesse für die Stofflichkeit der Sprache artikuliert Lerner unter anderem in seinem autofiktionalen Roman *Leaving the Atocha Station* von 2011, welcher grundlegende Gedanken zu Lerners Poetik enthält.[40] Hier interpretiert der Protagonist seine intensive Wahrnehmung der lyrischen Sprache als Materialität, welche erst durch einen Vorgang des Nicht-Verstehens hervortritt:

> Reading Poetry, if reading is even the word, was something else entirely. Poetry actively repelled my attention, it was opaque and thingly and refused to absorb me, [...]; and yet, by refusing to absorb me the poem held out the possibility of a higher form of absorption of which I was unworthy, a profound experience unavailable from within the damaged life [...].[41]

Der Fokus auf das Sprachmaterial geht in Lerners Roman demnach mit einem Verweis auf etwas Nicht-Greifbares einher, mit einem Nicht-Bedeuten und mit der Hoffnung auf »a higher form of absorption«.[42] Gerade in dieser abstrahierten Wahrnehmung des reinen Sprachmaterials verortet er ein Potential, eine Erwartung ungeahnter Möglichkeiten der Sprache, die innerhalb des ›beschädigten Lebens‹ – vermutlich ein Verweis auf Adornos *Minima Moralia* – jedoch nicht ausschöpfbar seien.[43] Lerners engagierte Texte kreisen um diese Vorstellung eines ›beschädigten Lebens‹. Kurz nach der Veröffentlichung von *The Lichtenberg Figures* erklärte er in einem Interview:

> Poetasters who proudly assert that they are apolitical and armchair poet-radicals have at least one thing in common: they share the idea that poetry could somehow be free not to reflect the iniquities of its cultural moment.[44]

---

39 Ein loser Zusammenschluss von Dichter*innen um Ashbery, unter anderem Barbara Guest, James Schuyler, Kenneth Koch und Frank O'Hara. Der Name ist zurückzuführen auf ihren Kontakt mit einer Gruppe abstrakt-expressionistischer Maler, welche sich als *New York School* bezeichnete. Die Übertragung des Namens der Malergruppe auf die Dichter*innen ist eine Fremdbezeichnung, die sich trotz Ashberys Kritik hielt, siehe Terence Diggory: Encyclopedia of the New York School Poets, New York 2009, 343.
40 Vgl. Daniel Katz: »›I did not walk here all the way from prose‹«: Ben Lerner's Virtual Poetics, in: Textual Practice 31/2 (2017), 315–337.
41 Ben Lerner: Leaving the Atocha Station, London 2011, 20.
42 Später führt Lerner diesen Gedanken unter den Begriff des ›virtuellen Gedichts‹ in seinem Essay *The Hatred of Poetry* aus, vgl. Ben Lerner: The Hatred of Poetry, New York 2016.
43 Vgl. Theodor W. Adorno: Minima Moralia. Reflexionen aus dem beschädigten Leben, Frankfurt a. M. 1951.
44 Johnson/Lerner (Anm. 12).

Das Material der Sprache ist für Lerner geprägt durch den historischen Moment ihrer Produktion und ihrer Rezeption, womit er Ähnlichkeiten zu den sogenannten *Post-Language Poets* aufweist.[45] Die bisher angesprochenen atmosphärischen Phänomene, Blitz und Schnee, beschreiben also – liest man sie vor diesem Hintergrund – vor allem die ›Materialität‹ der in den Gedichten präsentierten Sprache, ihre Eigenschaften und Bewegungen – und sagen demnach auch etwas über die Gegenwart aus, welche diese Sprache hervorbringt und welche die Gedichte spiegeln, karikieren, imitieren und kritisieren. Lerners Sprache ist geprägt von der politischen und soziokulturellen Situation ihrer Zeit. Es handelt sich um eine Sprache, der eine Spannung innezuwohnen scheint und die sich durch eine fragmentierte, flüchtige Materialität, eine gewisse Kälte und Versehrtheit auszeichnet. Die Denkfigur des ›künstlichen Blitzes‹ bestimmt die Gestalt der Gedichte. Sie ist die Visualisierung einer Grundspannung – eines Ringens um Form und einer andauernden Formwerdung. Das Wort ›Schnee‹ und das Bild des Schneefalls korreliert mit den fluktuierenden Bewegungen lyrischer Subjektivität und der Flüchtigkeit der Bedeutung in den Gedichten. Diese beiden Denkfiguren aus dem Bereich des Atmosphärischen haben damit einen direkten Einfluss auf die poetische Sprache selbst, weshalb man hier von meteopoetologischen Verfahren sprechen kann.

Wetter. Wetter?

Lerner erkundet mittels der Wettersymbolik nicht nur die Sprache, sondern er überträgt auch die Vieldeutigkeit des literarischen Zeichens auf das Wetter, das sich epistemisch in einer Überlagerung verschiedener Wissensbereiche konturiert. Die Leitmetapher des Gedichtbands *The Lichtenberg Figures* stellt in diesem Kontext einen speziellen Fall dar, denn die Formationen können sowohl durch ein natürliches Wetterphänomen als auch künstlich produziert werden.[46] Der Schnee befindet sich ebenfalls in einem solchen Zwischenraum. In dem ersten und im letzten Gedicht des Bands wiederholen sich die beiden Sätze: »Real snow on the stage. Fake blood on the snow«.[47] Diese chiastische Gegenüberstel-

---

45 Die Bezeichnung geht zurück auf Christopher Nealon: Camp Messianism, or, the Hopes of Poetry in Late Late Capitalism, in: American Literature 76/3 (2004), 579–602.
46 Zu der Zeit ihrer erstmaligen Entdeckung durch Lichtenberg im Jahr 1777 wurde den Figuren aufgrund ihrer zufälligen Entstehung zusätzlich eine besondere ›Authentizität‹ zugeschrieben und der Kontext ihrer künstlichen Hervorbringung tendenziell vernachlässigt, vgl. zum Beispiel Michael Gamper, Elektropoetologie (Anm. 13), 89.
47 Lerner, The Lichtenberg Figures (Anm. 14), 1, 52.

lung zeugt von einer Ambivalenz und gliedert sich damit in das poetologische Prinzip der Ununterscheidbarkeit und Polysemie ein. Wie die Innen- und Außenseite eines Möbiusbands können die Künstlichkeit des Bühnenraums, in welchem sich der Schnee befindet, und die des Kunstbluts nicht voneinander abgegrenzt werden.[48] In der Engführung von Natur, Kunst und Technik klingt in Lerners Texten damit Jean Baudrillards Überzeugung an, die Kunst sei »heute nichts anderes als diese paradoxe Konfusion zwischen Künstlichkeit und Wirklichkeit.«[49] Das Wetter ist bei Lerner somit auch eine kulturkritische Metapher für die Verwechslung zwischen Realität und deren künstlicher Hervorbringung bzw. kultureller Verarbeitung in einem hyperrealen Zeitalter.

Dies wird insbesondere in den beiden späteren Lyrikbänden Lerners deutlich, auf die an dieser Stelle nur kurz verwiesen werden kann. In *Angle of Yaw* wird das Wetter zu einem Feld sich überlagernder Erklärungsmuster:

> A LARGE GROUP OF PICNICKING CHILDREN is struck by lightning. Four girls and four dogs are killed. Twenty-three children suffer burns, cataracts, macular holes, tympanic membrane rupture, and skull fracture. At the church service, the pastor organizes his eulogy around the trope of being called. God reached down with a finger of light, etc. But the positive charge originated in the ground and climbed an invisible ladder of electrons skyward.[50]

Religion und Wissenschaft werden hier in Bezug auf den Blitzschlag als konkurrierende kulturelle Deutungsmuster gegenübergestellt. Obwohl sich die Verbindung von Wetter mit Aspekten des Heiligen durch das Aufkommen der Meteorologie immer weiter auflöste, schimmert auch diese archaische Dimension in Lerners Gedichten durch.[51] Die wissenschaftliche Sichtweise ist jedoch komplexer als die religiöse Interpretation, was durch die gegenläufige Richtung der positiven Ladung von unten nach oben visualisiert wird. In *Mean Free Path* wird eine ähnliche Überlagerung verschiedener Interpretationsmuster bereits durch das Coverbild (siehe Abb. 2) angekündigt: Auf der Publikation ist ein von blauem Licht durchfluteter, stark bewölkter Himmel zu sehen. Helle, dünne Lichtstrahlen verschwinden mit der Berührung des tiefgelegenen Horizonts. Im ersten Moment wirkt die Abbildung wie eine etwas zu geometrische religiöse Darstellung: Sonnenstrahlen brechen metaphorisch durch eine Wolkendecke. Gezeigt wird jedoch der Aufprall US-amerikanischer Interkontinentalraketen des Typs US Peacekeeper III im südlichen Pazifik,

---

48 Vgl. Stefans (Anm. 17), 73.
49 Jean Baudrillard: Die Illusion und die Virtualität. Vortrag im Kunstmuseum Bern am 3. Oktober 1993; Gespräch im Kunstmuseum Luzern am 1. Oktober 1993, Bern 1994, 11.
50 Ben Lerner: Angle of Yaw, Port Townsend, Wash. 2006, 36.
51 Vgl. zum Beispiel Michael Gamper: Literarische Meteorologie. Am Beispiel von Stifters *Das Haidedorf*, in: Georg Braungart, Urs Büttner (Hrsg.), Wind und Wetter. Kultur – Wissen – Ästhetik, Paderborn 2018, 261–278, hier: 263.

ein Originalfoto der *United States Army*.[52] Moderne Kriegstechnik gleicht somit einem atmosphärischen, mit Transzendenz aufgeladenen Geschehen. Die Verwechslung und Überlagerung einer technisierten und militarisierten Realität mit meteorologischen Ereignissen und religiösen Vorstellungen ist Programm.

Abb. 2: Titelbild *Mean Free Path*.
Foto: Image courtesy of the United States Army.

---

52 Vgl. Ben Lerner: Mean Free Path, Port Townsend, Wash. 2010.

Fazit

In den lyrischen Texten aus Lerners Debutband *The Lichtenberg Figures* korreliert das Zeichenrepertoire des Meteorologischen mit einer abstrahierten Verwendung von Sprache als Materialität sowie mit dem poetologischen Aufbau der einzelnen Gedichte und des gesamten Bands. Lerners Texte zwingen damit den oder die Leser*in dazu zurückzutreten und die Stofflichkeit seiner Sprache zu spüren: ihre Kälte, ihre Aggression, ihr verzweifeltes Scheitern und der Druck, unter dem sie steht, aber auch ihre Hoffnung, die sich durch eine gehörige Prise Humor offenbart. Die Sprache nimmt u. a. Eigenschaften des Schnees an, wie Wechselhaftigkeit, Unbeständigkeit und Kälte sowie Eigenschaften des Blitzes, wie elektrische Gespanntheit. »Form is never more than an extension of content« lautet ein berühmtes Zitat des Dichters Robert Creeley. Bei Lerner verhält es sich genau so: Inhalt erschließt sich aus der Form und die Form wird mitbestimmt ausgehend von Elementen des Meteorologischen.

Andererseits ist das Wetter, wie deutlich geworden ist, durchaus nicht das einzige Zeichen- und Bildfeld, welches auf diese Weise in den Gedichten genutzt wird, sondern findet sich stets eingebettet in verschiedene Wissensfelder und an der Grenze zu den Bereichen Kunst und Technik. Deshalb kann man zwar von meteopoetologischen Verfahren sprechen, nicht aber von meteopoetologischen Texten. Erst durch die Dynamik des Zusammenspiels verschiedener Zeichenrepertoires und Ausdrucksweisen entsteht Stefans »ghostly, invisible ideal.«[53] Hierdurch tritt das Meteorologische erneut in einen Dialog mit der kulturkritischen Ausrichtung der Gedichte. Die zivilisatorische Durchbildung des Nebels bei Baudelaire wird bei Lerner auf die Spitze getrieben.[54] Die Verschiebung in den Bereich des Künstlichen bzw. Künstlerischen, die Verwechslung und die Vieldeutigkeit des Wetters stellt einerseits einen starken Gegenwartsbezug dar und ist andererseits selbstreferenziell, enttarnen sich Lerners Texte doch stetig selbst als bloßes Konstrukt und als gemachtes Werk. Und zuletzt verdeutlichen seine Werke einen bedeutenden Aspekt des Wetters: Es findet sich durchweg eingebunden in ein Feld kultureller, künstlerischer, religiöser und wissenschaftlicher Deutungen und Verarbeitungen, und

---

53 Stefans (Anm. 17), 76.
54 Vgl. die Einleitung zu diesem Band.

dies wird verstärkt in einem hyperrealen Zeitalter, das geprägt ist von modernen Kriegstechnologien und massenmedialer Berichterstattung. Damit spiegeln die Gedichte wider, was Marjorie Perloff über Kenneth Goldsmiths *The Weather* (2005) schreibt: »Nothing in our environment can now be ›natural‹, not even the weather«.[55]

---

[55] Marjorie Perloff: Moving Information. On Kenneth Goldsmiths *The Weather*. Open Letter, in: Marjorie Perloff. Modern and Postmodern Poetics (2005); http://marjorieperloff.blog/essays/goldsmith-weather/ [konsultiert am 30.05.2020].

Oliver Grill
Of Clouds and Cox. Zur Politik der Übertragung in Christoph Ransmayrs *Cox oder Der Lauf der Zeit*

Wetter – Übertragung

Grimms *Wörterbuch* zufolge geht die Bezeichnung ›Wetter‹ auf »eine allmähliche begriffliche abstraktion des ursprünglich noch konkret gefaszten sinngehaltes ›lufthauch, wind‹« zurück. Der Begriff bezeichne sowohl »vorübergehende [...] witterungsvorgänge« als auch die »gesamtheit des witterungsverlaufes«.[1] Dieser meteorologischen Bestimmung des Wetters als Manifestation oder Abstraktion dynamischer Prozesse in der Atmosphäre stellt der umfangreiche Artikel die Verwendung »in übertragenem und bildlichem gebrauch, in vergleichen und redensarten« zur Seite,[2] wobei die beiden Rubriken ungefähr gleich viel Raum einnehmen und zahlreiche Konvergenzpunkte aufweisen, an denen sich Begriff und Metapher, deskriptive Rede und Redensart überlagern. So ist im Falle des ›Sturms‹ nicht einmal klar, ob damit zuerst ein menschlicher oder ein elementarer Aufruhr bezeichnet wurde;[3] ›Heiterkeit‹ oder ›Schauer‹ bezeichnen atmosphärische wie auch emotionale Regungen; die Redewendung von der ›Wetterlaune‹ kann, »die unberechenbarkeit der witterung und [des] menschlichen verhaltens verknüpfend, sowohl auf das wetter als auf den menschen angewandt« werden,[4] etc. Die metaphorische Dimension des Wetters macht so auf einen basalen anthropologischen Zusammenhang aufmerksam,[5] demzufolge Wetterlagen menschliche Zustände und Gefühlslagen beeinflussen und – qua Projektion, Magie oder Technik – andersherum.

Die Rede vom Wetter umfasst mithin drei Formen der Übertragung. Etymologie und Begriff verweisen auf die Vorgänge physikalischer Energieübertragung in

---
1 Art. »Wetter«, in: Deutsches Wörterbuch von Jacob und Wilhelm Grimm, hrsg. von der Deutschen Akademie der Wissenschaften Berlin, 33 Bde., Leipzig 1854–1960, Bd. 29, Sp. 698–714, hier: 699f. und 704; zitiert nach der Online-Ausgabe des Kompetenzzentrums für elektronische Erschließungs- und Publikationsverfahren in den Geisteswissenschaften an der Universität Trier: http://www.woerterbuchnetz.de/DWB [konsultiert am 18.06.2020].
2 Ebd., Sp. 708.
3 Vgl. Art. »Sturm«, in: ebd., Bd. 20, Sp. 576–601, hier: 576.
4 Art. »Wetterlaune«, in: ebd., Bd. 29, Sp. 740.
5 Siehe Michael Gamper: Der Mensch und sein Wetter. Meteo-Anthropologie der Lyrik nach 1750, in: Zeitschrift für Germanistik 23/1 (2013), 79–97.

https://doi.org/10.1515/9783110624489-015

der Atmosphäre. Der anthropologische Zusammenhang resultiert aus den bewussten oder unbewussten Übertragungen, die sich zwischen Mensch und Wetter abspielen. Sprachlich vermittelt wird dieser Zusammenhang schließlich durch Figuren übertragener Rede. Damit ist der Standpunkt der Beobachtung bezeichnet, den dieser Beitrag einnehmen möchte. Es gilt, das Wetter als physikalisches, sprachliches und anthropologisches Übertragungsgeschehen zu begreifen, das als solches Eingang in die Literatur findet bzw. erst durch die literarischen Darstellungsverfahren als solches in vollem Umfang wahrnehmbar wird. Wo die leitende Unterscheidung des vorliegenden Bandes arbiträre Zuordnungszonen absteckt, zwischen denen sich die konkreten Figurationen des Wetters bewegen und anhand derer sie sich strukturell und historisch situieren lassen, bedeutet die Auffassung vom Wetter als Übertragungsgeschehen, den Sprung vom Begriff zur Metapher, von der Referenz zur Selbstreferenz, vom Wissen zur Poetologie und zurück immer schon mitzudenken. Eine verhältnismäßig starre Topik oder Wissensordnung des Wetters kann genauso in einem kühnen Stimmungsbild, einem unverwechselbaren *discours* oder auch einer Reflexionsfigur für das eigene poetische Verfahren dynamisiert werden, wie umgekehrt eine solche Poetologie des Wetters jederzeit an meteorologisches oder anthropologisches Wissen rückgebunden werden bzw. einen eigenen epistemologischen Index tragen kann.[6] Zwar könnte man beispielsweise analog von einer ›Geopoetik, Literarischen Geologie und Geopoetologie‹ sprechen und sicherlich auch auf diesem Gebiet Übertragungsvorgänge und Sprünge zwischen den Bezugs- und Darstellungsebenen ausmachen, doch läge das nicht gleichermaßen stark im Wesen der Sache. Im Vergleich dazu sind metaphorische Dynamiken und Oszillationen der Referenzebenen die ›im Wetter selbst‹ verankerte Regel, deren Außerkraftsetzung sich eher einer gesonderten Anstrengung, denn einer einfachen Unterlassung verdankt.

Unter dieser Voraussetzung soll im Folgenden Christoph Ransmayrs *Cox oder Der Lauf der Zeit* (2016) untersucht werden. Es gilt zu zeigen, dass Ransmayrs jüngster Roman, der bislang hauptsächlich in Feuilletons[7] und kürzeren Essays[8] besprochen wurde, von der Reflexion auf physikalische, figurative und

---

6 Vgl. Oliver Grill: Die Wetterseiten der Literatur. Poetologische Konstellationen und meteorologische Kontexte im 19. Jahrhundert, Paderborn 2019.
7 Hervorzuheben sind die Besprechungen von Thomas Steinfeld in der Süddeutschen Zeitung (28. Okt. 2016), von Andreas Platthaus in der Frankfurter Allgemeinen Zeitung (14. Aug. 2016) sowie die kritischen Stimmen von Ijoma Mangold in der ZEIT (10. Nov. 2016) und Richard Kämmerlings in der WELT (29. Okt. 2016).
8 Doren Wohlleben: Christoph Ransmayr – Kalligraph und Kartograph, in: Text + Kritik 220 (2018), 9–15; Friedmann Harzer: Alchemie der Zeit. Über Ewigkeit und Augenblick in Christoph

emotionale Übertragungen im Medium der Atmosphäre geprägt ist. Wie sein großer Vorgänger, Thomas Manns *Zauberberg*, ist auch *Cox* ein Roman, der über Zeit und Wetter zugleich handelt, und wie in den *Schrecken des Eises und der Finsternis* (1984) und in der *Letzten Welt* (1988) geht es dabei um das Ende bzw. den Stillstand der Zeit. Doch während die früheren Romane Ransmayrs apokalyptische Visionen vor Augen stellen, die vom Entsetzen über die beiden Weltkriege geprägt sind,[9] setzt *Cox* das Ransmayr'sche Leitthema vom Ende der Zeit in einer weniger harten, beinahe versöhnlichen Fiktion fort; einer Fiktion, die nichtsdestotrotz von einer grausamen Herrscherfigur erzählt, der es buchstäblich nach der Ewigkeit verlangt. So besteht der Plot des Romans im Wesentlichen darin, dass der englische Uhrmacher Alister Cox – sein historisches Vorbild hieß James Cox (ca. 1723–1800) – für Qiánlóng, den Kaiser von China, der ebenfalls ein historisches Vorbild hat (1711–1799), eine »Uhr für die Ewigkeit« bauen soll, ein »Perpetuum mobile« (217) als Symbol ewiger Herrschaft.[10] Die Analyse totalitärer Macht, die Ransmayr mit diesem Sujet betreibt, arbeitet auffällig konsequent mit dem Übertragungsgeschehen des Wetters. Wie in den nachfolgenden Abschnitten deutlich wird, verschränkt der Roman die metaphorische Dimension der Sprache vom Wetter mit jenen Vorgängen der Energieübertragung, welche die Cox'schen Uhren – insbesondere das von barometrischen Schwankungen betriebene Perpetuum mobile – nutzen und sinnfällig machen, um schließlich auf eine emotionale Übertragung zuzulaufen, die den Ewigkeitsanspruch des fiktiven

---

Ransmayrs *Cox oder Der Lauf der Zeit*, in: ebd., 53–61; Solvejg Nitzke: Widerständige Naturen. Christoph Ransmayrs Poetik der Eigenzeiten, Hannover 2018, 72–79.

9 Dazu wurde in der Forschung viel gesagt. Ich verweise stellvertretend auf Juliane Vogels Beobachtung, wonach die *Letzte Welt* eine »apokalyptische Zone« beschreibe, in der »die Versteinerung des Lebens durch den meteorologischen Kollaps« ergänzt werde. Juliane Vogel: Letzte Momente/Letzte Welten. Zu Christoph Ransmayrs ovidischen Etüden, in: Albert Berger, Gerda Elisabeth Moser (Hrsg.): Literatur und Sprache in der Postmoderne, Wien 1994, 309–321, hier: 316.

10 Die Zitate sind Christoph Ransmayr: Cox oder Der Lauf der Zeit, Frankfurt a. M. 2016 entnommen. Sie werden im Folgenden unter Angabe der Seitenzahl direkt im Text nachgewiesen und ggf. grammatikalisch angeglichen. Hervorhebungen und die Schreibweise der chinesischen Bezeichnungen folgen dem Original. – Zu den historischen Vorbildern äußert sich Ransmayr im Abschnitt *Zuletzt*, wo zu lesen ist, dass James Cox und Qiánlóng nie miteinander sprachen. Tatsächlich wurde die Uhr, um die es im Roman geht, von James Cox in London konstruiert, ausgestellt und schließlich per Lotterielos verkauft. Das Gerücht, wonach die Uhr später nach China geriet, ist kaum haltbar. Vgl. Arthur W.J.G. Ord-Hume: Perpetual Motion. The History of an Obsession, London 1977, 112f. und 117f. Zur Handelsbeziehung der Cox'schen Uhrmacherei mit China siehe Clare Le Corbeiller: James Cox and his Curious Toys, in: The Metropolitan Museum of Art Bulletin 18/10 (Juni 1960), 318–324 sowie Catherine Pagani: The clocks of James Cox. Chinoiserie and the clock trade with China in the late eighteenth century, in: Apollo. The International Art Magazine 395 (1995), 15–23.

Herrschers wie auch den Ganzheitsanspruch, den Ransmayrs Roman als Kunstwerk zu erheben scheint, unterläuft.

Dieser, wenn man so möchte, ›meteopoetische‹ Fokus berührt zum einen das Thema der *translatio*, das *Cox* anhand der Übersetzerfigur Joseph Kiang durchspielt. Zum anderen rückt damit das Verhältnis zwischen Uhrwerk und Wetter in den Blick, das den Roman insgesamt strukturiert – und zwar in jenem umfassenden Sinn, den Karl R. Popper 1965 in seinem berühmten Vortrag *Of Clouds and Clocks* formuliert hat. Wie Popper setzt Ransmayr die Uhren als Sinnbild der Präzision und Vorhersehbarkeit ein, um anhand seiner Mechanikerfigur aus dem 18. Jahrhundert die Grundannahme des physikalischen Determinismus Newton'scher Prägung zu verhandeln: »*All clouds are clocks* – even the most cloudy of clocks.«[11] Wolken und Wetter dagegen stehen bei Popper wie bei Ransmayr für irreguläre, unvorhersehbare Systeme und dienen als Bild des Indeterminismus, dessen Grundannahme lautet: »*All clocks are clouds*; [...] *only clouds exist*, though clouds of very different degrees of cloudiness.«[12] Dieser paradigmatische Gegensatz von Wolken und Uhren prägt, so meine These, die Struktur von Ransmayrs Roman, wobei sich die politische Dimension eines uhrwerksartig organisierten Staatsapparates mit den Ebenen des Erzählverfahrens wie auch der Gattungskonzeption verschränkt.

Eine allgegenwärtige Kraft

Zu Beginn des Romans kommt Alister Cox zusammen mit seinem Partner Jacob Merlin sowie den beiden Gehilfen Aram Lockwood und Balder Bradshaw in der chinesischen Hafenstadt Háng zhōu an. Das erste, was die Engländer dort zu sehen bekommen, ist nicht etwa ein Empfangskomitee, sondern eine grausame Exekution, die alle Züge einer Kastrationsdrohung trägt: Während ihr Schiff »unter schlaffen Segeln« in Háng zhōu einläuft, werden Cox und seine Gefährten unfreiwillig Zeugen davon, wie der Kaiser, der selbst nicht zugegen ist, »siebenundzwanzig Steuerbeamten und Wertpapierhändlern die Nasen abschneiden ließ« (9).[13] Für jemanden, dessen Familienname Cox lautet und dessen Frau, Faye, seit dem Tod der Tochter Abigail »das gemeinsame Bett nicht mehr [ertrug]« (37), ist das zweifelsohne eine besonders eindrückliche Drohung. Sie umfasst auch ein Begehrens-

---

11 Karl R. Popper: Of Clouds and Clocks. An Approach to the Problem of Rationality and the Freedom of Man, St. Louis, Miss. 1966, 4.
12 Ebd., 5.
13 Wenig später fordern dann Schaulustige die Kastration explizit (vgl. 16).

tabu, wie man später bei den Begegnungen mit Ān, der Lieblingskonkubine des Kaisers, erfährt. Dass Qiánlóng, der sich auch ›Herr der zehntausend Jahre‹ nennen lässt, gerade »in Fieberträumen gefangen« liegt, ändert nichts an der Wirksamkeit dieser ersten Machtdemonstration: Wie ein »Gott« wirkt Qiánlóng, »unsichtbar« und »allgegenwärtig«. »Was zu sehen oder zu sagen war, sahen und sagten Untertanen für ihn. Und er – er sah alles, selbst bei geschlossenen Augen, hörte alles, selbst wenn er schlief.« (12)

Der Kaiser tritt den Engländern bei ihrer Ankunft also als unsichtbare und fremde Macht entgegen. Er fordert eine bedingungslose Anerkennung der von ihm garantierten symbolischen Ordnung.[14] Das hat Konsequenzen – sowohl für die Handlungsführung als auch für das Narrationsverfahren. Wie Cox, auf den die Erzählfunktion zumeist fokalisiert, scheint auch diese Erzählfunktion selbst der symbolischen Ordnung, von der sie spricht, unterworfen zu sein. Sie betont die Allmacht des Kaisers bei jeder Gelegenheit und widerspricht ihr nie direkt, sondern streut nur manchmal auf ironische Weise Informationen oder Ereignisse mit subversivem Potential ein, die als solche zu deuten und zu nutzen aber innerdiegetisch niemand den Mut findet und die auch am Fortgang der Erzählung nichts ändern. Es ist eine regelmäßige, beruhigte und fast ein wenig ätherisch anmutende Form der Narration, in der überraschende Zufälle, brutale Gewalteinbrüche oder intensive erotische Augenblicke zwar durchaus vorkommen, aber mit irritierender Beiläufigkeit erwähnt werden[15] und merkwürdig konsequenzlos bleiben. Durch diese an die politische Verfassung der Romanwelt gebundene Erzählweise, die gleichsam auf der Hut ist, was sie angesichts der Allmacht des Kaisers wie zur Sprache bringt, liegt mit *Cox* der seltsame Fall eines exotistischen und von unerhörten Begebenheiten durchzogenen historischen Liebes-, Abenteuer- und Reiseromans vor,[16] in dem es dennoch zu keinem Ereignis im starken Sinne, zu keiner eigentlichen Überschreitung der politischen und zugleich symbolischen Ordnung kommt.

Was nun die Hauptfigur betrifft, so ist diese trotz aller Bedrohlichkeit bald fasziniert von dem hohen Maß an Organisation, das eine Machtinstanz bewirkt,

---

14 Im Sinne von Lacans *Nom-du-Père*. Dass für Lacan gerade die Abwesenheit der mythischen Vaterinstanz zentral ist, zeigt Thomas Bedorf: Dimensionen des Dritten. Sozialphilosophische Modelle zwischen Ethischem und Politischem, München 2003, 230.
15 Eine Ausnahme stellt das *Ān*-Kapitel dar.
16 Zu Ransmayrs Auseinandersetzung mit dem Abenteuer siehe Alexander Honold: Das weiße Land. Arktische Leere im postmodernen Abenteuerroman, in: Christof Hamann, Alexander Honold (Hrsg.): Ins Fremde schreiben. Gegenwartsliteratur auf den Spuren historischer und fantastischer Entdeckungsreisen, Göttingen 2009, 69–86 sowie Harald Schmiderer: Zum Chronotopos der kollabierenden Ränder. Die Topologie des Abenteuers bei Christoph Ransmayr, in: Literaturstraße 16 (2015), 93–104.

die jedes noch so geringe Vergehen unnachgiebig bestraft. Als Joseph Kiang – der kaiserliche Übersetzer, der den Engländern den gesamten Handlungsverlauf kaum von der Seite weicht – Cox das erste Mal durch die so genannte Verbotene Stadt führt, zeigt er Cox »die zahllosen Linien [...], die niemals, niemals übertreten werden durften«; der Kaiser sei »der einzige Mensch, der sich in diesem Gewirr unsichtbarer Linien frei bewegen konnte« (52). Doch statt von diesen vorgezeichneten Wegen eingeschüchtert zu sein und versehentliche Übertretungen zu fürchten, sieht sich Cox ganz in seinem Element. Was der Übersetzer ihm zeigt, übersetzt sich Cox qua Analogie in das eigene Expertengebiet:

> Cox glaubte zu begreifen, daß diese Fluchten aus himmelweiten Höfen und eng verzahnter Architektur, aus künstlichen Wasserläufen, flachen Steinbrücken und nahezu fliegenden Terrassen, alles nach den Gesetzen und Proportionen des Sternenhimmels vermessen und gebaut, ein bis auf Herzschläge, Atemzüge und Kniefälle geregeltes, höfisches Leben nicht anders umfaßten als ein ziseliertes Gehäuse das Räderwerk einer Uhr. Und am Ende des Rundgangs erschien ihm, was er gesehen hatte, tatsächlich als riesiges steinernes Uhrwerk, das nicht von Federn und Gewichten, sondern von einem unsichtbaren Herzen in Bewegung gehalten wurde, einer allgegenwärtigen Kraft, ohne die nicht nur dieses Werk, sondern die Zeit selbst stillstand: Qiánlóng. (52)

Ransmayr kleidet diesen Vergleich in eine bemerkenswerte Satzkonstruktion.[17] In ihr kommen die ästhetische Überreizung durch die parataktisch aneinandergereihten Elemente der Stadttopografie und die im Vergleich hergestellte, in Hypotaxen auf Qiánlóng zustrebende Einsicht in deren hohen Organisationsgrad gleichermaßen zum Ausdruck. Dabei fließt Ransmayrs Prosa ebenso rhythmisch dahin wie das bis in Herzschläge und Atemzüge hinein geregelte Leben, das Cox der Grundidee nach so vertraut vorkommt: Der Staatsapparat als Uhrwerk – eine an der Himmelsmechanik geschulte, vollständig nach Maß und Zahl durchgetaktete und wohlproportionierte Welt, in der nichts Unerwartetes geschieht bzw. geschehen darf. »Mechanische Abläufe, programmierte Bewegungen, Zifferblattpanoramen, wohin Cox auch sah.« (35) *All clouds are clocks*: Weil die Verbotene Stadt eine Stadt der Verbote ist, gibt es hier keine Irregularität der Masse, sondern ein Gesellschaftsgefüge, dem alle Wege vorgezeichnet sind und dem sogar noch die Zeugenschaft von etwas Zufälligem untersagt ist: »Alles Unerwartete«, so erklärt es Joseph Kiang den Engländern, »alles Unvorhergesehene müsse den Blicken eines Unbeteiligten [...] so lange entzogen bleiben, bis ihm die Sichtbarkeit [...] nach dem Willen des Allerhöchsten zugesprochen werde.« (67)

---

17 Für ihre Hinweise zu dieser Textstelle danke ich Jana Schuster und Michael Gamper.

So wie Cox es wahrnimmt, ist der Kaiser aber nicht nur Garant einer absoluten Ordnung,[18] sondern zugleich die Antriebskraft all ihrer Abläufe. Die Instanz, von der die Kastrationsdrohung ausgeht, erscheint Cox in mehrfachem Sinne als *potentia* – als Potential einer jeden Bewegung im Staat und als tyrannischer Potentat, für den »mehr als dreitausend mit ihrem Schicksal hadernde Eunuchen« (48) körperliche Schwerstarbeit verrichten und der über »mehr als dreitausend Konkubinen« verfügt (156). Ein solcher Potentat kann der Kaiser – zumal in dieser hyperbolischen Form – jedoch nur deshalb sein, weil er sich als Antriebskraft selbst außerhalb der unumstößlichen Ordnung situiert, die er verbürgt. Die Macht des Kaisers geht genau nicht auf in den abgezirkelten, uhrwerksartigen Abläufen, die sie antreibt, sondern wird als ihr Anderes figuriert, für die das astronomische Gesetz der »unsichtbaren Linien« nicht gilt. Sinnbild und Referenzraum dieses Anderen, Nicht-Linearen ist das Wetter. So ist das erste, was die Engländer überhaupt von ihrem Übersetzer erfahren,

> daß sich der Kaiser nicht anders zeigen würde als der erste Schneefall, nicht anders als ein Hagelsturm oder ein glühender Sommertag – jeder wußte, daß es kein Jahr ohne Schnee, keines ohne Sturm und Hitze gab, aber *wann* das immer wieder Erwartete eintreten könnte, blieb eine in Prognosen und astrologischen Zahlenkolonnen verborgene Wahrscheinlichkeit, ein Geheimnis. (27)

Das semantische Feld, das Kiang zur Veranschaulichung der kaiserlichen Macht einsetzt, weist ihn als guten Übersetzer aus, denn die metaphorische Übertragung von Wetterphänomenen auf Instanzen absoluter Herrschaft ist dem abendländischen Denken, zumal im 18. Jahrhundert, natürlich geläufig.[19] Es ist eine gottgleiche, numinose und unberechenbare Macht, die den chinesischen Staat am Laufen hält. Ihr Geheimnis ist die Freiheit gegenüber der Zeit. Für den Kaiser, und nur für ihn, gilt Poppers Inversion: *All clocks are clouds*. Während alles um Qiánlóng herum mit astronomischer Zuverlässigkeit zu funktionieren hat, ist es bei ihm selbst bestenfalls eine Sache der Wahrscheinlichkeit, wann er in Erscheinung tritt, welchen Weg und welches Vehikel er wählt, welche Forderungen er stellt, ob er sich grausam oder milde gibt etc. Gerade daraus speist sich seine »allgegenwärtige Kraft«, dass sie sich jederzeit manifestieren könnte, aber sich zu

---

18 Alexander Košenina betont, dass in *Cox* »zwischen den Zeilen überall auch der Machtgestus des neuen Reichs der Mitte« hindurchschimmere. Ders.: Im Uhrwerk liegt die Erfindung der Welt. Mit Ransmayr durch Peking, in: Frankfurter Allgemeine Zeitung (23. Sept. 2018); zitiert nach der Online Ausgabe FAZ.net: http://www.faz.net/aktuell/feuilleton/buecher/themen/mit-christoph-ransmayrs-roman-cox-oder-der-lauf-der-zeit-durch-peking-15800290.html [konsultiert am 17.09.2019].
19 Vgl. Alexander Demandt: Metaphern für Geschichte. Sprachbilder und Gleichnisse im historisch-politischen Denken, München 1978, 135 f.

keiner Zeit manifestieren muss und so auch dem Diktat höfischer Protokolle nie restlos unterworfen ist.

Indem Kiang dies betont, überschreitet er *nolens volens* den Bereich einer konventionellen – in diesem Fall panegyrischen – Wettermetaphorik hin zu einer meteorologischen Interpretation der Macht. Die Kraft, mit der der Kaiser alles und jeden in geregelte Abläufe zwingt, lässt sich Kiangs Erklärung zufolge gerade nicht im Denkmuster der klassischen Mechanik fassen, sondern ist eine prognostische und also im Wortsinne unberechenbare Angelegenheit. Konsequenterweise haben die Begegnungen mit dem Kaiser daher am ehesten jenen Ereignischarakter, den alles andere »Unerwartete« nicht haben darf. Während die erste Begegnung noch dem Protokoll einer regulären Audienz zu folgen scheint,[20] weicht der Herrscher später zum Entsetzen seiner Hofleute immer stärker davon ab – etwa, wenn er Cox nur in Begleitung einiger Konkubinen aufsucht, oder ihn alleine am Fluss empfängt. Mit diesen auf Überraschungseffekte angelegten Auftritten bestätigt Qiánlóng, was Joseph Kiang zuvor in die Semantik des Wetters übersetzte: Seine Macht speist sich aus einer inkalkulablen Mischung aus Unverfügbarkeit und plötzlicher Präsenz – und fügt sich so keinem Uhrwerk der Welt. Im Kontrast dazu werden prototypische Plotelemente des Romanerzählens in *Cox* nicht eigentlich zum Ereignis, sondern vielmehr ins Modell des Uhrwerks überführt. Als etwa die Engländer die Chinesische Mauer besichtigen und dort überfallen werden, reagieren die sie begleitenden Soldaten mit einer »an mechanische, an Zahnräder gebundene Abläufe erinnernden Selbstverständlichkeit« (135). Und als Bradshaw bei der Übersiedelung in die Sommerresidenz Jehol einen tödlichen Reitunfall hat, sieht Cox in der improvisierten Grabstätte eine Sonnenuhr, so als würde der Gefährte »im Inneren einer Uhr ruhen [...], deren Taktgeber die Himmelsmechanik selber war.« (194)

Durch diesen Kontrast wird die Struktur, die Ransmayrs Roman prägt, greifbar: Da ist das ›Wetter‹ mit den Implikationen einer dynamischen, unberechenbaren und willkürlichen Kraft bzw. Macht auf der einen Seite. Und da ist die ›Apparatur‹ einer mechanischen, diese Kraft in Arbeit übersetzende, jede Störung absorbierende Ordnung auf der anderen Seite. Das reale Wetter allerdings, und das ist ein entscheidender Punkt, dient keineswegs nur zur allegorischen Verbildlichung dieser Macht, sondern stellt sie als schlechthin unkontrollierbares Phänomen zugleich infrage. So fällt kurz nach Ankunft der Engländer unerwartet früh Schnee und verhindert eine vom Kaiser gewünschte Freiluftaufführung. Astrologen hatten dafür schönes Wetter prophezeit und, als sie um ihre Vorhersage

---

20 Es zählt zu den Übersetzungsproblemen, die der Text ostentativ verhandelt, dass Cox immer nur vermuten kann, was reguläres Protokoll und was Abweichung ist.

zu fürchten begannen, Silbersalz in den Himmel geschossen, um die Wolken andernorts abschneien zu lassen, damit jedoch den Schneefall ausgerechnet dort ausgelöst, wo sie ihn verhindern wollten. Seither fürchten die Astrologen um ihr Leben, denn, so fragt der Erzähler ironisch, »war es nicht empörend, daß ein Allmächtiger, der die Windstille und den heiteren Zug der Wolken liebte, den über seiner Residenz lastenden geschlossenen Himmel nicht einfach zerreißen [...] konnte?« (59) Angesichts dieser Ohnmacht gegenüber dem Wetter bleibt Qiánlóng nur übrig, die Prophezeiung seiner Sterndeuter eigenhändig zu korrigieren und den frühen Schneefall als Zeichen für eine Verschiebung der geplanten Aufführung zu werten, wodurch er das außerordentliche Wetterereignis qua Deutungshoheit in die symbolische und temporale Ordnung des Hofes reintegriert.

Die Unabänderlichkeit und zugleich Unberechenbarkeit der atmosphärischen Erscheinungen, die Qiánlóng als »allgegenwärtige Kraft« für sein eigenes Tun und Lassen in Anspruch nimmt, machen somit zugleich das Fragezeichen aus, das der Roman hinter die scheinbar grenzenlose Wirkmacht dieser Kraft setzt. Das Störpotential des Wetters relativiert die *potentia* des Kaisers und unterläuft zudem den figurativen Code, der die Macht des Kaisers zur Sprache bringt und den man Ransmayr prompt als stilistischen Missgriff vorgehalten hat: die Allegorie.[21] Die Dynamik des Wetters verunsichert die stabile symbolische Ordnung des Hofes mindestens ebenso sehr, wie sie den Garanten dieser Ordnung ins Bild zu setzen erlaubt. Es ist daher eine durchaus delikate Angelegenheit, wenn Cox ausgerechnet die Energiequelle ›Wetter‹ zur Antriebskraft der vom Kaiser gewünschten »*Zeitlosen Uhr*« (234) macht, wie überhaupt in allen Uhren, die Cox im Auftrag des Kaisers konstruiert, ein Moment des Widerstands eingebaut ist, das deren Symbolfunktion stört.

Wetter – Uhren

Insgesamt drei Uhren soll Cox bauen. Die erste soll das Zeitempfinden eines Kindes abbilden, die zweite das eines zum Tode Verurteilten und die dritte schließlich soll nichts Geringeres als die Ewigkeit repräsentieren. Um eine präzise Wiedergabe der Uhrzeit ist es Qiánlóng dabei am allerwenigsten zu tun, das begreift Cox sofort. Gefordert sind vielmehr symbolische »Hybridkonstruktionen«, wie Friedmann Harzer das nennt,[22] die das subjektive Zeitempfinden »über verschiedene Episoden eines menschlichen Lebens« (85) mit dem Objek-

---

21 So der Kritikpunkt von Mangold (Anm. 7).
22 Harzer (Anm. 8), 57.

tivitätsversprechen eines Uhrwerks verbinden. Die ersten beiden Uhren sollen Zeiterfahrungen an den Rändern der Existenz, die letzte eine Zeit jenseits der Zeit zur Anschauung bringen. Alle drei Uhren sind dingliche Figuren der Übertragung zum Zweck des Vor-Augen-Stellens. Sie geben jenem Begehren nach allegorischer Repräsentation nach, das eine Machtinstanz formuliert, die in dieser Repräsentationsform lebt, in ihr denkt und den ganzen Staat nach ihren Prinzipien organisiert. Letztlich ist es das megalomane Begehren eines Monarchen, der sich nicht nur ›Herr der zehntausend Jahre‹ nennt, sondern das auch sein will und zu diesem Zweck noch die Extremzonen der Zeit – eine im Wortsinn maßlose Zeiterfahrung – in eindeutige Symbole seiner Herrschaft transponieren lässt. Und weil die Zahl ›zehntausend‹ im Chinesischen »auch [...] für die Unendlichkeit« steht, wie Ransmayr in einem Interview erläutert,[23] fordert Qiánlóng das unmögliche Repräsentationsobjekt: »Eine Uhr für die Ewigkeit. Die Uhr aller Uhren. Perpetuum mobile« (217).

Zum Bau dieser Hybridkonstruktionen wird Cox den einzigen Übersetzungsfehler, der Kiang bezeichnenderweise unterläuft – er dolmetscht, Cox solle »Mühlen [statt ›Uhren‹] für den Lauf der Zeit [...] erschaffen« (33)[24] – beim Wort nehmen und die jeweilige Antriebskraft der Uhren zum Vektor ihrer symbolischen Funktion erheben. Bei dem Perpetuum mobile ist das ohnehin unumgänglich, doch schon die ersten beiden Uhren sind Hypotyposen der Energietransformation. So entwirft Cox zuerst eine silberne Dschunke, die mit ihren unzähligen detailverliebten Spielereien eine märchenhaft kindliche Phantasiewelt abbildet und wie eine sehr aufwändige Spieluhr funktioniert. Das Uhrwerk dieses Schiffes und alle auf ihm befindlichen Miniaturen werden von den Segeln in Gang gesetzt. Alles ist in einer »komplexen Mechanik miteinander verbunden« und wird »allein vom Rhythmus des Windes, der Zugluft oder einfach des Atems betrieben.« Der Wind ist die »einzige Energiequelle« des daher auch als »*Winduhr*« bezeichneten Apparats; es handelt sich um ein »mit dem Chaos verknüpftes [...] Kinderspielzeug« (89–92). Die Windenergie und ihre Transformation in mechanische Arbeit sind in diesem Vehikel der Übertragung (ein Schiff) also das eigentliche Darstellungsmittel. Über die Verbindung eines thermodynamischen und eines mechanischen Systems – ein Amalgam aus Chaos und Ordnung, Ornament und Botschaft, *clouds and clocks* – bringt Cox die arrhythmische Kinderzeit so zur Anschauung, dass sie dem Kaiser, als er sich das Schiff schließlich zeigen lässt, ebenso erklärungslos evident wird, wie Cox bei der ersten Audienz den

---

[23] Christoph Ransmayr im Gespräch mit Dieter Lehner, in: alpha-Forum, Bayrischer Rundfunk, Sendung vom 19. Dez. 2016, 45 min; https://www.br.de/mediathek/video/alpha-forum-christoph-ransmayr-schriftsteller-av:5a3c5a5e0b641e00186e66a9 [konsultiert am 17.09.2019]; hier: min. 6:58.
[24] Siehe dazu Nitzke (Anm. 8), 73.

kaiserlichen Wunsch intuitiv erahnte. Die unberechenbare Energiequelle dieser ›Uhr‹ wird Teil der dinglichen Darstellung subjektiven Zeitempfindens, wodurch sich in der Darstellung *energeia* (die Lebendigkeit des Atems, die Dynamik des Windes) und *enargeia* (die virtuose Detailliertheit des Repräsentationsobjekts) verschränken.[25]

Allerdings legt Cox der Silberdschunke einen zweiten, privaten Code unter, indem er alles an der Winduhr auf seine Tochter Abigail bezieht – sie starb mit fünf Jahren ausgerechnet an Keuchhusten – und in Erinnerung an sie ein geheimes zusätzliches Triebwerk einbaut. Umgekehrt überträgt der Kaiser, der den Geheimmechanismus wie auch den Chaosfaktor der Winduhr übersieht, die Dschunke sogleich in sein politisches Zeichensystem, wenn er sie als »Zhèngtōngs Flaggschiff« (165), also als legendäres »Symbol einer Macht« (164) deutet. Dadurch wird das transpazifische Einverständnis zwischen Cox und Qiánlóng ebenso widerlegt wie die eindeutige Lesbarkeit der Uhr. Indem die anhaltende Trauer des Uhrmachers die Deutungshoheit des Kaisers unterläuft, erweist sich das scheinbar evidente Symbol als gespaltenes Zeichen. Dies ist auch der Sinn der Szene, in der Qiánlóng das Schiff der Kindfrau Ān, in der Cox die verlorene Tochter und die verstummte Ehefrau zugleich begehrt, in die Arme gibt und so seine Favoritin unwissentlich zur Trägerin eines Transportmittels der Trauer macht.

Mit seinem Auftrag, »eine Uhr für Todgeweihte, für Sterbende« (106) zu bauen, unterbricht Qiánlóng zwischenzeitlich die Arbeit am Silberschiff. Anlass ist die bevorstehende, abstoßend grausame Exekution zweier Leibärzte. Trotz erheblichen Widerwillens entwirft Cox daraufhin eine Uhr, deren Gehäuse die Chinesische Mauer darstellt. In ihren Feuertürmen verbrennt Räucherwerk und die herabfallende Asche treibt das Uhrwerk an. Kiang beschreibt dieses Vorhaben in einem amtlichen Bericht folgendermaßen: »Rauch, Kohlerauch, Rauchschwaden ... Der Meister aus England wolle eine Feueruhr bauen, um in ihrem Räderwerk die Zeit verglühen zu lassen.« (122) Diese zweite Uhr ist in mehrfacher Hinsicht das Gegenteil der Winduhr: Statt eines grenzüberschreitenden Transportmittels bildet Cox nun den Inbegriff einer unüberwindlichen Grenze nach; und statt einen spielerischen Zeitvertreib und einen Überfluss an Energie ins

---

[25] »›Vor-Augen-Führen‹ nennt Aristoteles eine Darstellungsweise, die, was sie darstellt, lebendig darstellt; was gelingt, wenn das je Dargestellte energetisch, als in Wirksamkeit *(enérgeia)* begriffen beschrieben wird.« Den Begriff der ›enárgeia‹ definieren die Stoiker als »die Klarheit und Deutlichkeit, mit der eine vollkommen getreue, nach allen Einzelheiten detaillierte Abbildung sich ein- und ausprägt.« Ansgar Kemmann: Art. »Evidentia, Evidenz«, in: Historisches Wörterbuch der Rhetorik, hrsg. von Gert Ueding, Tübingen 1992ff., Bd. 3, Sp. 33–47, hier: 41f.

Werk zu setzen, erfindet er einen Antrieb, der Energie und Zeit verschleißt. Die zweite Uhr wird nicht von einer unerschöpflichen Elementargewalt angetrieben, sondern mit dem Endprodukt eines energetischen Transformationsprozesses. Statt den Wind zu nutzen, produziert diese »Mühle« Rauchwolken. Sie symbolisiert den Tod als absolute Grenze und als Ende einer jeden Übertragung. Letzteres zeigt sich auch auf Ebene der *translatio*. Cox, dem der Kaiser zumutet, zu Inspirationszwecken mit den beiden Verurteilten zu reden, hat keine Fragen, die er Kiang übersetzen lassen will, wie umgekehrt das, was Kiang von sich aus erfragt und dolmetscht, um Cox vor einer Strafe des Kaisers zu bewahren, erfundene Antworten sind. »Denn«, so relativiert der Erzähler die Szene im Nachhinein, »in Wahrheit gaben auch die beiden Todgeweihten keine Antworten, ebensowenig wie Cox Fragen stellte, sondern sie stammelten Bitten um Gnade [...]. Cox verstand von allem kein Wort.« (113)

Auch das zweite Zeitsymbol ist also von einer Art ›innerem Widerstand‹ gekennzeichnet. Es entsteht unter einer Kommunikationsverweigerung, durch die Cox »mit seinem Leben spielte« (112), wie ihn auch das in kaiserlichem Rotgold gehaltene Modell der Chinesischen Mauer selbst in Gefahr bringt, sich der »Verspottung« des Originals schuldig zu machen (120 f.). Doch der Kaiser wird diese schreckliche Uhr nie sehen wollen; das Todeszeichen bleibt so ungelesen wie die Bitten der Verurteilten ungehört. Denn der Hofstaat siedelt wie jedes Jahr in die Sommerresidenz Jehol über, wo es »keine Richter und keine Henker« gibt (200). Dort verlangt Qiánlóng die dritte Uhr. Als er allein am Fluss sitzt und dem Regen zuhört, den er mit »dem Flug der Zeit« gleichsetzt, trägt er Cox seinen »Traum« von der ewigen Uhr vor:

> Ein Uhrwerk, das die Sekunden, die Augenblicke, die Jahrhunderttausende und weiter, die Äonen der Ewigkeit messen konnte und dessen Zahnräder sich noch drehen würden, wenn seine Erbauer und alle ihre Nachkommen und deren Nachkommen längst wieder vom Angesicht der Erde verschwunden waren. [...]
> Cox hatte sich der Maßlosigkeit und den Allmachtsansprüchen eines Herrschers noch nie so nahe gefühlt wie in dieser Stunde am Flußufer. Generationen von Uhrmachern und Automatenbauern und auch er selbst hatten, nicht anders als nun dieser Kaiser, von Räderwerken geträumt, die sich endlos und weiter und immer weiter bewegten, ohne nach einem ersten Anstoß jemals wieder aufgezogen werden zu müssen: *Perpetuum mobile*. (213 f.)

Mehr noch als bei der ersten Audienz scheint es auch hier so, als brauche Cox den Übersetzer gar nicht, um zu wissen, was Qiánlóng wünscht. Vielmehr fühlt der Uhrmacher sich dem Kaiser auf geradezu sympathetische Weise verbunden. Damit wird dem Perpetuum mobile die Eigenschaft eines transhistorisch und transkulturell gültigen Begehrensobjektes zugesprochen, das als Medium einer ›reibungslosen‹ Kommunikation im Imaginären fungiert, dem das Symbolische (sprachliche

Übersetzungsvorgänge) und das Reale (technische Umsetzung) nachgeordnet sind. Cox und Qiánlóng träumen den gemeinsamen Männertraum von unerschöpflicher Kraft, ewiger Herrschaft, schrankenloser Erfindungsgabe.

Das Wunschobjekt, an dem sich dieser Traum manifestiert, ist als solches Jahrhunderte alt.[26] Auch für Cox ist der Wunsch des Kaisers keineswegs gedankliches Neuland: »Wind, Wasser, Sonnenwärme, Luftdruck, thermo- und hygrometrische Bewegungen ... – Cox und Merlin hatten [...] jahrelang nach immer neuen Energiequellen gesucht, die eine bis in alle Ewigkeit tickende Uhr betreiben konnten.« (219) Ransmayr überschreitet hier auf anachronistische Weise den historischen Rahmen, wie er das prominent schon in der *Letzten Welt* erprobte,[27] denn die obsessive Suche des Uhrmachers nach regenerativen Energien fällt offenkundig in die vom Klimawandel geprägten Diskussionen der Gegenwart. Die Hauptfigur erscheint als Energietechnologe und Nachhaltigkeitsexperte *avant la lettre*. So hat Cox in England »mit einer Gezeitenuhr experimentiert« und »inspiriert von dampfenden Abfallhaufen« bewiesen, »daß bei jeder Art von Zerfall Energie, unerschöpfliche Energie frei wurde« (219). Die Uhr auf Abigails Grab wird »von der Erdwärme und lautlos in der Tiefe voranschreitenden Zerfallsprozessen« angetrieben, um so »einen Rest des Lebens seiner Tochter auf ein Zifferblatt [zu] übertragen.« (221) In China fällt die Wahl auf den vorderhand weniger düster konnotierten Luftdruck, denn »von klimatischen oder lokalen Wetterverhältnissen bedingte Druckunterschiede« würde es, wie Cox weiß, bis ans »Ende der Welt und der irdischen Zeit« geben (224).

Cox und Merlin entwerfen also eine Art überdimensioniertes Quecksilberbarometer, das bis in die Details der Mechanik hinein dem historischen Vorbild entspricht, das heute im Victoria and Albert Museum – allerdings ohne Quecksilber – zu sehen ist (Abb. 1 u. 2). Das Räderwerk der Uhr ist so konstruiert, dass sowohl die Ausdehnung des Quecksilbers bei niedrigem Luftdruck als auch dessen Kompression bei hohem Luftdruck weitgehend verlustfrei in mechanische Arbeit transformiert wird.[28] Dabei wird so viel Energie gewonnen, dass der Apparat sogar einen Zusatzmechanismus benötigt, der Überschüsse speichern

---

26 Die Kernzeit der Geschichte des Perpetuum mobiles reicht vom Spätmittelalter bis zur Hochaufklärung. Vgl. Marcus Popplow: Art. »Perpetuum mobile«, in: Enzyklopädie der Neuzeit, hrsg. von Friedrich Jaeger, Stuttgart/Weimar 2005–2012, Bd. 9, Sp. 982–986. Siehe auch Ord-Hume (Anm. 10) und Friedrich Klemm: Perpetuum mobile. Ein ›unmöglicher‹ Menschheitstraum, Dortmund 1983.
27 Vgl. Harzer (Anm. 8), 55.
28 Eine Erläuterung der Mechanik gibt Ord-Hume (Anm. 10), 114–117.

und ableiten kann. In einer Ausgabe der Zeitschrift *The Scots Magazine* von 1774 pries der zeitgenössische Astronom James Ferguson diese Konstruktion euphorisch:

> Among other great works now introduced at Mr Cox's Museum, is an immense Barometer, of so extraordinary a construction, that by it the long-fought-for, and in all likelihood the only perpetual motion that ever will be discovered, is obtained. [...] And indeed, on examining the whole contrivance and construction, I must with truth say, that it is the most ingenious piece of mechanism I ever saw in my life.[29]

Unbestritten ist die Mechanik dieser Uhr genial. Jedoch ist sie natürlich nicht in der Lage, aus sich heraus mehr arbeitsfähige Energie zu produzieren als zu verbrauchen, wie es die Idee des Perpetuum mobiles will.[30] Die theoretische Einsicht, dass eine solche Konstruktion prinzipiell ausgeschlossen ist, beruht zwar auf dem zweiten Hauptsatz der Thermodynamik und fällt damit in die Mitte des 19. Jahrhunderts,[31] doch auch den Zeitgenossen von James Cox konnte durchaus klar sein, dass die Uhr kein Perpetuum mobile im engeren Sinne darstellt – und zwar schlicht, weil sie auf eine externe Energiequelle angewiesen ist. Das brachte kein Geringerer als Georg Christoph Lichtenberg, der die Cox'sche Uhr ebenfalls 1774 in Augenschein nahm, auf den Punkt:

> Hr. Cox Perpetual motion habe ich gesehn, und so weit als bey einer solchen Gelegenheit angeht, untersucht. [...] Daß dieses Ding den Nahmen eines Perpetui Mobilis verdient, wird wohl niemand behaupten, der weiß, daß man die Wassermühlen ebenfalls, weder aufzuziehen noch sonst zu stellen pflegt.[32]

Der historische und der fiktive Cox erfinden also – in den Worten Kiangs, die an das Urteil Lichtenbergs erinnern – nicht mehr und nicht weniger als eine weitere »Mühle für den Lauf der Zeit«. Zwar vermag der Quecksilberantrieb der Uhr eine unablässige Bewegung anzutreiben, doch nutzt er damit lediglich die Atmosphäre als die »älteste aller« Dampfmaschinen, wie sie der Meteorologe Heinrich

---

29 James Ferguson: To the Public, in: The Scots Magazine 36 (Feb. 1774), 69.
30 Noch Ord-Hume beurteilt 1977 die Cox'sche Uhr als »perpetual motion machine that worked« (Anm. 10, 110), obwohl er zuvor den physikalischen Haken solcher Konstruktionen darlegt.
31 Dass mit den Hauptsätzen der Thermodynamik die Möglichkeit des Perpetuum mobiles widerlegt ist, stellten in den 1840er Jahren u. a. James Prescott Joule und Hermann von Helmholtz fest. Vgl. Klemm (Anm. 26), 7.
32 Georg Christoph Lichtenberg: Brief an Abraham Gotthelf Kästner vom 20.12.1774, in: Lichtenberg in England. Dokumente einer Begegnung, hrsg. und erläutert von Hans Ludwig Gumpert, 2 Bde., Wiesbaden 1977, Bd. 1, 271.

Wilhelm Dove einmal bezeichnet hat.[33] Das Ingenium der technischen Umsetzung, die Veredelung durch kostspielige Materialen und das perfektionierte Kunsthandwerk aber ergeben in Summe einen Effekt der Überzeugung, der die ohnehin nur indirekt wahrnehmbare Verbindung des Uhrwerks zu der externen Energiequelle übersehen macht: Als Verschmelzung von *clouds and clocks* scheint diese eine Uhr ein ›echtes‹ Perpetuum mobile zu sein.

Der letzte Apparat, den Cox im Roman baut, legt damit erneut jene Analogie nahe, die zuvor von den Figuren zum besseren Verständnis der Machtinstanz, der sie unterworfen sind, herangezogen wurde: So wie Qiánlóng als »allgegenwärtige Kraft« seinen Staat ewig am Laufen hält, gerade indem sich diese Kraft mit der Unberechenbarkeit des Wetters manifestiert, so nutzt auch Cox die unberechenbaren, aber ubiquitären Druckschwankungen der Atmosphäre, um die Ewigkeitsuhr anzutreiben. Das mechanische Präzisionsinstrument kommt genauso wenig ohne das thermodynamische Gegenmodell aus wie der Staatsapparat ohne den exzentrischen Kaiser. Dadurch jedoch bleibt diese letzte Ding-Allegorie in prononcierter Weise auf jenes Andere der symbolischen Ordnung hin offen, das schon bei dem verfrühten Schneefall in der Verbotenen Stadt die politische und temporale Ruhe störte und die Deutungshoheit des Kaisers auf die Probe stellte. Zugleich führt das Perpetuum mobile vor Augen, wie sehr es sowohl bei der kaiserlichen Machtausübung als auch bei dem Cox'schen Handwerk auf Strategien der Inszenierung und der ornamentalen Einkleidung ankommt.

Ein »Alchimist der Trauer«

Zum Bau des Perpetuum mobiles benötigen die Uhrmacher sage und schreibe »einhundertundneunzig Pfund Quecksilber.« (223) Die Cox'sche Uhr sei, so Lichtenberg über das Original, »vielleicht das kostbarste [Barometer,] das je gemacht

---

33 Heinrich Wilhelm Dove: Die Witterungsverhältnisse von Berlin. Eine am 29. Januar 1842 im Vereine für wissenschaftliche Vorträge gehaltene Vorlesung, Berlin 1852, 13. Popplow (Anm. 26), 982 unterscheidet zwischen einem Perpetuum mobile erster und einem Perpetuum mobile zweiter Art: »In der Regel wird das P.M. nach dem Wortsinn (lat.; ›das sich unablässig Bewegende‹) über die immerwährende Bewegung seiner Teile definiert. [...] Für die technische Umsetzung wurde jedoch noch mehr erwartet: Entsprechende Konstruktionen sollten über die kontinuierliche Bewegung hinaus Arbeit verrichten, ohne von Wasserkraft, Muskelkraft, Windenergie oder später Dampfmaschinen angetrieben zu werden [...]. Im Unterschied zur bloßen kontinuierlichen Bewegung (P.M. ›erster Art‹) wird dies oft als P.M. ›zweiter Art‹ bezeichnet.«

worden ist, denn es enthält zween Centner Quecksilber.«[34] Derart viel Quecksilber ist nun selbst mit der Gunst eines Kaisers von China außerordentlich schwer zu bekommen, und so schlagen Cox und seine Gefährten vor, es aus den Flussläufen eines topografischen Modells des chinesischen Reiches abzuleiten, denen »der Glanz des Quecksilbers« seinen »Zauber verlieh« (229). Diese Forderung ist ein Skandal – und schwer zu dolmetschen:

> Selbst Kiang mußte in seinen Wörterbüchern nachschlagen, um diese Forderung auch nur zu übersetzen, und war überrascht, daß der verlangte Rohstoff seinen Namen mit einem Planeten gemein hatte: *Mercury*. Das Winterlicht. Für die Astronomen des Hofes war dieser Himmelskörper nur ein lichtloser Stern, schwarz wie das Meer in einer mondlosen Nacht, und er herrschte über eine eisige, winterliche Finsternis. (226)

So wenig Kiang die Vokabel *Mercury* geläufig ist, so wenig dürften ihm auch die mythologischen und alchemistischen Implikationen des Quecksilbers bekannt sein. Ausgerechnet das Element Merkurs – bekanntlich Götterbote, Gott der Händler und Diebe sowie Namensgeber der hermetischen Wissenschaft, die im Quecksilber ihre *quinta essentia* sieht –,[35] ausgerechnet dieses Element bereitet Kiang Übersetzungsschwierigkeiten. Während der Traum vom Perpetuum mobile ein transpazifisches Einvernehmen zwischen Cox und Qiánlóng stiftet, markiert das Medium der Energieübertragung eine sprachlich kulturelle Differenz, die sich nur schwer überbrücken lässt.

In der Tat gefährdet das Vorhaben, die ›Energiequelle Wetter‹ zur Allegorie ewiger Herrschaft zu erheben bzw. die atmosphärischen Energien für die Mechanik des Perpetuum mobiles nutzbar zu machen, die Ordnung des Staats sowohl auf symbolischer wie auch auf temporaler Ebene. Die Idee der Uhrmacher legt die Transportkanäle und Flüsse des »imperialen Modells« (229) trocken, die in der realen Topografie des Reichs Grundlage der Herrschaftsausübung und des ökonomischen Erfolgs sind, wie der Roman verschiedentlich betont. Diese ungeheuerliche Trockenlegung trägt den Engländern den Ruf von Magiern ein, die mit dem giftigen Quecksilber den Kaiser behexen wollen. Zu diesem lebensgefährlichen Ruf trägt bei, dass der Bau der Uhr viel länger braucht, als sich der Hofstaat üblicherweise in Jehol aufhält. Während der Kaiser auf sein Perpetuum mobile wartet, wird es in der Sommerresidenz gemäß dem natürlichen Lauf der Dinge Winter, doch das Gesetz will es, dass Sommer ist, solange der Kaiser dort weilt. Dadurch gerät die Taktung des Staatsapparates in eine groteske Schieflage: Es bleibt offiziell Sommer, obwohl die Höflinge längst bitterlich frieren, den endlo-

---

34 Lichtenberg (Anm. 32), 271.
35 Vgl. Hans-Werner Schütt: Auf der Suche nach dem Stein der Weisen. Die Geschichte der Alchemie, München 2000, 422.

sen Sommer hinter vorgehaltener Hand verfluchen und rebellische Töne immer lauter werden. Der Bau der Ewigkeitsuhr bringt die Zeit und den Staat aus den Fugen, weil sich der natürliche Taktgeber Wetter nicht dem Gesetz des autoritären Taktgebers fügt – und *vice versa.*

Größer jedoch als die Gefahr, die vom Unmut der Höflinge ausgeht, ist die Gefahr, die eine funktionierende Ewigkeitsuhr bedeuten würde. Cox teilt Kiangs Befürchtungen, dass die Herstellung eines Objekts, das dem Ewigkeitsanspruch des Kaisers Konkurrenz macht, einem Todesurteil gleichkäme. Wieder erweist sich das Symbol, das Cox produziert und Kiang deutet, als gespaltenes Zeichen, das die Macht des Kaisers ebenso repräsentieren wie bestreiten kann, je nachdem, wer es wie zu lesen gewillt ist. Umgekehrt aber kann Cox die Uhr auch nicht nicht bauen, würde er damit doch gegen den Wunsch des Kaisers handeln. Dieses Dilemma ist die eigentliche, sich auf symbolischer Ebene abspielende Herausforderung an die Erfindungsgabe des Mechanikers. Ratlos verzögern die Engländer die Fertigstellung der Uhr, was jedoch die Arrhythmie des Hoflebens nur weiter verschärft. Schließlich, als der allgemeine Unmut zu groß wird und der Kaiser die Geduld zu verlieren droht, findet Cox einen ebenso einfachen wie klugen Ausweg. Er lässt die Uhr unvollendet und übereignet Qiánlóng bei seiner Abreise die letzten »fünf Schlüsselstücke« (292) zusammen mit einer nur für dessen Augen bestimmten Gebrauchsanweisung. Dadurch bleibt es dem Kaiser selbst überlassen, wie er seinen eigenen Wunschtraum, den Cox für ihn nur beinahe vollständig ins Werk gesetzt hat, deutet und ob er sich für oder gegen die Inbetriebnahme des Perpetuum mobiles entscheidet.

Auf diese Entscheidungssituation läuft der Roman zu. Der Herr der zehntausend Jahre hält das bleigläserne Schlüsselstück seiner Ewigkeitsuhr in der Hand, zögert jedoch, sie damit in Betrieb zu nehmen. Die Frage: ›Warum?‹ drängt sich an dieser ›Schlüsselstelle‹ des Romans natürlich auf. Mehrere Antworten scheinen plausibel, und alle haben etwas mit dem hier in den Fokus gerückten Problem der Übertragung und mit dem Verhältnis von Macht, Wetter und Zeit zu tun. Die Vermutung, die der Erzähler äußert, geht dahin, dass die Uhr den Kaiser genauso dem Fluss der Zeit aussetzen würde wie seine Untertanen. Die unerschöpfliche Antriebskraft der Atmosphäre stellte demnach jene »allgegenwärtige Kraft« des Kaisers infrage, die Cox als Ursache aller Abläufe im Staat erkannte und die Kiang in die Bildlichkeit des Wetters übersetzte. Mit den Bauteilen in der Hand droht Qiánlóng auf die andere Seite der Unterscheidung zu wechseln und als sein eigener Mechaniker selbst Teil der Mechanik – zu einem Gehilfen in der Cox'schen Uhrmacherei – zu werden.

Doch im Hintergrund wirken noch andere Mächte als ›nur‹ die Gefahr einer dem Kaiser entgleitenden Allegorie der Herrschaft – und hierin liegt ein wesentlicher Verdichtungspunkt des Romans. Wie Goethe, der in seinem *Versuch einer*

Witterungslehre von der »Bewegung des Merkurs in der Glasröhre« spricht,[36] denkt auch Ransmayr das Barometer als ein Instrument, das zwischen moderner Meteorologie, Arkanwissenschaft und Mythologie oszilliert. Und wie Thomas Mann im *Zauberberg* – man denke nur an Hans Castorps albernen Ausruf »Na, ich habe Tempus« und an die dazugehörigen »Launen des Merkur«[37] – führt Ransmayr seine Meditation über die Zeit mit der ›giftigen‹ Alchemie des Quecksilbers eng. Denn dass Alister Cox als Alchemistenfigur lesbar ist, steht außer Zweifel. Nicht nur die Höflinge unterstellen ihm Zauberei, sondern er selbst kommt sich bei seiner Arbeit an der barometrischen Uhr »wie in einer alchimistischen Küche« vor, aus der der »Stein der Weisen« hervorgehen soll (239); eine Analogie, die Ransmayr einem Nachschlagewerk der Aufklärung entnommen haben mag: »*Perpetuum mobile* [...]. Dergleichen Maschine ist wie der Lapis Philosophorum, von alten und langen Zeiten her, mit vieler Mühe und Kosten, aber vergebens, gesuchet worden«.[38] Und in der Tat, das aufwändige, unfassbar materialintensive Dekorum der Uhr, der taktisch verzögerte Herstellungsprozess, der »Glanz« und »Zauber« des Quecksilbers, der dem Perpetuum mobile seine Überzeugungskraft verleiht, wie auch die Lebensgefahr, in der die Uhrmacher schweben: All das verweist auf die schillernde Konstellation ›Alchemist überlistet Herrscher und muss sehen, wie er davonkommt‹.[39]

Damit nähert sich Ransmayr auf Handlungsebene einmal mehr dem Genre des historischen Abenteuerromans an, das er durch den besagten Erzählstil und die Sujetgestaltung weiterhin desavouiert. Auf poetologischer Ebene aber geht es um nichts Geringeres als um die Vollendung eines Werks, das die Ewigkeit für sich reklamiert; um etwas, das »den Namen eines *Lebenswerkes* verdiente« (291) – um den Stein der Weisen als *Opus Magnum* also. Ransmayr hatte aber offenkundig nie vor, ein solches Lebenswerk zu schreiben. Weder behaup-

---

36 Johann Wolfgang von Goethe: Versuch einer Witterungslehre, in: ders.: Sämtliche Werke. Briefe, Tagebücher und Gespräche, hrsg. von Friedmar Apel u. a., 40 Bde., Frankfurt a. M. 1987–2013, Bd. I.25, 274–300, hier: 291.
37 Thomas Mann: Der Zauberberg. Roman, in: ders.: Große kommentierte Frankfurter Ausgabe. Werke – Briefe – Tagebücher, hrsg. von Heinrich Detering u. a., Frankfurt a. M. 2002ff., Bd. 5.1, 635 u. 343.
38 Art. »Perpetuum mobile«, in: Neues Kriegs- Ingenieur- Artillerie- See- und Ritter-Lexicon von Jacob von Eggers, Dresden/Leipzig 1757, erster Theil, Sp. 380 f., hier: 380.
39 Dass begabte Mechaniker ihre Dienstherren mit der Aussicht auf ein Perpetuum mobile zu betrügen suchten, zeigt Joachim Kalka: Phantome der Aufklärung. Von Geistern, Schwindlern und dem Perpetuum Mobile, Berlin 2006. Kalka legt dort (9–29) den Fall des Uhrmachers Beßler dar, der im Auftrag des Landgrafen von Hessen-Kassel das so genannte ›Kasseler Rad‹ baute, welches sich scheinbar wochenlang ununterbrochen von selbst drehte, in Wahrheit aber heimlich von Beßlers Magd angekurbelt wurde.

tet sein kleiner Roman über den *Lauf der Zeit*, in Konkurrenz zu den großen Zeitromanen Marcel Prousts oder Thomas Manns treten zu können, noch figuriert er innerhalb der Diegese die Vollendung und formale Geschlossenheit eines perfekten Kunstwerks, wie verschiedentlich behauptet wurde.[40] Vielmehr betont Ransmayr mit dem offenen System der barometrischen Uhr und mit einem Kaiser, der sich nicht zur Vollendung qua Schlüsselstück entschließen kann, gerade die gattungsspezifische Offenheit des Romans. Erzählt und begründet wird diese Offenheit im letzten Absatz:

> Als der Kaiser den Bleiglaskegel aus seinem Seidenbett nahm, mit dem er gemäß der letzten der fünf Anleitungen den Quecksilberfluß zwischen den Zylindern der Uhr in Bewegung setzen oder zum Stillstand bringen konnte, war es plötzlich, als ob noch eine andere Hinterlassenschaft des englischen Meisters von ihm Besitz ergriff, ein kalter Hauch, der von den leeren Drehbänken kam und über ihn hinwegstrich.
> Und so hielt Qiánlóng, der Herr der Horizonte, der Unbesiegbare, fröstelnd inne und legte den Glaskegel dann behutsam in die seidene Kuhle zurück. (298)

Nach den vielen Metaphern und Allegorien, Übertragungen, Übersetzungen und Energietransformationen unterbleibt zuletzt die alles entscheidende Energieübertragung. Stattdessen vollzieht sich eine andere, nämlich emotionale Übertragung im Schnittfeld von Temperament, Tempus und Tempestas. Was den Herrscher, der hier nicht mehr als ›Herr der zehntausend Jahre‹ apostrophiert wird,[41] am Ende ergreift, ist jene Kälte, an der zuvor Cox immer dann litt, wenn er sich von elementaren Naturgewalten oder von der Macht des Kaisers bedroht fühlte; jene Kälte des *Mercury* auch, des Sterns einer »eisigen, winterlichen Finsternis«. Der Glanz der persuasiven Rhetorik, die Verheißung sich beständig erneuernder Kraft und der ewige Sommer, der in Jehol notgedrungen herrscht, schlagen um in die Drohung einer endlosen Polarnacht, wie sie die *Schrecken des Eises und der Finsternis* figurieren. Der Traum vom Perpetuum mobile wird in dem Moment unheimlich, in dem das Wunschobjekt zum Greifen nahe ist.

Verstärkt wird dieser beunruhigende Effekt durch die sympathetische Verbindung, die zwischen Cox und dem Kaiser zu bestehen scheint. Cox ist, wie es

---
[40] Steinfeld (Anm. 7); Doren Wohlleben in: »Geht los. Erzählt«. Streifzüge durch Christoph Ransmayrs Werk. Eine Podiumsdiskussion zwischen Jan Bürger, Sigrid Löffler und Doren Wohlleben am 6. April 2017 im Literaturmuseum der Moderne (Marbach), in: Text + Kritik (Anm. 8), 16–28, hier: 27.
[41] Ransmayr selbst betont, dass der historische Qiánlóng der »einzige Herrscher über China« gewesen sei, »der nach Jahrzehnten an der Macht freiwillig auf seinen Thron verzichtet« habe (301).

zu Beginn einmal heißt, der »traurigste Mann der Welt« (22), Qiánlóng dagegen der »mächtigste Mann der Welt« (9), der sich Cox stets heiter, lächelnd oder lachend zeigt. Dem Perpetuum mobile selbst wiederum ist die alles überschattende Erinnerung an Abigail, die sich als Dreijährige beinahe mit Quecksilber vergiftet hätte, eingeschrieben. Cox bleibt auch während der Arbeit an seinem Meisterwerk »der von seiner alten Traurigkeit umfangene Erfinder« (243), ein mehr als nur melancholisches Genie aus England.[42] Und tatsächlich wirkt die »Hinterlassenschaft des englischen Meisters« mit ihrer monströsen Quecksilbersäule, die jene »ungeheure Schwere der Luft« anzeigt, über die schon Büchners Lenz klagte,[43] zusammen mit dem ›saturnischen‹ Schlüsselelement aus Bleiglas geradezu wie ein Emblem der Schwermut. Noch einmal produziert Cox ein scheinbar eindeutiges Machtsymbol als gespaltenes Zeichen. Das Perpetuum mobile steht mindestens ebenso für ewige Trauer wie für ewige Herrschaft, für lähmende Angst ebenso wie für unerschöpfliche Antriebskraft.

Lähmung bedeutet diese Uhr in einem denkbar umfassenden Sinn. Sie ist durch das Edelmetall, das dicke Glas und vor allem natürlich durch das Quecksilber unfassbar schwer und wäre aufgrund der filigranen Mechanik auch dann nur mühsam fortzubewegen, wenn man das Quecksilber abließe, wie das der historische Käufer der Cox'schen Uhr tun musste, allein um sie innerhalb Londons transportieren zu können.[44] Es dürfte Ransmayr, der zuvor ausführlich von den Mühen erzählt, eine andere große Uhr, die sogenannte Himmelsuhr, nach Jehol zu transportieren, kaum entgangen sein, dass es in seinem fiktiven Setting auch mit der Hilfe von »dreitausend Eunuchen« nicht möglich wäre, das Perpetuum mobile von der Sommerresidenz in die Verbotene Stadt zu transportieren, ohne das Uhrwerk anzuhalten und das Quecksilber abzulassen. So lange sie läuft, handelt es sich bei der Cox'schen Uhr ironischerweise um ein vollkommen immobiles Perpetuum mobile. Im symbolischen Code gedacht, auf den im Kaiserreich alles ankommt, liefe die Inbetriebnahme dieser Uhr deshalb entwe-

---

42 Die Frage: »Warum sind alle hervorragenden Männer, ob Philosophen, Staatsmänner, Dichter oder Künstler, offenbar Melancholiker gewesen?«, begründet den Topos des melancholischen Genies. Sie wurde Aristoteles zugeschrieben, stammt aber vermutlich aus der Feder seines Schülers Theophrast. Vgl. Martina Wagner-Egelhaaf: Die Melancholie der Literatur. Diskursgeschichte und Textfiguration, Stuttgart/Weimar 1997, 37–41. Das Zitat ist entnommen ebd., 37.
43 Georg Büchner: Lenz, in: ders.: Sämtliche Werke, Briefe und Dokumente, hrsg. von Henri Poschmann unter Mitarbeit von Rosemarie Poschmann, 2 Bde., Frankfurt a. M. 2006, Bd. 1, 249. Zur Psychologie des Wetters bei Büchner vgl. Grill (Anm. 6), 73–115.
44 »The whole object, in short, was heavy. Added to which, it would have proved impossible to move without removing the mercury from the flasks, so stopping the perpetual winding mechanism. No doubt this is how Weeks [der Käufer] had to move it from Spring Garden originally.« Ord-Hume (Anm. 10), 117.

der darauf hinaus, die Ewigkeit selbst bzw. das thermodynamische Antriebsprinzip, das den Kaiser repräsentiert, auf kurz oder lang wieder anhalten zu müssen, um den Rhythmus der staatlichen Ordnung zu erhalten; oder aber darauf, Jehol nie mehr zu verlassen und damit das zu erleiden, was schon die Arbeit an der Uhr vorführte: die Ewigkeit als angehaltene Zeit, als Ende der Zeit. Das Hofleben erstarrte zu einem ewigen Sommer, unberührt von den natürlichen Rhythmen der Jahreszeiten oder den sozialen Rhythmen des Lebens.

Beides käme einem symbolischen Suizid gleich. Kein Wunder also, dass der Kaiser, der sich zuvor noch rühmte, für Cox »den Zeitlauf selbst angehalten« zu haben (289), das letzte Bauteil[45] aus Bleiglas behutsam zurück in seine Schatulle legt. Doch während Qiánlóng noch darüber nachdenkt, ob er diese gefährlich doppelbödige Ewigkeitsuhr in Betrieb nehmen soll, die ihm mit der Lähmung des Melancholikers droht, hat die emotionale Übertragung zwischen ihm und Cox bereits stattgefunden. Das Grübeln über diese Erfindung aller Erfindungen und die unabschließbare Meditation über das Wesen von Zeit und Ewigkeit hat Cox mitsamt den Schlüsselteilen der nunmehr prekären Deutungshoheit des Kaisers überlassen, die hier, am Ende des Textes, mit derjenigen des Interpreten zusammenfällt. Für den Uhrmacher dagegen scheint mit seinem Geniestreich jene Hoffnung in Erfüllung zu gehen, die Jacob Merlin für ihn hegte:

> Wer weiß, möglicherweise würde es Meister Cox ja gelingen, den lähmenden Schmerz, den er über den Tod seiner Tochter Abigail empfand, wie ein Alchimist der Trauer in Gold zu verwandeln. (34)

Von diesem Gelingen erzählt *Cox*. Der Roman setzt seine Titelfigur als Schwarzkünstler der Trauer in Szene und vollzieht dessen Kur auf Kosten der Machtinstanz, in deren Namen die Erzählfunktion scheinbar spricht. Das Ergebnis dieser Kur ist eine jener alchemistischen Operationen ›übers Kreuz‹, wie sie prominent Goethe in den *Wahlverwandtschaften* figurierte:[46] Während der ansonsten stets heitere Kaiser »fröstelnd inne[hält]« und sich zögernd die Wunscherfüllung versagt, kehrt der Alchemist von aller Lähmung, Trauer und Schwermut befreit und reich beschenkt zurück nach England: »Alister Cox sprach von Liebe. Er kicherte. Lachte.« (296)

---

45 Damit spielt Ransmayr auf einen Topos in der Geschichte des Perpetuum mobiles an, nämlich auf das »Motiv des einzigen fehlenden Rädchens«, von dem die jeweiligen Konstrukteure beteuern, nur dieses eine Detail fehle ihnen noch zur Fertigstellung ihrer Wundermaschine. Kalka (Anm. 39), 24.
46 Vgl. den Kommentar von Waltraud Wiethölter zu Johann Wolfgang von Goethe: Die Wahlverwandtschaften, in: ders.: Sämtliche Werke (Anm. 36), Bd. 8, Frankfurt a. M. 1994, 973–1017, hier 993.

Abb. 1: Longcase Clock by James Cox (ca. 1760), London. 258 cm × 104 cm × 84,5 cm. © Victoria and Albert Museum, London.

Abb. 2: Mr Cox's Perpetual Motion. A Prize in the Museum Lottery (1774/75). Courtesy of The Lewis Walpole Library, Yale University.

Urs Büttner
Übers Wetter reden. Roland Barthes über Klima, Alltäglichkeit, Seinsgefühl und Poetik

»Pour ma part, j'ai toujours pensé que le Temps qu'il fait: un sujet (une *quaestio*) sous-estimé«,[1] bekennt Roland Barthes in seiner letzten großen Vorlesungsreihe am *Collège de France*. ›Toujours‹ ist keine Übertreibung, denn auf das Thema Wetter war Barthes seit den 1950er Jahren in zahlreichen Aufzeichnungen, Essays und Büchern immer wieder beiläufig zu sprechen gekommen. Als Barthes sich im Sommer 1978 daran machte, seine Vorlesung vorzubereiten, muss er die Zitate und früheren Einfälle nochmals aus seinem Zettelkasten herausgesucht haben, wo er sie über die Jahre gesammelt hatte.[2] Jedenfalls tauchen viele der älteren Beispiele und Überlegungen in der Vorlesung wieder auf. Barthes präsentiert sie jetzt zusammenhängender und treibt seine Reflexionen an vielen Stellen weiter. *La préparation du roman* bildet daher eine Summe aus Barthes' jahrzehntelanger Beschäftigung mit dem unterschätzen Thema.

Die konzentriertere Präsentation führt an vielen Stellen jedoch zur Verknappung der Ausführungen. Denn anders als in seinen früheren Schriften benennt Barthes in der Vorlesung seine theoretischen Inspirationen bestenfalls am Rand, diskutiert viele Argumente nur noch an und verzichtet bei der Nennung von Belegen oft darauf, sie zu zitieren und zu interpretieren. Die Nachverfolgung von Barthes' theoretischen Verweisen unter Berücksichtigung der im gesamten Werk verstreuten Vorarbeiten erlaubt ein umfassenderes Verständnis der Vorlesung. Was in den dichten Formulierungen der Vorlesung nicht immer bis ins Letzte nachvollziehbar ist und rein assoziativ aneinandergereiht wirkt, gewinnt dadurch eine für Barthes überraschende argumentative Konsequenz. Dazu ist es jedoch an vielen Stellen notwendig, die bei Barthes nur angedeuteten Argumente eigenständig systematisch auszuformulieren und über ihn hinausgehend näher zu erläutern. Eine solche anreichernde Lektüre soll hier in vier Schritten unternommen werden, der sich ein Fazit anschließt.

---

[1] Roland Barthes: La préparation du roman (I et II). Notes de cours et séminaires au Collège de France, 1978–1979 et 1979–1980, hrsg. von Nathalie Léger, Paris 2003, 71 (Kursivierungen hier und im Folgenden im Original).
[2] Vgl. biographisch zur Inspiration zu gerade diesem Vorlesungsthema ebd., 31f.

Ausgangspunkt der Darstellung der Überlegungen in *La préparation du roman* bildet in einem ersten Abschnitt eine Beobachtung Barthes: obwohl das Klima bis in seine Gegenwart tief in die Sprache eingeprägt ist, hat die Rede übers Wetter ihre Referenz verloren. In dem Maße, wie das Leben der Menschen immer unabhängiger von den Gegebenheiten des Wetters geworden ist, ist die Rede übers Wetter in westlichen Kulturen nahezu zum Synonym für *small talk* geworden. Von diesem Befund ausgehend setzt sich Barthes das Ziel, die Referenzialität des Wetters zurückzugewinnen. Wie Barthes sich diesem Ziel annähert, untersucht ein zweiter Abschnitt des vorliegenden Aufsatzes. Barthes hat an sich selbst bemerkt, dass er es im Urlaub genießt, wieder mehr im Einklang mit den Rhythmen der Witterung zu leben. Offenbar hat die ästhetisch motivierte Wolkenguckerei die lebenspraktische Wetterbeobachtung früherer Zeiten beerbt. Barthes untersucht seine Urlaubsbeobachtungen und zeigt, wie die Veränderungen der Witterung sein Zeiterleben und damit seine Stimmung wesentlich stärker als im Pariser Alltag beeinflussen. Die Stimmung gewinnt ihre Tönung, und davon handelt der dritte Abschnitt, aus dem Wechselspiel von hoffnungsfroher oder angstvoller Erwartung klimatisch bekannter Wetterentwicklungen und deren Erfüllung oder Nicht-Erfüllung. Aus diesem Gedanken heraus entwickelt Barthes die These, dass die Wahrnehmung des Wetters narrativisch verfasst ist – ›auf einen Donnerschlag folgt Regen‹. Solche Narrative setzen eine Hermeneutik der Gegenwart in Gang, indem sie nach dem Donner die Aufmerksamkeit auf erwartete Flecken erster Tropfen auf dem Boden lenken. Zugleich schaffen die Narrative assoziativ die Verbindung zu anderen Gewohnheiten und Erinnerungen, die mit dem Wetter gar nichts zu tun haben und diese Begleitumstände gehen in die Alltagshermeneutik wieder mit ein. Nachdem Barthes die klimatische Prägung der Sprache und die Tendenz der Wahrnehmung zur narrativen Kontextualisierung aufgezeigt hat, beschäftigt er sich mit der Frage: Wie lässt sich das Wetter in seiner jeweiligen, nie wiederkehrenden Einzigartigkeit gerade im Widerstand gegen die Dispositionen von Wahrnehmung und Sprache zur Typisierung in Worte fassen? Deshalb widmet sich der folgende Abschnitt dieses Aufsatzes Barthes' poetologischen Reflexionen über das Haiku. In der japanischen Gedichtform sieht er das Vorhaben der sprachlichen Rückgewinnung der Referenz des Wetters umfassend realisiert. Das Haiku bedeutet ihm im emphatischen Sinn Wetter-Schreiben. Nach Abschluss der Lektüre der Vorlesung gilt es, den systematischen Ertrag der Barthes-Lektüre im Hinblick auf die Unterscheidung zwischen Literarischer Meteorologie, Meteopoetologie und Meteopoetik einzustreichen.

Klima und Wetter

In *La prépararation du roman*, unterscheidet Barthes zwischen Klima und Wetter. Klima nennt er wiederkehrende Muster des Wetters und dessen gewöhnliche Veränderung. Um solche Regelmäßigkeiten zu abstrahieren, braucht es nicht erst meteorologische Messungen und deren statische Auswertung. Vielmehr weckt die Gewöhnung an die Wetterbedingungen eines Ortes im Jahreslauf bereits unreflektiert bestimmte Erwartungen. Die Typisierung einer bestimmten Witterungserscheinung als Fall von … ruft sogleich bewährte Verhaltensmaßregeln auf. Das Klima lässt sich daher mit dem System einer Sprache vergleichen. Es geht von durchschnittlichen Ausprägungen und Veränderungen der Witterung aus, vergleichbar der Bildung sprachlicher Kategorien in ihrer Allgemeinheit und den grammatischen Vorgaben der Verknüpfung. So gibt etwa das Verb durch seine möglichen Objekte den Satzbau vor, und bestimmte Phrasen erwarten eine bestimmte Fortführung oder Erwiderung. Entspricht das Klima dem Sprachsystem, ist das Wetter dem tatsächlichen Sprachgebrauch analog. Obwohl oder gerade weil Lexikon, Grammatik und Konvention Möglichkeiten für die Kombination von Worten und Sätzen vorgeben, legen sie nicht bis ins Letzte die Wortwahl und den Satzbau des einzelnen Sprechakts fest und eröffnen so Spielräume, um eigenständig Akzente zu setzen. Entsprechendes gilt für den Code des Klimas, der ebenfalls Freiräume für die Wettererscheinungen lässt. Barthes notiert dazu in seinem Vorlesungsmanuskript: »*le temps qu'il fait* = le code *parlé* par le moment, le jour, l'heure, l'individuation de l'existence, c'est-à-dire qui accomplit, ou qui *déjoue* (toujours la fonction rémunératrice, compensatrice, rectificatrice du discours par rapport à la langue)«.[3]

Barthes will aber über die bloße Analogie zur Sprache hinaus. In das System der einzelnen Sprachen, in die *langue,* so erklärt er weiter, haben sich die klimatischen Bedingungen vor Ort zutiefst eingeprägt. Das Klima hat das Lexikon und die Grammatik geformt. Trotz der kombinatorischen Freiheiten der *parole* können die Vorgaben der klimatischen Typisierungen und der sprachlichen Verknüpfungsmöglichkeiten unzureichend scheinen. Unzureichend in doppelter Hinsicht, denn zum einen können die von der *langue* vorgegebenen Möglichkeiten des Ausdrucks und die sinnlichen Eindrücke des Wettergeschehens auseinandergehen. Auch wenn verschiedene Sprachen Niederschläge mit verschiedener Genauigkeit begrifflich unterscheiden, handelt es sich doch immer um Abstraktionen von der sinnlichen Erfahrung. Das Wort *nuage* bezeichnet im Französischen etwa Wolken jeder Größe, Farbe und Dichte. Das Konzept ist somit nicht in der Lage, genauer

---

3 Ebd., 72f.

zwischen ihnen zu differenzieren. Daher nivelliert der Begriff die Einzigartigkeit der jeweiligen Wolke. Die klimatischen Vorgaben der Sprache können jene Einzigartigkeit nicht erfassen und wirken grobschlächtig und starr. Und wenn wie bei *il pleut* im Französischen nur Wendungen mit einem unpersönlichen Subjekt möglich sind, zeigen sich hierin ontologische Annahmen über die Natur der Himmelsmächte. Daher gibt es keine Möglichkeit in den Grenzen der Grammatik auszudrücken, dass Himmelsmächte wie eigene Agentien zu handeln scheinen. Zum anderen kann die Sprache in manchen Situationen gar nicht allgemein genug ausfallen. Ein Gespräch über *Nimbus*, *Stratus* und *Cumulus* scheint wenig geeignet für *small talk*.

Die Spannung zwischen den Dingen und den Worten lässt sich zwar niemals ganz auflösen, aber im Sprachgebrauch zu einem der beiden Pole hin verschieben. Um diesen Gedanken näher zu konturieren, bezieht sich Barthes auf Roman Jakobson. Jener hatte bemerkt, dass der Sprachgebrauch variiert, um damit bestimmte Funktionen, die alle in ihm angelegt sind, zu akzentuieren und dadurch deutlicher hervortreten zu lassen. Letztlich unterschied Jakobson sechs Sprachfunktionen: *referenziell, poetisch, emotiv, konativ, metasprachlich und phatisch*.[4] All diese Sprachfunktionen laufen innersprachlich letztlich auf verschiedene Außen der Sprache zu und markieren damit Grenzen der Sagbarkeit. Barthes greift Jakobsons Unterscheidungen auf und führt sie weiter, indem er sie zwei Spannungsfeldern zuordnet, die quer zueinander liegen. Er formuliert diesen Gedanken in der Vorlesung nicht eigens aus, jedoch gründet seine weitere Argumentation darauf.

Das erste Spannungsfeld sieht Barthes zwischen der *referenziellen* und der *poetischen* Funktion der Sprache. Die referenzielle Funktionalisierung der Sprache akzentuiert den Bezug der Worte zu den Dingen. Ein solcher Sprachgebrauch sucht nach Möglichkeiten, die Wirklichkeit mit Mitteln der Sprache und gleichzeitig gegen deren Widerstände, mimetisch abzubilden. Die poetische Funktionalisierung dagegen betont die Eigenlogik der Sprache. Poetisch meint dabei nicht allein dichterisch, sondern alle Arten von Gesten der Selbstbezüglichkeit der Sprache. Durch auffällige Steigerung oder Minderung der sprachimmanenten Verknüpfungen rückt die sonst transparente Gestalt, Medialität und Ordnung der Sprache selbst in den Fokus der Aufmerksamkeit. Diese Sprachfunktion zielt auf Bildlichkeit oder Klanglichkeit der Sprache sowie semantische Unterscheidungen und logische Schlüsse ab. Was unter dem Gesichtspunkt der Refe-

---

4 Vgl. Roman Jakobson: Linguistik und Poetik [1960], in: ders.: Poetik. Ausgewählte Aufsätze 1921–1971, hrsg. von Elmar Holenstein und Tarcisius Schelbert, Frankfurt a. M. 1979, 83–121, hier: 87–93.

renzialität als Hindernis für die sprachliche Nachbildung der Witterung erscheinen muss, scheint aus dem poetischen Blickwinkel als Unabhängigkeit der *langue* von den konkreten Gegebenheiten des Wetters.

Der Sprachgebrauch erschöpft sich aber nicht allein in dem Verhältnis von Worten und Dingen zueinander. Als Kommunikation verbindet die Sprache Menschen und dies nicht erst durch die Mitteilung von Bedeutung, sondern bereits ganz physisch durch den Klang der Stimme oder den Schriftzug auf dem Papier. Daraus eröffnet sich ein zweites Spannungsfeld, das quer zu dem ersten liegt und durch die außersprachlichen Pole von Ich und Du eingegrenzt wird. Es ist hier jedoch nicht eine einzige Grundpolarität, die das Kräftegefüge bestimmt. Spannungen ergeben sich durch das Zusammenspiel von gleich vier Vektoren, die durch die *emotive*, die *konative*, die *metasprachliche* und die *phatische* Funktionalisierung der Sprache orientiert sind. Die emotive Funktion rückt den Bezug des Senders zur Sprache in den Fokus, so wie komplementär die konative Funktion den Bezug zum Empfänger betont. Die metasprachliche Funktion akzentuiert die Verwendungsweise von Worten und mithin deren Bedeutung. Die phatische Funktion unterstreicht dagegen den Beziehungsaspekt. Kennzeichnend für das kommunikative Spannungsfeld ist, dass die Verbindung zwischen den Menschen nicht erschöpfend durch die Sprache vermittelbar ist, zugleich die Sprache in diese Verbindung zusätzlich Eigenes hineinträgt.

Heute, so stellt Barthes in *La préparation du roman* heraus, scheint das Reden über das Wetter die vielleicht paradigmatische Art phatischen Sprechens zu bilden.[5] Das Reden übers Wetter geht nahezu vollkommen in seinem Beziehungsaspekt auf, während es von der Erfahrung und Referenz auf das Wetter selbst weitgehend abgelöst ist. Mithin ist sein Aussagegehalt fast so beliebig wie das Wetter wechselhaft. Das Reden übers Wetter ist nichtssagend. Das schien Barthes bereits einige Jahre zuvor bemerkenswert. Nichts-sagen, lässt sich performativ als Verstummen inszenieren. Doch innerhalb der Sprache, wie Barthes bereits 1971 schrieb, »*rien* ne peut se dire que *rien; rien* est peut-être le seul mot de la langue qui n'admet aucune périphrase, aucune métaphore, aucun synonyme, aucun substitut«. Um nichts zu sagen, muss daher eine umwegigere Strategie gewählt werden. »Dire *le temps qu'il fait,*« erläutert Barthes,

> a d'abord été une communication pleine, l'information requise par la pratique du paysan, pour qui la récolte dépend du temps; mais dans la relation citadine, ce sujet est vide, et ce vide est le sens même de l'interlocution: on parle du temps pour *ne rien dire,* c'est-à-dire pour dire à l'autre qu'on lui parle, pur ne lui dire rien d'autre que ceci: je vous parle, vous

---

5 Vgl. Barthes, La préparation du roman (Anm. 1), 71.

existez pour moi, je veux exister pour vous (aussi est-ce une attitude faussement supérieure que se moquer du temps qu'il fait).⁶

Die Bedeutungsleere des Redens über das Wetter, so merkt Barthes in der Vorlesung kurz an, kennt zwei Extreme: die Möglichkeit mit jedermann ins Gespräch zu kommen oder mit Menschen zu sprechen, die einem so vertraut sind, dass eigentlich keine Notwendigkeit zum Reden bestünde.⁷ In seiner Autobiographie hatte Barthes geschildert, wie er sich in Urt, seinem südfranzösischen Feriendomizil, mit den Leuten unterhält. Im Dorfladen begrüßt er die Verkäuferin: »*il fait beau, il fait gris*, etc.« Dann kommt der Briefträger vorbei: »(il fait lourd ce matin, quelle belle journée, etc.) et, un peu plus tard, dans sa camionnette pleine de pains, la fille de la boulangère (elle a fait études, il n'y a pas lieu de parler du temps)«.⁸ Barthes kommentiert diese Szenen abschließend, in ihnen zeige sich deutlich sein bürgerlicher Habitus. In den frühen Bemerkungen schien das Reden übers Wetter noch emphatisch »vous existez pour moi« zu vermitteln. Nun erweist es sich als bloßes Existieren, als basaler Modus der Begegnung, der keine Anerkennung unter Gleichen impliziert. Mit jemandem, der zum gleichen Stand gehört, muss man nicht übers Wetter reden. Später kommt Barthes nochmals darauf zurück: »En somme, rien [est, U.B] de plus culturel que l'atmosphère, rien de plus idéologique que le temps qu'il fait.«⁹

Seinsgefühl

Barthes' bürgerlicher Habitus ist eine städtische Attitüde, die er auch auf dem Land nicht ganz ablegen kann. Dem Leben in einer Großstadt wie Paris ist die Natur fremd geworden. Erst dort, wo die referenzielle Sprachfunktion ihre Bedeutung verloren hat, wird eine phatische Refunktionalisierung möglich. Gänzlich bedeutungslos ist das Referieren auf das Wetter aber nicht geworden. Bevor Barthes sich aber näher mit der sprachlichen Referenz auf das Wetter beschäftigen

---

6 Roland Barthes: Rez. Pierre Loti: ›Aziyadé‹ [1971], in: ders.: Œvres complètes, hrsg. von Éric Marty, 3 Bde., Paris 1993–1995, Bd. 2, 1401–1411, hier: 1403. – Vgl. dazu bereits Roland Barthes: Mythologies [1957], in: ebd., Bd. 1, 561–722, hier: 706, 715f.
7 Vgl. Barthes, La préparation du roman (Anm. 1), 71f.
8 Roland Barthes: Roland Barthes par Roland Barthes [1975], in: ders., Œvres complètes (Anm. 6), Bd. 2, 79–250, hier: 156.
9 Ebd., 229.

kann, muss er zuerst die Referenz selbst zurückgewinnen. Er fragt daher zunächst nach der vorsprachlichen Erfahrung des Wetters.[10]

»Cet investissement *individuel* (par exemple esthétique) dans la Saison (le Temps qu'il fait)«, erklärt Barthes in *La préparation du roman*, »continue l'intérêt des civilisations rurales pour la saison et le temps (*Weather*)«.[11] In der Stadt ist die Unterscheidung zwischen Alltag und Ferien an die Stelle der jahreszeitlichen Rhythmen getreten und das Wetter stellt kaum mehr den Hinderungsgrund für eine Aktivität dar (wobei er sich durchaus bewusst ist, dass er, indem er die Harmonie des Landlebens prätendiert, einem modernen Mythos anhängt). In den Ferien in Urt aber, genießt es Barthes, dass sich sein Leben stärker im Einklang mit der Natur vollzieht. Nahe der Pyrenäen und des Atlantiks gelegen, herrscht dort ein völlig anderes Klima als in Paris, und Barthes entwickelt ein ganz anderes Körperempfinden: Er geht soweit, zu behaupten, er habe regelrecht zwei Körper, einen Pariser und einen ländlichen.[12] Zudem wird Zeit anders erfahrbar, wenn sie nicht durch den Takt der abstrakten Uhrenzeit bestimmt ist, sondern sinnlich an den Veränderungen der Witterung und Lichtverhältnisse erfahrbar wird.

Barthes greift an dieser Stelle Überlegungen von Gilles Deleuze auf, den er in der Vorlesung kurz erwähnt. Der Begrifflichkeit nach zu urteilen, bildet Deleuze' *Différence et répétition* wohl seinen Bezugspunkt.[13] Deleuze begreift die Wahrnehmung in Fortführung von Überlegungen Husserls und Bergsons als zweistufig. Überschreitet die Intensität der Eindrücke die Wahrnehmungsschwelle wird der Mensch ihrer gewahr, ohne sich schon des Gewahrwerdens bewusst zu werden. Das Phänomen erscheint dann als räumliche und zeitliche Gegebenheit in ihrer einzigartigen Gestaltung, damit aber gerade noch nicht als etwas Bestimmtes. Dies nennt Deleuze passive Synthesis. Schließt sich daran eine aktive Synthese an, wird der singuläre Eindruck als Fall von ... einem Begriff unterstellt, für den es auch ein Wort gibt. Komplementär dazu verfügt der Mensch auf Ebene der passiven Synthesis noch über kein Selbstbewusstsein, nicht einmal ein präreflexives. Ein solches kommt erst im Zuge der aktiven Synthese dazu. Damit weiß der Mensch auf Ebene der passiven Synthesis noch nicht, dass er oder sie es ist, der oder die das Wahrgenommene wahrgenommen hat. Es handelt sich damit auf dieser Ebene um reinen Erfahrungsgehalt noch ohne die Möglichkeit einer Attribuierung zur Außenwelt

---

10 Vgl. Barthes, La préparation du roman (Anm. 1), 66.
11 Ebd., 68.
12 Barthes, Roland Barthes par Roland Barthes (Anm. 8), 141. – Vgl. dazu auch Roland Barthes: La lumière du Sud-Ouest [1977], in: ders. Œvres complètes (Anm. 6), Bd. 3, 719–722, hier: 720.
13 Vgl. Barthes, La préparation du roman (Anm. 1), 77. – Vgl. dazu Gilles Deleuze: Différence et répétition [1968], Paris 2013, bes. 7–41, 96–128, 286–335.

oder zur Subjektivität. Deleuze widmet seine Aufmerksamkeit vor allem der passiven Synthesis und das ist es, was seine Philosophie für Barthes interessant macht. Barthes beschreibt diese reine Wahrnehmung, der eine Ich-Bewusstheit fehlt, als Leere der Subjektivität. Weil begriffliche Bestimmungen fehlen, treten Wahrnehmungseindrücke in ihrem reinen So-Sein nebeneinander. Sie sind nicht sinnlos, aber ohne Bedeutung. In der Vorlesung beschreibt er eine Wahrnehmung, die allein auf passive Synthesen abstellt, mit den Worten: »lorsque la langue se tait, qu'il n'y a plus commentaire, d'interprétation, de sense, c'est alors que l'existence est pure«.[14] Und er vermittelt einen Einblick in diesen Wahrnehmungsmodus, indem er aus dem Tagebuch zitiert, das er seit 1976 wieder zu führen begonnen hatte. Am 16. Juli 1977 notiert Barthes in Urt: »... ce matin une sorte de bonheur, le temps (très beau, très léger), la musique (Haendel), l'amphétamine, le café, le cigare, une bonne plume, les bruits ménagers.«[15] Verschiedene Eindrücke treten hier weitgehend zusammenhanglos nebeneinander. Sie bilden eine offene Mannigfaltigkeit, keine Ganzheit.

Die Wahrnehmung vollzieht sich nicht momenthaft, in einer Weise, dass immer nur der gegenwärtige Eindruck erfasst würde. Vielmehr rücken die momenthaften Eindrücke in ein gedehntes Wahrnehmungsfeld ein. Das macht das synthetische Moment aus. Die Aufmerksamkeit des Wahrnehmungsfeldes ist zwar durch eine messbare Spanne begrenzt, doch ist in ihr keine vorgängige Aufteilung der Zeit festgelegt. Diese bestimmt sich erst durch den Wechsel der Intensitäten. Auf das Wetter bezogen heißt das, dass an einem grauen einförmigen Regentag die Zeit scheinbar stillzustehen scheint, wenn sich nichts verändert, während das Wandern der Sonne oder noch stärkere Witterungsereignisse wie ein Gewitter den Zeitfluss beschleunigen. Mit diesem Gedanken holt Barthes die in der französischen Sprache angelegte Doppeldeutigkeit von *temps* ein, das gleichermaßen Zeit und Wetter bedeutet. Doch selten bestimmt allein der Wechsel der Witterung die Einteilung der Zeit. Vielmehr überlagern sich deren Veränderungen vielfach mit anderen Intensitätswechseln. Barthes illustriert diesen Gedanken, indem er in der Vorlesung nochmals aus seinem Sommertagebuch zitiert, diesmal die Eintragung vom 17. Juli 1977: »On dirait que le dimanche matin renforce le beau temps.« Und fügt erläuternd hinzu: »Je voulais dire: une intensité renforce l'autre«.[16]

---

14 Ebd., 84.
15 Ebd., 99. – Die in der Vorlesung zitierten Auszüge aus seinem Tagebuch hat Barthes zusammen mit weiteren später in *Tel Quel* veröffentlicht. Roland Barthes: Délibération [1979], in: ders., Œvres complètes (Anm. 6), Bd. 3, 1004–1014.
16 Barthes, La préparation du roman (Anm. 1), 75.

Innerhalb des Wahrnehmungsfeldes besteht eine Neigung, die Eindrücke in regelmäßigen Folgen zu Rhythmen zu organisieren. Die momenthafte Wahrnehmung fügt sich dabei stets in eine Sequenz ein, in der die unmittelbar vorangegangenen Eindrücke nachwirken und bereits mögliche Fortführungen antizipiert werden. Husserl hatte das ›Retention‹ und ›Protention‹ genannt. Die Erwartung der Zukunft konstituiert sich unter Bezug auf die vermutete Regelmäßigkeit der unmittelbar vorangegangenen Sequenz. Für die nächste Zukunft gilt die Erwartung, dass sich der vergangene Rhythmus der Intensitäten wahrscheinlich einfach fortsetzt oder gleichförmig verändert. Wenn es plötzlich aus heiterem Himmel donnerte, wäre die Überraschung deshalb groß. Im Vergleich mit den weitgehend kalkulierbaren Routineabläufen des Alltags ist das Wetter jedoch immer für eine Überraschung gut, gerade in einem Land wie Frankreich, wo es nach Barthes' Einschätzung die klimatischen und jahreszeitlichen Erwartungen häufiger enttäuscht als erfüllt. Dieses gesteigerte Kontingenzmoment und die daraus folgende verminderte Erwartbarkeit kennzeichnet das Landleben. Die Empfindung, auf dem Land der zivilisatorischen Entfremdung zu entkommen und von den Zwängen des Alltags befreit zu sein, kann daher leicht in Verunsicherung umschlagen. Barthes bemerkt an sich selbst, dass ihm zwar etwas Abwechslung durchaus willkommen ist, er sich aber gerade in den Ferien nicht allzu sehr beunruhigen lassen möchte. Deshalb hat er sich auch in den Ferien in einem eigenen Alltag eingerichtet – der tägliche Gang zum Dorfladen, der Briefträger, der zur selben Uhrzeit die Post bringt, das Gespräch mit der Bäckerstochter, die Arbeit an der Semestervorbereitung. Im Alltag von Urt lebt Barthes in einer breiten Gegenwart, versucht die Gedanken an die Zukunft auszublenden und sich ans Nächstliegende zu halten, zu genießen und zu konsumieren. Doch es fehlt in den Ferien die Zerstreuung von außen, die in Paris von jeder Straßenecke winkt. In Momenten der Langeweile oder der Muße lenkt Barthes seine Aufmerksamkeit auf die Veränderungen der Witterung, die dann ihre befreiende, manchmal aber auch verunsichernde Wirkung entfalten. Indem er aufmerksamer das Verfließen der Zeit wahrnimmt, wird er gewahr, dass die Zukunft in dem Maße, wie sie nicht voraussehbar ist, emotional vermehrt mit Ängsten und Hoffnungen besetzt erscheint, und diese Gefühle strahlen als Stimmung zurück auf die Wahrnehmung der Gegenwart. Barthes sieht dabei zwei Extremzustände emotionaler Erregung: »la misère du ›paumé‹« und »la jubilation ardente du ›vivant‹.[17]

Barthes' ländlicher Körper, so lassen sich die vorangegangen Überlegungen zusammenfassen, empfindet anders als sein Pariser Körper, weil er durch ein vollkommen anderes, ein überhaupt erst gespürtes Seinsgefühl, das »*sentir-*

---

17 Ebd., 84.

être«,[18] bestimmt ist. Dieses Seinsgefühl auf dem Land, das er in der Vorlesung weitergehend umschreibt als »la *vie*, la sensation de la vie, le sentiment d'existence«,[19] ergibt sich aus einer ästhetischen Haltung größerer Offenheit gegenüber der Natur und insbesondere der Witterung. In den Ferien in Urt kann Barthes die pauschalisierende Subsumption der aktiven Synthesen suspendieren, die das Wetter immer nur als Fall eines bestimmten Klimas fassen, und sich dadurch auf die Einzigartigkeit der Witterungsbedingungen jedes einzelnen Tages einlassen. Seine Tage sind anders als im Pariser Alltag nicht mit Terminen durchgetaktet, sodass seine Zeit stärker durch den Wandel der Witterungen strukturiert wird. Nicht von so vielen Alltagsverpflichtungen getrieben und mit weniger Möglichkeiten, sich zerstreuen zu lassen, bemerkt er auch deutlicher, welche anderen Intensitätswechsel sein Empfinden noch prägen. Dazu hatte Barthes bereits 1971 geschrieben,

> le temps renvoie à une sorte d'existence complexe du monde (de ce qui est) où se mêlent le lieu, le décor, la lumière, la température, la cénesthésie, et qui est ce mode fondamental selon lequel mon corps est là, qui se sent exister (sans parler des connotations heureuses ou tristes du temps, suivant qu'il favorise notre projet du jour); [...] il permet de référer à quelque *être-là* du mode, premier, naturel, incontestable, in-signifiant.[20]

Die emotionale Einstellung zur Zukunft legt sich dabei als Stimmung wie ein Filter über die gegenwärtige Wahrnehmung und bestimmt ihr Verständnis. Dies ist ein Gedanke, den Barthes offenbar von Heidegger übernommen hat. Durch das Kunstwort *être-là*, mit dem Heideggers ›Dasein‹ im Französischen üblicherweise wiedergegeben wird, lässt er in der zitierten Passage seinen Ideengeber durchblitzen, auf den er an späterer Stelle der Vorlesung auch namentlich zu sprechen kommen wird.[21] Auf Ebene der passiven Synthesen bilden die Eindrücke aller Sinne und das Körpergefühl eine untrennbare Einheit, da noch kein Bewusstsein des Ich von sich selbst die Empfindungen begleitet. Das Zusammenspielen all dieser Faktoren bestimmt das Seinsgefühl, das in Momenten des Innehaltens und der Offenheit deutlicher spürbar wird.

---

18 Ebd., 72.
19 Ebd., 84.
20 Barthes, Rez. Pierre Loti: ›Aziyadé‹ (Anm. 6), 1403. – Vgl. dazu auch die früheren Überlegungen in Roland Barthes: Le plaisir du texte [1973], in: ders., Œvres complètes (Anm. 6), Bd. 2, 1493–1532, hier: 1522.
21 Vgl. dazu Martin Heidegger: Sein und Zeit [1927], Tübingen 2001, 134–153.

Narrativierung

Geht es nicht nur darum, die unmittelbare Zukunft zu antizipieren, sondern länger vorzugreifen oder seltene Geschehnisse einzuordnen, kommen reflexive Momente ins Spiel, wobei auf Gewohnheit und Gedächtnis zurückgegriffen wird. Mit dieser These denkt Deleuze Bergson weiter. Aktive Synthesen gehen dann mit in die Wahrnehmung ein. Ereignete sich der überraschende Donnerschlag, von dem die Rede war, bei drückender Schwüle, würde die Gewohnheit wohl sagen, es handle sich um ein Sommergewitter, das naht. Wenngleich ein solches Gewitter nicht alle Tage vorkommt, müsste man doch im sommerlichen Südfrankreich damit rechnen. Würden mit dem Sommergewitter sintflutartige Regenfälle einsetzen, die gar nicht mehr aufhören wollen, würde man das Gedächtnis befragen, ob solcherart Unwetter schon jemals vorgekommen ist. Die zeitliche Wahrnehmung vollzieht sich damit prinzipiell im Falle der Rhythmusfolgen in proto-narrativen und im Falle von Gewohnheit und Gedächtnis in narrativen Mustern. Erinnerungen fungieren genauso wie Zukunftsprognosen als solche Muster. Beide lenken die Erwartung. Diese proto-narrativen und narrativen Muster dienen mithin als eine Art hermeneutischer Schlüssel zur Interpretation der gegenwärtigen Wahrnehmung. Die Hermeneutik versucht die Gegenwart dabei als Wiederholungsfall bekannter Abläufe, als Fall von ..., zu interpretieren und richtet die Aufmerksamkeit darauf, weitere Anhaltspunkte für die Richtigkeit der Erwartung zu entdecken. Wenn diese Anhaltspunkte sich nicht zeigen oder uneindeutig bleiben, aber eine bestimmte Erwartung noch nicht als enttäuscht aufgegeben und einer anderen Erwartung gewichen ist, kann eine solche Hermeneutik geradezu neurotische Züge annehmen.

Je ausführlicher das bekannte Narrativ gestaltet ist, desto mehr Begleitumstände trägt es eigenständig in die Deutung der Gegenwart mit hinein. Der einsetzende Sommerregen kann daran erinnern, dass wie beim letzten Mal zu Hause noch die Fenster offenstehen. Der Abgleich dieser Narrative mit den aktuellen Gegebenheiten wirkt deshalb auch immer auf die Narrative zurück. Daher konfiguriert die Hermeneutik der Gegenwart stets auch die gewohnte oder erinnerte Vergangenheit und erwartete Zukunft neu. Über die Begleitumstände der Narrative ergeben sich aber auch assoziative Brücken zu ferner liegenden Erinnerungen. Dadurch entstehen Kopplungen mit völlig anderen Narrativen, die dann die gegenwärtige Wahrnehmung des Wetters wieder lenken können. In der Vorlesung vom 13. Februar 1978 lässt Barthes in diesem Zusammenhang eine weitere Tagebuchstelle anklingen, ohne sie zu zitieren. Sie findet sich unter dem Datum des Vortags in dem zur Zeit der Vorlesung noch unpublizierten *Journal de deuil*, das er nach dem Tod seiner Mutter zu führen begonnen hatte. »Neige, beaucoup de neige sur Paris; c'est étrange. Je me dis et j'en souffre: elle ne sera jamais plus là pour le voir, pour que je le lui raconte.«²² Das Wetter hätte an diesem Tag sein können, wie es wollte, in seiner Depression hätte Barthes es doch als trist erlebt. Aber Barthes gibt auch ein Beispiel für den umgekehrten Fall. In seiner Tagebuchaufzeichnung vom 16. Juli 1977 aus Urt färbt die Aussicht auf heiteres Wetter auf seine alltäglichen Verrichtungen ab: »De nouveau, après des jours bouchés, une matinée de beau temps, éclat et subtilité de l'atmosphère: une soie fraîche et lumineuse; ce moment vide (aucun signifié) produit une évidence: qu'il vaut la peine de vivre. La course du matin (chez l'épicier, le boulanger) alors que le village est encore presque vide, je ne la manquerais pour rien au monde.«²³

Poetiken

Die Auseinandersetzung mit der vorsprachlichen und narrativischen Wahrnehmung des Wetters legt Barthes nicht in derselben Ausführlichkeit dar wie hier in der Darstellung der Deleuze-Bezüge geschehen. Denn für Barthes bildet sie nur die Vorüberlegung für seine eigentliche Fragestellung: Wie lässt sich die Witterung in ihrer Einzigartigkeit mit dem klimatisch präformierten System der Sprache wiedergeben?

Die Beantwortung dieser Frage beginnt Barthes mit einer Entschuldigung für seine migränebedingte Wettersensibilität,²⁴ wegen der er selbst in den Ferien ein passionierter *indoor writer* sei. Wo das Wetter unmittelbar in sein Schreiben eingreift, seinem ländlichen Körper gewissermaßen die Hand bei der Versprachlichung führt, endet Barthes' Wunsch, in Urt stärker im Einklang mit den Rhythmen der Natur zu leben. Dass er die Intensität des Wettereinflusses dennoch weit weniger bestimmen kann, als ihm lieb ist, bezeugen die Tagebucheinträge. Barthes' emotive Selbstkommentierung seiner Rede übers Wetter ist deshalb beides: Koketterie mit seinem bürgerlichen Habitus, der ihn auf das sprachliche System des Klimas verpflichtet, zugleich aber auch der Anspruch, trotzdem eine besondere Kompetenz für das Sprechen über das Wetter zu besitzen.

Für seine Untersuchung, wie sich »la force d'individuation, de différence, de nuance de moire d'existentialité qu'il y a dans la relation de l'homme et de l'atmosphère«²⁵ versprachlichen lässt, sucht Barthes jenen Umschlagpunkt auf, wo

---

22 Roland Barthes: Journal de deuil. 26 octobre 1977–15 septembre 1979, hrsg. von Nathalie Léger, Paris 2009, 103. – Vgl. dazu Barthes, La préparation du roman (Anm. 1), 72.
23 Barthes, La préparation du roman (Anm. 1), 84.
24 Vgl. ebd., 68.
25 Ebd., 71.

eine augenblickliche Wahrnehmung der Witterung niedergeschrieben wird. Obwohl Barthes bei Baudelaire und auch bei Proust Ansätze zum Wetter-Schreiben erkennen kann, wendet er sich in seinen Analysen dem japanischen Haiku zu. In dieser Gattung, seinen eigenen Tagebucheintragungen benachbart, meint er poetische Verfahren zu erkennen, die in der Lage sind, das sprachliche System des Klimas viel weitreichender als in der französischen Literatur zu suspendieren.[26] Nicht entscheidend ist an dieser Stelle, ob nicht vielleicht in erster Linie Barthes' Japan-Liebhaberei ihn auf das Beispiel des Haiku gebracht hat und ob seine Interpretation diesen Gedichten wirklich angemessen ist. Zweifel daran sind angebracht: Manche Behauptungen Barthes über das Japanische lassen sich nämlich an den französischen Übersetzungen der Haikus, die er benutzt, gar nicht ablesen, viele andere Thesen am Text auch in der Übersetzung überhaupt nicht belegen. Deshalb wäre es gerade nicht weiterführend, seine Beispiele zu zitieren und im Weiteren philologisch genauer auf sie einzugehen. Es bleibt grundsätzlich fraglich, ob Barthes tatsächlich Aussagen über Haikus treffen will, oder nicht vielmehr nur im Namen dieses Genres literaturtheoretisch über bestimmte poetische Verfahren nachdenkt. Denn die Gedichte spielen für seine Argumentation kaum eine Rolle und haben kaum mehr Funktion als als Referenzen für Zuschreibungen zu dienen. Barthes interessiert eigentlich nur, wie das Wetter auf eine Weise poetisch ausgedrückt werden kann, die weder an klimatische Muster gebunden noch überhaupt mimetisch ist. Dabei geht es ihm um indirekte Darstellungsweisen, bei der die Sprache sich selbst transzendiert und in der Geste des Verweises auf ihre eigenen Grenzen auf das Wetter selbst verweist.

Günstig erweist sich in Barthes' Augen für das Wetter-Schreiben des Haiku bereits die Organisationsform der japanischen Sprache. Die Verknüpfung der Worte gestaltet sich hier additiver als in westlichen Sprachen, sodass Fluss und Offenheit die Sequenzen bestimmen. Aber auch die Kürze und dreigliedrige Struktur der Gattung Haiku kommt einer solchen Poetik entgegen. Im Druckbild dominiert das Weiß der einzelnen Seite. Freigestellt inmitten einer sonst leeren Seite tritt auch das Weiß zwischen den Zeilen deutlicher hervor als etwa bei der dichten Anordnung, in der ein Prosatext üblicherweise gedruckt wird. Der weiße Zwischenraum trennt und verbindet die Zeilen gleichermaßen. Der durch die Versvorgaben stark limitierte Raum bedingt zudem die Reduktion aufs Wesentliche und rafft das schriftliche Nach- und Untereinander zusammen. Das Haiku lässt sich daher intuitiv in einem Augenblick erfassen – die Verse werden grenzwertig zu einem einzelnen Wort, einer Art Holophrase.[27] Dennoch bildet es keine Ein-

---

26 Vgl. ebd., 62–66.
27 Vgl. ebd., 57 f.

heit, sondern eine in sich differenzierte offene Mannigfaltigkeit. Insgesamt kann man daher von einer entnarrativierenden Disposition des japanischen Haikus sprechen.[28]

Haikus, behauptet Barthes, markieren die Jahreszeit genau und eindeutig – aber nur um diese Bestimmtheit wieder aufzubrechen. Denn es geht den Haikus gerade darum, jene Momente zu erfassen, in denen Jahreszeiten sich ändern oder das Wetter umschlägt. Die Versprachlichung dieser Zwischenzustände des Weder-Noch, für die es keine eigenen Begriffe gibt, sind es, die Barthes interessieren. Das Haiku nutzt den von der *langue* vorgegeben Formenvorrat, versucht ihn aber innerhalb der Sprache gegen sich zu wenden, da er zu undifferenziert auf die Vielfalt der Wirklichkeit referiert. Das Haiku präferiert daher gegenüber Sammelkategorien möglichst präzise und spezialisierte Bezeichnungen im Bestreben, der Abstraktionstendenz der Sprache entgegenzuarbeiten. Ein Haiku würde daher nicht von einem Gewitter sprechen, sondern die dunkelgraue Wolkendecke, die Blitze, den Donner und die Regenfäden einzeln benennen. Die Sprachverwendung des Haiku will jegliche symbolische Auflladung, ja Deutungen überhaupt abstreifen und sich der bloßen Phänomenalität annähern. Dieses Vorgehen fluchtet letztlich darauf, die Referenzialität der Sprache ganz hinter sich zu lassen, deiktisch bloß noch auf die Witterung zu zeigen, am Ende die Sprache zu überwinden und die Sache selbst zu evozieren.[29] Diese niemals gänzlich eingelöste Vision soll die Wettererscheinung in ihrer Einmaligkeit und Einzigartigkeit von sich selbst her, ohne Zutun des Sprechers, in ihrem reinen So-Sein präsent werden lassen. In diesem Rückgang hinter die Bedeutungsgebung der aktiven Synthesen auf den allein sinnlich gegebenen Sinn der passiv-synthetischen Wahrnehmung, liegt ein Gestus, der sich gegen die Hermeneutik des Alltags wendet.[30] Die Bemühung, phänomenale Eindrücke in ihrer Einzigartigkeit zu fassen, geht einher mit dem Versuch, ihre Augenblicklichkeit wiederzugeben. Dabei kommt dem Haiku seine ohnehin entnarrativierende Disposition entgegen, die es voll ausspielen will. Das Haiku reiht Eindrücke daher nur, ohne sie kausal oder logisch aufeinander zu beziehen. Damit arbeitet es dem der Sprache innewohnenden Streben zur Bestimmung von Regelmäßigkeiten entgegen. Entsprechend führt es zu dem Eindruck, alles geschehe in höchstem Maße kontingent und niemals genau so wiederkehrend. Im Sinne eines Realitätseffekts erzeugt dies einen beglaubigenden Eindruck. In drei Zeilen setzt das Haiku immer wieder aufs Neue an, ein einziges Bild zu beschreiben, ohne es jeweils völlig zu erfassen. Das Haiku

---

[28] Ebd., 131f.
[29] Vgl. ebd., 68, 86f.
[30] Ebd., 94, 123.

geht indirekt vor, um die Grenzen der Sprache zu umgehen. Die jeweiligen Eindeutigkeiten der einzelnen Eindrücke treten durch die Reihung parallelisierender Mehrfachbeschreibungen in Spannungen zueinander. Diese bleiben aber nicht im reinen Nacheinander bestehen, sondern verschmelzen durch ihre Knappheit grenzwertig zu einer instantanen Wahrnehmung. Die verschiedenen Momente treten im Sinne von Intensitäten in Wechselwirkungen, die einander verstärken oder abschwächen und einander dabei wechselseitig differenzieren. Daher gibt es, wie Barthes formuliert, »pas de référents dans le haïku [...]; on pose seulement des entours (circonstants), mais l'objet s'évapore, s'absorbe dans la circonstance: ce qui l'entoure, le temps d'un éclair.«[31] Das Haiku treibt aber nicht allein die referenzielle Sprachfunktion bis an die Grenzen der Sprache, sondern bedient auch die konative. Von seinem Arrangement der Witterung geht eine appellative Wirkung auf die Leserin und den Leser aus. Indem das Haiku die starke Referenzialisierung mit der Destabilisierung des Bezugs zwischen Wort und Ding verbindet, führt es in dieselbe epistemische Offenheit, die Barthes in den Ferien erlebt. Daraus ergibt sich die starke Stimmungsqualität dieser Dichtung. Ihrer typographischen Gestalt nach entspricht sie der Leere des Subjekts. Lässt man sich auf das Haiku ein und setzt sich seiner Wirkung ganz aus, ist es in der Lage, nicht nur das Seinsgefühl zu wecken, sondern ein verändertes Seinsgefühl hervorzurufen, eines das auf der schmalen Grenze zwischen Verunsicherung und Freiheit tanzt.

Fazit

Als Barthes im Herbst 1978 die hier besprochenen Teile seiner Vortragsreihe hielt, beschwerten sich einige seiner Zuhörer beim Sekretariat des *Collège de France*, er rede über Banalitäten.[32] Als rund 25 Jahre später die Vorlesungsnotizen von *La préparation du Roman* veröffentlicht wurden, interessierte die Forschung sich vor allem für die Frage, ob Barthes den im Titel erwähnten Roman tatsächlich schreiben wollte oder nicht.[33] Heute, nochmals 15 Jahre später, zeichnen ihn die früheren ›Banalitäten‹ als einen Pionier der Literaturtheorie des Wetters aus. Wirkten seine Überlegungen, als er sie vortrug, bereits unzeitgemäß, so

---

31 Ebd., 90.
32 Vgl. Tiphaine Samoyault: Roland Barthes. Biographie, Paris 2015, 667.
33 Vgl. im Überblick dazu Lucy O'Meara: Roland Barthes at the College de France, Liverpool 2012, 163–199. Barthes Überlegungen zum Wetter thematisiert am Rande allein Michael Sheringham: Everyday Life. Theories and Practices from Surrealism to the Present, Oxford 2006, 200.

sind sie es bis heute geblieben. Aber gerade weil er zum Klimawandel in der Literatur, den viele der neueren Diskussionen ins Zentrum rücken, kein Wort verliert, sind Barthes' Ausführungen dazu geeignet, heute wieder einen Blick auf die Vielfältigkeit literarischer Wetterdarstellungen zu eröffnen.

Barthes bezog sich in seinen Überlegungen über sprachliche Wetterdarstellungen auf Jakobson. Bei dem russischen Theoretiker findet sich die Idee, dass im Sprachgebrauch nicht allein eine Funktion akzentuiert werden kann, sondern immer mehrere zugleich, und dass die verschieden Funktionen dadurch in ein Wechselverhältnis eintreten.[34] Für die Literaturwissenschaft sind vor allem Kombinationen der poetischen Funktion mit anderen Funktionen von Interesse: Aus dem Zusammenspiel der poetischen Funktion mit der referenziellen Funktion ergeben sich, was im Sinne der Einleitung dieses Bandes Verfahren Literarischer Meteorologie genannt werden kann. Werden alle anderen Funktionen zurückgestellt und die poetische Funktion tritt dadurch gesteigert hervor, ergeben sich meteopoetische Verfahren. Und schließlich führt das Zusammenspiel der poetischen Funktion mit den verschiedenen kommunikativen Akzentuierungen zu Meteopoetiken. Bei allen drei Verfahren literarischer Wetterdarstellung tritt die poetische Funktion in unterschiedlichem Maß hervor. Wenn die poetologische Funktion intensiviert wird, zeigt sich dies in mehreren Abstufungen in zunehmender Deutlichkeit. Die Aufmerksamkeit wird auf die Sprache gelenkt, wenn die Sprachverwendung auffällig wird. Wenn sie weiter anwächst, gewinnt sie die Gestalt einer expressiven Selbstkommentierung, indem die Artifizialität des Arrangements akzentuiert wird oder ihr gezielt entgegengearbeitet und versucht wird, die Rede auffällig unauffällig als Imitation oder Zitat zu authentifizieren. Am stärksten tritt die poetische Funktion hervor, wenn ein Text die eigene Poetologie reflektiert und zum Thema macht. Auch wenn Barthes nicht die in diesem Band vorgeschlagene Terminologie gebraucht, hat er in seiner Vorlesung die darunter gefassten textuellen Verfahren bereits charakterisiert. Die Ausführungen des französischen Literaturtheoretikers helfen zu verstehen, wie die poetische Funktion in den Verfahren jeweils in unterschiedlicher Weise aktiviert wird.

An den Verfahren, die Barthes dem Haiku zuschreibt, erörtert er die Literarische Meteorologie in einer ihrer emphatischsten Ausprägungen. Es gibt wenige andere Genres, die mit ähnlichem Einsatz um die sprachliche Referenzialisierung ihrer Wetterbeschreibungen ringen, ja am Ende danach streben, die eigene Sprachlichkeit zu transzendieren und letztlich das Wetter selbst evozieren wollen. Auch wenn das Haiku an die Sprache gebunden bleibt, und deshalb sein Bestreben letzt-

---

[34] Jakobson, Linguistik und Poetik (Anm. 4), 111.

lich nicht ganz einzulösen vermag, kommt es seinem Ziel doch sehr nahe. Durch die mehrfache Beschreibung derselben Referenz scheint nicht nur die Typisierung der Sprache auf, sondern durch die Pluralisierung der Beschreibungen zeigen sich zugleich die Defizite jeder einzelnen Beschreibung. Die Beschreibungen korrigieren einander dabei, so dass eine neue Referenz geschaffen wird, die keine der einzelnen Beschreibungen hätte bezeichnen können. Diese neue Referenz entsteht aus dem Zusammenstoß der Beschreibungen, gewissermaßen in den Zwischenräumen der sprachlichen Wendungen. Während gerade analysiert wurde, wie die referenzielle Funktion aktiviert wird, lässt sich dasselbe auch unter dem Gesichtspunkt der Aktivierung der poetischen Funktion beschreiben. Die Textgestaltung führt dazu, die Grenzen der Sagbarkeit aufscheinen zu lassen, und macht das Haiku stets zu seinem eigenen poetologischen Metatext. Als expressive Form der Selbstkommentierung übt der Metatext Sprachkritik und stellt sich als solcher gegen den Text selbst. Dadurch unterstreicht die Poetologie innersprachlich nochmals das Bestreben nach Selbstaufhebung der Sprache, auf das die referenzielle Funktion abhebt. Dass Texte der Literarischen Meteorologie oftmals ihre Poetologie zwar expressiv werden lassen, aber nicht immer reflektieren, lässt sich daraus erklären, dass dieser Gestus sie vom Pol der Referenz wieder abzieht und zum Pol der Sprachlichkeit hinbewegt. Eine eigens reflektierte Poetologie findet sich in der Literarischen Meteorologie daher vor allem, wenn die Referenzialisierung fragwürdig wird.

Die Überlegungen, die Barthes im Zusammenhang mit dem Haiku zur Aktivierung der poetischen Sprachfunktion angestellt hat, lassen sich auch in Richtung Meteopoetologie weiterführen. Während sich beim Haiku die poetische Funktion gegen sich selbst kehrt, um die referenzielle Funktion stärker hervortreten zu lassen, kennzeichnet die gegenläufige Ausrichtung die Meteopoetologie. Zwar bewegt auch sie sich innerhalb des Spannungsfeldes zwischen Referenz und Sprachlichkeit und kann die Referenzialität nicht gänzlich abstreifen, doch zeigt sie sich, im Gegensatz zum Haiku, bestrebt, sich weitgehend vom Gegenstandsbezug zu lösen. Die ultimate Schwundstufe der externen Referenzialisierung ist erreicht, wenn der Text über sich selbst spricht und seine eigene Poetologie darlegt. Deshalb finden sich von allen Verfahren solche ausdrücklichen Reflexionen am häufigsten in meteopoetologischen Texten. Im Modell der Sprachfunktionen ist dies als Potenzierung der poetischen Sprachfunktion einzuordnen.

Auf die kommunikative Dimension der Rede übers Wetter kommt Barthes an zwei Stellen seiner Vorlesung zu sprechen. Barthes kommentiert seinen *small talk* mit den Dorfleuten in Urt, später inszeniert er seine eigene Wetterfühligkeit. In seiner Diskussion der im Sinne der Einleitung jüngeren Ausformung der Meteopoetik beantwortet er die Frage, worin der Unterschied zur Meteopoetologie liegt und mithin, warum die poetische Funktion hier weniger ausgeprägt aktiviert wird. In der Vorlesung charakterisiert Barthes den *small talk* über das Wetter nur kurz nach Gesprächspartnern – die Rede zwischen Unbekannten, die Rede zwischen Menschen verschiedenen Standes, die Rede in größter Intimität, in der jedes Wort eigentlich überflüssig ist. In seiner Autobiographie hingegen hatte er sein morgendliches Gespräch im Dorfladen oder mit dem Briefträger detailliert geschildert. Der Stilisierungswille, der sich an jeder Stelle der Autobiographie in dem künstlerischen Arrangement zeigt, lenkt hier die Aufmerksamkeit der Leserinnen und Leser stärker auf die poetischen Momente dieser Redeweise, deren Wirkung Barthes vorführt. Doch während Barthes zunächst diese Redeweisen wirklichkeitsgetreu wirkend zitiert, bricht er diesen Illusionismus abrupt, wenn er mit entlarvender Geste den *small talk* als Machtverhältnis dekonstruiert, in dem verschiedene Formen von Habitus ihren Ausdruck finden. Wenn Barthes an späterer Stelle in der Vorlesung seine Wetterfühligkeit bekennt, scheint es zunächst, als unterbräche er seinen theoretischen Diskurs. Jedoch bleibt es beim Anschein. Sein Publikum, davon muss man ausgehen, war für die kommunikativen Dimensionen der Rede übers Wetter sensibilisiert und seine Darbietung auf dem Katheder zeigte unübersehbar große Theatralität. Nach dem zuvor Vorgetragenem konnte Barthes' Bekenntnis daher kaum ungebrochen authentisch aufgefasst werden, sondern die klischeehafte, expressive Inszenierung des Habitus eines Stadtbürgers schwang offenkundig bei ihm mit. Das war ihm sicherlich bewusst und durchaus auch die beabsichtigte Wirkung.

Mit beiden Beispielen führt Barthes zwei unterschiedliche Spielarten der Meteopoetik vor, die sich darin unterscheiden, wie stark die poetische Funktion aktiviert wird. Im Falle der Rede mit den Dorfbewohnern spielt Barthes mit der Kontrastierung zwischen dem Zurücktretenlassen der poetischen Funktion in der zitathaften Wiedergabe und ihrer ausdrücklichsten Form, der poetologischen Reflexion. Im Falle des Bekenntnisses seiner eigenen Wetterfühligkeit lässt Barthes die poetische Funktion zwar expressiv werden, reflektiert sie jedoch nicht eigens. Daraus wird ersichtlich, dass die Intensivierung der poetischen Funktion die kommunikative Funktionalisierung der Rede auf einen anderen Adressaten umlenkt. Der Vollzug der Beziehung, der sich in der Rede übers Wetter gestaltet, tritt zurück gegenüber dessen Zur-Schau-Stellung vor dem Publikum der ästhetischen Inszenierung. Wenn allerdings noch größere Ausdrücklichkeit erreicht wird und auch in der Diegese die Sozialpragmatik der Rede übers Wetter durchschaut oder gar thematisiert wird, verliert eine solche Rede ihr Vermögen, Beziehungen zu stiften. Deshalb bleibt die Meteopoetik dabei, die poetische Funktion allenfalls expressiv zu aktivieren oder als Metakommentare einzubinden.

Über die Autorinnen und Autoren

Timothy Attanucci ist wissenschaftlicher Mitarbeiter für Neuere Deutsche Literaturwissenschaft an der Johannes Gutenberg-Universität Mainz. Publikationen: Atmosphärische Stimmungen. Landschaft und Meteorologie bei Carus, Goethe und Stifter, in: Zeitschrift für Germanistik 24 (2014), 282–295; Ich, Eckermann. Autorschaft im autobiographischen Paratext, in: Christopher Busch, Till Dembeck, Maren Jäger (Hrsg.): Ich-Texte. Festschrift für Ulrich Breuer, Paderborn 2019, 115–131; The Restorative Poetics of a Geological Age. Stifter, Viollet-le-Duc and the Aesthetic Practices of Geohistoricism, Berlin/Boston 2020.

Urs Büttner ist wissenschaftlicher Mitarbeiter für Neuere deutsche Literatur an der Heinrich-Heine-Universität Düsseldorf. Publikationen: (Hrsg., mit Ines Theilen): Phänomene der Atmosphäre. Ein Kompendium Literarischer Meteorologie, Stuttgart 2017; (Hrsg., mit David D. Kim): Globalgeschichten der deutschen Literatur. Methoden – Ansätze – Probleme, Stuttgart 2021; (Hrsg., mit Dorit Müller): Climate Engineering. Imaginationsgeschichten künstlichen Klimas, Berlin 2021; Schnee. Eine Globalgeschichte Literarischer Meteorologie, Göttingen 2022.

Marlene Dirschauer ist als Postdoktorandin mit einem von der Fritz Thyssen Stiftung und der FONTE-Stiftung geförderten Forschungsvorhaben zum Thema Tod und Begehren in der englischen Literatur des Spätmittelalters und der Frühen Neuzeit an der Ludwig-Maximilians-Universität München tätig. Ihre Promotion zur Poetik des Wassers bei Virginia Woolf schloss sie 2020 an der Friedrich Schlegel Graduiertenschule in Berlin ab.

Michael Gamper ist seit 2016 Professor für Allgemeine und Vergleichende Literaturwissenschaft an der FU Berlin. Publikationen: Elektropoetologie. Fiktionen der Elektrizität 1740–1870, Göttingen 2009; (Hrsg., mit Alexander Košenina): Rätsel der Atmosphäre. Nicht-Wissen zwischen Himmel und Erde, Schwerpunktteil in Zeitschrift für Germanistik, Neue Folge, XXIV, Heft 2 (2014), 229–355; Der große Mann. Geschichte eines politischen Phantasmas, Göttingen 2016; (Hrsg.): Ästhetische Eigenzeiten der Wissenschaften, Hannover 2020; (Hrsg., mit Svetlana Efimova) Prosa. Geschichte, Poetik, Theorie, Berlin, Boston 2021.

Anna-Katharina Gisbertz ist Privatdozentin im Fach Neuere deutsche Literatur an der Universität Mannheim und vertritt 2020-21 eine Professur an der Universität Dortmund. Publikationen: Stimmung – Leib – Sprache. Eine Konfiguration in der Wiener Moderne, München 2009; Die andere Gegenwart. Zeitliche Interventionen in neueren Generationserzählungen, Heidelberg 2018; (Hrsg., mit Michael Ostheimer): Geschichte – Latenz – Zukunft. Zur narrativen Modellierung von Zeit in der Gegenwartsliteratur, Hannover 2017.

Oliver Grill ist wissenschaftlicher Mitarbeiter am Institut für Germanistik der Ludwig-Maximilians-Universität München. Publikationen: »Wenn so viele Wesen durch einander arbeiten«. Widriges Wetter und schwankende Gründe in Goethes Meteorologie, in: Goethe-Jahrbuch 133 (2016), 49–56; Unvorhersehbares Wetter? Zur Meteorologie in Alexander von

Humboldts *Kosmos* und Adalbert Stifters *Nachsommer*, in: Zeitschrift für Germanistik 26/1 (2016), 16–32; Die Wetterseiten der Literatur. Poetologische Konstellationen und meteorologische Kontexte im 19. Jahrhundert, Paderborn 2019.

Ursula Kluwick forscht am Institut für englische Sprachen und Literaturen der Universität Bern als Senior Researcher in dem vom Schweizerischen Nationalfonds geförderten Projekt »The Beach in the Long Twentieth Century«. Publikationen: Exploring Magic Realism in Salman Rushdie's Fiction, London 2011; Talking About Climate Change. The Ecological Crisis and Narrative Form, in: Greg Garrard (Hrsg.): The Oxford Handbook of Ecocriticism. Oxford 2014, 502–516; (Hrsg., mit Virginia Richter): The Beach in Anglophone Literatures and Cultures, Farnham, Burlington 2015, (Hrsg., mit Evi Zemanek): Nachhaltigkeit – interdisziplinär. Köln u.a. 2019. Die Habilitationsschrift zu Wasserdiskursen des viktorianischen Zeitalters befindet sich in Vorbereitung der Drucklegung.

Louisa Kropp studierte Ibero-Romanistik und Komparatistik an der Albert-Ludwigs-Universität Freiburg und der Freien Universität Berlin und arbeitete nebenher am Leibniz-Zentrum für Literatur- und Kulturforschung Berlin. Sie verfasste ihre Masterarbeit über den US-amerikanischen Dichter Ben Lerner mit dem Titel »›The sky stops painting and turns to criticism.‹ Himmels- und Wetterphänomene als Zeichen der Krise? Ben Lerners *The Lichtenberg Figures* und *Mean Free Path*.«

John Durham Peters ist María Rosa Menocal Professor für Englisch und Film- und Medienwissenschaft an der Yale University. Publikationen: Speaking into the Air. A History of the Idea of Communication. Chicago, London 1999; The Marvelous Clouds. Toward a Philosophy of Elemental Media, Chicago. London 2015; (Hrsg., mit Kenneth Cmiel): Promiscuous Knowledge. Information, Image, and Other Truth Games in History, Chicago, London 2020.

Jana Schuster ist wissenschaftliche Mitarbeiterin am Institut für Germanistik, Vergleichende Literatur- und Kulturwissenschaft der Universität Bonn. Publikationen: »Umkehr der Räume«. Rainer Maria Rilkes Poetik der Bewegung, Freiburg i.Br. 2011; (Hrsg.): Zeiten im *Nachsommer*. Jahrbuch des Adalbert-Stifter-Instituts des Landes Oberösterreich 28, Linz 2021; (Hrsg., mit Alexander Kling): Zeiten der Materie. Verflechtungen temporaler Existenzweisen in Wissenschaft und Literatur (1770–1930), Hannover 2021.

Ines Theilen widmete sich 2014–2020 an der Leibniz Universität Hannover einem DFG-Projekt »Poesis der Atmosphäre um 1800«. Sie arbeitet seitdem als Studienrätin an einem Gymnasium bei Hannover. Publikationen: White Hum. Literarische Synästhesie in der zeitgenössischen Literatur, Berlin 2008; (Hrsg., mit Urs Büttner): Phänomene der Atmosphäre. Ein Kompendium literarischer Meteorologie, Stuttgart, 2017; (Hrsg., mit Carlo Brune): »Wellenritt in riffreicher Zone«. Gegenwartslyrik im Unterricht, Trier 2019.

Johannes Ungelenk ist Juniorprofessor für Allgemeine und Vergleichende Literaturwissenschaft an der Universität Potsdam. Publikationen: Sexes of Winds and Packs. Rethinking Feminism with Deleuze and Guattari, Hamburg 2014; (Hrsg., mit Annika Haas, Jonas Hock und Anna Leyrer): Widerständige Theorie. Kritisches Lesen und Schreiben, Berlin 2018; Literature and Weather. Shakespeare – Goethe – Zola, Berlin, Boston 2018.

David Wachter ist wissenschaftlicher Mitarbeiter mit Schwerpunkt Lehre am Peter Szondi-Institut für Allgemeine und Vergleichende Literaturwissenschaft der Freien Universität Berlin. Publikationen: Konstruktionen im Übergang. Krise und Utopie bei Musil, Kracauer und Benn, Freiburg i.Br. 2013; Fenster, Orgel, Partitur. Cäcilies Dinge bei Kleist und Mallarmé, in: Kleist-Jahrbuch (2015), 90–119; Amoeba, Dragonfly and Dog. Animal Poetics around 1908 (Möbius – Uexküll – Rilke), in: Robert Craig, Ina Linge (Hrsg.): Biological Discourses. The Language of Science and Literature around 1900, Cambridge 2017, 371–396.

Stefan Willer ist Professor für Neuere deutsche Literatur an der Humboldt-Universität zu Berlin. Publikationen: (Hrsg., mit Benjamin Bühler): Futurologien. Ordnungen des Zukunftswissens, Paderborn 2016; (Hrsg., mit Johannes Becker, Benjamin Bühler und Sandra Pravica): Zukunftssicherung. Kulturwissenschaftliche Perspektiven, Bielefeld 2019; (Hrsg., mit Andreas Keller): Selbstübersetzung als Wissenstransfer, Berlin 2020.

Evi Zemanek ist Professorin für Medienkulturwissenschaft an der Albert-Ludwigs-Universität Freiburg. Aktuelle Publikationen (Hrsg.): Ökologische Genres. Naturästhetik – Umweltethik – Wissenspoetik, Göttingen 2018; (Hrsg., mit Gabriele Dürbeck, Urte Stobbe, Hubert Zapf): Ecological Thought in German Literature and Culture, Lanham 2017; (Hrsg., mit A. Choné, T. Freytag, P. Hamman): Questionner les Humanités environnementales: regards croisés France/Allemagne, Special Issue Révue d'Allemagne (2020); (Hrsg., mit Birgit Schneider): Spürtechniken. Von der Wahrnehmung der Natur zur Natur als Medium, Special Issue Medienobservationen (2020).

Register

Addison, Joseph 103
Anaximenes von Milet 50
Anderson, Benedict 97
Ashbery, John 273–274, 281, 284–285
Auerbach, Erich 96–99

Bacon, Francis 4, 49, 263
Barthes, Roland 20, 282, 315–332
Baudelaire, Charles 14, 89–90, 93, 289, 327
Baumgarten, Alexander Gottlieb 49
Baumgartner, Andreas 112, 115
Benjamin, Walter 17, 89–91, 93–94, 96–98, 100, 102, 105, 107–108, 123, 127, 129–131, 203, 256–257
Bergson, Henri 321, 325
Blumenberg, Hans 257, 270–271
Böhme, Gernot 54
Boyle, Robert 4, 49
Braddon, Mary Elizabeth 168–169
Brinkmann, Roland 222
Brockes, Barthold Heinrich 16, 45–46, 48, 50–53, 55–60, 63–64, 66, 214
Brontë, Charlotte 167, 169, 186
Büchner, Georg 310
Buisson, Henri 138
Burton, Robert 101

Canetti, Elias 43, 48
Celan, Paul 19, 211–213, 216–224, 226, 228–231, 233
Coccia, Emanuele 46, 51, 54
Colón, Cristóbal 195–198, 204–205, 209–210
Conrad, Joseph 173–174
Cox, James 293, 304–305, 312
Coxwell, Henry 139, 141
Creeley, Robert 289

de Saussure, Horace-Bénédict 7
Deleuze, Gilles 281–282, 321–322, 325–326
Deluc, Jean-André 7
Descartes, René 4, 23
Dickens, Charles 145, 169–174

Dove, Heinrich Wilhelm 305
Doyle, Arthur Conan 158–161, 167
Durkheim, Émile 95, 261

Eliot, George 104–105, 192
Eliot, T.S. 172, 188–191

Fabre, Jean-Henri 231
Ferguson, James 304
Forster, E.M. 264–265
Foucault, Michel 4, 23–24

Galilei, Galileo 49
García Márquez, Gabriel 18, 195, 197–198, 205, 209
Geßner, Salomon 45–46, 48, 64–67
Ghosh, Amitav 95, 98
Glaisher, James 139, 141
Goethe, Johann Wolfgang 8–9, 10, 17, 45, 54–55, 64, 69–70, 75–77, 82, 84, 307, 311
Gomringer, Nora 15
Grünewald, Matthias 248
Guericke, Otto von 49–50

Haller, Albrecht von 45, 53, 66
Heidegger, Martin 93, 324
Herder, Johann Gottlieb 47, 50, 65
Hippokrates von Kos 35, 47
Homer 47, 49, 64
Hookes, Robert 4
Horaz 55, 64
Horn, Eva 44
Howard, Luke 9, 70, 254
Humboldt, Alexander 12
Husserl, Edmund 321, 323

Ibsen, Henrik 6

Jakobson, Roman 318, 330
Jean Paul 11, 65, 67
Johnson, Samuel 104
Joyce, James 175

Kämtz, Ludwig Friedrich 110–111, 114, 116, 122, 261
Kant, Immanuel 49, 86–87, 104
Kleist, Ewald von 45, 52–53, 58, 62–63, 65–66
Kleist, Heinrich von 43–44, 48, 61, 68, 127
Klopstock, Friedrich Gottlieb 13, 16, 45–46, 48, 54–56, 58, 61–65, 67, 83

La Primaudaye, Pierre de 26, 29–30, 40
Lamarck, Jean Baptiste de 51
Lambert, Johann Heinrich 49
Lavoisier, Antoine Laurent de 49–50, 254
Leibniz, Gottfried Wilhelm 49
Lerner, Ben 19, 273–275, 277, 280–281, 284–287, 289
Lichtenberg, Georg Christoph 275, 277, 279–280, 286, 304–305
Locke, John 4, 24
Lorrain, Claude 52, 64
Lotze, Franz 222
Luther, Martin 48, 59

Mann, Thomas 214–215, 293, 308–309
Marx, Karl 95
Mercier, Louis-Sébastien 253–254, 256, 260
Mitchell, David 15
Moretti, Franco 98–99

Newton, Isaac 50, 52–53, 109, 294

Olson, Charles 284

Pamuk, Orhan 214
Piles, Roger de 52
Pindar 55, 64
Popper, Karl R. 294, 297
Poussin, Nicolas 52
Proust, Marcel 309, 327

Qiánlóng, vierter Kaiser der Qīng-Dynastie 293, 309

Raabe, Wilhelm 214
Ransmayr, Christoph 12, 20, 291–296, 298–300, 303, 308–311
Rulfo, Juan 18, 195, 197–198, 203–205, 209–210

Schiller, Friedrich 76, 82
Schönbein, Christian Friedrich 133, 146
Sebald, W. G. 19, 235–238, 240, 244–251
Shakespeare, William 16, 21–23, 26, 28–29, 31, 34, 36–41, 102, 183, 278
Shaw, George Bernhard 105
Shelley, Percy Bysshe 134, 138, 145–146
Sloterdijk, Peter 46–48, 67, 264
Stendhal 90
Stifter, Adalbert 8–9, 17, 19, 107–108, 112–115, 119–120, 122–123, 130, 214–215, 255–264, 271

Thomson, James 53, 64
Timm, Uwe 15
Tizian 52
Tolstoi, Lew 97
Tschechow, Anton 6
Twain, Mark 1

Vergil 65
Vischer, Friedrich Theodor 17, 107–108, 123–127, 130–131
Vogl, Joseph 46

Walser, Robert 216, 244–247, 249–251
Watts, Stephen 243–244
Weber, Max 95
Weir, Peter 19, 257, 265–268, 270
Werner, Uta 221, 223, 227
Whitman, Walt 190–191
Wiedemann, Barbara 211, 218, 231
Wilde, Oscar 104–105, 169
Williams, Raymond 97
Woolf, Virginia 18, 98, 105, 173, 175–187, 189–193

www.ingramcontent.com/pod-product-compliance
Lightning Source LLC
Chambersburg PA
CBHW070605170426
43200CB00012B/2597